Jürgen Roth

Geographie der Unterdrückten

Die Kurden

Mit Beiträgen von Ismail Beşikçi, Nader Ebrahimi, Hanneke Garrer, R. Ghassemlou, Yasar Kemal, Mahmut Makal, Hemres Reso, Paul Rotkopf, Adrienne Schürenberg, Bekir Yildiz

rororo

Rowohlt

Die mit dem Aufdruck «Politische Erziehung» versehenen Bände veröffentlichen im Rahmen des rororo-Sachbuch-Programms für Schüler, Lehrlinge, Studenten, Sozialarbeiter und Lehrer;

- Projektberichte aus Schul-, Hochschul-, Stadtteil-, Betriebs- und Sozialarbeit,
  Berichte und Analysen wichtiger Erziehungskonzeptionen, auch aus anderen Ländern,
  Erfahrungen und Perspektiven der Organisation aller im Ausbildungsbereich Tätigen;
- Vorschläge, Modelle und Materialien für eine veränderte Praxis in den genannten Bereichen, insbesondere Vorschläge zum Unterricht für Lehrer und Schüler;
- Untersuchungen des Zusammenhangs von Produktion, Ausbildung und Bewußtseinsbildung, die Voraussetzungen sind für eine politische Erziehung.

Herausgeber: Johannes Beck, Heiner Boehncke, Gerhard Vinnai

Redaktion Wolfgang Müller
Umschlagentwurf Jürgen Wulff (Foto: Gérard Klijn)

ERSTAUSGABE
Veröffentlicht im Rowohlt Taschenbuch Verlag GmbH,
Reinbek bei Hamburg, März 1978

Satz Times (Linotron 505 C)
Gesamtherstellung Clausen & Bosse, Leck/Schleswig
Printed in Germany
1080-ISBN 3 499 17125 2

Inhalt

Leben
einzeln und frei
wie ein Baum
und brüderlich
wie ein Wald
ist unsere Sehnsucht

(Nazim Hikmet)

Vorwort

Was wir über das kurdische Volk, seine Kultur und das Land, in dem es lebt, Kurdistan, wissen, ist weitgehend von denjenigen geprägt, die das kurdische Volk und ihr Land unter sich aufgeteilt haben: den Türken, Iranern, Irakern und Syrern. Auf der anderen Seite kämpfen die Kurden immer wieder für ihre nationale Selbständigkeit und Unabhängigkeit. Es ist ein Kampf, der von der Weltöffentlichkeit nicht beachtet wird, zumal es nach der Lesart der Türken und der Iraner überhaupt keine Kurden gibt. Sie, die herrschenden nationalen Regierungen, bestimmen, was wir über die Kurden wissen und besonders nicht wissen. Geschichtsbücher und alle Hinweise auf das kurdische Volk, seine Lebensbedingungen und Lebensarten, sind zensiert, politisch verfemt, dürfen nicht zur Kenntnis genommen werden. «Bergtürken» – das ist der in der Türkei benutzte Begriff, wenn man von den Kurden spricht. Damit will man sagen, daß es zwar Türken gibt, die in den wilden zerklüfteten Bergen im Osten leben, die aber unterentwickelt sind, kulturlos, Menschen zweiter Klasse. Für viele Türken in den Großstädten sind die Bergtürken daher auch etwas Fremdes, mit denen am besten kein Kontakt aufgenommen wird, die zu meiden sind und, wenn man ihnen begegnet, dann mit der Überlegenheit des «richtigen» Türken. Für den Kurden selbst aber bieten die Berge gerade Schutz und Geborgenheit, wenn die Türken versuchen, kurdische Rebellen zu bekämpfen, oder türkische Soldaten in die Dörfer kommen, um Frauen zu schänden oder die Erntevorräte zu vernichten. Nicht umsonst hat es die türkische Regierung in der Vergangenheit verstanden, über Ostanatolien, einem Gebiet, in dem überwiegend Kurden leben, den militärischen Vorhang eines Sperrgebietes zu hängen. Niemand wußte bis vor wenigen Jahren, was dort mit den Menschen geschah, und selbst heute versucht die türkische Regierung, das Leben der Kurden von der Öffentlichkeit abzuschirmen.

Warum? Weil die Kurden ihr politisches, ökonomisches, soziales und kulturelles Leben nach eigenen Vorstellungen gestalten wollen, ein Recht, das in der Charta der Vereinten Nationen über die Menschenrechte festgehalten ist. Genau das Gegenteil wird zumindest in der Türkei, dem Irak und dem Iran praktiziert: die elementaren Grundrechte werden negiert, indem diese Staaten versuchen, die Kurden zu assimilieren und sie ihrer kulturellen und geschichtlichen Identität zu berauben.

Die letzten Meldungen aus der Türkei und aus dem Irak dokumentieren jedoch, daß sich die Kurden ihre nationale Identität nicht rauben lassen, sondern dafür kämpfen. Sie stehen auf verlorenem Posten, eingezwängt und erdrückt von den politischen Machtblöcken im Nahen und Mittleren Osten: USA und Europa auf der einen und der UdSSR auf der anderen Seite. Entsprechend leicht ist es daher auch, die Kurden zu spalten, sie in politische Schablonen zu pressen, je nach dem taktischen Kalkül. Die Regierung in Bagdad beispielsweise hat den großen Vorteil, mit einem politischen Machtblock, der UdSSR, eng verbunden zu sein. Sich selbst bezeichnet die Regierung in Bagdad als «antiimperialistisch, sozialistisch und antizionistisch», die die «Befreiungsbewegungen in der 3. Welt unterstützt». Sie tut es in der Tat. Aber die kurdische Befreiungsbewegung im eigenen Land, die sich gegen die Arabisierung wehrt, bekämpft sie mit allen denkbaren Mitteln und Methoden, mit Massendeportationen, Massenhinrichtungen und Massenfolterungen. Und weil das so ist, sind zugleich die Freiheitsbestrebungen der Kurden allemal reaktionär, auf jeden Fall den irakischen Sozialismus bekämpfende Aktivitäten, an denen nur die Feudalherren und Amerikaner ein Interesse haben können. Dabei muß man schon mit einer totalen Blindheit geschlagen sein, wenn man nicht erkennen will, daß die kurdische Befreiungsbewegung, die seit 1976/1977 wieder gegen die irakische Regierung kämpft, eine antiimperialistische und antifeudalistische Befreiungsbewegung ist. Aber weil sie sich nicht an dem Machtblock UdSSR orientiert, ist sie für viele Dogmatiker eben «reaktionär».

Ähnlich ist die Situation in der Türkei: Hier sind selbst für die aufgeklärten Türken die Kurden Prototypen der Reaktion, des Chauvinismus, weil sie sich nicht an dem gemeinsamen antikapitalistischen Kampf beteiligen. Daß die Kurden sich aufgrund ihrer ökonomischen und politischen Strukturen gegen die doppelte Unterdrückung erst einmal wehren müssen, gegen einen rassistischen Staat und gegen die feudalistischen Strukturen, nehmen nur die wenigsten in der Türkei zur Kenntnis. Sie leugnen die kulturelle Identität und Notwendigkeit, diese Identität zu finden.

Inzwischen gibt es in der Türkei aber politische türkische Bewegungen, wie die Gruppen um Halkin Kurtulusu oder Özgürlük-Yolu, die von der Selbständigkeit der Kurden sprechen und dafür kämpfen. Aber in der Türkei selbst sind sie noch nicht stark verbreitet.

Auch für diejenigen Türken und Iraker, die ansonsten das politische Weltbild sehr wohl analysieren können und sich als Linke bezeichnen, ist das interessierte Zerrbild der Unterdrücker das einzige, das sie zur Kenntnis nehmen können. Und so gerät das, was sie über die Kurden sagen, zur Pseudoobjektivität, das ihnen ihr Weltbild erhält, ein Weltbild, das von der Wirklichkeit des Lebens jedoch weit entfernt ist.

Diese Pseudoobjektivität, das Nicht-Sehen-Wollen sozialer und kultureller Eigenständigkeit des kurdischen Volkes, verfestigt die Strukturen der politischen und ökonomischen Unterdrückung und treibt die

Kurden in die Isolation. Es ist eine Isolation, die es sowohl politisch gibt als auch geographisch. Dort hinten, so sagt man in der Türkei, in den östlichen Bergen, gibt es eigentlich nichts, was man sehen und wissen muß. Es ist dort dreckig, unterentwickelt, und die Leute sind so zurückgeblieben, daß sie auch friedfertige Türken überfallen. Im Westen, so bekommt jeder Türkeireisende zu hören, ist alles angenehmer, vorteilhafter, eben türkischer. Und viele Beobachter und Touristen fallen auf diese Charakterisierung eines Volkes herein. Woher sollen sie auch etwas anderes wissen? So wird verhindert, daß man sich selbst davon überzeugt, wie das kurdische Volk lebt, wie es sich geschichtlich entwikkelt hat und seine Eigenständigkeit bewahrt. Das gleiche versuchen diese nationalen Regierungen auch im Ausland zu praktizieren, indem sie überall verbreiten, daß es keine Kurden gibt, schon gar keine Menschenrechtsverletzungen, wie es «Türkenfeinde» behaupten. Denn wer trotz alledem behauptet, es gäbe Kurden in der Türkei oder es gäbe einen Befreiungskampf der Kurden im Irak, der ist entweder ein Krimineller oder ein politischer Reaktionär. Die Schablonen sind austauschbar, vorgestanzt durch das Dogma nationaler und politischer Unfehlbarkeit. Überall bemüht man sich daher von außen, mit einer globalen Vernichtungs- und Verleumdungsstrategie das Leben und Kämpfen der Kurden von der Öffentlichkeit abzuschirmen, sie nicht mehr sprechen, sie nicht sichtbar werden zu lassen.

Daher wird in diesem Buch auch versucht werden, dieser Gewalt der offiziellen Lesarten und Beschreibungen des Landes und der Region, in der Kurden leben und schon immer gelebt haben, die Sprache und das Wissen der Unterdrückten entgegenzuhalten, um das verordnete Schweigen über die Kurden zu durchbrechen. So soll in den Beiträgen nicht nur eine fundierte politische, das heißt historische, ökonomische und soziale Analyse der Kurden geliefert werden, sondern auch ein Einblick in den direkten Lebenszusammenhang der Kurden. Weil es so wenig Literatur beispielsweise über das Leben der Frauen oder das Verhältnis der Bauern untereinander gibt, versuchen profilierte Autoren aus der BRD, die Kurden sprechen zu lassen.

In allen Bereichen geht es nicht darum, zu moralisieren oder Mitleid mit den Unterdrückten zu haben, sondern darum, ob und wie wir durch unser Schweigen selbst in den Zusammenhang von Unterdrückung und Vernichtung eines Volkes verstrickt sind. Es lohnt sich darüber nachzudenken, warum die türkische Regierung so ungehindert behaupten kann, daß es keine Kurden in der Türkei gibt, oder erklärt, daß es nie zu Aufständen im Osten der Türkei gekommen sei. Schließlich ist die BRD der beste Handelspartner der Türkei, unsere Wirtschaft investiert von allen ausländischen Investoren am meisten in der Türkei und trägt zur Unterentwicklung dieses Landes erheblich mit bei.

Ähnlich ist die Situation für die Kurden im Irak. Diejenigen, die ansonsten von Gerechtigkeit, Solidarität und der Notwendigkeit des nationalen Befreiungskampfes reden, unterstützen auf einmal eine Regierung, die eine revolutionäre sozialistische Bewegung durch eine Politik der verbrannten Erde vernichten will.

Dann gibt es noch diejenigen Kurdenfans, die sich an der folkloristischen Pflege kurdischen Volksgutes goutieren und von dem Gemälde Kurdistans leben, das Karl May hinterlassen hat. Es sind diejenigen Teile des Bürgertums, die zwar gerne bunte Trachten sehen und auch einmal ein kurdisches Essen genießen, aber die ausgemergelten Körper vergessen, die fast immer unter den Trachten verborgen sind. Auch das ist eine Form der Gettoisierung des kurdischen Volkes, das Getto der aufgeblähten Folklore.

Die «Geographie der Unterdrückten» ist somit ein Versuch, eine eigene Sehweise und Kenntnis von den Dingen zu erlangen, gegen das uns übergeworfene Netz von Kolonisatoren, Imperialisten und Nationalisten. Denn immer – und das geht aus den in diesem Buch vorliegenden Beschreibungen und Analysen hervor – zieht sich der rote Faden des nationalistischen Größenwahns durch die Geschichte der Unterdrücker. Sie, die einst selbst ausgebeutet und unterdrückt worden sind, erheben sich jetzt zum Richter über weiter fortschreitende politische Entwicklungen und Bewegungen. Insofern ist jeder Nationalismus, jedes Dogma von der Einzigkeit einer nationalen Identität in der Tat reaktionär. Denn in allen diesen nationalistischen Staaten herrscht nicht das Volk, sondern die Bourgeoisie. Arbeiter und Bauern erleben so eine ständig neue Unterdrückung und Ausbeutung. Einst waren es die Kolonialmächte, wie die Engländer und Franzosen, jetzt ist es die neuentstandene Bourgeoisie im Irak, Iran, Syrien oder in der Türkei, die das Ausbeutungsmonopol fest in der Hand hält und durch das nationalistische Element die herrschenden politischen Klassenwidersprüche verdeckt zwischen Bürokratie und Bourgeoisie auf der Seite der Herrschenden und den Bauern und Arbeitern auf der Seite der Unterdrückten.

Folglich können diese Staaten auch nicht dulden, daß in ihrem eigenen Staatsgebiet politische Befreiungsbewegungen entstehen, die die neue Bourgeoisie und die alte Bourgeoisie bekämpfen, indem sie ein revolutionäres Kurdistan aufbauen wollen. Minderheiten, die dieses Ziel anstreben, und lokale Kulturen, die von den Arbeitern und Bauern geprägt sind und nicht von der städtischen Bourgeoisie, müssen daher zwangsläufig vernichtet werden. Das zu erkennen ist ein Schritt, um auch das Kurdenproblem zu verstehen.

Aber auch gerade deshalb sind Forderungen zu unterstützen wie:

Sicherung der Rechte und Freiheiten aller Staatsbürger, ohne Rücksicht auf ihre Nationalität und Sprache,

Anerkennung der Existenz des kurdischen Volkes,

Garantien dafür, daß das kurdische Volk in seiner eigenen Sprache unterrichtet wird, daß Zeitungen, Zeitschriften und Bücher in kurdischer Sprache und über Kultur und Geschichte der Kurden veröffentlicht werden und dem kurdischen Volk ermöglicht wird, sein Selbstbestimmungsrecht zu praktizieren.

Warum das notwendig ist, für die Kurden und schließlich auch für uns, wird durch die Beschreibung des Alltagslebens der Kurden, ihrer Geschichte und ihren sozialen und wirtschaftlichen Verhältnissen, ihrer Kultur und der permanenten Praxis ihrer Unterwerfung dokumentiert. Es ist ein Versuch, ein Volk mittels internationaler Solidarität vor der Vernichtung, das heißt der Assimilierung zu retten.

Heute wird der Geographieunterricht in der Schule und der zu behandelnde Gegenstand, das Land, als objektiv vorhanden begriffen. Der Gegenstand wird dann beschrieben, kartographiert, in Statistiken aufgeführt. Er gerinnt zur Leblosigkeit, und er ist es in der Tat für Lehrer wie Schüler. Er ist subjektiv, weil er uns Daten und Informationen nennt, die (vorausgesetzt, sie stimmen), wie das Beispiel der Kurden zeigt, die Sehweise der jeweils herrschenden Klassen und Nationen wiedergeben. Mit dem Leben des Volkes und dem, wie und wo es lebt, hat dieses meist wenig zu tun. Es wird verschwiegen, was mit den vorhandenen Bodenschätzen gemacht wird, wie sie angeeignet werden und wer von ihnen profitiert. Es ist statistisch leicht zu vermitteln, daß der Persische Golf eine Fläche von 250 000 Quadratkilometern bedeckt und eine mittlere Tiefe von 40 bis 50 Metern hat. Aber was weiß man schon von den Perlenfischern, die mit offenen Augen bis in große Tiefen tauchen, in wenigen Jahren ihre Gesundheit total ruinieren; der Erlös der Perlenfischerei ging aber bis vor kurzem allein in die Taschen der Unternehmer. Oder daß in der Osttürkei, in Batman, große Mengen Erdöl gefördert werden, während in der Stadt Batman selbst und den umliegenden Dörfern die Kinder vor Hunger sterben.

So liest man auch hier nicht, wie die Landwirtschaft im Osten entwikkelt ist, bzw. nicht entwickelt ist, warum das so ist und wie unter feudalistischen Strukturen die Kurden leben, um ihr Überleben kämpfen, obwohl der Reichtum der Natur die Bauern alle ernähren könnte.

In diesem Buch geht es demnach in erster Linie darum, die Vielfältigkeiten von Kurdistan aufzuzeigen und denjenigen zur Sprache zu verhelfen, die ansonsten als Volk dazu keine oder nur geringe Möglichkeiten haben.

Für den Unterricht oder überhaupt den politischen Interessierten kann es lohnend und mit einem Aha-Erlebnis verbunden sein, die Texte und Informationen dieses Buches mit den Lexikas, herkömmlichen Geographie- und Geschichtsbüchern zu vergleichen. Dort wird man nichts oder nur wenig über die Kurden lesen. Notwendig wäre es, mit türkischen Kindern bzw. Jugendlichen und türkischen Lehrern zu diskutieren und sie zu befragen, was sie von den Kurden wissen und warum sie so wenig wissen.

Bei alledem kann es aber nicht darum gehen, ein Volk gegen das andere aufzuhetzen und die Kurden gegen die Türken auszuspielen. Denn die Feinde von Kurden, Türken und Irakern und Iranern sind immer die gleichen: Imperialismus, Kolonialismus und Fremdbestimmung. Der daraus resultierende Rassismus ist es, den es aber auch zu bekämpfen gilt, innerhalb der unterdrückten Völker, zu denen auch die Türken zählen. Nicht grundlos appellieren die politischen Organisationen der Kurden immer wieder an die Gemeinsamkeit aller unterdrückten Völker.

Sie kann natürlich nicht darin bestehen, daß eine politische Ideologie eines Nationalstaates die allein Bestimmende ist. Denn politische Gemeinsamkeit ist nur dann möglich, wenn man allen unterdrückten Völkern mit ihren speziellen nationalen Eigenheiten das Recht einräumt, sich politisch selbst zu entwickeln.

Dieses Recht wird heute weder den Kurden in der Türkei noch den Kurden im Iran und Irak eingeräumt. Vielleicht vermag die Beschäftigung mit der Geographie der Unterdrückten die Notwendigkeit nationaler Selbständigkeit und des Kampfes dafür verständlich zu machen.

Für dieses Buch galt es auch, unterschiedliche politische Strömungen unter den Kurden nicht besonders breit auszutreten, weil jegliche politische Spaltung diesem Ziel einer politischen Selbständigkeit und Selbstbestimmung – wie es alle kurdischen Gruppen und Organisationen anstreben – noch weiter hinausschiebt, als es jetzt schon der Fall ist.

Ich bedanke mich bei den vielen Kurden, Türken und Irakern, die mir bei der Entstehung dieses Buches geholfen haben, die mit mir diskutiert haben und von denen ich viel gelernt habe. Immerhin war es der türkische Genosse Gün, der immer und zuverlässig bei Übersetzungen und Materialsammlungen geholfen hat. Bedanken für die Mitarbeit möchte ich mich auch bei Aydin Ucar, und den kurdischen Arbeitern des Arbeiter-Vereins in Frankfurt. Das gleiche gilt für die Kollegen und Freunde anderer türkischer und kurdischer Organisationen. Es war ein wichtiges und lehrreiches Bündnis.

1. Kapitel

I. Die widersprüchliche Geschichte des kurdischen Volkes

Wenn heute, im 20. Jahrhundert, 17 Millionen Kurden immer noch keine nationale politische Autonomie haben, sondern in vier verschiedenen Nationalstaaten politisch, sozial und kulturell unterdrückt werden, hängt das zweifellos mit den großmachtpolitischen Umklammerungen der Gegenwart zusammen. Das alleine aber erklärt nichts. Andere Nationen, die eine weitaus weniger glänzende Geschichte als die Kurden beanspruchen, haben schon längst erfolgreich nationale Befreiungskämpfe durchgefochten und ihre nationale politische Souveränität erkämpft. Das Schicksal der Kurden, natürlich auch der benachbarten Armenier, ist daher ein Lehrbeispiel dafür, wie wichtig es ist, zu wissen, ob ein Volk zu diesem oder jenem Stamm, dieser oder jener Rasse bzw. Religion gehört. Um die Ereignisse von heute richtig zu verstehen, muß man auch wissen, wie sich Menschen eines Stammes oder Volkes gegenüber anderen Stämmen und Völkern verhalten haben, zumal Tatsachen in ihrer wirklichen Gestalt leicht vergessen und dann von Mythen überdeckt werden. Die Geschichte der Kurden ist voll von dieser Erkenntnis, auch was die geschichtliche Rolle der sie noch heute unterdrückenden Nationalstaaten, beispielsweise der Türken, angeht. Ein Beispiel: Die türkischen Regierungen und Herrscher verleugnen, seitdem es eine Republik gibt, die Existenz der Kurden und erklären allenfalls, daß die «kurdisch sprechende Bevölkerung seit Jahrtausenden harmonisch mit den Türken zusammengelebt habe»[1].

In Wirklichkeit wird hier versucht, Machtpolitik nachträglich zu legitimieren, indem einfach die Geschichte verfälscht wird. Denn die Kurden lebten schon seit mindestens einem Jahrtausend in den ostanatolischen bzw. westiranischen Gebieten. Hier, vom westlichen Taurus bis zu den westiranischen Zagros-Ketten, vom biblischen Berg Ararat im Norden bis zu den Ebenen von Mesopotamien im Süden lebten Kurden. Sie waren dort, bevor die ersten Türken, die Seldschuken, in den Nahen Osten einbrachen. Auf der anderen Seite vergessen wiederum kurdische Politiker, daß ihre Nachbarn, die Armenier, auch von kurdischen Fürsten und deren Soldaten niedergemetzelt wurden, nachdem die religiösen Konflikte von interessierten Türkenstämmen gegen die beiden Völker ausgespielt wurden.

Heute leben noch ca. 4 Millionen Armenier, die wenigsten aber in ihren Heimatgebieten, nordöstlich des Van-Sees in der Türkei. 1,8 Millionen Armenier leben in der UdSSR, die restlichen 2,4 Millionen sind über die gesamte Erde zerstreut. Das einstmals mächtige Kulturvolk der Armenier ist heimatlos gemacht worden.

Für die frühe Geschichte der Kurden gibt es nur wenige eindeutige Belege. Eine aus der persischen Geschichte bekannte Fabel spricht von dem Tyrannen Zahak mit den beiden Drachen auf den Schultern. Ihnen wurden täglich zwei Menschen zum Opfer dargebracht, wobei die Kurden die Nachkommen jener Unglücklichen gewesen sein sollen, die das Los der Verbannung in den Gebirgen wählten, um dem grausamen Opfertod zu entrinnen. Weniger mythologisch ist die Tatsache, daß schon im 3. Jahrtausend v. Chr. Stämme, die im westiranischen Zagros-Gebirge lebten, von ihren südlichen Nachbarn, den Sumerern, Babyloniern und später Assyrern, «Guto» oder «Qurti» genannt wurden. Auf einem sumerischen Stegstein aus dem Jahr 2000 v. Chr. ist der Name «Kardaka» eingemeißelt, die Vorfahren der Kurden gewesen sein könnten.

Der französische Schriftsteller Denis Diderot schreibt in seiner «Encyclopédie» (1751–1780): «Die Kurden besitzen ein dem alten Assyrien und Chaldäa benachbartes Land; sie sind unabhängig, niemals seßhaft, sondern wechseln oft den Aufenthaltsort.»

Über die Charaktereigenschaften der Kurden gab es demgegenüber schon immer viel mehr Aussagen als über ihre exakte Herkunft, die nur bruchstückhaft nachvollziehbar ist. In einer alten Kurdenchronik (s. Abschn. II.) heißt es: «Die Kurdenstämme halten untereinander nicht zusammen; keiner will dem anderen gehorchen und Untertan sein, wie auch Maulane Saededdin in seiner in türkischer Sprache geschriebenen Geschichte des Osmanenreiches von ihnen sagte, daß sie von einem separatistischen Streben getrieben sind, die ihre Macht einzeln und unabhängig voneinander begründet haben und zwischen ihnen kein anderes Band der Gemeinsamkeit als das des göttlichen Wortes besteht. In dieser Beziehung wird auch angeführt, daß, als Mohammed mit seiner Lehre auftrat und die Fürsten der Welt sich beeilten, dem Propheten ihre Unterwerfung anzuzeigen, Oghuz Chan, welcher damals in Turkestan herrschte, einen Kurdengroßen aus Bagdad namens Zymyn mit dieser Mission betraute, welcher durch seinen triefäugigen Blick, riesenhaften Körperbau und die braunhäßliche Physiognomie derart den Propheten entsetzte, daß dieser ganz ergriffen ihn um seine Nationalität befragte, und als er von ihm erfuhr, daß er ein Kurde sei, Gott bat, so einen furchtbaren Feind nie einig werden zu lassen.»[2]

Herodot (484–425 v. Chr.) berichtet, daß die «13. Provinz des Achemanianischen Reiches neben dem Land der Carduks bzw. Cardukhoi läge.» Wenige Jahre später erwähnt der griechische Historiker und Feldherr Xenophon ebenfalls die «Carduci», bzw. die «Karduken». In seinem Werk «Anabasis» über den Rückzug des griechischen Heeres aus Kleinasien schreibt er im 3. Buch:

«Die Griechen waren nun in großer Hoffnungslosigkeit. Sie waren inmitten der Perser. Ihre Kommandanten und besten Soldaten waren getötet worden, die Barbaren hatten alle verraten. Daraufhin haben die Griechen lange diskutiert, was zu tun sei. Zuerst hatten sie Xenophon als Kommandanten gewählt. Zweiter Kommandant wurde der aus Arakdiali stammende Kleanor. Nach kleinen Auseinandersetzungen mit den königlichen persischen Truppen haben sie den Zab überquert und sind nach einiger Zeit des Marschieren in die von den Medern gebaute Stadt Larissa (das heutige Namrud) gekommen. Hinter der Stadt Mespila (Ninive) trafen sie mit der Armee von Tissaphernes zusammen. Nach weiteren kleinen Kämpfen sind sie weitermarschiert. Sie trafen auf schwer begehbare und enge Wege. Auf der einen Seite waren hohe Berge, auf der anderen Seite tiefe Schluchten. Die Kommandanten kamen daher zusammen und redeten über die Lage. Von einigen Gefangenen haben sie Informationen über das Gebiet erhalten, das sie durchqueren müssen. Die Gefangenen haben erzählt, daß es an der Südseite des Gebietes Meder und Babylonier gäbe und in den nördlichen Gebieten Karduken. Andere Gefangene berichteten, daß dort mutige kriegerische Völker lebten. Sie würden sich Karduken nennen. Diese haben sich bisher noch nie einem König ergeben. Der persische König hat, um sie niederzuzwingen, 120000 Soldaten geschickt, aber in den Bergen sind sie nicht weitergekommen und kein einziger Krieger erreichte sein Ziel. Die Griechen haben die Strecke durch Karduka gewählt. Um von den Karduken nicht gehört zu werden, und um schnell und ungehindert deren Gebiete durchqueren zu können, haben die Griechen viele Opfer geschlachtet.»[3]

Damals, um 400 v. Chr., lebten demnach schon kurdische Stämme, meist autarke Bauern ohne geistliche oder weltliche Herrscher, in dem Gebiet, das sie auch heute als ihre Heimat beanspruchen.

Die einen historischen Quellen meinen nun, daß die Kurden von den Medern abstammen. Meder waren Gebirgsbewohner iranischer Herkunft, die auch Nachbarn des Reichs von Urartu waren und später die Erbschaft der Assyrer antraten. Damals, gegen Ende des 7. Jahrhunderts v. Chr., wurden die Meder immer stärker. Beim Tod des assyrischen Königs Assurbanipal schlossen sie sich unter der Führung des Mederkönigs Kyaxares zusammen und überschritten die assyrische Grenze. Die Meder hatten in den nächsten Jahrzehnten die östlichen und nördlichen Gebiete des assyrischen Reiches bezwungen und dann das Reich von Urartu. Um 550 v. Chr. wurde das Mederreich von Kyros, dem fünften König des Stammes der Perser, besiegt. «Die Meder nahmen die persische Herrschaft ohne viel Widerstand an; bcide Völker waren verwandt und sprachcn fast die gleiche Sprache.»[4]

Andere Historiker sind der Überzeugung, daß die Kurden von den Skythen abstammen, bzw. Bauernvölker dieser wandernden Iranier waren. Die Kimmerer, die am Schwarzen Meer ein mächtiges Reich gegründet hatten, «wurden gezwungen, die Herrschaft an die nomadischen Skythen abzutreten, die sich viele Jahrhunderte in den Steppen von Südrußland festgesetzt hatten. Die Urartäer und Assyrer, die außerstande waren, dem Druck zuerst der Kimmerer, dann der Skythen Widerstand zu leisten, ließen die Eindringlinge durch ihr Gebiet ziehen. Teile der Skythen verschmolzen schließlich mit den Landesbewohnern.»[5]

In einer historisch vergleichenden Untersuchung zwischen Skythen und kurdischen Eigenheiten heißt es: «Aus der Zeit des skythischen Reiches sind kaum Darstellungen erhalten, die eine ethnische Bestimmung der Träger des Reiches ermöglichen. Auch von medischer Seite ist wenig über die Skythen berichtet worden. Nur ein Zylindersiegel zeigt offenbar den siegreichen Kampf zweier Meder gegen zwei Skythen, die durch die spitzen Skythenmützen charakterisiert werden können. Vermutlich soll dieser im 7. oder 6. Jahrhundert v. Chr. entstandene Zylinder den Sieg des Kyaxares über die Madyes feiern. Die Skythen tragen auf diesem Zylinder im Gegensatz zu den ca. 50 Darstellungen skythischer Krieger aus Südrußland und Mittelasien nicht die üblichen, unten geschlossenen Pluderhosen, sondern unten weit offene, in breiten Bahnen genähte Hosen. Hosen dieser Art werden heute noch in einem Bezirk getragen, der damals zu den Zentralgebieten des skythischen Reiches gehörten. Es handelt sich um den Bereich der Badinan-Kurden in der Südost-Türkei und dem Nordwestirak. Auch Mützen der dargestellten Form werden gelegentlich in Südkurdistan als Teil der Winterkleidung getragen. Ich möchte daher annehmen, daß die auf diesem Zylinder von den Medern besiegten Skythen Badinan-Kurden sein sollen, die als Soldaten des skythischen Reiches dargestellt werden. Das Skythentum dieses Reiches dürfte sich auf die Oberschicht beschränkt haben, während die Masse der Bevölkerung vermutlich kurdischen Stämmen angehörte. Mit der Annahme, daß die Kurden im 7. Jh. v. Chr. unter kimmerisch-skythischer Führung in ihre heutigen Wohngebiete einwanderten, wäre die Frage nach der Zeit ihrer Wanderung beantwortet.»[6]

Auch die Frühgeschichte der Armenier geht weit in die Zeit vor Christi Geburt zurück. Obwohl das Wort «Armenier» in der Bibel nicht erwähnt ist, gibt es doch einige geographische Hinweise. Nach der biblischen Geschichte von der Sintflut ist die Arche Noah nach sieben Monaten und 17 Tagen auf dem Gebirge Ararat gelandet. In der hebräischen Sprache nun bedeutet Ararat nicht die Bezeichnung für einen Berggipfel, sondern bezieht sich auf das Land Armenien. In Jeremia 51, 27, steht sogar die Bezeichnung «Königreich Ararat». Die Armenier sind nachweislich gegen Ende des 8. und Anfang des 7. Jahrhunderts v. Chr. von Thrazien, also von Europa her kommend, am Fuß des Berges Ararat gelandet, während die Kurden vom Osten her das Gebiet südlich vom Ararat bevölkerten. Aus der ersten Zeit ihrer Ansässigkeit gibt es, wie bei den Kurden, zu berichten, daß sie unabhängig waren und in ständigem Kampf mit den umliegenden Völkerstämmen lagen.

Das Land der Kurden blieb in den Jahrhunderten, nachdem Alexander der Große Kleinasien erobert und den persischen König Kyros vertrieben hatte, unter griechischer Herrschaft. Armenien dagegen blieb unabhängig. In dieser Zeit entwickelte sich Armenien zu einem mächtigen Königreich.

Der damalige armenische Fürst Dikran I. nannte sich fortan «König der Könige», zog mit seinen Kriegern bis nach Syrien und unterwarf auf dem Weg dorthin auch die Kurden.

Aufgrund der geographischen Lage als leicht zu passierendes Tor zwischen Asien und Europa, im Gegensatz zu den kurdischen Bergregionen, wurden die armenischen Gebiete immer wieder von anderen Völkern bedroht, besetzt und zum Schauplatz heftiger Machtkämpfe über die wirtschaftlichen Reichtümer. Um 100 v. Chr. mußte sich der neugegründete armenische Staat der damaligen Weltmacht im Osten beugen: den Parthern, einem iranischen Reitervolk. Parther und Römer kämpften nun auf armenischem und kurdischem Boden, und schließlich mußten sich die Armenier den Parthern beugen, die den Kronprinzen Trigranes als Geisel entführten. Nach dem Tode des armenischen Herrschers Artavazdes II. im Jahre 95 v. Chr. entließen sie ihn – gegen Abtretung von 70 Tälern im Osten Armeniens. Tigranes versuchte nun ein 3. Imperium aufzubauen, was mißlang, und so einigte er sich mit den Römern, um gegen die Parther zu kämpfen: Die armenische Gesellschaft wurde durch die Kultur der Römer und später die der von Byzanz geprägt – während die Kurden weiterhin unter dem Einfluß der Perser und später der Araber standen.

Im Jahre 226 n. Chr. gelangten die Sassaniden, ein neupersisches Herrscherhaus, an die Macht, die die Parther gestürzt hatten. Einer ihrer ersten Feldzüge richtete sich gegen Armenien, das 238 n. Chr. von ihnen erobert wurde. Ein Tribut der Unterwerfung für die Armenier, die sich zu diesem Zeitpunkt schon zum Frühchristentum bekannt hatten, war die Übernahme der iranischen Religion.

Christentum und die Lehre des Zarathustra prägten bis zu diesem Zeitpunkt das religiöse Leben der Armenier als auch der Kurden. Noch heute bekennen sich Kurdenstämme, besonders in den Provinzen Hakkari und Van, zum Zarathustrismus.

So prallten zur damaligen Zeit auch unterschiedliche Religionsauffassungen zusammen. Die Sassaniden huldigten dem Sonnengott, während Kurden und Armenier sich einer weitaus höher entwickelten Religion verpflichtet fühlten.

«Zarathustra hat in einer reinen, hochstehenden Ethik die wahre Religion gesehen, und dies in bewußtem Gegensatz zum als nichtig, als bloß weltlich betrachteten bisherigen religiösen Treiben. So entsteht die Scheidung zwischen dem, was wir uns angewöhnt haben, geistlich und weltlich zu nennen.»[7]

In Persien ist der Zarathustrismus schnell in Verfall geraten, und es kehrten die mythologischen Sekten wieder, die jeweils unterschiedliche Götter verehrten.

Inzwischen hatten sich jedoch bei den Armeniern, unter dem Einfluß der Römer und der Griechen, zwei bedeutungsvolle geschichtliche Veränderungen durchgesetzt:

301 n. Chr. wurde das Christentum als Staatsreligion proklamiert, gleichzeitig das armenische Alphabet eingeführt und die Bibel ins Armenische übersetzt. Das «silberne Zeitalter» brach in Armenien an. Nachdem das Christentum Staatsreligion war, begann Gregor, ein ehemaliger Sekretär des armenischen Herrschers Drtads, sein missionarisches Werk als erster armenischer Katholikos (Kirchenoberhaupt). Zuerst taufte er die Adligen des Landes, dann schickte er Missionare ins Land hinaus, die ihrerseits in allen kleinen Dörfern Schulen und Klöster gründeten. In den nächsten Jahrzehnten entwickelte sich in diesem ersten christlichen Staat überhaupt ein blühendes kulturelles und gesellschaftliches Leben, das im krassen Gegensatz zu den benachbarten Kulturen stand. Schon Gregor von Nyssa beschrieb die damalige Stimmung im späten 4. Jahrhundert so: «Alle Plätze, Gassen, Märkte, Straßen, die Läden der Kleiderhändler, Geldwechsler und Händler sind mit Leuten erfüllt, die unbegreifbare Fragen diskutierten. Fragst du jemanden, wieviel Obolen du zu zahlen hättest, philosophiert er über das Erschaffene und das Nichterschaffene; als ich den Preis des Brotes erfragte, antwortete der Verkäufer, daß der Vater größer ist als der Sohn, und wenn du fragst, ob das Bad gerichtet sei, wird dir erzählt, daß der Sohn aus dem Nichts erschaffen wurde.»[8]

In der Mitte des 5. Jahrhunderts überfielen die Perser erneut Armenien und verlangten, daß die Bevölkerung die Wahl hätte, entweder Christen zu bleiben und zu sterben oder die persische Religion als Staatsreligion anzunehmen. Die armenischen Bischöfe riefen eine Synode ein und erklärten:

«Von diesem Glauben kann uns nichts trennen, weder Engel noch Menschen, weder Schwert, Feuer, Wasser, noch andere grausame Folter. Wir übergeben all unser Hab und Gut in eure Hände, unsere Körper gehören euch. Ihr Perser habt Säbel, uns zu töten, wir Armenier haben einen Nacken und eine Brust, um eure Säbel aufzufangen und für unseren Glauben zu sterben. Tut was ihr wollt! Wenn ihr uns die Freiheit laßt, unserem Glauben treu zu bleiben, so werden wir euch als unsere irdischen Herren anerkennen, unseren himmlischen Herrn, Jesus Christus, neben dem es keinen anderen Gott gibt, werden wir aber nie verleugnen.»[9]

Alles Volk, das sich weigerte, die persische Religion anzunehmen, wurde ermordet.

Im 6. Jahrhundert eroberte Byzanz große Teile Kleinasiens; 591 vertrieb Maurikios die Perser aus Armenien. Das half den Armeniern nur wenig, da nun die Griechen die einheimischen Adelsgeschlechter durch byzantinische Beamte und Adlige ersetzen wollten. Das Schrekkensregime unter Maurikios beschreibt Johannes von Ephesos: «Wir erduldeten jene Kämpfe und Übel nicht von Fremden und Heiden, sondern von solchen, die auch für Christen gelten, aber Werke des Heidentums an Christen, ihren Nächsten, ungescheut und ohne Zügel der Gottesfurcht und ohne Erbarmen in ihrer Unmenschlichkeit und Grausamkeit ungehindert ausüben.»[10]

Die Armenier verhielten sich auch in Zukunft den Byzantinern gegenüber weitgehend neutral.

Eine entscheidende Wende stellte sich für Armenier und Kurden ein, als Kalif Omar II. nach dem Tod des Propheten Mohammed einen Feldzug gegen die Perser unternahm. Während dieses Feldzuges drangen die Araber in Kurdistan und Armenien ein, eroberten Städte, verbrannten die Kirchen und vertrieben die Bewohner. Als die ersten Araber angesiedelt wurden, erhoben sich Armenier und Kurden, die beide gegen den neuen Glauben, den Islam, Widerstand leisteten.

Während sich die Armenier nach kurzem Widerstand mit dem arabischen Kalifen arrangierten, zumal er die staatliche Organisation der Armenier duldete, lehnten sich die Kurden länger und erbitterter auf, da sie ihre Herrschaft durch die Zentralmacht des islamisch-arabischen Staates gefährdet sahen. Wegen der rigiden und brutalen Politik der arabischen Zentralmacht, alle kurdischen Stämme unter ihrer staatliche Einheit zusammenzufassen, entwickelten sich zahlreiche lokale Aufstände. Der kurdische Fürst Mir Dscha-far Hasan Dasine führte im Jahr 839–840 eine Revolution im Dasin-Gebirge an gegen den Kalifen. Die größte ideologische Revolution gegen den islamischen Zentralstaat wurde von Babak-i-Chorrami geführt. Sie dauerte ein Jahr, von 816 bis 817. Babak strebte nach einer von der arabischen Macht unabhängigen freien sozialen Gesellschaft.

Unterdessen hatten sich die Armenier friedlich mit Bagdad geeinigt, da der Kalif bemerkte, daß er durch die Auseinandersetzungen mit Armeniern und Kurden den Byzantinern das Bergland öffnete. Der armenische Fürst Aschot Bagratuni wurde vom Kalifen zum «Herrn der Herren Armeniens, Georgiens und der Länder des Kaukasus» ernannt und erhielt das Recht zur Steuererhebung.

Mit Hilfe der Kurden konnten die mohammedanisch gewordenen Perser sogar das Omaijaden-Kalifat der Araber im Jahr 750 unter Führung eines Kurden stürzen und das abbasidische Kalifat gründen. Obwohl die Kurden die Schwäche dieser Kalifen-Regierung ausnutzten und starke und unabhängigke Dynastien wie zum Beispiel die Hasnawiyya-Dynastie und die Schaddahi-Dynastie in Nord-Aserbeidschan und im Südwest-Kaukasus gründeten, blieb ihre Sprache weiterhin Arabisch, zumal sie sich der orthodoxen sunnitischen Konfession anschlossen. Kurdenstämme nahmen auch am Sklavenkrieg, dem Krieg der Neger, in den Jahren 868 bis 883 teil, in dem die versklavten Neger aus Basra sich gegen ihre feudale Unterdrückung auflehnten. 980 wurde ein Aufstand der Kurdenstämme aus Hakkari von den Arabern blutig niedergeschlagen. Die rebellierenden Kurden wurden auf einer 25 Kilometer langen Straße von Malatya bis Mossul reihenweise gekreuzigt.

Am Ende hatten die Kurden keine andere Wahl als die, sich der islamischen-arabischen Vorherrschaft zu beugen. Ein Grund der Unterwerfung war der, daß die Stämme den Islam annehmen mußten, wenn sie sich von den Steuern befreien und ihren Besitz behalten wollten. Schließlich übernahmen sie die arabische Sprache und die islamische Religion an, im Gegensatz zu den Armeniern, die die armenische Sprache beibehielten. Als die bewaffneten Auseinandersetzungen mit den Arabern noch nicht zu Ende waren, mußten die Kurden schon gegen eine neue Besatzungsmacht antreten, die Byzantiner, die, um ihren Handel auszubauen, immer weiter nach Osten vordrangen. Auch die Armenier schickten Truppen gegen die Byzantiner und unterstellten sie dem Kalifen. Mit diesen armenischen Truppen bezwang er die von der Zentralregierung abgefallenen Emire (islamische Fürsten). Für die Armenier machte sich die frühe und intensive Zusammenarbeit mit dem Kalifen in Bagdad bezahlt. Sie konnten Kultur, Religion und Politik frei ausüben. «Eine armenische Renaissance begann, die auch den Nachkommen Gregors des Erleuchters wieder das Katholikat gab. 885 ließ sich Aschot zum König wählen, ein Akt, den der Kalif durch die Übersendung einer Krone akzeptierte. Die armenischen Könige galten zwar den arabischen Emiren als Oberherren, waren aber wenig mehr als die ersten unter vielen Feudalen, die ihre Bauern mehr und mehr versklavten. Erhoben sich die Ausgebeuteten, wie die Hörigen des Tatjew-Klosters im 10. Jahrhundert, rotteten die vereinigten arabischen und armenischen Fürsten ganze Dörfer aus. Da die armenische Kirche völlig mit dem Adel vereinigt war, nahm der Widerstand der Armenier oft die Form von Sektenbewegungen an und die Aufstände wurden als Glaubenskriege ausgefochten.»[11]

Jahrzehnte später drangen aus dem zentralasiatischen Raum Turkmenen-Stämme nach Kleinasien vor, die Seldschuken. 1064 fielen Ani und Kars in Armenien, 1071 besiegten die Seldschuken in der Schlacht von Manzikert ein byzantinisches Heer. Die Seldschuken waren ein turkmenischer Nomadenstamm, der zuerst in der 2. Hälfte des 10. Jahrhunderts im heutigen türkischen, sowjetischen und iranischen Grenzgebiet ein eigenes Reich, das Seldschukenreich, aufbaute. Als Nomaden fanden sie dort jedoch wenig Weidegründe und drängten zu neuen Weideplätzen: das war Kleinasien, das bis dahin weitgehend von Byzanz beherrscht war. Die nur oberflächlich islamisierten Kurden in den südöstlichen, unzugänglichen Berggebieten, die dort halb nomadische, halb bäuerliche Stammesgesellschaften bildeten, wehrten sich gegen die, wie sie sagten, «tollwütigen Seldschukensultane». An dem Aufstand unter der Führung Baba Ishaks gegen die feudalen Unterdrücker nahmen breite Massen von turkmenischen, kurdischen und armenischen Völkern Anatoliens teil.

«An der bis dahin bestehenden ökonomischen Struktur Kleinasiens änderte sich zunächst nichts Wesentliches. Die seldschukische Führungsschicht ließ sich zwar mit der Zeit in den alten byzantinischen Städten nieder und übernahm Funktionen der früheren byzantinischen Verwaltung.»[12] Die Armenier, das heißt die Christen, konnten Handel und Handwerk in den Städten weitertreiben, die Bauernstämme auf dem Land blieben ebenfalls unabhängig, und das waren in Ostanatolien die Kurden.

Ein tiefer Wandel vollzog sich in Kleinasien: Das Christentum wurde zurückgedrängt, der Islam dominierte bei den eindringenden Volksstämmen. Byzanz verteidigte sich nach Osten gegen die anrückenden Völkerschaften, die Lebensmöglichkeiten suchten. Der Erzfeind Byzanz' war jedoch Europa selbst. Dieses Europa zeichnete sich durch Neid, Eifersucht und Glaubenshaß der katholischen Kaiser und Könige aus, vor allem des Papstes, der das Bestehen einer konkurrierenden christlichen Kirche in Konstantinopel (dem heutigen Instanbul) nicht dulden wollte. Die Kreuzzüge wurden zur politischen Machtfrage des Papstes, der die Fürsten und Lehensleute zu den Waffen rief und sich somit als oberster Kriegsherr über Kaiser und Könige stellte. Nur wenige der Kreuzfahrer zogen aus religiösem Eifer zur Befreiung des Heiligen Landes von den Heiden aus. Die überwiegende Mehrheit hoffte auf reiche Beute und auf Landgewinn für sich selbst. Sengend, plündernd und mordend zogen sie durch Kleinasien. Ausgeruht haben sich die Kreuzfahrer in dem kleinarmenischen Königreich Kilikien (bei Adana in der Südtürkei). Als Anerkennung für die geleisteten Dienste schenkte Kaiser Heinrich VI. im Jahr 1198 dem damaligen Herrscher, Fürst Leon, eine prachtvolle Königskrone.

Hier trennen sich auch endgültig die politischen Entwicklungen von Kurden und Armeniern. Während das armenische Volk das Christentum übernommen hatte und sich offensiv dazu bekannte, hatten die meisten Kurden inzwischen den Islam angenommen. Die Armenier unterstützten offen die europäischen Interventionsheere, die Kreuzfahrer. Die Unterstützung der Kreuzfahrer fesselte Armenien politisch und wirtschaftlich an Europa. 1196 wurde der armenische Adlige Leo zum König von Armenien gekrönt, als Lohn für die Unterstützung der europäischen Interessen. An der Krönung nahmen der Erzbischof von Mainz, der Kardinal Konrad von Wittelsbach und Vertreter des Kaisers und des Papstes teil. «Leo organisierte Armenien nach europäischem Vorbild, eine Tendenz, die bis zum Ende des armenischen Königreiches bestehen blieb. Rechtsnormen und Titel französischer Prägung setzten sich durch, die größere Königsmacht drückte die Nacharare auf das Niveau von Lehensträgern herab, die den Titel Baron erhielten. Turniere, Falkensport, Theater und feudaler Glanz breiteten sich aus, während die Bauern immer härterer Bedrückung erlagen.»[13] Damals entwickelten sich die Armenier zu gewandten Kaufleuten. Der Hafen Tarsus (das heutige Adana) wurde zum wichtigsten Transithafen zwischen Südeuropa und Ostasien. Die Handelsstraße verlief von Tarsus nordwärts und dann im Araxes-Tal zum Kaspischen Meer. Exportiert wurden Erze, auch Textilien, Weizen und Falken. Kaufleute stifteten Kirchen und Klöster, sie müssen also über große Kapitalien verfügt haben. «So zahlte der Kaufherr Sahmadin, Sohn des Awetik, nach einer Inschrift von 1261 40000 Golddukaten für einen Sommersitz in Mren. Das Kloster Getik wechselte für eine ähnliche Summe den Besitzer, und wieder war der Käufer ein Handelsherr. Schließlich prägten die Herrscher in Kleinarmenien eigene Münzen, deren Bilder der Verherrlichung des Königs dienten.»[14]

Die Kurden, die von derartigen zivilisatorischen Fortschritten nichts wußten, kämpften auf der Seite der Araber gegen die westlichen Kreuzfahrer – und damit auch gegen die Armenier. Über diesen Kampf erzählt der Historiker Akrardyi: «Ein gewaltiger Feind zielt auf den Islam, so daß dem Islam große Verluste zugefügt werden, wenn keine Hilfe der Verbündeten kommt. Wenn diese Unruhestifter nicht aus dem Lande verjagt werden, werden sich die Arkaden (d. h. die Kurden) in Bewegung setzen und in solchem Geschehen zur Hilfe kommen müssen.»[15]

Es war ein kurdischer Fürst, Saladin der Große, der 1187 n. Chr. den arabischen Staat vor dem Untergang durch die Invasion der Kreuzfahrer bewahrte. Geschichtsbücher berichten darüber:

«An einem Freitag im Monat Rebi-elewwel des Jahres 583 (1187) kam es in der Ebene bei Tiberias zwischen Selah-eddin und den Franken zu einer Schlacht, in welcher die göttliche Gewalt über dem Heere des Islams waltete; das Haupt der Christen wurde gefangengenommen und eine große Anzahl seiner Krieger getötet. Selah-eddin zog sodann nach Akka, er entriß diese Festung den Christen und befreite 4000 Muselmänner, welche in die Gefangenschaft der Christen geraten waren. In dieser Art verfolgte er mit Eifer die Eroberung der übrigen Städte und Festungen, welche in den Händen der Franken sich befanden, und nahm

Nabulus, Kafa, Kaisarie, Nasire und Ascalon ein. Sodann rückte er mit einem Heere gegen Jerusalem und schlug an der westlichen Seite dieser Stadt das Lager auf; eilte aber nach einigen Tagen an die östliche Seite derselben und schritt zur Belagerung und zum Angriffe. Dazumal befanden sich mehr als 60000 Christen in jener Stadt und leisteten mutvollen und tapferen Widerstand den Muselmännern. An einem Freitag des 27. Monats Redscheb des gedachten Jahres, wendete Selah-eddin Mauerbrecher an, um die Christen zu bezwingen, und der Sieg war für das islamitische Heer entschieden. Furcht und Schrecken ergriffen die Herzen der Christen und sie flehten um Gnade. Selah-eddin schenkte den Franken Leben und Freiheit. Die heilige Stadt war erobert und die Muselmänner zerbrachen das Kreuz, welches die Christen auf der Kuppel des Salomonischen Tempels errichtet hatten, wo noch am selben Tage das Freiheitsgebet verrichtet wurde und ein Lobgesang von groß und klein zum Himmel emporstieg.»[16]

Kurdische Sultane waren auch die muselmanischen Gegner von Richard Löwenherz, Philipp II., August von Frankreich und Friedrich I. Barbarossa auf dem Dritten Kreuzzug von 1189–92.

Einschneidende politische Änderungen ergaben sich jedoch erst, als die Mongolen im 13. Jahrhundert das Seldschukenreich zerschlugen. Auf der Flucht vor den Mongolen strömten immer mehr Türkenstämme aus dem Osten nach und bildeten in Anatolien bald die Majorität der Bevölkerung. Zahlreiche kurdische Städte wurden von den Mongolen erobert und eingeäschert. In Hakkari wurden die Kurden niedergemetzelt, in Ani und Kars die Armenier geplündert, die armenische Stadt Ersindschan (Erzincan) wurde verwüstet. Teile der autochthonen christlichen Bevölkerung sowie der Kreuzfahrerstaaten im syrisch-anatolischen Grenzgebiet verbündeten sich in dieser Situation mit den Mongolenherrschern, von denen sie sich eine Zurückdrängung des Islams erhofften.

«Dann wurden die großen und unabhängigen Prinzen von Georgien und Albanien ihnen tributär, willentlich oder unfreiwillig. Sie gaben bereitwillig alle geforderten Tribute . . . Sie selbst, entsprechend ihren Ressourcen und Fähigkeiten, kamen mit ihrer Kavallerie auf Raubzüge und nahmen die noch nicht eroberten Städte und Schlösser, plündernd und Gefangene machend. Sie töteten ohne Gnade Männer und Frauen, Priester und Mönche, machten Sklaven, nahmen Diakone als ihre Sklaven und plünderten die Kirchen der Christen ohne Furcht.»[17]

Ein armenischer Fürst führte seine Reiter im Gefolge der mongolischen Armee gegen Bagdad. Gregor von Akantsch berichtete darüber: «Nach diesem hielten sie eine große Versammlung der alten und jungen Reiter, einschließlich der georgischen und armenischen Kavallerie, und in zahllosen Massen zogen sie gegen die Stadt Bagdad. Als sie angelangt waren, nahmen sie auf einmal die große und berühmte Stadt Bagdad, gefüllt mit vielen Menschen und seltenen Schätzen und zahllosem Gold und Silber. Als sie es einnahmen, schlachteten sie gnadenlos und machten viele Gefangene. Sie kleideten die Kavallerie mit allen Gütern und dem Geld des Kalifats. Sie fingen den Kalifen, den Herrn von Bagdad, mit all seinen Schätzen und brachten ihm korpulent und fettleibig, vor Hlagu-Hulawo.»[18] Dort wurde er erschlagen. Der Mord an dem Kalifen und 800000 Bürgern Bagdads blieb nicht ungesühnt. Als die Mongolen sich zurückzogen, führten die nachfolgenden Turkmenenstämme vernichtende Rachefeldzüge auch gegen die Armenier. 1375 fiel das armenische Königreich von Kilikien, die Armenier wurden vertrieben.

Die mongolische Invasion hatte nämlich zur Folge, daß viele Turkmenenstämme nach Kleinasien kamen. Zwei dieser Turkmenenstämme, die «weißen Hammel» (Akkoyunlu) und die «schwarzen Hammel» (Karakoyunlu) fielen zwischen 1387 und 1447 in Kurdistan ein und plünderten das Volk aus: Ernten wurden vernichtet, so daß überall Hungersnöte ausbrachen, in denen selbst Eltern ihre Kinder verschlungen haben sollen.

Im 15. Jahrhundert entstand aus den Resten der Mongolenherrschaft in Persien unter der Dynastie der Seffawiden ein Reich, das seinerseits die turkmenischen Stammesherrschaften und die Kurden bedrohte.

Die Mongolenzüge, die Menschenmassen aus Zentralasien nach dem Westen schwemmten, brachten auch eine kleine Sippe der Oghuz-Türken heran. Dieser kleine Stamm von etwa 2000 Personen stand unter der Führung von Süleiman und seinem Sohn Ertogrul (1231–1288) und führte nicht mehr als 400 Zelte mit sich. Sie kamen über Nordwestpersien und stellten sich in den Dienst des damaligen Seldschukenherrschers. Dieser siedelte sie als Grenzschutz an seiner Grenze zum Byzantinischen Reich an, wo sie sogleich darangingen, die griechische Bevölkerung auszurotten und Raubzüge in die Umgebung zu machen. Nach dem Zusammenbruch des Seldschukenreichs bildeten die Türken unter Ertogrul einen der zahlreichen selbständigen turkmenischen Kleinstaaten. Nach dem Tode Ertogruls wurde sein Sohn Osman Führer des Stammes. Osman nahm 1301 den Titel Sultan an und gründete das Reich und die Dynastie der Osmanen. Es sollte später über die Armenier und Kurden herrschen. Und erneut wurde gekämpft um die Vorherrschaft in Kleinasien. Die Turkmenen erlagen den Osmanen, und in Persien ergriffen die Seffawiden die Macht. 1589 besetzten die Perser die Ararat-Ebene, und als sie vor den Osmanen wieder abziehen mußten, deportierten sie Zehntausende Menschen: Armenier. «In einem Schreckensmarsch zogen 50000 Armenier im Winter durch das Hochgebirge, gejagt von den Persern, auf der Flucht vor der Ungewißheit türkischer Herrschaft. Wer zu schwach war, wurde erschlagen, erfror oder verhungerte. Viele ertranken im Eisgang des Araxes.»

Im Mittelalter standen die Kurden im Spannungsfeld der Auseinandersetzungen zwischen dem Osmanischen und dem Persischen Reich. Der überwiegend mohammedanisch-sunnitische Teil unterstützte die Pforte, der mohammedanisch-schiitische Teil das Persische Reich. Den kurdischen Emiraten wurde vom osmanischen Staat Autonomie gewährt, um die kurdischen Fürsten gegen Persien auf ihrer Seite halten zu können. So konnten die Türken mit Hilfe der kurdischen Fürsten einen entscheidenden Krieg gegen die Perser im Jahre 1514 gewinnen.

Zu dieser Zeit erlebten die Kurden auch ihre Blütezeit. Zahlreiche kurdische Fürstentümer wurden gegründet, so in Bitlis, Diyarbakir, Hakkari oder Amadiya. Demgegenüber wurden die Armenier, für die die türkisch-islamische Herrschaft einen ständigen Wechsel von Raub, Mord, Massaker und Plünderung brachte, aus ihren Gebieten vertrieben, die dann teilweise von den kurdischen Fürsten übernommen wurden.

1515 wurde ein Vertrag zwischen dem türkisch-osmanischen Staat und allen sunnitisch-kurdischen Fürstentümern abgeschlossen, der die Integration der Kurden in das Osmanische Reich vorsah. Die Kurden sollten dabei ihre volle Unabhängigkeit bewahren können. Nur wenig später wurde er von den türkischen Sultanen schon nicht mehr beachtet. Über diesen Vertragsabschluß heißt es: «Vom türkischen Sultan Selim bestochen, setzte sich der kurdische Gelehrte Idris-i Bitlise, der wegen seiner religiösen Autorität unter den kurdischen Fürsten ein hohes Prestige besaß, für eine Vereinigung aller kurdischen Fürstentümer mit dem türkisch-osmanischen Staat ein. Die brutalen Maßnahmen der Seffawiden (Perser) halfen Bitlise bei der Durchführung seiner Aufgabe. Idris-i Bitlise wird von heutigen Kurden als ‹Teufel von Bitlis› bezeichnet. Sein Name als Volksverräter ist in die kurdische Geschichte eingegangen.»[19]

Für die Türken waren die Kurden nur so lange von Interesse, als die Perser gegen die Türken kämpften und die Kurden dabei eine wichtige Pufferrolle einnahmen. Zur gleichen Zeit versuchten auch die persischen Könige, die schiitischen Kurden für sich zu gewinnen, aber erfolglos. Im Jahr 1639 schlossen Türken und Perser den sogenannten Zuhab-Vertrag ab und teilten Kurdistan unter sich auf, indem sie ihre Staatsgrenzen durch kurdisches Gebiet zogen. Diese Grenzen sind heute weitgehend mit den türkisch-iranischen Staatsgrenzen identisch. In den folgenden Jahrhunderten änderte sich für die kurdischen Fürstentümer wenig, solange sie sich der osmanischen Herrschaft beugten. Die Türken waren damals der herrschende Stamm innerhalb des zentralistisch-feudalen Osmanischen Reichs. Dagegen beuteten die Feudalherren, Fürsten und Scheichs, die Bauern der verschiedenen Stämme aus. Der osmanische Staat war auf der Grundlage der Ausbeutung der Reaya (Bauern) mittels Gewaltanwendung durch die herrschende feudale Klasse, die faktisch das Bodenmonopol besaß, errichtet. Solange die kurdischen Fürsten mit den osmanischen Herrschern zusammenarbeiteten, gab es keinerlei Konflikte. Diese entstanden erst, als kurdische Bauern zusammen mit anderen türkischen Stämmen sich gegen die religiöse Unterdrückung als Teil der politischen Gewaltherrschaft der Osmanen wehrten. Trotz allem war aber damals die Blütezeit der Kurden. Es war eine Blütezeit, in der die kurdische «Bourgeoisie» Architektur, Medizin, Wissenschaften, Handel und Handwerk, Literatur und Musik entwickelte. Diese kulturelle Blütezeit hatte ihre Zentren im wesentlichen in den Städten. Von Bitlis (Bidlis) beispielsweise wird gesagt: «Es war eine Stadt voller Paläste, Hotels, Schulen, Moscheen, Brücken, Burgen, Geschäfte, Restaurants und öffentlicher Gärten, ein Zentrum der Bildung und des internationalen Handels. Hier lebten auch die bekanntesten Schriftsteller und Poeten.»

II. Die Geschichte des Fürstentums von Bitlis

(Aus: Kurdenchronik von Scheref, 1600 n. Chr., zitiert nach: H. A. Barb: Geschichte der kurdischen Fürstenherrschaft in Bidlis, Sitzungsbericht der philosophisch-historischen Klasse der Kaiserlichen Akademie der Wissenschaften in Wien, Wien 1853, Bd. X, Heft II.)

Die «Kurdenchronik» wurde Anfang des 19. Jahrhunderts durch den damaligen britischen Botschafter in Bagdad, Claudius Rich, nach Europa gebracht und später von H. A. Barb übersetzt.

Der Verfasser der Chronik, Scheref, war Oberbefehlshaber sämtlicher Kurden, wurde aber später wegen des Verdachts eines Komplotts vom Hof seines Vaters, des Fürsten von Bitlis, gejagt. Nach der Intervention zahlreicher kurdischer Fürsten wurde er wieder in sein Erbe eingesetzt und regierte als Herrscher über das Fürstentum von Bitlis bis 1600.

Die Chronik, von hoher geschichtlicher und literarischer Bedeutung, ist einerseits ein Fürstenlob, zeigt aber auch gleichzeitig das reiche kulturelle Leben der damaligen Zeit in Kurdistan auf und – was für die Einschätzung der Kämpfe zwischen Osmanen und Kurden wichtig ist – das ständige Streben nach Unabhängigkeit. Deutlich wird in der Chronik auch die ethnische Arbeitsteilung: Armenier als Handwerker und Kaufleute und Kurden als Bauern und Krieger – über allem aber steht das Fürstentum.

Ziel der Chronik, der ersten kurdischen Geschichtsschreibung überhaupt, war nach den Vorstellungen von Scheref, die Geschichte seines Vaterlandes der Vergangenheit zu entreißen. Als Quelle dafür dienten ihm persische Geschichtswerke, die Aussagen «betagter und graubärtiger Männer» (Scheref) und seine eigenen Erfahrungen als «Augen- und Ohrenzeuge».

Ha! Was ist Bidlis, vor dessen Luft und Wasser
Der Odem Christi und Chyzr's Quell beschämt zurücktreten!

Welch' ein Ort, vor dessen entzückender Schönheit
Der Garten Eden von der Erde verschwand!
Welch eine Gegend! daß die Gazelle, als sie deren Trefflichkeit vernahm,
Sogleich die Gefilde von Choten verlassen wollte,
Um dort zu Lande ihre Moschusblase zu entleeren.
Da sprach zu ihr der Morgenwind: «welch' verkehrte Idee!
Der Staub jener Gegend ist durchwegs chinesischer Moschus,
Geh nicht hin, denn deine Waare wird dort als Staub nur gelten.»
Welch ein Boden! da wegen der Eigenheit seiner trefflichen Erde
Aus dem ewigen Garten vor einem Lebensalter schon der Zephir kam,
Um Staub von jenen reinen Gefilden nach dem Paradies zu tragen,
Und statt Moschus in die Locken der Huris zu streuen;
Doch so sehr er auch in jener Gegend umherirrte,
Er fand kein Körnlein Staub, so rein ist dort die Erde.

(Rokueddin Ala eddaula Semnani)

Wiewohl die Leute daselbst durch einige Monate von starkem Schneefall, großer Kälte und Unwetter zu leiden haben, so herrscht doch bei alle dem nicht so heftiger Frost, daß die Menschen zu Schaden kommen. Auch heizt die dortige Bevölkerung, Reich und Arm, auf dem Lande und in der Stadt, mit Holz, und eine Maulthierlast trockenen Holzes wird um einen Direm in Silber verkauft, welcher zwölf osmanische Akhtsche gilt. In gleicher Art wird in den Bädern mit Holz geheizt. Bisweilen werden in der strengen Winterzeit durch großen Schneefall die Verkehrsstraßen gehemmt. Von Alters her haben gerechtigkeitsliebende und großmächtige Herrscher in ihrer Vorsorge für Erhaltung der Wege der islamitischen Welt jene Stadt von allen bürgerlichen und kirchlichen Abgaben befreit, und diesfalls gesetzliche Anordnungen so wie Herrscherpatente und strenge Strafen androhende Befehlsschreiben erlassen. Die Landesfürsten haben daselbst viele gemeinnützige Bauten, Moscheen, Schulen, Klöster, Unterkunftsanstalten, Bäder und Brücken gegründet. So bestehen in der Stadt selbst 21 Brücken aus gehauenen Steinen, die dem Verkehr der Menschen geöffnet sind. Sie zählt sechzehn Quartiere und acht Bäder. Es gibt ferner vier große Moscheen. Die eine derselben war vor Alters eine armenische Kirche. Bei der Eroberung der Stadt durch das islamitische Heer wurde sie in eine Moschee verwandelt; sie führt den Namen «Khyzyl mesdschid» (die rothe Moschee). Die andere ist ein Bauwerk aus der Zeit der Seldschukhen und das Datum ihrer Erbauung findet sich an derselben in einer kufischen Inschrift angebracht; sie wird die alte Moschee genannt. Die dritte Moschee wurde nebst einem Kloster an der Seite des Kok Mejdan vom dortigen Wali Schems-eddin erbaut, demzufolge sie die «Schemsie» benannt ist. Die vierte ist die Moschee «Scherefie», welche Scheref Chan, der Großvater des Verfassers dieses Werkes, nebst einer Schule und einem Kloster in dem Quartier Mardin erbaut hatte und Scherefie benannte. In diesen Moscheen sind Priester und Gebetsausrufer angestellt und jeder derselben bezieht einen reichen Gehalt. Es ist auch nicht bekannt, daß seit dem ersten Auftreten des Islams bis auf diese Zeit dort jemals die öffentliche Freitagsandacht unterblieben wäre. Ferner bestehen daselbst fünf Schulen, nämlich: 1. die Chatibie, 2. die Hadschibegie, 3. die Schekerije (Scherefie?), 4. die Idrisie und 5. die Ichlasie, welche letztere vom Verfasser gegründet wurde. Ihr Bau kam im Jahre? 999 an der Seite des Klosters Schemsie zur Vollendung und sie ist gegenwärtig mit Schülern überfüllt.

Weiters gibt es auch vorzügliche und geschickte Gewerbsleute und Künstler, deren Buden sich ungefähr auf achthundert belaufen. Es bestehen auch daselbst viele gemeinnützige Anstalten. Insbesondere hat der Baumeister der Gerechtigkeit, der Pfleger der guten und frommen Werke, der Mehrer der Wohlthaten und Almosenspenden, der Beschützer der Weisheitsbeflissenen, der Gönner der Männer der Wissenschaft und der Schrift, der Vertrauensmann des kaiserlichen Hofes und unverbrüchlich treue Rath S. M. des Sultans, Chosrew Pascha, der Miry Miran von Wan ein Bad aus Mormorstein, zwei Chane und gegen hundert Verkaufbuden mit Doppelfronte und Doppelthüren, Gärten, Häuser und außerdem auch noch andere Fabriken gegründet, welche zum allgemeinen Nutzen gereichen. Alles dies vermachte er dem Kloster in Rahowa. Durch seine Bauwerke gewann die Stadt Bidlis bedeutend an Schönheit, und der gelehrte, beredte, mit den größten geistigen Vorzügen begabte Mohammed Dschan Efendi, welcher einer dortigen angesehenen Kadifamilie entsprossen war und, gleichwie es bei seinen Vorfahren durch Generationen der Fall gewesen, hohe Ämter und Würden bekleidete, hat das Chronogramm für die Bauwerke desselben in dem Ausdrucke: «bynajy chosrewane» (königliche Bauten, d. i. 985) gefunden.

Abgesehen von diesen nützlichen Werken und Bauten war er noch an zwei großen Unternehmungen betheiligt und führte diese in kurzer Zeit dermaßen aus, daß die Welt ihm Beifall und Anerkennung zollte. Diese sind:

Erstens: die Gründung des Bauwerkes von Rahowa, welches zwischen dem Flecken Tatowan und der Stadt Bidlis gelegen ist. Es besteht aus zwei ausgebreiteten Karavanseraien, einem sich hoch erhebenden Kloster, einem schönen Bade und einer reizenden Moschee, nebst zehn Handwerksbuden. Dann ließ er aus einer Entfernung von beiläufig 1200 Ellen eine Quelle dahin leiten, machte daraus einen blühenden Ort und brachte dahin gegen dreißig christliche und islamitische Familien. Jene Gegenden und Gründe wurden von der Huld und Gnade des seligen Sultan Murad Chan als Lehensdominium (milkïet) Chosrew Pascha verliehen; er schuf daraus eine Stiftung daselbst und bestimmte, daß dem Reisenden Suppe, Brod und Licht verabreicht werde. Emire und Große, Türken, Araber und Perser, Herren und Diener, Einheimische wie Fremde, alle die Nachts dort einsprechen, werden angemessen bewirthet. Es ist aber auch in der That eine Gegend, wo ungeachtet dessen, daß zwischen der Stadt und Tatowan sich mehrere Dörfer und Karavanseraien befinden, in jedem Winter einige Kaufleute und Reisende durch Schnee und Kälte den Tod finden, denn nach den Messungen welche die Großen von Bidlis in einem Jahre bei jedem Schneefalle vorgenommen haben, betrug die Höhe des gefallenen Schnees den ganzen Winter über sechzig Zoll (Wedscheb).

In früherer Zeit hatten schon die mächtigen Monarchen und die Landesfürsten, insbesondere die erhabenen Vorfahren des Verfassers, ihren Willen kundgegeben, daselbst eine wirthliche Anlage zu gründen, und auch verschiedene Grundbauten ausgeführt, von denen in der That noch die Mauern von mehr als Manneshöhe zu sehen sind. Allein wegen der Ungunst der Zeitverhältnisse blieben sie unausgeführt und kamen nicht zur Vollendung.

Vers:

Wem das Glück will, dem wird es zu Theil.

Nun sind es schon mehr als zwanzig Jahre, daß Dank der wohlthätigen Fürsorge des seligen Monarchen auf jener Straße kein Mensch verunglückte und Reisende, Pilger und Kaufleute sicher und gemächlich ihren Weg zurücklegen können.

Zweitens ließ er in Wan eine hochgewölbte Moschee, eine große Schule, einen Begräbnisplatz und ein schönes Kloster erbauen und brachte deren Vollendung zu Stande. Er bestellte daselbst Recitatoren des Korans, Vorbeter und Gebetausrufer, welche sich auf den liturgischen Gesang verstanden und wohlklingende Stimmen besaßen, so wie fromme Andachtübende, und bestimmte für jeden derselben einen seinen Umständen angemessenen Unterhalt. Nach Abhaltung der fünf Tagesgebete lesen sie über das Heil seiner erhabenen Seele in schöner erhebender Weise die eröffnende erste Sure des Korans. In den Nächten auf den Freitag und den Montag findet die Lesung der Koranstellen Statt, und seine hohe Seele empfindet unzweifelhaft die Wohlthat derselben.

Drittens war er der gute Führer des Verfassers auf der Lebensbahn und brachte ihm mit einem großen Theile des Ruzegi-Stammes, welcher eine Zeitlang verwirrt und verzagt war, indem er nahe an vierundvierzig Jahre in Folge des Fremdendruckes Angehörige, Haus und Land verlassen, und auf persischem Gebiete eine Zufluchtsstätte genommen hatte, wieder in die eigene Heimat und an den bekannten Sitz seiner Väter und Ahnen zurück. Mit diesen Worten will gesagt sein, daß als weiland der verstorbene Kaiser den Verfasser von der Statthalterschaft in Nachtschiwan mit der Verheißung der Herrschaft über das väterliche Erbe abberief, dies auf die Verwendung Chosrew Pascha's geschah. Er hatte sich in dieser Beziehung so viel Mühe gegeben, wie man sich eine größere Vorstellung davon nicht machen kann. Gegen tausend Individuen, Männer und Frauen, Greise und Kinder, kehrten mit dem Verfasser in die

Heimat zurück.

Die Stadt Bidlis hat auch noch schöne Umgebungen aufzuweisen, dahin gehört der Bezirk von Achlath. Die Stadt dieses Namens ist alten Ursprungs, und war zu Zeiten die Residenz der armenischen Könige.

Unter der Regierung Nuschirwans verwaltete jenes Gebiet sein Onkel Dschamasb. Das Klima von Achlath ist sehr mild. Es gibt dort viel Gärten und saftige Früchte jeglicher Art, insbesondere sind seine Pfirsiche und Äpfel von ausgezeichneter Güte; es kommt vor, daß ein Apfel über hundert Direm wiegt. Verschiedene Gattungen von Äpfeln und Birnen gedeihen daselbst und die Äpfel von Achlath sind in Azerbajdschan berühmt.

Es bestehen dort viele gemeinnützige Anstalten, als: Moscheen, Schulen, Brücken und Klöster. Auch sind von dort stets fromme Männer und Gottesgelehrte ausgegangen, so: Sejed Hossein Achlathi, der in den äußeren und inneren Wissenschaften der Meistergelehrte seiner Zeit war und zu den berühmtesten Männern jenes Landes gezählt wird. Wegen der durch Dschengiz Chan's Heeresmacht in Iran und Turan hervorgerufenen Wirren und Umwälzungen, die er durch seine Seherkraft vorausgewußt hatte, verließ er vor dem Ausbruche der Unruhen mit 12000 Familien, seinen Jüngern und Anhängern, Angehörigen und Freunden, die Heimat, und begab sich nach Ägypten, wo er bis zum Hintritte des Landesfürsten verweilte. Sein ehrwürdiges Grab befindet sich daselbst und noch jetzt existirt in Kairo ein Viertel welches das Quartier der Achlather heißt.

Ferner gehört zu den dortigen Gelehrten Maulana Mohi-eddin Achlathi, der in der Ascetik und Astronomie als ein Meister der Wissenschaft seiner Zeit dasteht. Als Nasir-eddin Mohammed Tusi Befehl Hulaku Chan's in Maragha und Tabriz zur Beobachtung des Sternenlaufs und Abfassung der astronomischen Tafeln schritt, berief er den Maulana Mohi-eddin aus Achlath und brachte dieses Werk im Verein mit ihm, dann Moejjed-eddin Aruzi und Nedschm-eddin Debiran Khazwini zu Stande.

Die Stadt Achlath wurde in Folge mannigfacher Wirren, die zur Zeit der Ausbreitung des Islams entstanden waren, zerstört. Zuerst, d. i. im Jahre 626 kam Sultan Dschelal-eddin Charezm-Schah dahin; er entriß Achlath mit Gewalt den Seldschukhen und richtete ein großes Gemetzel an. Darauf erschien das mongolische Heer und entriß ihm selbes, grenzenlose Vernichtung und Tod verbreitend. Im Jahre 644 fand ein großes Erdbeben Statt, welches die meisten Gebäude zerstörte.

Im Jahre 955 belagerte mitten im Winter der persische Schah die Festung Achlath und entsetzte sie von den Commissären Sultan Solejman Chan's. Dann gab er den Befehl, die Festung zu schleifen, die auch sofort dem Boden gleichgemacht wurde.

Später ließ Sultan Solejman Ghazi die alte Stadt und Festung bei Seite und gründete eine neue Festung und Burg am Ufer des Sees. In Folge dessen verödete die alte Stadt gänzlich, aber auch der neue Burgflecken gelangte zu keiner besonderen Blüthe.

Verse:

Die Welt ist eine verfallene Herberge an einem von Fluthen bedrohten
Wähne nicht, daß sie mit einer Hand voll Lehm hergestellt werde. [Orte,

Wo man nur gegenwärtig in der Gegend der alten Stadt gräbt, zeigen sich Überreste von Gebäuden, als da sind: Paläste, Chane und Bäder aus gehauenen Steinen und gemeißeltem Marmor.

Einen anderen Bezirk von Bidlis bildet Musch. Auch diese Stadt ist alten Ursprungs. Die Überreste ihrer alten Befestigungen und Burg sind noch zu sehen. Unter der Herrschaft der Vorfahren des Verfassers wurde die Festung Musch in der Entfernung einer Farsange südlich von der Stadt auf einem Bergrücken erbaut. Sie war längere Zeit bevölkert und blühend; aber in der Folge zerstörte Sultan Ghazi diese Festung und ließ die Hälfte der alten Festung, welche westlich von der Stadt auf einer Anhöhe liegt, herstellen. Sie enthält eine Garnison von Garden, Kanonieren und anderen im Belaufe von fünfzig Mann. Im armenischen Idiom heißt man die Fäulniß Musch; wegen zu großer Fäulniß gedeihen auch dort fruchttragende Bäume nicht. Schöne Felder und treffliche Wiesen gibt es daselbst und reichlichen Getreidewachsthum. Allein fruchttragende Bäume kommen wenig vor; doch finden sich in der Umgebung der Stadt Weingärten.

Die Landleute besitzen viele Rinder, Schafe und Büffel, so daß sie vor ein Joch, welches man mit dem Ausdrucke «Kutan» bezeichnet, vierundzwanzig Rinder und Büffel spannen. Die Steppe von Musch, die bei den Türken unter dem Namen Musch owasi bekannt ist und gegen zwölf Farsangen in der Länge und drei bis vier Farsangen in der Breite zählt, ist ganz ebener und flacher Boden. Rings um dieselbe erheben sich Gebirge, welche mit grünen und lachenden Wäldern bedeckt sind und wo sich zu allen Zeiten kühle Sommertriften, reich an Schnee, kalte Quellen und viele Flüsse befinden. So kommt der Euphrat vom Norden jener Ebene her, schneidet ein Drittel derselben ab und verfolgt in südlicher Richtung seinen Lauf. Der unter dem Namen Kharasu bekannte Fluß kommt ostwärts vom Berge Nimrod her, durchschneidet sie ganz in der Mitte und ergießt sich in den Euphrat. In den Bergen werden vorzügliche weiße Falken gefangen. Überhaupt bietet jene paradiesische Ebene mit ihren herrlichen Wiesengründen reiche Jagd an Vögeln und Fischen.

Verse:

Zum Paradiese hat sich ihr waldiger Boden gestaltet,
Ein zweiter Kouser umspült ihren Saum.
Sein schwellender Duft wusch ganz gelassen
Von ihrem Boden jeden Schmutz hinweg.

Das ganze Jahr hindurch grünten ihre Basiliken,
Reiz und Genuß war stets darin geboten.
Sie ist der Futterplatz der Vögel dieser Region,
Und willst du einen Löwenvogel, so ist er dort zu finden.
Ihr Erdreich wurde aus Wasser und Gold zusammengeknetet.
Du würdest sagen, daß man Saffran gepflanzt hat.

In der Ebene selbst liegen armenische Dörfer von ungefähr hundert Familien an einander gereiht, und an den Abhängen der Gebirge erheben sich ringsum die Dörfer der islamitischen Bevölkerung. Die Staats-Einkünfte dieses Gebietes betrugen nach Angabe Hamdollah Mostufi's zur Zeit der Dschenghiziden-Sultane 69 500 Dinare und zur Zeit Sultan Sulejman Chan Ghazi's, wo man das Gebiet von Bidlis verzeichnete und wiederaufnahm, außer den, frommen Stiftungen zugewiesenen Dörfern, die Güter nebst der Kopfsteuer von 4000 Nichtmohammedanern nach dem alten Census von 80 Akhdsche per Kopf zusammen 1530324 Akhdsche, wovon je 12 osmanische Akhdsche ein Myskhal reines Silber geben. Es heißt, daß vor dem Islam zur Zeit der armenischen Gewalthaber einer derselben welcher Gouverneur von Musch war, eines Tages seine Truppen musterte, 600 scheckige Pferde in seinem Heere sich befanden, und er doch noch bedauerte, daß Musch keinen weisen Fürsten und Herrscher habe.

Ein anderer berühmter Bezirk von Bidlis ist Chinus, welcher ausgebreitete Triften besitzt. Eine hievon ist die von Suschehri und Bingöl und eine andere jene von Dschebel Scheref-eddin, wo die Kurdentribus unter den Vorfahren des Verfassers die Sommerweide bezogen. Reicher Gewinn kommt von jenen Gegenden. Es gibt auch noch zwei Quellen dort, deren eine weißes Salz und die andere rothes Salz liefert, und jährlich eine Ausbeute von 400 Millionen osmanischer Akhdsche abwerfen. An Staatseinkünften kommt das Gebiet von Chinus jenem von Musch gleich, wiewohl die armen Raja daselbst sich vermindert haben. Allein der größte Theil der Dörfer und Grundstücke wurde parcellirt als Kriegslehen vergeben, und gegenwärtig gibt es daselbst an 400 solche Lehensträger. Im Gebiete von Chinus sind auch Pferde arabischer Race zu finden; aber außer Getreide gedeiht dort nichts anderes. Zu den dortigen Merkwürdigkeiten gehört ein See, bekannt unter dem Namen Bulanykh, der ungefähr eine Farsange im Umfange zählt; das Wasser desselben ist beständig mit schlammiger Erde untermischt, und in's Röthliche spielend. In gleicher Art ist der Fluß welcher aus dem See Bulanykh kommt, so schlammig, daß er unmöglich gereinigt werden kann. Es ist auch noch ein anderer See zwischen Bulanykh und Achlath, den man Derjajy nazyk (das schmale Meer) nennt; dessen Wasser ist vollkommen süß und klar. Im Winter bildet sich so starkes Eis, daß die Karawanen während vier Monate über denselben ihren Weg nehmen, und beim Eintritt der Sonne in das Sternbild des Widders, wo sein Eis sich bricht, läßt sich das Getöse desselben auf drei Meilen Weges hören. Sobald sein Eis sich gelöst hat und die milde Witterung eintritt, kommt eine Menge Fische aus dem See in die kleinen Flüsse welche in denselben münden, und die dortigen Bewohner treiben jeder nach Belieben reichen Fischfang, so daß ein einziger Mann in 24 Stunden mehrere Lasten Fische, wenn er will, mit Leichtigkeit fängt. Ihr Fleisch hat einen sehr feinen Geschmack und ihre Größe beträgt mehr als eine halbe Elle. Das Sonderbare davon ist, daß der Rogen der sich in dem Unterleibe der Fische befindet, sowohl bei Menschen als Thieren die davon genossen, wie Gift wirkt. Einige Personen, welche in Gegenwart des Verfassers etwas weniges davon verschluckten, lagen 24 Stunden bewußtlos dahin; nachdem sie endlich Gegengift genommen hatten, genasen sie durch starkes Erbrechen. Die Beamten des öffentlichen Schatzes waren mehrmals Willens, das Fischerträgniss zu verpachten, um auf diesem Wege eine große Summe in den Staatsschatz fließen zu lassen: da kamen aber zufällig in jenen Jahren die Fische aus dem See nicht heraus, und somit ward kein Erträgniss erzielt.

Zwischen Musch und Achlath, im Norden Bidlis, befindet sich ein großes Gebirge welches unter dem Namen des Kuhy Nimrod («des Bergs Nimrod») berühmt ist. Nach der mündlichen Überlieferung des Volkes soll Nimrod sein Winterlager in Roha und sein Sommerlager auf diesem Berge gehalten haben. Er hatte auf dem Gipfel des Berges ein fürstliches Schloß erbaut und den größten Theil der Zeit daselbst zugebracht. Als der strafende Zorn Gottes sich gegen Nimrod kehrte, stürzten der Gipfel des Berges und das Schloß zusammen und versanken dermaßen in die Tiefe der Erde, daß an der Stelle des Palastes das Wasser emporstieg. In Anbetracht dessen, daß der Berg 12000 Ellen über der Erdoberfläche hervorragt und die Senkung des Berges nach innen bei 1500 Ellen betrug, hat sich ein großer seeähnlicher Teich gebildet. Der Umfang des Teiches beträgt volle zwei- bis dreitausend Farsangen (?). Wegen der großen Menge von Gestein, Wäldern und Bäumen gibt es nicht mehr als zwei, drei Wege, auf denen man seinem Ufer entlang fortkommen kann. Es bestehen zwei Wege für Saumthiere, und auf einem können die Menschen zu Roß fortkommen. Wenn das Abgraben eines Stückes des Teichufers glückt, so ist es durchaus nicht Erde, sondern Gestein, welches fest an einander gedrückt ist, und warmes Wasser quillt daraus hervor. Zum größten Theile gleichen die Steine desselben dem Suda-Stein, doch sind sie außerordentlich fest; schwarzes Gestein füllt deren Öffnungen in ähnlicher Art wie beim Bienenkorbe. Manche Stücke sind noch weich wie der Suda-Stein. An der nördlichen Seite auf dem Rücken des Berges hat sich eine schwarze schmutzige Substanz, wie die der Eisenschlacken welche aus dem Schmiedeofen hervorgehen, doch schwerer am Gewicht und fester an Stärke, aus gebrannter Erde gebildet und nach abwärts gesenkt. Nach der Ansicht des Verfassers sind sie jährlich in Zunahme begriffen; ihre Höhe übersteigt 30 Ellen und die Länge 500 bis 600 Ellen an mehreren Orten. Wenn jemand welche die das Gewicht von einem Mann haben, aus einander brechen will, muß er große Anstrengung machen. Die Macht ist bei Gott dem Erhabenen.

Erster Theil

Worln von dem Stamme Ruzegi und dem Grunde, aus welchem er seinen Namen erhielt, gehandelt wird.

Den erleuchteten und wahrheitsliebenden Gemüthern der Meister der Sprachkunst ist nicht verborgen geblieben, daß Ruzegi ein Wort der Deri-Mundart ist; manche Orthographen haben es auch mit dsch und sch geschrieben. Ruzegi bedeutet von Ursprung aus «eintägige»; das dem Worte Ruz (Tag) angehängte gi ist das g derivationis mit dem Einheitsartikel i, wie in Chodschegi, Pertegi, Keftegi und Zyndegi und dergleichen. Einige Philologen sind jedoch der Ansicht, daß die Sylbe gi im Persischen auch zur Verkleinerung dient. Es kann sein, daß die Schreibart mit dsch auf den Brauch der arabischen Schriftsteller sich stütze, überall wo der Laut des j (französischen j) in einem Worte der Deri-Mundart vorkommt, ihn durch dsch zu ersetzen. Es ist einmal durch glaubwürdige Berichterstatter festgestellt, daß der Stamm Ruzegi eines Tages aus der Vereinigung von vierundzwanzig kurdischen Völkerschaften in der Gegend Tab, einer Dependenz des Gebietes Chojt, hervorgegangen und sich in zwei Zweige zu zwölf Völkerschaften theilte.

Die zwölf Völkerschaften des einen Zweiges erhielten den Namen Bolbasi, die zwölf Völkerschaften des anderen den Namen Khawalisi. Bolbas und Khawalis sind zwei Flecken des Hekkari-Gebietes, und sind einer anderen Angabe zu Folge Namen des Baban-Stammes. Kurz, als sie sich in der Gegend Tab zusammengefunden hatten, theilten sie die dortige Gegend unter sich, schlossen ein inniges Freundschaftsbündniss mit einander, erwählten sich ein Oberhaupt, und schritten zur Eroberung des Landes. Es gilt als eine bekannte Thatsache, daß diejenigen welche im Dorfe Tab ein aus jener Vertheilung herrührendes Stück Landes nicht besitzen, auch keine ursprünglichen Ruzegi sind. Es heißt, daß nachdem sie sich dem Befehle eines Oberhauptes unterworfen hatten, und zur Eroberung geschritten waren, in Bidlis und Hazu einer der Machthaber Gurdschistan's Namens Tavit gebot. Diesem hatten die Ruzegi-Völkerschaften das Gebiet von Bidlis und Hazu entrissen.

Einer anderen Angabe zufolge hätten sie das Gebiet Bidlis von dem Stamme Kerdegi, und Hazu von den Georgiern erobert. Nach der Aussage einiger glaubwürdiger Männer hätten sie jedoch Bidlis dem Stamme Zukhisi entrissen. Der Berichterstatter hat die Verantwortung zu tragen.

Als sie die Gebiete Bidlis und Hazu in ihre Gewalt gebracht hatten und einige Zeit seit ihrer Machtbegründung verflossen war, starb der Mann welcher mit der Regierung und der Leitung der Interessen des Ruzegi-Stammes betraut war, ohne Hinterlassung eines Nachkommen. Die Ruzegi-Völkerschaften, eines Oberhauptes ermangelnd, fielen über einander her, und wollten nicht einander gehorchen. Es bewährte sich ganz der Inhalt der folgenden Verse des Maulana Hatyfi:

Verse:

Es speit die trunkene Hure an der Thür der Kaaba,
Wenn nicht der Stock des Gebieters sie drohend verfolgt.
Vollauf beweinen muß man jenes Land,
Wo man nicht weiß, wer dem Hilferufenden Abhilfe leiste.

Als einige Zeit in dieser Art verstrichen war, traten die Häupter der Stämme und Völkerschaften dieserwegen zu einer Berathung zusammen, und faßten den Beschluß, Izz-eddin und Zia-eddin, zwei Brüder aus dem Geschlechte der Sassaniden-Könige, welche sich in Achlath aufhielten, in ihre Mitte zu berufen, und jenen den sie für würdig und fähig erachten würden, zu ihrem Oberhaupte zu wählen und ihm die Regierungsgewalt zu übertragen, damit die Angelegenheiten des Landes einen gedeihlichen Aufschwung nehmen und die Friedensstörer keine Empörung wagen können. Groß und Klein erklärte sich damit einverstanden, ohne handbreit davon abzuweichen. Mehrere Große des Stammes begaben sich nach der Stadt Achlat, holten die Prinzen unter Ehrenbezeugungen ab, und brachten sie nach Bidlis. Die Einen setzten Izz-eddin in Bidlis, die Anderen Zia-eddin in Hazu zu ihrem Oberhaupte ein, fügten sich gehorsam ihren Befehlen, und legten die Leitung der Landesangelegenheiten in ihre Hände.

Izz-eddin entledigte sich in der besten Weise seiner Regierungspflichten und machte sich die Stämme und Völkerschaften zugethan. Die Ruzegi zeichnen sich in der That unter allen Kurdenvölkern durch einen hohen Grad von Hochherzigkeit, Heldenmuth, Tapferkeit, und Eifer so wie durch Ruhmsucht, Wahrheitsliebe, Frömmigkeit und Rechtlichkeit aus. So oft ihre Fürsten von Drangsalen und Verfolgung heimgesucht wurden, zögerten sie keinen Augenblick, ihre treue Anhänglichkeit und Aufopferung für sie zu bethätigen. Zu allen Zeiten, wo das Gebiet von Bidlis aus ihrem selbstständigen Besitz gekommen war und ihre Fürsten verdrängt wurden, setzten sie sich durch klugen Vorgang ohne Beihilfe Anderer im Vertrauen auf Gottes Schutz und Beistand wieder in den Besitz desselben. Es ist unter den Kurden ein Sprichwort geworden, daß eben so viele Köpfe des Ruzegi-Stammes gefallen seien, als Steine bei dem Baue der Festungsmauern von Bidlis verwendet wurden. Wenn die mächtigen Herrscher den Entschluß faßten, Kurdistan zu bezwingen, so ist es ausgemacht, daß sie zuerst ihre Waffen gegen die Fürsten von Bidlis und den Ruzegi-Stamm kehrten. So lange der Stamm der Ruzegi nicht zum Gehorsam und zur Unterwürfigkeit gebracht ist, beugen auch die übrigen Stämmc von Kurdistan ihren Nacken nicht; daher geschah es auch zur Zeit, als Sultan Ghazi das Gebiet von Bidlis dem dortigen Fürsten Schems-eddin Chan entriß und dieser aus Furcht vor dem Zorne des Kaisers nach Persien entfloh, daß die Völkerschaften der Pajegi, Mudegi, Zejdani und Bolbasi drei Jahre lang den osmanischen Machthabern den Gehorsam verweigerten, ja daß selbst die vereinigte Macht aller Kurdenfürsten die sich auf Befehl Sultan Solejman's gegen diese Völkerschaften richteten, sie nicht zu bändigen vermochte, bis nicht der Sultan den Einwohnern von Dere keifendur und den Pajegi-Stämmen durch Boha-eddin Big, den Fürsten von Hazu, Verzeihung und Sicherheit verbürgt und die Söhne Schejeh Emir Bolbasi's, Ibrahim Beg und Khasym Beg, in ihren Wünschen befriedigt hatte; durch die Gewalt der Waffen konnten sie nicht unterworfen werden.

Die Söhne der Fürsten von Kurdistan kommen sehr oft nach Bidlis und bringen daselbst die Zeit vergnügt zu. Die Ruzegi-Völkerschaft hat auch Männer aufzuweisen, die in fremden Landen die Heimat schmerzlich vermissend, festen Fuß fassen und mit männlicher Ausdauer den Weg verfolgend zu hohen Würden gelangen.

Zweiter Theil.

Worln von der Abstammung der Fürsten von Bidlis gehandelt wird, nämlich woher sie selbe herleiten.

Es hat sich wiederholt als gewiß herausgestellt, und ist in mehreren historischen Werken gelesen worden, daß die Fürsten von Bidlis von den Sassaniden abstammen. Bei dem Volke gelten sie für Nachkommen Anuschirwan's.

Der wahre Sachverhalt ist aber der, daß zur Zeit Anuschirwan's Dschamasb, der Sohn des Firuz, des fünften Sassaniden-Fürsten, als Stellvertreter Khobad's in den Provinzen Armenien und Schirwan regierte. Als er starb, hinterließ er drei Söhne: Narsi, Behwat und Sorchab.

Narsi ward der Nachfolger des Vaters. Nuschirwan begünstigte ihn gleichfalls auf das möglichste, und von Tag zu Tag stieg seine Macht, bis er mit einem Heere nach Gilan zog und jenes Land mit Waffengewalt eroberte. (Er heirathete eine Prinzessinn aus dem Fürstenhause von Gilan, diese gebar ihm einen Sohn welchem er den Namen Dschilschah gab.) Die Fürsten von Rustemdar sind Nachkommen desselben.

Sorchab begnügte sich mit der Herrschaft von Schirwan, und die Fürsten von Schirwan stammen von ihm ab.

Behwat wählte Achlat zu seinem Aufenthalte; er begnügte sich mit einem kleinen Einkommen, ohne nach dem Beispiele seiner Voreltern

Erweiterung des Gebietes anzustreben. Die Fürsten von Bidlis stammen von ihm ab, und bilden somit eine Seitenlinie der Fürsten von Rustemdar und jener von Schirwan.

Einer sicheren Angabe zu Folge sind es heute, als dem letzten Tage des Monates Zilhiddsche des Jahres 1005, 760 Jahre, daß das Gebiet Bidlis sammt Dependenzen und Accessorien sich im Besitze der dortigen Fürsten befindet, bis auf eine Unterbrechung von ungefähr 110 Jahren, wo ihnen die Herrschaft entrissen wurde und in fremde Hände überging.

Vier Herrscherdynastien streckten die Eroberungshand nach ihrem Lande aus. Der diesfällige Sachverhalt wird im weiteren Verfolge an seinem Orte im Einzelnen umständlich angegeben werden.

Wie nun zuvor angeführt wurde, setzte der Ruzegistamm Izz-eddin in Bidlis, und Zia-eddin in Hazu zu Oberhäuptern ein. Einige Zeit von ihrer Regierung war verstrichen, als die Zuneigung des Volkes von Bidlis sich für Zia-eddin immer mehr steigerte und für Izz-eddin abnahm. Als Zia-eddin diesen Vorgang gewahrte und die Vorliebe des Volkes von Bidlis für sich zu einem hohen Grade gestiegen sah, begab er sich von Hazu nach Bidlis, um mit seinem Bruder zusammen zu kommen. Nach ihrem Zusammentreffen gaben sich die Brüder der Freude und Lustbarkeit hin und brachten die Zeit in der angenehmsten Weise zu. Zia-eddin fühlte sich vom Klima von Bidlis angesprochen; zudem überzeugte er sich von der Ähnlichkeit welche bei Groß und Klein unter der Bevölkerung jener Stadt herrschte, und der Wunsch nach der Herrschaft von Bidlis faßte Fuß in seinem Herzen. Er verständigte sich insgeheim mit den Leuten der Festung und erklärte: «Bei der Abreise wird mein Bruder die Festung verlassen, um mich zu begleiten, und ich werde einen Vorwand nehmen und in die Festung zurückkehren.» Als Zia-eddin bei dem Antritt der Rückreise vom Bruder Abschied genommen hatte und nach Hazu aufbrach, gab Izz-eddin dem Bruder das Geleite. In einiger Entfernung von der Stadt erklärte Zia-eddin dem Bruder: «Mein Siegelring ist in der Festung zurückgeblieben, und außer mir weiß niemand darum, wo er sich befindet. Dem brüderlichen Wohlwollen dürfte es nicht fern sein, einen Augenblick zu verzeihen, damit ich nach der Festung mich begebe und meinen Siegelring hole.»

Izz-eddin verweilte an derselben Stelle, und Zia-eddin kehrte nach der Festung zurück. Als er in der Festung eingezogen war, ließ er die Thore derselben verrammeln und dem Bruder entbieten: «Ich erwarte von der Herzensgüte des Bruders, daß er einige Tage in Hazu, und ich in Bidlis den Aufenthalt nehme, da das Klima dieses Ortes mir sehr behagt.» Als Izz-eddin hievon Kunde erhielt, kam er vor die Festung, aber er mochte dem lieblosen Bruder noch so viele Vorstellungen machen, sie blieben erfolglos. Nothgedrungen nahm er daher seinen Weg nach Hazu und Sasun.

So war die Herrschaft über jenes Land ihm zugefallen, und da nun die Fürsten von Hazu seine Nachkommen sind, so führen sie den Namen: Izzezan.

Die Fürsten von Bidlis dagegen stammen von Zia-eddin ab, daher sie auch Zia-eddin genannt werden.

Die Namen der Fürsten von Bidlis, die in den Geschichtsbüchern vorgefunden worden, belaufen sich auf 18, und die Dauer ihrer Herrschaft beträgt mehr als 450 Jahre, während welcher Zeit sie in jenem Lande regierten, ohne die Reihenfolge unterbrochen zu haben.

Der Namen jenes Fürsten dem der Atabeg Emad-eddin ben Akh Sänkhär Bidlis entriß, ließ sich aus den Büchern, die bei der Abfassung dieses Werkes vorlagen, nicht ermitteln.

Nach den Seldschukhen in den letzten Jahren der Herrschaft der Charezm Schahe, wo der Sultan Dschelal-eddin ben Sultan Mohammed Charezm Schah nach Bidlis kam, war daselbst Melik Eschref der regierende Fürst.

Nach ihm regierte sein Bruder Mædschd-eddin, nach diesem – Izzeddin, nach diesem – Mir Abubekr, nach diesem – Emir Scheich Scheref und nach diesem – Emir Zia-eddin, welcher ein Zeitgenosse des Emir Timur Gurgan war und mit demselben auch verkehrt hatte.

Von seiner Regierung angefangen bis auf die Gegenwart, wo die Herrschaft nach dem Erblichkeitsgesetze auf den Verfasser gelangte, ist die Geschichte der Fürsten von Bidlis zusammenhängend. Die unter der Regierung eines jeden derselben vorgefallenen Ereignisse werden an ihrem Orte umständlich erzählt werden, und wird im Zusammenhange damit unter dem Beistande des Allmächtigen angegeben werden, wie einige von dem besagten Fürsten durch die Huld und Gnade der mächtigen Weltbeherrscher begünstigt, zu hoher Macht gelangten und andere wieder von dem Zorne derselben Ungerechtigkeit und Verfolgung zu erleiden hatten.

Die Geschichte ist folgende: Der erste Angriff der in älterer Zeit auf das Gebiet der Fürsten von Bidlis geschah, rührte von den Seldschukhen Azerbajdschan's her. Der Hergang der Sache ist, daß zur Zeit Sultan Mohammed's ben Melik Schah die politische Gewalt vom arabischen Irakh dem Atabegen Emad-eddin ben Akhsänkhär anvertraut war. Er führte mit dem besten Erfolge die Verwaltung des Landes. Im Jahre 511 starb der Herr von Mossul und die Regierung daselbst wurde Emadeddin Zengi als weiterer Machtzuwachs übertragen.

Von Tag zu Tag stieg seine Gewalt, bis er dann mit einem Heere nach Syrien und Haleb zog und jenes Land in kurzer Zeit seiner Botmäßigkeit unterwarf. Im Jahre 534 brach er nach Kurdistan und Diarbekr auf, eroberte Bidlis und Dschezire, zerstörte die kurdische Festung Aschut und ließ an die Stelle derselben eine neue erbauen, die er nach seinem Namen Amadie benannte, und gegenwärtig ist Amadie die Hauptstadt jenes Gebietes.

Vierzig Jahre lang blieb Kurdistan und namentlich Bidlis in der Gewalt der Seldschukhen und Atabegen, bis im Laufe des Jahres 576 Sultan Saleh-eddin ben Nur-eddin ben Seif-eddin ghazi Atabegi in dem Kampfe gegen die Ägypter nach einer erlittenen Niederlage in die Flucht geschlagen wurde.

Darauf verdunkelte sich der Glanz ihrer Herrschaft, und die Ruzegi, die schon Jahre lang mit verborgenem Kummer, wie wilde Thiere in den Bergen und Wäldern Ruhe suchend, auf eine solche Gelegenheit warteten, fielen mit der Wuth grimmiger Tiger und Löwen von den Bergabhängen über die Reste des Atabegen-Heeres her und säuberten die Höhen und Flächen des Landes mit Waffengewalt von den Fremdlingen.

Bidlis und die Regierung des Landes befand sich in der Gewalt eines Commissärs derselben.

Es finden sich von ihnen viele Denkmäler, heilige Stätten, Moscheen, Herbergen und Brücken in Bidlis und in Achlath. Einer Nachricht zu Folge war die Stadt Bidlis im Besitze Khyzyl Arslan Atabegi's; denn als die politische Gewalt über das arabische Irakh dem Atabegen Akhsänkhär übertragen wurde, fiel jene über Arran und Azerbajdschan dem Atabegen Jeldegiz Atabegi zu, welcher der Großvater Khyzyl Arslan's ist. Die Dauer ihrer Regierung wird durch die Chronogramme angegeben, die die geschriebenen Namen ihrer Ländergebiete liefern.

Die Gemeinde der Seratschian, die sich in Bidlis befindet, ist ein Überbleibsel derselben, und Seratschian ist der verdorbene Ausdruck für Seldschukhian. Die Familien Tadsch Ahmed Kharakune und Kholi Uzbekan gehören diesem Stamme an.

Dritter Abschnitt,
welcher die Geschichte Emir Schems-eddin ben Hadschi-Scheref's enthält.

Aus den Werken gelehrter Männer geht hervor, daß zur Zeit als Khara Jusuf ben Khara Mohammed Turkman vor dem Schwerte seines Verfolgers Timur bei Ildirim Bajazid Chan, dem Wali von Rum, Zuflucht suchte, Timur einen Gesandten an diesen schickte, und Khara Jusuf's Auslieferung verlangte. In dem bezüglichen Schreiben, das dem Gesandten übergeben und durch diesen der Bestimmung zugeführt wurde, waren auch folgende Verse aufgenommen:

Verse:

Ich will nicht, daß wenn ich nach Constantinopel ziehe,
Durch mich zu Grunde gehe jenes Land und Reich.
Übergib meinen Dienern den Schlüssel von Kumach,
Verleide dir nicht das freudige Leben.
Khara Jusuf, jener nichtswürdige Wegelagerer
Der den Pilgern den Weg der Wallfahrt sperrte,
Vor welchem keine Straße sicher ist,

Hat an deinem Hofe Zuflucht genommen.
Strafe ihn mit dem Schwerte verdienter Maßen,
Laß es ihn mit angemessenem Leid entgelten.

Als Timur's Gesandter im türkischen Gebiete anlangte, und der Zweck seiner Ankunft dem Sultan kund ward, beantwortete dieser das Schreiben Timur's und verabschiedete Khara Jusuf, damit er zu Sultan Farradsch, dem Herrscher von Ägypten, sich begebe.

Da aber dieser zu jener Zeit dem mächtigen Timur anhänglich und zugethan war, so nahm er Khara Jusuf und Sultan Ahmed Dschelair, den Statthalter von Baghdad, der bei ihm Zuflucht gesucht hatte, gefangen und kerkerte beide auf einem Festungsthurme in Cairo ein.

Nach Timur's Tode gab er beiden ihre Freiheit wieder, und bestimmte, daß jeder von ihnen 500 Diener um sich schaaren, und sie in solcher Art als ägyptische Emire der Krone dienen sollen, indem er ihnen alles was für den Bedarf von 1000 Mann mit Rossen, Waffen und Geld Noth that, gab. An Dienern Sultan Ahmed's befanden sich blos Maulthiertreiber und Handwerkslehrlinge in Ägypten; aber von Khara Jusuf's Anhange befand sich daselbst eine zahlreiche Schaar kriegserfahrener Leute aus dem Turkomanen-Stamme vom schwarzen Schafe, die sich um sein Banner reihten. Die Ägyptier wurden über die Menge und Anzahl der Turkomanen mit großer Besorgniss erfüllt und machten Sultan Farradsch darauf aufmerksam mit dem Bedeuten, daß wenn er Khara Jusuf mit seiner Turkomanen-Schaar nicht zu vernichten trachte, die unmittelbare Folge davon – was Gott verhüten wolle – eine Umwälzung in Ägypten sein werde. Nachdem er den Rath der Großen und Heerführer angehört, wurde beschlossen, daß an einem Tage beim Ballspiele der Sultan Farradsch, Khara Jusuf den Auftrag gebe, mit seinen Dienern von den Rossen abzusteigen, und den Boden von dem kleinen Gestein zu reinigen, worauf dann die Ägyptier über jene Schaar mit meuchlerischer Waffe herfallen und sie ermorden sollten. Allein Khara Jusuf erhielt Kenntniss von diesem Vorhaben, und erschien mit seiner Schaar bewaffnet und wohlgerüstet am Spielplatze, und als nun der Sultan verabredeter Maßen ihm den Auftrag gab, mit den Seinigen abzusitzen und den Platz von dem kleinen Gesteine zu reinigen, stand er gegen den Sultan auf und sprach: «Herrscher der Welt, so lange Euere Majestät uns in Gnaden gewogen waren, gehörten wir zu Ihren Dienern, nun aber Euere Majestät uns zu vernichten streben, kann ich nicht in diesem Lande verbleiben.» Darauf verneigte er sich, zu Pferde sitzend, vor dem Sultan, machte kehrtum, und sprengte, seinem Rosse die Sporen gebend, mit seiner Schaar davon. Es heißt, daß auf seinem Zuge durch Diarbekr 180 Mal feindliche Heere ihm den Weg vertraten, er aber jedesmal durch seine persönliche Tapferkeit und sein Feldherrentalent über die Feinde siegte. Von Diarbekr gelangte er nach Bidlis, und suchte bei Melik Schemseddin, der damals dort gebot, Zuflucht; er gab ihm seine Tochter zur

Frau, und erhielt von ihm das Gebiet Pajin und die Festung Aunik. Hier überwinterte Khara Jusuf, und im Sommer des Jahres 809 lieferte er von Schems-eddin unterstützt bei Chadscharsa'd, dem Sohne Timur's, Mirza Miran Schach eine Schlacht, in der er diesen auf's Haupt schlug, und Chadscharsa'd, Marand, Nachtschiwan und Makuje in seine Gewalt brachte. Den Winter dieses Jahres blieb er in Marand und im folgenden Jahre (810) brach Mirza Abu Bekr mit seinem Vater Mirza Miran Schah mit einem großen Heere aus Irakh und Chorasan nach Azerbajdschan auf, um Khara Jusuf zu bezwingen.

Bei Schamby Ghazan zu Tabriz stießen die feindlichen Schaaren gegen einander und das dschaghataische Heer ward geschlagen.

Mirza Miran Schah verlor das Leben, und ganz Azerbajdschan gelangte in die Gewalt Khara Jusuf's. Von Tag zu Tag wuchs seine Macht. Die Freundschaft und Familienbande, die Khara Jusuf mit Emir Schems-eddin vereinigten, dauerten fort. Khara Jusuf nannte ihn seinen Sohn, und verlieh ihm das Gebiet von Bidlis sammt Dependenzen und Accessorien als Erblehen (mylkiet). Die Urkunde welche Schems-eddin diesfalls ausgestellt erhielt, lautet ganz übertragen, wie folgt:

«Die lieben Söhne, die Gott der Erhabene erhalten wolle, die Emire der Stämme, der Zehntausend, Tausend und Hundert, die Befehlshaber, Gouverneure, Beamte, Standesherren, Stadtvögte, das Volk, die Großen, Ortsvorsteher und die Fürsten von Kurdistan insgesamt, so wie die Notablen, Primaten und Bewohner von Bidlis, Achlat, Musch und Chinus sammt Dependenzen und Accessorien mögen wissen: Da wir von der vorzüglichsten Ergebenheit, innigen Anhänglichkeit und Aufopferung Seiner Hoheit, unsers lieben Sohnes, des erhabenen, sehr gerechten, sehr weisen, sehr milden Emirs, des persischen Oberbefehlshabers, des Emir Schems-eddin Abu'l maani (des Vaters der Bedeutungen), der erhabene Gott wolle die Tage seiner Herrschaft, Siege, Hoheit und Glückseligkeit bis an den jüngsten Tag gnädig wahren, eine feste, vertrauungsvolle Überzeugung gewonnen haben, so ist dadurch für den königlichen Hoheitssinn das Pflichtgebot erwachsen, altherkömmlicher Weise den obbelobten Emir durch allerart Gunstbezeugungen unter den Zeitgenossen zu ehren und auszuzeichnen. Demzufolge sind die Züge der königlichen Huld und Gnade auf den Blättern seiner Lage zum Vorschein gekommen und haben wir sofort die Regierung, Befehlshabergewalt, Verwaltung und Einnahme der Steuern und Staatseinkünfte von Bidlis, Achlath, Chinus, Musch und der anderen Festungen und Dependenzen, sammt Accessorien etc., welche vordem in der Gewalt des belobten Emirs sich befanden, neuerdings demselben frei von jeglicher Einmischung oder Theilnahme eines Anderen verliehen. Aus diesem Grunde erhielt gegenwärtiges Regierungspatent, womit Gottes Glückseligkeit in sämmtlichen Regionen sich verbreiten möge, die Gestalt der Ausfertigung, auf daß man festgestellter Maßen den belobten Emir als den Befehlshaber, Gouverneur und Herrn der Bezirke, Gegenden, Winterlager und Gefilde welche vordem ihm angehörten, ohne jegliche Behelligung anerkenne und die Unterthanen, Diener und Leute desselben nicht belästige. Jedermann der dem Befehle zuwider handeln sollte, wird zur Rechenschaft gezogen werden und strenge Strafe zu erleiden haben. Den Emiren und Anführern, als auch den Primaten, Einwohnern und Insassen von Bidlis, Achlath, Chinus nebst sonstigen Gegenden und Gefilden, so wie den Commandanten und Garnisonen der Festungen liegt es ob, daß sie stets Seine Hoheit Unseren Sohn, als ihren Herrn und Gebieter anerkennen, von seinem Worte, Ermessen und Gutdünken nicht abweichen, sich gehorsam, ergeben und aufopferungsvoll erweisen, ihre sämmtlichen Angelegenheiten, Interessen und Verhandlungen den Beamten des belobten Emirs anvertraut und übertragen wissen, in Allem was er unternehmen mag, gehorsam und fügsam seien, in jeglicher Beziehung sich danach richten, und da es mit dem erhabenen königlichen Siegel geziert und verherrlicht wird, ihm Glauben schenken. Geschrieben im Monate Rebidewel des Jahres 820.

Der Verfasser des Werkes «Motla essaidin» berichtet, daß vierzig Tage nach dem Tode Khara Jusuf's Emir Schems-eddin am 18. des Monats Zilhidsche des Jahres 823 eine Unterwürfigkeitsadresse durch einen seiner vertrauten Diener an den Hof Mirza Schah Roch in Ghara bagh Aran übersendete, und zu Anfang des Frühlings als Mirza Schah Roch aus dem Winterlager von Gharabagh gegen die Nachkommen Khara Jusuf nach Erzendschan aufbrach, langte an seinem Hofe zu Anfang des Monats Dchemadi I des Jahres 824 in dem Orte Ketme Ajani der Khadi Mohammed als Gesandter Schems-eddin's des Gebieters von Bidlis an und brachte viele Geschenke dar. Er erhielt die Erlaubniss im königlichen Divan Platz zu nehmen und trat ganz befriedigt seine Rückreise an.

Als das siegreiche Heer Schah Rochs in der Gegend von Achlath auf den grünen heiteren Gefilden sein Lager aufschlug, zog Emir Schems-eddin mit mehreren anderen Kurdenfürsten zu Anfange des Monats Dschemadi II des besagten Jahres entgegen und hatte die Ehre die königlichen Finger zu küssen. Er fand eine gnädige Aufnahme und wurde mit Huldbezeugungen und Geschenken des Souveräns beglückt, so wie er auch die Erneuerung des Lehens-Patentes über das Gebiet von Bidlis erhielt. Am 16. des besagten Monats wurde er verabschiedet und kehrte in sein Land zurück.

Ohne zu schmeicheln und diesem Fürsten eine Lobrede zu halten, Emir Schems-eddin war ein ausgezeichneter und gelehrter Mann, ein weiser und tüchtiger Regent. Das Volk hatte eine überaus hohe Meinung von ihm, und da er die sieben Stufen der ascetischen Schule durchgemacht hatte, war ihm etwas von einer geheimen geistigen Kraft zu Theil geworden, denn es ist wohl bekannt, wie auch in einigen Abhandlungen des Sufismus angeführt ist, daß wilde Thiere und Vögel sich ganz vertraulich ihm anschlossen, und wenn er seine Waschungen verrichtete, aus seiner gesegneten Hand Wasser tranken. Es werden auch noch viele andere Wunderdinge und Sonderbarkeiten von ihm erzählt, deren Anführung an diesem Orte in anderer Weise sich ausnehmen würde.

Er brachte seine Zeit stets in Gesellschaft und im Umgange mit Theologen, Gelehrten, Sufiten und Derwischen zu. Bei dem Volke ist er unter den Namen Emir Schems-eddin des Großen bekannt. Zur Zeit der Turkomanenwirren ließ er mitunter in den Gebieten von Kurdistan auf seinen Namen Münzen schlagen und die Kanzelgebete sprechen.

Heutzutage (1005) gibt es noch in Kurdistan eine unter den Namen Schems-eddin bekannte Gnadenmünze von Gold im Gewichte von einem Myskhal; die Edlen haben sie als eine Glücksmünze aufbewahrt, und sie ist dem Verfasser zu Gesicht gekommen. Derselbe hat drei verschiedene Münzen, welche auf die Namen dreier Fürsten von Bidlis geschlagen sind, gesehen und zwar: die eine auf den Namen Mohammed ben Scheref's, die zweite auf jenen Scheref ben Mohammed's und die dritte auf den Namen Schems-eddin ben Zia-eddin's.

Ein Kloster, ein Hospital, eine Speiseanstalt, die Hauptmoschee am Platze Kok Mejdan, die von ihm im Laufe des Jahres 810 erbaut wurde, und unter dem Namen Schemsie bekannt ist, sind die Werke dieses Fürsten.

Das Dorf Termit, eine Dependenz von Musch und das Dorf Kefu zum Gebiete Gertschagan gehörig, sowie das Dorf Karuch, das zwischen Ardschisch und Adeldschewaz liegt, mit vier Ackerfeldern, sieben Hütten, einem Karavanserai und 20 armenischen Häusern in Bidlis selbst sind von ihm hinterbliebene Stiftungen. Der Rest ist durch die Ungunst der Zeit zu Grunde gegangen; das Kloster ist jedoch noch erhalten, und es wird darin Brod und Speise an Arme und Unglückliche verabfolgt. Das Dorf Karuch ist auch eine Stiftung, sowohl für das gemeine Volk als für die besseren Stände, und die Reisenden werden daselbst mit Brod und Speisen bewirthet. Emir Schems-eddin erlitt zuletzt den Tod in Achlath von der Hand Mirza Eskender's, des Sohnes Khara Jusuf's, der ein leichtfertiger thörichter Mann war. Nach einer Nachricht wurde die Leiche des großen Fürsten von Achlath nach Bidlis gebracht, und an der östlichen Seite des Platzes Kok mejdan gegenüber seinem Kloster beigesetzt; über seine Grabstätte herrscht verschiedene Meinung.

Im Munde des Volkes wird die Ursache seines Todes und die Art desselben folgender Weise angegeben. Seine Gemahlinn, die Tochter Khara Jusuf's und Schwester Mirza Eskender's, war ein Turkomanen-Mädchen, und hatte eine besondere Vorliebe für Reiten, Ballspiel und Bogenschießen; sie wollte auch in Bidlis zuweilen in gewohnter Weise damit die Zeit zubringen. So sehr auch der große Fürst sie von solchem außerordentlichen Treiben abhielt, ihr vorstellend: «wir sind Kurden, und turkomanische Sitten sind bei uns nicht beliebt; daher ist es auch besser, davon abzustehen», so ließ sie sich doch nicht davon abbringen.

Verse:

«Wenn sich eine Sache nicht in Güte gibt,
Dann kann sie nur wenig ehrenvoll enden».

Die Sache führte nothwendiger Weise zu Streit und harter Begegnung. Emir Schems-eddin gab der Frau wegen ihrer kecken Rede und zügellosen Frechheit eine Maulschelle und schlug ihr einen Zahn aus. Die Frau wickelte ihren Zahn in Papier, und schickte einen Brief voll Entrüstung und Klagen an ihren Bruder nach Ardschisch ab. Jener vor nichts zurückschreckende Tyrann, welcher Delu Eskender (der tolle Eskender) heißt, ließ desshalb Emir Schems-eddin den Tod erleiden, als dieser nach Achlath zu einer Zusammenkunft mit ihm sich begab.

Nach der Meinung des Verfassers stellt sich jedoch diese Angabe weit verfehlt dar. Offenbar war der Grund der Ermordung des großen Fürsten der, daß er dem Hofe Schahroch's ergeben war.

Wie immer dem sei, nach dem Tode des großen Fürsten gelangte sein Sohn Emir Scheref als Gebieter des Landes zur Regierung. Er war ein geisteskranker, verwirrter Mann. Nachts schlief er auf den Öfen der Bäder und die Tage brachte er in einem angefertigten eisernen Käfige zu, indem er die Worte wiederholte: «Das männliche Repphuhn soll seinen Platz im Käfig haben.» Daher hatten auch seine Lebenstage, wie die Zeit der Lachenden Rose, keinen Bestand, und blieben von ihm keine Werke der Erinnerung in der Welt zurück.

Verse:

Ob du in diesem Kloster fröhlich oder grämlich bist,
Du bist nicht sicher in diesem alten ausgetretenen Kloster.
Da man aus diesem Kloster unabweislich fort muß,
So ist die Lust besser als der Gram und die Freude besser als die Sorge.

Von glaubwürdigen Berichterstattern rührt eine Angabe her, daß Schahom Chatun die Gemahlinn Emir Scheref's, welche eine Prinzessinn des Fürstenhauses von Hosnkeifa war, bei Lebzeiten ihres Gatten sich von der Geistlichkeit ein Fetwa erwirkte, und eine Ehe mit Mir Sejedi Ahmed Nasir-eddin einging. Nachdem Emir Scheref in das ewige Leben hinübergegangen, und von ihm nur ein unmündiger Sohn Namens Mir Schems-eddin hinterblieben war, welcher der Regierung sich noch nicht gewachsen zeigte, so gelangte die Verwaltung der Landesangelegenheiten von Bidlis in die Hände Mir Sejedi Ahmed's und Schahom Chatun's.

In Folge dieses Umstandes brachen die Ruzegi-Großen in Empörung aus, und ein jeder nahm einen Bezirk des Gebietes von Bidlis in Besitz. So bemächtigte sich Mir Nasir-eddin Achlath's und Abderrahman Akha Khawalisi des Bezirkes von Tschukhur und Musch.

Eine allgemeine Verwirrung riß unter den Ruzegi-Stämmen ein, und

Jedermann strebte nach eigenem Sinne nach der Fürstenmacht.

Verse:

Wenn ein Land ohne Herrscher bleibt,
Wirft sich in jedem Dorfe der Vorsteher zum Gebieter auf.

So standen die Landesangelegenheiten von Bidlis eine Zeit lang, bis eines Tages Emir Schems-eddin aus Bidlis auf die Jagd ging, und auf einen Mann Namens Omär Jadgaran vom Stamme Bajegi stieß, der einige mit Holz beladene Esel nach der Stadt trieb. Omar ließ es an der schuldigen Achtung fehlen, und schaffte seine Esel nicht auf die Seite, sondern trieb sie ohne weiters so fort, daß die dürren Stöcke Holz die Kniee des Prinzen streiften. Emir Schems-eddin sagte: «Dummer Esel, hast du keine Augen, um deine Lastthiere zusammenzuhalten, damit man durchkommen kann?»

Omär zögerte auch nicht in freimüthiger Weise zu antworten, und sagte im barschen Tone: «Derjenige hat keine Augen, der seine eigenen Fehler nicht sieht.»

Emir Schems-eddin ward über dessen Worte sehr aufgebracht und machte sich daran ihn zu züchtigen und zu schelten; beruhigte sich jedoch, den Gefühlen des Mitleids und der Sanftmuth weichend, und ging in nachsichtiger Verzeihung darüber hinaus.

Verse:

Wenn ruhig du geduldest, wirst du ohne Zweifel
Dich mit der Zeit des Glückes zu erfreuen haben.

Nachdem er seiner zornigen Aufregung los geworden war, überlegte er bei sich, und sagte: «daß nicht etwa der Keckheit dieses gemeinen Mannes ein Handel zu Grunde liege».

Als er von der Jagd zurückkehrte, sah er Omär Jadgaran, der, nachdem er sein Holz verkauft hatte, eben nach Hause ging. Er rief ihn zu sich, und sagte zu ihm: «Du einfältiger Kurde, was waren denn das für Worte die du gegen mich ausstiessest? Du hast den Fuß aus den Schranken des Anstandes gehoben, und dich auf dem Felde der Unverschämtheit bewegt, indem du beleidigende Äußerungen wagtest.»

Omär stand nicht an, sich in Demuth zu entschuldigen und sprach: «Sohn meines rechtmäßigen Herrn, und wahres Licht der Augen, ich habe nicht gegen den Anstand gefehlt, sondern blos aus treuer Anhänglichkeit einige Worte zu sagen gewagt. Solltest du etwa ein geneigtes Gehör mir schenken wollen, so bescheide mich zu dir zu einer vertraulichen Unterredung und frage mich um das Nähere in Betreff der wenigen Worte». Als er ihn zu einer vertraulichen Unterredung beschieden hatte, machte ihn Omär mit der Angelegenheit seiner Mutter und Mir Sejedi Ahmed Nasir-eddin's, nämlich wie sie bei Lebzeiten seines Vaters von der Geistlichkeit ein Fetwa erwirkte, und sich mit Mir Sejedi Ahmed vermählt hatte, von Anfang bis zu Ende dem Sachverhalte getreu bekannt.

Emir Schems-eddin belobte ihn wegen seiner wohlmeinenden Gesinnung und sagte: «In welcher Weise ließe sich diesem leidigen Zustande abhelfen?»

Omär sagte: «Bringe diese und jene angesehenen jungen Leute der Ruzegi einzeln zu dir, gewinne sie durch Versprechungen, und mache sie so zu deinen Anhängern, dann will ich sagen, was weiter zu thun ist.»

Emir Schems-eddin machte angezeigter Maßen diesen wichtigen Schritt; er berief täglich einen oder zwei junge Männer von den Ruzegi zu sich, und nahm ihnen das Versprechen der Anhänglichkeit ab.

Auf einmal ward Mir Sejedi Ahmed von diesem Hergange unterrichtet; er ergriff die Flucht, und suchte ein Asyl bei Mir Abdal, dem Bochti-Fürsten. Emir Schems-eddin tödtete sogleich seine Mutter und brach eilig zur Verfolgung Mir Sejedi Ahmed's gegen das Bochti-Gebiet auf.

Als der Aufbruch Schems-eddin's zu Ohren Emir Abdal Bochti's gelangt war, sammelte er auch sein Heer und machte sich zum Kampfe bereit und schlagfertig. Er zog Schems-eddin an das Ufer des Flusses Zalm entgegen, und als der Zusammenstoß der beiden Schaaren nahe war, schickte Emir Schems-eddin einen Boten an Emir Abdal ab und verlangte von ihm die Auslieferung Mir Sejedi Ahmed's.

Emir Abdal gab zur Antwort: «Es soll geschehen, wenn ihr Mir Hasan Schirwin, welcher vor einiger Zeit einen Bochti-Prinzen ermordet, und an euerem Hofe Zuflucht gefunden hatte, uns ausliefert.»

Kurz nachdem Abgesandte und Botschaften auf einander gefolgt waren, kam man dahin überein, daß Emir Schems-eddin einige Herren der Ruzegi als Geisel für Mir Hassan Schirwi zu Emir Abdal schicke, und dieser Mir Sejedi Ahmed abgehen mache. Dann solle Emir Schems-eddin den Mir Hasan zu ihm schicken, und die Herren zurücknehmen.

Dem zufolge wählte Schems-eddin einige wackere Männer welche geschickte Schwimmer und muthige Kämpfer waren, und schickte dieselben als Geisel für Mir Sejed Ahmed, gab ihnen aber folgende Weisung: «Ihr müsset am Ufer des Flusses Platz nehmen, und sobald in unserem Lager ein Lärm entsteht und ein nächtlicher Angriff von unseren Leuten unternommen wird, sollet ihr eure Pferde und Effecten lassen, euch in die Fluthen stürzen, schwimmend über den Fluss setzen, und zu unseren Leuten stoßen; denn ich werde keineswegs Mir Hasan den Bochti-Stämmen ausliefern».

Die Ruzegi-Herren begaben sich der Weisung gemäß zu Mir Abdal und dieser schickte auch Mir Sejedi Ahmed an Emir Schems-eddin mit dem Begehren ab, daß er dem entgegen Mir Hasan abgehen mache.

Als der Himmelsfürst seine leuchtende goldene Krone abgelegt, und sich in das schwarze Nachtkleid gehüllt hatte, machte Emir Schems-eddin dem Leben des pflichtvergessenen Mir Sejedi Ahmed mit dem rächenden Stahl ein Ende, und entsendete die tapferen Ruzegi-Männer zum nächtlichen Angriffe an das Ufer des Flusses Zalm. Die Vorposten des Bochti-Heeres geriethen über den Anfall derselben in Bestürzung, und Verwirrung entstand in ihrer Mitte. Inzwischen wurden die Herren der Ruzegi dessen gewahr; sie stürzten sich in die Fluthen, setzten schwimmend hinüber, und stießen zu ihren Truppen. Des Morgens, als der Anführer des Sternenheeres von den Küsten des westlichen Oceans das glänzende Banner zum Rückmarsche auf der Himmelsbahn erhoben, und die Finsterniss der Nacht mit seinem hellen Lichte verscheucht hatte, eilten beide Schaaren zum Kampfe gerüstet nach dem Ufer des Flusses.

Emir Schems-eddin gab seinem Rosse die Sporen zum schnellen Laufe und sagte, nachdem er vorgesprengt war: «Emir Abdal, ich habe meinen Diener der mein Feind war, mit dem Tode bestraft; ich hege fürder gegen euch keinen Hass und Groll, sollte es euch jedoch nach Kampf begehren, wohlan hier ist der Kampfplatz und der Mann zum Kampfe.»

Als diese Worte von den Bochtiern vernommen wurden, sprengte auch Emir Abdal mit seinem Rosse vor, und sagte: «Emir Schems-eddin, unsere Voreltern waren Freunde, zwischen ihnen herrschte aufrichtige Zuneigung und treue Anhänglichkeit. Gott bewahre, daß ich es mir zum Berufe mache, gegen den alten Brauch zu handeln, um in den Augen des Schöpfers verworfen zu erscheinen und vor meines Gleichen in dieser Welt und im Jenseits beschämt dazustehen. Wenn es dem so ist, daß Mir Sejedi Ahmed seine Pflichten vergessend aus den Schranken der schuldigen Rücksicht getreten war, und dafür die verdiente Strafe erlitten hat, so gewärtige ich nun von den gütigen und liebevollen Gesinnungen des Freundes, daß wir von dem Kampfe lassen und Freundschaft schließen.» Als Emir Schems-eddin sah, daß Emir Abdal Worte der Entschuldigung und der Friedfertigkeit sprach, wurde beiderseits ein fester Bund der Freundschaft und Versöhnung geschlossen und in Frieden der Rückzug angetreten.

Seit jenem Tage erhielt Emir Schems-eddin den Beinamen Doschwar (der Feste). Er hatte 5 Söhne: 1. Sultan Ahmed, 2. Sultan Mahmud, 3. Zia-eddin, 4. Emir Scheref, 5. Emir Ibrahim. Sultan Ahmed, Sultan Mahmud und Zia-eddin starben an der Pest im Jahre 835; auch Emir Scheref schied in der Jugendblüthe seines Lebens aus der vergänglichen Welt.

Emir Ibrahim ward nach dem Tode des Vaters sein Nachfolger, und regierte eine Zeit lang.

Als er in die Ewigkeit hinübergegangen war, folgte ihm sein Sohn Emir Hadschi Mohammed. Im Jahre 847 ließ er in der Stadt Bidlis am Ufer des Flusses eine Herberge, eine Schule und eine Moschee bauen, und brachte nach einem Jahre deren Bau zur Vollendung. Im Jahre 865 ging er in die Ewigkeit hinüber; er liegt an der Seite der Moschee begraben. Er hinterließ der Welt zwei ruhmvolle Söhne, welche Ibrahim und Emir Schems-eddin hießen.

Emir Ibrahim übernahm in Gemäßheit der letztwilligen Verfügung des Vaters die Regierung. Seine Geschichte wird, so Gott will, umständlich erzählt werden.

III. Die Kurden im politischen Aufbruch

Nach dem türkischen-persischen Abkommen von 1639 war die Hilfe der Kurden in Grenzstreitigkeiten zwischen dem Osmanischen und dem Persischen Reich nicht mehr gefragt. Die Sultane versuchten daher die kurdischen Fürstentümer und unabhängigen kurdischen Regierungen aufzulösen und in das Osmanische Reich einzugliedern.

Bis in das 19. Jahrhundert hinein gab es in Kurdistan drei politische Systeme: Zum einen die unabhängigen kurdischen Regierungen, die «hükümet». Hükümets sind Fürstentümer, die vollkommen unabhängig regiert wurden, teilweise selbständig Beziehungen zum Ausland anknüpften. Solche Fürstentümer, deren Beys und Agas auch das Recht zur Steuereintreibung hatten, gab es in Bitlis, Hakkari, Cizre etc.

Dann gab es die kurdischen Provinzen, die «sancak». Hier wurde den kurdischen Stammesführern ein bestimmtes Gebiet zu Lehen gegeben, die Yurtluk und Ocaklik. Der Boden, der einem Stammesführer gegeben wurde, durfte ihm nicht mehr weggenommen werden. Das bedeutete, daß der Stammesführer auch gleichzeitig Eigentümer des Bodens war. Im Unterschied zu den Hükümets war der Stammesführer in seiner Eigenschaft als Provinzgouverneur, als Gegenleistung für die ihm übertragene Kompetenz, zur Teilnahme am Krieg verpflichtet. Und schließlich gab es die osmanischen Staatsprovinzen. Innerhalb dieser osmanischen Staatsprovinzen konnten sich die Hükümet befinden, wobei sich der osmanische Staat weder in das System der Bodenverteilung des Hükümets, noch in die Stammesorganisation und die staatliche Selbständigkeit der Hükümet einmischte. So hat sich die selbständige sozioökonomische Struktur bis in das 19. Jahrhundert hinein erhalten, trotz aller Versuche der osmanischen Sultane, die kurdischen Regierungen unter ihre staatliche Gewalt zu bekommen. Es gelang ihnen nur dann, wenn sie die zahlreichen Rivalitäten zwischen den Fürstentümern ausnutzten und religiöse Konflikte zu schüren vermochten.

Die weltweite Entwicklung des Kapitalismus und die bürgerlichen Revolutionen im 19. Jahrhundert beeinflußten auch den osmanischen Staat und die kurdischen Fürstentümer. Es gab unter den Kurden zahlreiche Bestrebungen, die Hükümets zu vereinigen und einen gemeinsamen kurdischen Staat zu gründen. Ausschlaggebend für die großen Aufstände war jedoch etwas anderes, nämlich der Versuch von Sultan Mahmut II. 1826 die Zivilverwaltung als Teil seiner Reformen auch auf

Ostanatolien auszudehnen, was einer Entmachtung der kurdischen Fürsten gleichkam. So trafen zwei politische Bewegungen in Kurdistan zusammen: einmal der Versuch, eine nationale Einigung unter den Kurden durchzusetzen, und zum anderen der Widerstand kurdischer Fürsten gegen eine Integration in das Osmanische Reich.

Bis zu Beginn des 19. Jahrhunderts hatten Kurden und Armenier auch in Frieden und Freundschaft miteinander gelebt.

Fürst Bedir-Khan, Herrscher über das Hükümet in Bohtan, der sich 1843–47 gegen das Osmanische Reich erhob, verfolgte beispielsweise das Ziel, ein unabhängiges Kurdistan zu gründen, in dem alle Nicht-Moslems, besonders die Armenier und assyrischen Christen, Autonomie genießen sollten. Es war auch Fürst Bedir-Khan, der «alle den Christen vom türkischen Staat vorgeschriebenen und sie erniedrigenden Verhaltensformen, wie z. B. das Aufstehen vor einem Moslem, wenn dieser vorbeikommt, und das Anziehen einer bestimmten Tracht, aufhob». Erst als die Christen sich weigerten, an den kurdischen Fürsten Steuern zu zahlen, wurden sie auch von den Kurden bekämpft. All das spielte sich auf einer politischen Ebene ab, auf der von den Millionen kurdischer Bauern keine Rede war. Die Kämpfe führten die Feudalherren, unterstützt wurden sie allenfalls von den Bauern, wenn es darum ging, «fremde Eindringlinge» zu vertreiben. Der kurdische Fürst Mohammed Pascha (Mirani Soran) gründete 1826 seinen eigenen Staat. Er prägte Geld in seinem eigenen Namen und nahm mit Persien und Ägypten politische Beziehungen auf.

Jzedan Scher rebellierte 1828 in Hakkari und Bohtan, nahm Mossul und Bitlis ein, so daß sich seine Herrschaft von Bitlis bis nach Bagdad erstreckte. Der Aufstand wurde mit englischer Unterstützung durch das osmanische Heer niedergeschlagen. Die Kurden erhoben sich auch in den Jahren 1829 und 1830 unter der Führung des Herrschers von Cizre, Emir Bedirhan Sait Bey, Mehmet Pasache und Ismail Bey. Als die Rebellion 1837 wieder aufbrach, waren die Bergregionen von Sincar, Aktsscha und Alaca Mittelpunkt des Aufstandes. Die kurdischen Rebellen hielten lange Zeit dem Druck der osmanischen Heere stand. In der «Ottomanischen Geschichte» steht über die Niederschlagung der Rebellion:

«Während der Offensive zur Unterdrückung wurden 15000 Menschen getötet oder verwundet. 4000 Menschen, darunter Ältere, Frauen und Kinder, wurden versklavt und mitgeschleppt. 6000 Familien mußten in die Gebiete um Diyarbakir umsiedeln. Der ottomanische Oberbefehlshaber versprach für jeden Schädel eines Kurden 200 kurus zu zahlen, für eine abgeschnittene Hand oder einen Fuß 100 kurus.»[20]

1843 begannen Aufstände in Hakkari, die sich gegen den europäischen Einfluß, besonders der Engländer in Anatolien und Kurdistan richteten. 1855–58 kam es in Bohtan zu einem nationalen Aufstand,

1877 standen die Söhne Bedir-Khans in den Gebieten von Hakkari, Bahdinan und Bohtan erneut auf. Von 1878–81 versuchte der Kurdenscheich Ubaidalla Nehrî einen Kurdenstaat zu schaffen. Diese Bewegung, die als Nehrî-Aufstand bekannt wurde, zählt zu den größten nationalen Befreiungskriegen in der kurdischen Geschichte. Die Rebellen nahmen 1880 im Iran die Gebiete Mahabad, Miyando-Ab und Meraga ein und waren so mächtig, daß sie bis Täbris vordrangen. In einem Brief an den englischen Konsul in Urmia schrieb Nehrî:

«Die Kurden sind ein tapferes, freiheitliches Volk. Es hat lobenswerte Eigenschaften und eigene Traditionen. Trotzdem versuchen seine Feinde, es als Volk von Mördern und Wilden abzustempeln. Die führenden Kurden in der Türkei, Rußland und Iran sind über ein Ziel einig. Deshalb muß eine rasche Lösung für ihr Problem gefunden werden, sonst werden sie selbst eine günstige Lösung finden. Denn sie können nicht mehr Gewaltherrschaft und Vernichtung, die von seiten ihrer Feinde kommen, aushalten. Wir Kurden vernachlässigen nichts, um dieses heilige Ziel zu erreichen. Wir werden alles an Besitz und Leben, sogar unseren letzten Tropfen Blut opfern, um beiden Staaten, Türkei und Iran, endgültig Widerstand zu leisten und um unsere Unabhängigkeit zu fordern.»[21]

Nehrî, der sich auch englischer und amerikanischer Hilfe nicht verschloß, wurde schließlich verraten, seine Bewegung von den Türken und Persern niedergeschlagen.

All diesen Aufständen war eigen, daß sie unorganisiert waren, von individuellen territorialen kurdischen Interessen getragen und von kurdischen Fürsten oder Scheichs angeführt wurden. Das wichtigste: es gab keine einheitliche politische Bewegung und Ideologie, weder eine religiöse noch eine politische, noch eine ökonomische. Entsprechend leicht waren die Aufstände niederzuschlagen.

Abdulhamid folgte dem russischen Beispiel der Kosaken und stellte 1891 die Hamidiye-Truppen auf. Sippenschulen wurden eröffnet, in denen die Kinder der kurdischen Feudalherren in der Treue zum türkischen Sultan erzogen wurden. Die Hamidiye-Truppen wurden aus den dem Sultan treuen sunnitischen Fürstentümern Kurdistans ausgewählt. Aus zwei großen Stammesorganisationen wurden 36 Truppeneinheiten gebildet. Aber es gab auch viele kurdische Stämme, die gegen die Hamidiye-Truppen opponierten und in die Berge gingen. Das Osmanische Reich benutzte die Hamidiye-Truppen, um die Kurden zu spalten und damit die Macht des Sultans in den türkischen Teilen Kurdistans zu sichern. Die kurdischen Bauern wurden gegeneinander aufgehetzt, indem Streitigkeiten zwischen Schiiten und Sunniten provoziert wurden. Man provozierte aber auch Auseinandersetzungen zwischen Armeniern und Kurden. Gegen die nationale Bewegung der Armenier wurden die Hamidiye-Truppen eingesetzt, um die armenischen Besitzungen für die kurdischen Fürsten, die dem Sultan treu ergeben waren, zu erobern.

1894 wurden über 2000 Armenier im Massaker von Sason-Talori von Hamidiye-Truppen niedergemetzelt. Die Ausstrahlung der russischen Revolution von 1905 führte dann zum erstenmal dazu, daß die kurdischen Bauern neben der nationalen Frage die soziale immer mehr in den Vordergrund der Befreiungskämpfe stellten.

IV. Das Ende der kurdischen Selbständigkeit

Zu Anfang des 20. Jahrhunderts wuchs die politische, wirtschaftliche und besonders die strategische Bedeutung Kurdistans. Denn seit langem waren der Neid und die Gegensätze der Großmächte die einzige Sicherheit für den Weiterbestand des Osmanischen Reichs. Das Hauptinteresse an der Türkei hatten England und das russische Zarenreich. England war um den Schutz und die Sicherheit der Verbindungswege nach der Kronkolonie Indien besorgt und die Russen um die Offenhaltung des Zuganges zum Mittelmeer durch Bosporus und Dardanellen. Österreich-Ungarn fürchtete, daß durch eine stärkere Präsenz Rußlands die Nationalitätenprobleme in den von Habsburg beherrschten Balkangebieten wachsen würden. Frankreich hatte sein Augenmerk auf die Türkei gerichtet, weil es dort eine kulturelle Vormachtstellung innehatte – und wirtschaftliche Interessen vertrat. Italien hatte seinen Expansionsdrang auf die osmanischen Gebiete am Mittelmeer, vor allem in Nordafrika gerichtet. Und das Deutsche Reich, das als junger aufstrebender imperialistischer Staat sich erst spät in den Konkurrenzkampf des Türkeigeschäftes stürzte, wollte – mit der Bagdadbahn beginnend – ein neues Wirtschafts- und Absatzgebiet erschließen. Daher waren auch alle Interventions- und Investionsmächte sich darüber einig, die Liquidierung des verfaulten Osmanischen Reiches möglichst lange hinauszuschieben, wenngleich ihre Absichten und Gründe dafür sehr gegensätzlicher Natur waren. Das Deutsche Reich wollte, um sein Ziel zu erreichen, ein konsolidiertes, gestärktes Osmanenreich, welches als Aufnahmegebiet für deutsche Waren und für die Rentabilität der Bagdadbahn notwendig wäre. Dagegen wünschten die Engländer ein möglichst schwaches Osmanisches Reich, um die in Südkurdistan liegenden reichhaltigen Erdölvorkommen ausbeuten zu können.

Damit sich die osmanischen Sultane in Istanbul an der Macht halten konnten – das Osmanische Reich war überschuldet und konnte nicht einmal mehr die fälligen Zinsen zahlen –, mußten das türkische, armenische und kurdische Volk ausgesaugt werden. So mußte die Hohe Pforte, als Pfand und Sicherheit für die Milliardenkredite, die sie vom Deutschen Reich erhielt, die Hauptquellen der Staatseinnahmen verpfänden, und das war der sogenannte «Zehnte». Dabei handelt es sich um Naturalab-

Wie in diesem Dorf in der kurdischen Provinz Urfa hat sich für die Bevölkerung von Türkisch-Kurdistan seit Jahrhunderten wenig verändert.

gaben an die osmanischen Steuereintreiber in der Form von Korn, Hammeln, Kühe, Seide etc. «Die Käufer der Zehnten waren häufig Spekulanten oder Konsortien, die ihre Anteile mit Gewinn an andere Spekulanten weiterveräußerten. Auf diese Weise wuchsen die Abgaben der Bauern lawinenartig an und stürzten diese in immer höhere Schulden, zumal die Pächter, häufig zugleich auch Getreidehändler, die Ernte zu Schleuderpreisen aufkauften. Durch derartige Operationen wurde die kleinasiatische Bauernschaft zum Objekt eines organisierten Ausplünderungsprozesses.»[22] Die Steuerauspressung führte schließlich zur Lähmung des Wirtschaftslebens überhaupt.
Zur gleichen Zeit wurde versucht, die kurdischen Fürstentümer und unabhängigen Stämme endgültig an das Osmanische Reich anzubinden. Der osmanische Sultan Abdul Hamit lockte damit, indem er auf die Gemeinsamkeit der mohammedanischen Völkerteile hinwies. Das wiederum richtete sich gegen die Armenier, die, bedingt durch die Aufrechterhaltung der traditionellen ethnischen Arbeitsteilung, als christliche Kaufleute und Händler Repräsentanten der Ausbeutung waren, während die türkischen und kurdischen Bauern auf dem Land unter dem Joch dieser Ausbeutung litten. Es war eine bewußt betriebene Spaltung. Denn in der Endphase des Osmanischen Reichs gab es keine Anstrengungen, den Boden an die Bauern zu verteilen und damit das Elend der Landbevölkerung zu verringern. Bis zur Ausrufung der türkischen Re-

publik und auch danach blieb der Boden in den Händen der lokalen Agas und Scheichs. Diese wiederum waren untereinander in Interessenkonflikte verstrickt, um ihre Selbständigkeit und ihre ökonomischen Besitzansprüche durchzusetzen. «Die kolonialen Regierungen haben immer gewußt, aus den Konflikten zwischen den Stämmen und Konfessionen Nutzen zu ziehen. Viele Staatsfunktionäre haben versucht, diese Konflikte noch mehr zu verschärfen.»[23]

Konflikte unter den kurdischen Feudalherren und ihren Aşirets (Stämmen) hatten sich schon Anfang des 20. Jahrhunderts die Engländer zunutze gemacht und daraus eine «Wissenschaft» von den Eigenschaften der kurdischen Stämme entwickelt. Ein englischer Offizier, Mark Sykes, hat beispielsweise folgendes herausgefunden:

«1. Daudieh: 4000 Familien. Ein kriegsliebender halbnomadischer Stamm, der am unteren Zab lebt. Sie schwimmen, schlechte Reiter, Baban-Kurden.

2. D'sdie: 5000 Familien. Ein großer Stamm, der sich zum Teil aus Nomaden und zum Teil aus Bauern zusammensetzt. Sie heiraten arabische Frauen aus Gibbur. Der Stamm hat den größten Teil seines Reichtums durch Heuschrecken und Dürre verloren. Die Männer sind gute Reiter und Bauern, das Hauptquartier des Stammes befindet sich auf dem Landbesitz des Sultans im Kara Chok-Gebirge. Baban-Kurden.

3. Shaykh Bezeini: 4000 Familien. Ein großer und kriegerischer Stamm, stürmisch und wild. Räuber. Hervorragende Reiter. Sehr intelligent, sie machen Martini Henry-Gewehre. Im Winter leben sie in Dörfer, im Frühjahr in Zelten in der Nähe ihrer Dörfer. Im Juni ziehen sie mit ihren Herden an die iranische Grenze. Im September kehren sie zurück oder später, wenn es sehr heiß ist. Baban-Kurden.

4. Shaykhan: 500 Familien. Alles Nomaden, reiche Hirten, halten sich mit ihren Schafherden zwischen dem Tigris und dem Zab auf. Erlauben keine Beziehungen zu den Yeziden und lagern oft bei den Tai-Arabern, mit denen sie sich aber nicht verheiraten. Baban-Kurden.

5. Girdi: 1200 Familien. Diese Girdi verließen die Umgebung von Girdmanik vor 60 Jahren; sie haben die Benutzung von Zelten im Sommer aufgegeben und sind jetzt nicht mehr von den umliegenden Bergbewohnern zu unterscheiden. Sie sind fleißig und wohlhabend. Sie haben immer noch Beziehungen zu ihrem Mutter-Stamm und schicken jedes Frühjahr Geschenke zu dem Stammesführer. Baban-Kurden

6. Hamawand: 1200 Familien. Sie sind die mutigsten, tapfersten und intelligentesten unter den Stämmen der Baban-Kurden. Hervorragende Reiter, Meisterschützen, kühne Räuber, gute Bauern. 1878 sind 600 Hamawand-Reiter, nur mit Lanzen bewaffnet, tief in den Kaukasus eingedrungen. Sie brachten riesige Beute zurück.
   Die türkische Regierung hat in den letzten Jahren oft versucht, die Macht des Stammes zu brechen, aber die Männer sind berühmt wegen ihrer Zähigkeit und ihrer Intelligenz, die Frauen für ihre Schönheit. Die Hamawands verheiraten sich mit Arabern. Die meisten sprechen Arabisch, ihre Sprache ist aber auch Kurdisch. Gekleidet sind sie teilweise wie Araber und teilweise wie Perser. In

der Vergangenheit waren sie mit Lanzen bewaffnet, jetzt benutzen sie nur moderne Gewehre und Dolche.

7. Baliki: Familienanzahl unbekannt. Ein Stamm an der Grenze, von dem ich nicht mehr weiß, als daß es ihn gibt, aber es kann sein, daß sie Verbindungen zu den Billikans haben.

8. Herki: 3000 Familien. Ein großer Nomadenstamm, stark verbreitet, einige gibt es nahe Erzurum, andere nahe Van und die meisten bei Mossul. Die Herkis sind dunkelhäutige Leute; ihre Nachbarn behaupten, daß sie keine Kurden sind. Die Frauen sind sehr mutig und männlich. Die Herkis schlafen auch im Herbst ohne Zelte. Alles in allem sind sie gemein, schmutzig, besitzen große Schafherden und handeln mit billigen Packpferden; es ist unmöglich, sie genau zu beschreiben.

9. Baradost: 650 Familien. Der Stamm nennt sich nach dem Baradost-Fluß.

10. Berzan: 750 Familien. Der Name des Stammes stammt vom Berzan-Distrikt; der Stamm ist berühmt für seinen Kampfgeist.

11. Zebar: 1000 Familien in 30 Dörfern. Es sind sorgfältige Bauern, gute Weinbauern, gute Baumeister, freundlich zu Fremden, aber streitsüchtig untereinander. Ihre Hauptleute bauen kleine Burgen, in denen sie im allgemeinen belagert werden, es sei denn, sie belagern nicht selbst jemanden. Diese Kurden sind mutige Kämpfer auf ihrem eigenen Gebiet. Zwischen ihnen und den Berzan existiert Blutrache.

12. Atmanikan: 5000 Familien. Sehr wohlhabende Nomaden. Sie werden oft bei Bitlis gesehen und nahe Bohtan, wo ihre Hauptquartiere sind. Sie kleiden sich wie die Herki, aber haben nicht den schlechten Ruf wie diese. Sie haben alle Pferde. Im Sommer wandern sie zu den Muş-Ebenen.

13. Hartushi: Er ist ein sehr wichtiger kurdischer Stamm. Ich glaube, daß spätere Untersuchungen zeigen werden, daß er eine Verbindung zwischen irakischen und armenischen Kurden darstellt. Die Nomaden dieses Stammes haben einen sehr schlechten Ruf.

14. Gavdan: 300 Familien. Nomaden, die einen schlechten Ruf haben, diebisch, ungastlich und primitiv. Es sind wohlhabende Pferdezüchter, die im Frühjahr bei Zako lagern.

15. Tirikan: 650 Familien. Ein seßhafter Stamm, zwischen dem Euphrat und dem Haini; bekannt sind die herrlichen farbigen Kleider; wohlhabend und intelligent; freundlich zu den Armeniern, die unter ihnen leben. Die Armenier sagen, daß sie nicht von der armenischen Rasse abstammen; dieser Vorstellung wird natürlich von den armenischen Klerikern in Diyarbakir widersprochen, aber ich habe es von einem Priester und christlichen Führer aus dieser Gegend.

16. Dersimli: Allgemeine Bezeichnung für die in Dersim lebenden Kurden. Alle Stämme aus Dersim sind zweifellos Heiden, die sich selbst Shias nennen. Ihre Religion ist, soweit ich es feststellen konnte, eine Mischung aus magischen Elementen und Naturanbetung, die sich im Pantheismus entwickelte. Ein Mann dieser Region sagte zu mir: Ich bete keinen Gott an, ein Teil kann nicht für alle beten. Wie auch immer, es sind Shia-Moslems, die Ali verehren, den sie den Größten aller Propheten nennen. Die Dersimli sind ohne Zweifel Räuber und Halsabschneider, aber ich bezweifele ihren Mut, und wenn sie Autorität zu sehen bekommen, halten sie sich zurück. Rund um Dersim gibt es Stämme, die in feudaler Abhängigkeit von Beys leben, die türkisch sprechen und ihre

Frauen verschleiern. Zuerst glaubte ich, daß diese Beys Nachkommen türkischer Lehnherren seien, von denen man immer hört, sie aber nie trifft. Bei einer anderen Gelegenheit wandten sich diese ‹türkischen› Beys von den einheimischen ab, die sich niedergelassen und türkische Gewohnheiten angenommen haben. Die Dersimli sind kleine, zähe Menschen; sie sind intelligent und haben einen hochentwickelten künstlerischen Sinn für Farben und Kleider. Soweit ich es feststellen konnte, sprechen die Dersimli einen besonderen Dialekt, der aber mit dem Zaza verbunden ist. Die meisten Stämme aus Dersim wandern im späten Frühling vom Süden in den Norden; ihre Dörfer sind während dieser Zeit unbewohnt und ohne Aufsicht.

17. Karagetch: 1700 Familien. Dies ist der Name eines schwachen Stammes von Halbnomaden, die bei Siverek wohnen; brutale, grausame und unbeschreiblich dreckige Leute. Dieser Stamm hat einen schlechten Ruf in jeder Beziehung. Viele der Karagetch sprechen Zaza, aber zwischen Diyarbakir und dem Tur Abdin lebt eine Anzahl von namenlosen Kurden, die keinem Stamm angehören und die von ihrem Clan verstoßen wurden. Diese gehören zu den Karagetch.
(Dieser Stamm war seiner Herkunft nach ein Turkmenen-Stamm aus West-Anatolien und wurde von Sultan Selim an die Hänge des Karaja-Dagh umgesiedelt. Der Grund für diese Umsiedlung war, daß die osmanische Regierung Kurdenstämme wie die Ziriki, Tirikan und andere Stämme nach Westanatolien umgesiedelt hatte. Das war der Ausgleich dafür. Die Karagetch verheirateten sich mit ansässigen Kurden, die keinen Stämmen angehören, verlernten ihre Sprache und entwickelten sich langsam zu einem kurdischen Stamm. Außerdem wurden sie einige Jahre nach ihrer Umsiedlung von der osmanischen Regierung unterstützt, um die kurdischen Stämme mit Turkmenen-Clans zu vermischen.»[24]

Sosehr diese Beschreibungen von der Denkschablone europäischer Vorstellungen geprägt sind, sie dokumentieren doch die Vielzahl und individuellen Eigenheiten der kurdischen Stämme. Es galt nun für die britischen Besatzer, die Eigenarten der Stämme für ihre politischen Zwecke einzuspannen. In den folgenden Jahrzehnten unterstützten die Engländer bestimmte reaktionäre kurdische Stämme, um sie zum Widerstand gegen die nationale Befreiungsbewegung von Mustafa Kemal Atatürk aufzuhetzen.

1909 wurde Sultan Hamid durch die «Jungtürkische Bewegung» zum Abdanken gezwungen und Wahlen in allen Provinzen ausgeschrieben. Bis zum Beginn des Ersten Weltkriegs wurden die regionalen Verwaltungs- und Nachrichtenübermittlungen vereinfacht, die Polizei und das Herr modernisiert. Die Jungtürkische Bewegung, deren Mitglieder sich aus dem Offizierskorps rekrutierten, vereinigte nicht mehr das religiöse Band des Islams, sondern der osmanische Staatsgedanke – und das bedeutete die Übernahme der europäischen bürgerlichen Demokratie. Die Armenier und Kurden hatten die Jungtürken in ihrem Kampf um die Macht unterstützt, erhofften sie sich doch von ihnen Gerechtigkeit und Gleichheit aller Staatsbürger. Die Freude über die Machtergreifung war aber nur von kurzer Dauer, da die jungtürkische Bewegung sich rasch in nationalistische und rassistische Bahnen entwickelte. Geistesfreiheit und gleiche Rechte für alle standen nur in ihrem Programm, solange sie gegen die absolute Gewaltherrschaft des Sultans kämpfte. Als sie selbst an der Macht war, gewannen die pan-türkischen und pan-islamischen Ideen wieder die Oberhand. Bereits auf ihrem Kongreß im Oktober 1911 in Saloniki wurde der Aufbau des Reiches auf islamischer Grundlage und unter der Alleinherrschaft der türkischen Rasse beschlossen. Dazu hieß es in der Resolution: «Früher oder später muß die vollkommene Osmanisierung aller türkischer Untertanen durchgeführt werden; aber es ist klar, daß diese niemals alleine durch Überredung erreicht werden kann, sondern man muß zur Waffengewalt Zuflucht nehmen. Der Charakter des Reiches hat mohammedanisch zu sein und mohammedanischen Einrichtungen und Überlieferungen muß Respekt verschafft werden; anderen Nationalitäten muß das Recht der Organisation vorenthalten werden.»[25]

Um die Assimilierung der anderen Völker Anatoliens, besonders der Kurden, zu erreichen, wurden zwischen 1913 und 1915 mehr als 100000 Kurden in den Westen umgesiedelt, für sie kamen türkische Bauern in den Osten.

In der Zwischenzeit hatten die ausländischen Interventionsmächte versucht, ihren Einfluß in der Türkei zu verstärken. Die Italiener besetzten 1911 Tripolis (Libyen) und später die Cyrenaika, England nahm sich die Hafenstadt Solun. 1912 erhoben sich die Albanier gegen die türkische Vorherrschaft. Im Ersten Balkankrieg rebellierten Bulgaren, Griechen und Serben gegen das Osmanische Reich und kämpften für nationale Unabhängigkeit.

Der Kampf um die Türkei war nur ein Stein im Mosaik der imperialistischen Gegensätze, die zu zwei Machtblöcken führten: Zum Dreibund mit Deutschland, Österreich-Ungarn und Italien einerseits, und zur «Entente» mit England, Frankreich und Rußland andererseits. Das Osmanische Reich verbündete sich mit Deutschland. Am 2. 8. 1914 wurde ein – bereits im Juli ausgearbeitetes – deutsch-türkisches Geheimabkommen unterzeichnet. In einem Passus dieses Abkommens hieß es, daß der Bündnisfall nur dann eintrete, wenn Rußland militärisch angreife. Als dann Deutschland Rußland den Krieg erklärte, waren die Türken an den Vertrag nicht mehr gebunden. Die Türken versuchten den von Deutschland geforderten Kriegseintritt hinauszuzögern und wiederholten nochmals ihr Bündnisangebot an die Entente, mit der Gegenleistung, daß die Integrität des Osmanischen Reiches für 10 bis 15 Jahre garantiert werde. Dieses Angebot wurde abgelehnt, und am 29. Oktober 1914 trat die Türkei de facto in den Krieg ein. Die Fahne des Propheten wurde abermals hervorgeholt und der «Heilige Krieg» proklamiert. Deutsche Offiziere übernahmen sämtliche wichtigen Posten im Heer, besetzten Stäbe und alle Truppenkommandos bis abwärts zum Regimentskommandeur. Das Kommando über die türkische Flotte und die Küstenbefestigungen übernahmen die deutschen Admirale Souchon und v. Usedom. Der Zustand des Heeres bei Kriegsausbruch war mehr als übel. Die Offiziere hatten seit einem halben Jahr kein Gehalt, die Mannschaften seit über einem Jahr keinen Sold mehr erhalten. Die Frauen und Kinder der Offiziere mußten aus den Feldküchen in den Kasernen ernährt werden. Deshalb war der Großteil der Soldaten unterernährt und in Lumpen gekleidet. Selbst bei der Ehrenkompanie, die zur Ankunft des Generalinspekteurs der türkischen Armee, Marschall Liman v. Sanders, am Bahnhof in Corlu angetreten war, stand ein Teil der Soldaten barfuß, ein anderer in zerrissenen Schuhen da. Auf die harte Kritik Sanders beim Kriegsminister Enver-Bey hin ließ dieser einen «Türken bauen», das heißt, er schickte der Truppe, die jeweils besichtigt werden sollte, neue Uniformen und nahm die Bekleidung nach der Besichtigung wieder weg.

Die Alliierten hatten nicht übermäßige Mühe, ab 1916 die Türken zu vertreiben. Dabei wurde der Zusammenbruch der türkischen Fronten durch den passiven, oft auch sehr aktiven Widerstand der von den Türken unterdrückten Völker erreicht. Am 30. Oktober 1918 wurde die Kapitulation auf dem englischen Kriegsschiff «Agamemnon», das vor der griechischen Insel Lemnos vor Anker lag, unterzeichnet. Ein großer Teil des Osmanischen Reichs wurde an die Siegermächte verteilt. Gefordert wurden u. a. die Abtretung von Thrazien mit der Halbinsel Gallipoli, den Ägaischen Inseln und der Stadt Smyrna an Griechenland; des Dodekanes und Rhodos' an Italien und des gesamten arabischen, ägyptischen und nordafrikanischen Besitzes an Frankreich und England als Mandatsgebiete. Die südwestlichen Gebiete Kurdistans wurden Syrien, dem französischen Einflußbereich, die südöstlichen Gebiete dem Irak, der britischen Kolonie zugeteilt, während der nördliche Teil bei der Türkei verblieb, die sich im Vertrag von Sèvres (10. 8. 1920) verpflichten mußte, ein Mehrheitsvotum der kurdischen Bevölkerung für ein unabhängiges Kurdistan anzuerkennen.[26]

Im Vorgriff auf die im Friedensdiktat vorgesehene Entmachtung der Türkei hatten sich schon im Frühjahr 1919 alliierte Truppenkontigente in der Hauptstadt und an den strategisch wichtigsten Küstenplätzen und Verkehrsknotenpunkten festgesetzt. Französische und britische Truppen besetzten vom Irak und Syrien aus das südöstliche Kleinasien, italienische Streitkräfte stießen über Antalya bis Konya vor, und im Mai landete ein griechisches Expeditionskorps in Smyrna und besetzte die ägäische Küstenzone.[27] Für die Kurden schien der Zeitpunkt gekommen, nach einem unabhängigen Staat zu greifen. Sie verkannten dabei, daß die Teilung Kurdistans dazu diente, ein einiges Kurdistan zu erschweren und die Freizügigkeit der Sieger gegenüber den türkischen Kurden nur die politische Funktion hatte, mit einem freien Kurdistan einen Marionettenstaat einzurichten. Der kurdische Prinz Bedir-Khan erinnert sich:

«1919 sind mein Bruder und ich im Auftrag einer englischen Kommission nach Kurdistan gefahren, um die Lage zu prüfen. Die Alliierten sagten uns, wir erkennen ein Kurdistan an. Aber die Kurden selbst sagten, jetzt in den Rücken der Türken einen Dolch zu stoßen, das ist unehrlich. Mustafa Kemal hatte ja auch gesagt, daß die Kurden die gleichen Rechte bekommen würden, wie die von den Alliierten eingeräumten. Die Bauern sagten auch, die Türken sind unsere Brüder.»[28]

V. Der nationale Befreiungskrieg Mustafa Kemals

Die Folgen der Kolonisierungspraktiken zeigten sich bald in der Türkei – überall in Anatolien entstanden Widerstandsgruppen. Als der Sultan das Friedensdiktat von Sèvres am 10. 8. 1920 unterzeichnete, das imperialistischen Interessen in der Türkei vollkommen Tür und Tor öffnete, erklärten die türkischen Nationalisten den Vertrag für ungültig, und den aufmarschierenden Entente-Truppen und der Istanbuler Marionettenregierung wurde der Krieg erklärt. Die nationalistische Bewegung unter Mustafa Kemal gewann schicksalhafte Bedeutung für das türkische Volk, das sich befreien konnte, und für das kurdische Volk, das bis heute im Namen der kemalistischen nationalistischen Ideologie unterdrückt wird.

Der Krieg, den Kemal Atatürk geführt hatte, war ein antiimperialistischer, das heißt gegen fremde Besatzungstruppen gerichteter Krieg gewesen – aber letztlich keine Revolution. «Wenn der Krieg keinen antifeudalistischen Charakter trägt, so heißt dies, daß er umgekehrt gerade mit Hilfe der feudalen Kräfte gewonnen wurde.»[29] So schrieb Atatürk vor Beginn des Befreiungskampfes an die wichtigsten kurdischen Feudalherren, die Emire, Briefe und rief sie auf, sich den Reihen der nationalen Befreiungsbewegung anzuschließen. Eine Vielzahl von kurdischen Stämmen schloß sich diesem Aufruf an und bekämpfte die ausländischen Besatzer. Auch die irakischen Kurden nahmen den bewaffneten Kampf gegen die Engländer auf, indem sie sich der Befreiungsorganisation «Halbmond-Vereinigung» anschlossen, die mit der Befreiungsbewegung von Atatürk in enger Verbindung stand. Die Mehrheit der nationalen Einheiten, die Urfa von den Engländern zurückeroberten, waren kurdische Bauern. Atatürk gelang es, sowohl die islamische Brüderlichkeit zu beschwören, als auch die Konflikte unter den türkischen Völkern in seinem Sinne zu benutzen. In einem Brief, den Atatürk an einen dieser Feudalherren geschrieben hatte, stand folgendes: «Die Hilfe, die Euer Exzellenz für die osmanische Armee und für Sultanat und Kalifat während des Weltkrieges geleistet haben, ist uns völlig bekannt. Aus diesem

Grunde habe ich vor Eurer Exzellenz großen Respekt. Und es ist ihnen bekannt, wie sehr heute das heilige Kalifat, das osmanische Sultanat und unsere heilige Heimat durch unsere Feinde gekränkt und daß fortlaufend die Regierungsbezirke des Ostens den Armeniern geschenkt werden.»[30]

Atatürk hatte sich weniger an das kurdische Volk, an die Bauern gewandt, sondern an ihre religiösen und politischen Führer. In der Regel ist man gezwungen, Konzessionen zu machen. Hatte in der Vergangenheit dabei der englische Imperialismus alle Möglichkeiten ausgeschöpft, Kurden und Araber auf seine Seite zu ziehen, um die Befreiungsbewegung in Anatolien zu verhindern, so versuchte das jetzt Atatürk, unter Berufung auf religiöse Vorstellungen. «Es macht keinen Unterschied, ob die Stammesführer dem Mustafa Kemal versprechen: Wir sind auf Deiner Seite und wir werden mit Dir einen gemeinsamen Kampf führen, oder ob sie dem englischen Imperialismus versprochen hätten: Wir sind auf Ihrer Seite. Da es kein nationales Bewußtsein unter den Stämmen gibt, ist die politische Auffassung des Stammesführers das entscheidende.»[31]

Als dann der Krieg um den türkischen Nationalstaat gewonnen war, interessierten die Kurden nicht mehr. Im Vertrag von Lausanne vom 24. Juli 1923, den die Alliierten mit der neuen türkischen Regierung abschlossen, ist denn auch nur noch von der territorialen Integrität der Türkei die Rede, von der Errichtung eines kurdischen Staates wurde nicht mehr gesprochen – im Unterschied zum Vertrag von Sèvres. Allerdings erkannte der türkische Delegierte, Ismet Inönü, in Lausanne ausdrücklich die Existenz zweier, der türkischen und kurdischen Nationen innerhalb der Türkei an. Die Rechte der kurdischen Minderheit wurden durch Artikel 38 und 39 des Vertrags gesichert, die noch heute – zumindest auf dem Papier – unmittelbar geltendes türkisches Recht darstellen. Dort heißt es: «Die türkische Regierung verpflichtet sich, allen Einwohnern der Türkei vollen und ganzen Schutz ihres Lebens und ihrer Freiheit zu gewähren ohne Unterschied der Geburt, Nationalität, Sprache, Rasse oder Religion.» Und Artikel 39 bestimmt, «daß keine Einschränkung verfügt wird gegen den freien Gebrauch irgendeiner Sprache durch jeden türkischen Staatsbürger, sei es in Sachen der Religion, Presse oder Publikation aller Art, sei es in öffentlichen Versammlungen etc.»[32]

Aber bereits wenige Monate nach Unterzeichnung des Lausanner Friedensvertrages ließ Mustafa Kemal den Gebrauch des Kurdischen als Amtssprache verbieten, die Dorfnamen wurden zu 90 % türkisiert, ohne die Änderung den Einwohnern mitzuteilen. Ziel war die vollkommene Assimilation der Kurden, da es außer Türken kein anderes Volk mehr in der Türkei geben durfte. Die Abschaffung des Kalifats hatte auf die Stammesführer Ostanatoliens einen tiefen, negativen Eindruck ausgeübt. Denn sie gingen davon aus, daß Mustafa wie in den Kriegsjahren ein Protektor des Sultanats und Kalifats, also ein Retter der islamischen

Welt sei. Dieses Kalifat und Sultanat waren zur Zeit des Osmanischen Reichs die einzige Kraft, die die islamischen Völker vereinigte. Sie wurde nun aufgehoben, und an ihre Stelle trat ein ideologischer Freiraum. Er wurde durch den Begriff des «türkischen Nationalismus» wieder gefüllt. Aber da man der Idee des türkischen Nationalismus keinen gesellschaftlichen Inhalt geben konnte, konnten rassistische Entwicklungen nicht verhindert werden. «So trat das türkische Volk, welches zur Zeit des osmanischen Reiches diskriminiert, links liegen gelassen wurde, als Turkmenen bezeichnet und herabgewürdigt wurde, zum erstenmal als eine nationale Einheit auf, unter dem Begriff des türkischen Nationalismus. Jedoch war dieser Nationalismus nicht Folge einer strukturellen Veränderung, sondern eine Nationalisierung, die mit Hilfe einer wie ein Blitz aus heiterem Himmel gefallenen Ideologie hervor trat. Ein Türke zählt soviel wie eine Welt, die vornehmste Rasse der Welt sind die Türken, wie glücklich wer sagen kann: Ich bin ein Türke und andere Phrasen kennzeichnen diesen Nationalismus.»[33] Das Osmanische Reich wurde zerschlagen und gewisse Reformen durchgeführt, doch die feudale Struktur Anatoliens blieb bestehen. Die Kemalisten schlossen mit den Grundherren Bündnisse und arrangierten sich mit den Westmächten. Letztlich fand nur eine ökonomische Veränderung in den Metropolen, den Großstädten der Türkei statt. Eine städtische Machtelite bestimmte von den Metropolen aus über Anatolien. Nicht die soziale Veränderung der feudalen Strukturen war ihr Ziel, zumal die kemalistische Elite sehr schnell mit den Feudalherren sich verbündete, sondern die nationale Herrschaft. Die Folge: «Da die kemalistische Revolution die Bauernfrage nicht lösen kann, sie sich sogar gegen die Möglichkeit der Agrarrevolution, die den Kern der demokratischen Revolution bildet, stellt, leitete sie eine Diktatur ein, die die Arbeiter und Bauern unterdrückte.»[34]

Die Feudalherren, die sich nicht an die Zentralregierung in Ankara anketten lassen wollten und zudem bestimmte Privilegien, wie Steuereintreibung und Polizeihoheit, schwinden sahen, organisierten Aufstände gegen die Zentralregierung in Ankara. 1925 rief Scheich Said zum Aufstand gegen die türkische Zentralregierung auf, einem Aufstand, dem sich, da der Terror gegen die kurdischen Bauern durch die Gendarmerie sich verschärfte, auch diejenigen kurdischen Stämme, die sich zu Anfang nicht erhoben hatten, anschlossen und in die Berge zogen. Dieser Aufstand des Scheich Said wird heute noch in der Türkei als das Paradebeispiel für einen «reaktionären Aufstand» dargestellt. Zwar spielten religiöse Momente eine große Rolle, was nicht weiter verwunderlich ist, wenn man sich daran erinnert, was Mustafa Kemal noch wenig früher den Feudalherren unter dem Banner der «islamischen Brüderschaft» versprochen hatte. Andererseits spielte aber auch die nationale Unterdrükkung eine ebenso große Rolle. Der Aufstand wurde niedergeschlagen, zumal die Franzosen, die damals in Syrien ein Mandat ausübten, den türkischen Regierungstruppen halfen, indem sie ihnen die Eisenbahnlinie von Aleppo aus zur Verfügung stellten. Tausende Kurden wurden niedergemetzelt, zahlreiche Dörfer zerstört und ihre Einwohner deportiert. Ein alter Bauer aus Kulp kann sich heute noch erinnern: «Die türkische Armee sammelte Männer, um sie zu verbrennen. Auf dem Holz (Scheiterhaufen) liegen die Männer, aber sie brennen nicht so leicht. Daraufhin hat der Kommandant der Türken befohlen, daß man auch die Frauen auf den Scheiterhaufen legen soll, ‹die geben genug Öl ab›, sagte er.»

Am 7. Mai 1925 konnte denn auch die türkische Tageszeitung «Vakit» melden: «Es gibt keine kurdischen Probleme, wo die türkischen Bajonette regieren.» Doch es waren die türkischen Bajonette und der brutale Einsatz der Militäreinheiten und Polizeikommandos, die zu weiteren Aufständen führten. Schon wenige Monate später brach eine Rebellion bei den Stämmen von Batman und Reşkoyan aus. Sie verbreitete sich innerhalb kurzer Zeit in den Gebieten von Hakkari, Şemdinli, Gewas, Cirze, Bohtan und Sason. Die Partisanen forderten ein Ende der Unterdrückung durch die Türken und verlangten Unabhängigkeit. Doch die türkische Regierung dachte nicht daran, auf derartige Forderungen einzugehen, zumal sie mit einer tausendfachen militärischen Überlegenheit die Rebellen bekämpfte. Gefangene Rebellen wurden geköpft und ihre Schädel der Bevölkerung zur Abschreckung gezeigt.

1927 hielten die Kurden einen gemeinsamen Kongreß ab. Auf ihm wurde beschlossen, alle kurdischen Organisationen in einer einzigen Partei namens «Choyibun» (Unabhängigkeit) zusammenzufassen. Diese Partei, die sich hauptsächlich aus Intellektuellen, Feudalen und Agas zusammensetzte, sollte die militärische Führung der Revolution bis zur Unabhängigkeit übernehmen. 1929 begann dann unter Führung der Unabhängigkeitspartei der Aufstand der Kurden im Ararat-Gebiet, den die türkische Regierung auch nicht mehr als «religiös-reaktionären Aufstand» oder von englischen «Imperialisten gesteuerten Aufstand» diffamieren konnte, sondern der eine breite Volksbewegung für die Unabhängigkeit von Kurdistan war. Zwei Jahre lang konnten sich die Kurden in den schwer zugänglichen Bergen verteidigen, bis sie, als keine Waffen mehr da waren, aufgeben mußten. Denn, so im August 1930 der türkische Premierminister Inönü in Sivas: «Allein die türkische Nation hat das Recht, ethnische und rassische Forderungen in diesem Lande zu stellen.» Und sein Justizminister Mehmet Esat äußert sich am 19. September 1930 noch deutlicher: «Es gibt in der Türkei mehr Freiheit als irgendwo in der Welt. Dieses Land ist ein Land der Türken. Wer nicht von rein türkischer Herkunft ist, hat nur ein einziges Recht in diesem Lande: das Recht Diener zu werden, das Recht, Sklave zu sein.»[35]

Nach der Niederschlagung des Aufstandes vom Ararat mußten die Türken aber zuallererst Rache nehmen. Im Gebiet des Ararat wurden rund 10000 Kurden in 220 Dörfern niedergemetzelt, in anderen Gebieten des Aufstandes wurden 400 Dörfer zerstört, in Van 83 Dörfer. Außerdem wurden hier 100 kurdische Intellektuelle, Anhänger der Unabhängigkeitspartei, mit gebundenen Händen und Füßen in den Van-See geworfen und ertränkt.

Das sowjetische «Nachrichtenblatt für den Mittelosten» (Nr. 12, Dez. 1931, Moskau) schrieb über die Massaker: «Die Kemalisten haben in Kurdistan alle Arten von mörderischen und modernen Waffen benutzt, um die kurdische Freiheitsbewegung zu unterdrücken. Artillerie und Flugzeuge haben die kurdischen Dörfer völlig vernichtet. Die Höfe wurden geplündert und die Einwohner massakriert, ohne einen Unterschied zu machen zwischen einem bewaffneten Krieger, einem kleinen Kind und einer hilflosen Frau.»

Die Türken unter der Führung Mustafa Kemal hatten in der Zwischenzeit das wahrgemacht, was er in Istanbul einem Arzt gegenüber verkündete: «Wir werden die Kurden wie die Armenier wegmachen.»[36] In einer Studie über Kemal heißt es dazu: «Die Türken Mustafa Kemals massakrierten die Kurden aus Rache und mit der gleichen Grausamkeit und Gewalttätigkeit, mit der die Türken des Sultans die Griechen, Armenier und Bulgaren hingemetzelt hatten.»[37]

Wenn man heute alte Bauern in den aufständischen Gebieten darüber befragt, wie es damals um 1930 gewesen sei, hört man ständig Geschichten von bestialischer Grausamkeit. Ein Hodja aus Silvan: «In Şemdinli wurde eine Frau verhaftet und zwei türkische Soldaten bringen sie nach Diyarbakir. Sie wissen, daß die Frau in den nächsten Wochen ein Kind erwartet. Daraufhin sagt einer der Soldaten: ‹Wir wollen einmal wetten, ob das ein Mädchen oder ein Junge wird.› Die Soldaten wetten um eine Schachtel Zigaretten, wer recht hat. Sie töten die Frau, schneiden den Bauch auf und schauen nach, ob es ein Junge oder Mädchen ist.»[38]

In den Nachbarländern Iran und Irak rebellierten die Kurden ebenfalls. Nachdem im Jahr 1930 England die Unabhängigkeit des Irak anerkennen mußte, erhoben sich die irakischen Kurden unter Führung des Scheichs Ahmed Barzani, um für ihre nationalen Rechte zu kämpfen. Die Aufstände wurden, mit Hilfe der Türken, von den Engländern niedergeschlagen, die eine günstige Gelegenheit sahen, ihrer Luftwaffe Übungsflüge zu verschaffen. Im Iran akzeptierten die Herrscher in Teheran zwar die nationalen Rechte der Kurden, dämmten das Aufbegehren ein, indem sie ihnen kulturelle Rechte zubilligten. Auf der anderen Seite arbeiteten sie mit der türkischen Regierung zusammen, um die aufständischen Kurden im Ararat-Gebirge niederzuhalten.

1932 und 1933 erhielten zahlreiche kurdische Feudalherren ihre beschlagnahmten Ländereien wieder zurück, da sie inzwischen mit Ankara zusammenarbeiteten. 1934 wurde ein Gesetz gegen das kurdische Volk erlassen, das die Bauern zur Deportation freigab. Die Besitzungen derjenigen Kurden, die in Verdacht standen, mit den Aufständischen zusammenzuarbeiten, wurden beschlagnahmt, ihr Hab und Gut geraubt. Nach diesem Gesetz wurde die Türkei in drei Regionen aufgeteilt: Im ersten Gebiet, dem Land der Kurden, wurden türkische Nomaden angesiedelt. Im zweiten Gebiet, dem Gebiet der Türken, wurden kurdische Gruppen vereinzelt angesiedelt, das dritte Gebiet, jenes, wo Aufstände immer wieder festen Fuß fassen konnten, sollte gänzlich entvölkert werden.

Das Gesetz Nr. 2510 vom 14. Juni 1934, veröffentlicht im amtlichen Nachrichtenblatt («Resmi Gazete») vom 21. Juni 1934, Nr. 2733, hat folgenden Text:

«Um die türkische Kultur zu verbreiten, wird die Regierung das o. g. Gesetz nach bestimmten Punkten verwirklichen. Dazu hat das Innenministerium die Türkei in drei Regionen aufgeteilt:

1. Diejenigen Regionen, in denen die türkische Kultur in der Bevölkerung sehr stark verankert ist.
2. Diejenigen Regionen, wo diejenige Bevölkerung angesiedelt werden soll, die zu türkisieren ist (das sind die Gebiete im Westen, besonders am Mittelmeer, der Ägäis, dem Marmara-Meer und Trakya).
3. Diejenigen Regionen, die aus gesundheitlichen, ökonomischen, kulturellen, militärischen und sicherheitstechnischen Gründen entvölkert werden müssen und in denen sich niemand mehr ansiedeln darf. (Das sind Agri, Sason, Tuncel: (ehem. Dersim, J. R.), Van, Kars, der südliche Teil von Diyarbakir, Bitlis, Bingöl und Muş).»

Paragraph 9 in Abschnitt 2 dieses Gesetzes lautet:

«Zigeuner und nichttürkische Nomadenstämme, die die türkische Staatsbürgerschaft haben, werden in den Regionen angesiedelt, in denen die türkische Kultur sehr stark verbreitet ist, jedoch nur in kleinen Gruppen. Wenn es die Sicherheit des Landes erfordert, können sie aus der Türkei ausgewiesen werden.»

Diese rassistische Politik hat dazu geführt, daß die deportierten Bauern in denjenigen Gebieten, in die sie deportiert wurden, weder Boden noch Arbeit erhalten haben. Wie in Kurdistan hat man sie auch im Westen, soweit sie sich nicht sofort assimilierten, als Menschen zweiter Klasse behandelt, was sich im Osten in der offiziellen Amtsbezeichnung der Kurden als «Bergtürken» niedergeschlagen hatte.

Nachdem dieses Gesetz veröffentlicht und in die Praxis umgesetzt wurde, häuften sich gleichzeitig die Überfälle der Polizei auf die kurdischen Dörfer. Unter dem Vorwand, nach Waffen zu suchen, wurden die Bauern gefoltert, erniedrigt, ihre Ernten zerstört. Allein im Jahre 1935 fanden drei Aufstände der Kurden statt, alle in Siirt, ein Gebiet, das von der Deportation betroffen war. In Dersim, dem heutigen Tunceli, entwickelte sich der heftigste Aufstand der Kurden, der auch am brutalsten niedergeschlagen wurde. Die Bauern von Dersim, meist unabhängige Bauern, wehrten sich gegen die Türkisierung und die damit verbundenen ständigen Überfälle der Polizei auf ihre Frauen und Kinder. Am 20. November 1937 wandten sich die Bewohner Dersims an die Öffentlichkeit:

> «Unsere kurdischen Schulen wurden geschlossen, der Gebrauch der kurdischen Sprache verboten, das Wort Kurde und Kurdistan darf nicht benutzt werden und barbarische Methoden werden angewandt, um uns zu bekämpfen.»[39]

Der Kampf begann, nachdem eine Polizeieinheit, die nach Waffen suchte, in einen Hinterhalt gelockt und erschossen worden war. Es dauerte nur wenige Tage, bis sich Tausende Bauern aller kurdischen Stämme in Partisaneneinheiten zusammenschlossen und den anrückenden Regierungseinheiten schwere Verluste zugefügt hatten. Um den Aufstand niederzuschlagen, wurde in der Westtürkei eine allgemeine Mobilisierung durchgeführt und alle 26- bis 28jährigen zu den Waffen gerufen.

Ein Vermittlungsversuch des kurdischen Anführers, des alten graubärtigen Seit Riza, scheiterte. Er erklärte dem damaligen Befehlshaber Alpdoĝan, daß die Kurden die Waffen niederlegen würden, «wenn ihre nationalen Rechte anerkannt werden und der Mörder des Bruders von Seit Riza, ein Türke, den Gerichten übergeben wird.»[40] Unter diesen Bedingungen war der Kurdenanführer bereit, alle Waffen, die seine Truppen von den türkischen Soldaten erobert hatten, zurückzugeben.

Doch die türkische Regierung ging auf diesen Handel nicht ein. Sie forderte die bedingungslose Kapitulation der über 80000 kurdischen Krieger. Wenig später eskalierten die militärischen Auseinandersetzungen, wobei die Türken selbst diejenigen Bevölkerungsteile vernichteten, die «arm und waffenlos», sich den Türken ergeben hatten. Die Grausamkeiten steigerten sich, je weniger die Türken in der Lage waren, den Widerstand der in den 2000 und 3000 m hohen Bergen kämpfenden Kurden zu brechen. So hatten die Türken die Hänge des Tujik-Berges erobert und besetzt. In den Höhlen an den Hängen dieses Berges hatten sich Tausende von Kinder, Frauen und Mädchen vor den Bomben und

Granaten der Türken versteckt. Als die Türken die Hänge erobert hatten und sahen, wo sich die Kurden versteckten, bewachten sie die Eingänge, ließen Zement heranfahren und mauerten die Unschuldigen lebend ein. «Diese Schandtat ist in den Akten des Generalstabes verzeichnet, und zwar als die Höhleneingänge Nr. 1, 2 und 3. In andere Höhlen wurde Giftgas hineingeblasen und diejenigen, die hinausliefen, wurden mit Bajonetten erstochen.»[41] Frauen und Mädchen des Bahtiyaran Aşiret und des Kurmesan-Aşiret wiederum haben sich, um nicht in türkische Hand zu fallen und vergewaltigt zu werden, von den Felsen gestürzt oder sich in die Flüsse geworfen, um «ehrenhaft zu sterben».

Der Kiran-Aşiret mit ca. 400 Familien vertraute blind den türkischen Erklärungen, daß ihnen nichts geschehen würde, wenn sie in ihren Dörfern bleiben würden und sich nicht an den Kampfhandlungen beteiligen.

Doch als die Türken kamen, wurden die Stammesführer erschossen. Dann mußten sich die Bewohner der Dörfer auf den Plätzen versammeln. Die Männer wurden sofort zur Seite geschafft und erschossen, während die Frauen, Mädchen und Kinder in Scheunen gesperrt und dann verbrannt wurden – als Abschreckung für die aufständischen Kurden in den Bergen. Für die Aufständischen jedoch war «das ein sichtbarer Beweis dafür, wie man den Türken vertrauen kann, und das kann man nur tun, wenn man kein nationales Bewußtsein hat»[42]. Ende 1937 wurde der Anführer der kurdischen Rebellen, Seit Riza, verhaftet und nach Erzturum gebracht. Nachdem er gehängt worden war, erklärte der damalige Ministerpräsident Ismet Inönü: «Wir haben das Problem Dersim gelöst. Wir sind von diesem Problem befreit. Wir haben alle militärischen Aktivitäten der Bergtürken in Dersim zerschlagen.»[43]

In Wirklichkeit kämpften die Kurden erfolgreicher als je zuvor in den Bergen weiter, denn auch der Einsatz von Bombenflugzeugen, schwerer Artillerie und von 100000 Soldaten konnte den Befreiungskampf zuerst nicht zerschlagen. Am 30. 6. 1938 erklärte der türkische Staatspräsident Celal Bayar: «Die türkische Republik wird in diesem Jahr das Problem Dersim wieder in die Hand nehmen. Wir werden Brücken bauen und Schulen eröffnen. Unsere Armee wird zu diesem Zweck eine militärische Übung in Dersim durchführen. Wir werden die Einwohner dieses Gebietes vertreiben und das Problem an der Wurzel lösen.»[44]

Am 13. 7. 1938 berichtete die arabische Presse wiederum: «In der Türkei hat sich der kurdische Aufstand ausgebreitet. Die Kurden haben die türkischen Einheiten angegriffen und vernichtet.»[45]

Nach den damaligen Protokollen über die Einsätze der türkischen Truppen zu urteilen, war eine weitere Eskalation des militärischen Terrors kaum mehr möglich. Tausende junger Frauen und Mädchen warfen sich in den Fluß Munzur, aus Angst vor den Türken. Weite Täler füllte der Nebel der eingesetzten Giftgasbomben. Viele kurdische Frauen stürzten sich von hohen Felsen. Jeder, der verhaftet wurde, wurde sofort erschossen. Selbst diejenigen Kurden, die in der türkischen Armee loyal dienten, wurden auf einen Befehl des türkischen Generalstabs hin vor ihre Truppe gestellt und dann erschossen.

Diese Brutalität, aber auch die zunehmenden Auseinandersetzungen zwischen den Führern der verschiedenen Aşirets führten dazu, daß der Aufstand im Jahre 1938 zusammenbrach. Insgesamt wurden während des zweijährigen Kampfes gegen die türkischen Truppen mehr als 50000 Menschen ermordet und über 100000 Kurden aus Dersim deportiert.

Die Zahl der insgesamt bei allen Aufständen ums Leben gekommenen Kurden ist nicht festzustellen. Schätzungen schwanken zwischen 100000 und 1,5 Millionen getöteten Kurden. Fest steht nur die Zahl der deportierten Kurden: 1462076.[46]

Zur Deportation und Vertreibung aus den kurdischen Regionen im Osten der Türkei hat nicht nur die militärische Unterdrückung beigetragen, sondern auch die Praxis einer rassistischen Kolonialpolitik, nämlich die bewußte ökonomische und soziale Unterentwicklung des Ostens. Diese Politik hat sich bis heute nicht geändert.

Ankara dachte nicht daran, die Industrialisierung im Osten voranzutreiben. Selbst die Landreform beschränkte sich auf die Verteilung derjenigen Ländereien, die durch die Deportationen frei wurden, und zwar an die Großgrundbesitzer, die mit der Regierung in der Vergangenheit kollaboriert hatten. Um zu überleben, mußten die Kleinbauern in den Aşirets ihre Schafe und Rinder verkaufen, was dazu führte, daß sie spätestens ein Jahr später gezwungen wurden, ihre Dörfer zu verlassen, weil sie nichts mehr hatten. Bei einer Hungerkatastrophe im Jahre 1939 starben 13000 Kurden in Ostanatolien. Aber der kurdischen Landbevölkerung blieb auch die Flucht in die Industriearbeit verschlossen. Die von der Regierung betriebene Industrialisierung beschränkte sich auf die westanatolischen Gebiete, wobei auf dem privaten Sektor das durch die Dezimierung des griechischen Bevölkerungsteils entstandene Vakuum ausgenutzt wurde. Staatliche Investitionen fanden vor allem in Mittelanatolien statt. Ostanatolien wurde ausgeplündert. So wurde in Karabük mit russischer Hilfe ein Eisenkombinat errichtet, in Kayseri ein Textilkombinat und in Seydisehir ein Aluminiumkombinat. Die kurdischen Provinzen lieferten dabei die Voraussetzungen der Produktion, nämlich die Rohstoffe. Aus der kurdischen Stadt Divrige werden 1000 km weit Eisenerze in den Westen transportiert, die in Kayseri verarbeitete Schafwolle und Baumwolle stammt ebenfalls aus Kurdistan, die gesamte Energie wird im Osten erzeugt und im Westen produktiv verarbeitet, Kohle wird in Siverek gefördert und an der türkischen Süd- bzw. Nordküste verarbeitet – Kurdistan bleibt dagegen weitgehend unterentwickelt.

VI. Ismail Beşikçi

Die Entwicklung des nationalistischen Kemalismus als Ursache für die Unterentwicklung Kurdistan

Man muß die Aufstände des Ostens als einen permanenten Widerstand gegen die Zentralgewalt auffassen. Innerhalb dieser Entwicklung kann man feststellen, daß der Versuch, mehr als ein Volk unter der Ideologie eines Herrenvolkes irgendwo zu einigen, allen ökonomischen und gesellschaftlichen Regeln kraß widerspricht. Nur wenn die Produktionsverhältnisse der Volksmassen grundlegend verändert werden und die Völker gegenseitige Achtung für die andere Kultur aufbringen und diese sich weiterentwickeln lassen, kann eine Einigung und Integration erreicht werden. Wenn aber die Ideologie eines Herrenvolkes einer Verschmelzung der Völker Einhalt gebietet, so bedeutet dies nichts anderes, als daß Widersprüche und Konflikte geschnürt werden. Hierbei ist völlig klar, daß die herrschenden Klassen und nach und nach auch der Imperialismus von diesen Widersprüchen und Konflikten profitieren.

1945: Der Übergang zum Mehrparteiensystem

Dieses außerordentlich widerspruchsvolle Verhalten der Bürokratie, die eigentlich nur über einen nicht festgefügten Aufbau verfügte, hat bis zum Jahre 1945 angehalten. Damals ging der Übergang zum demokratischen Mehrparteiensystem vonstatten. Innerhalb dieses Vorgangs gewinnt die Stimme der Volksmassen an Wert. Dies bedeutet jedoch, daß diejenigen ihre Stellung verstärken, welche die feudalen Produktionsverhältnisse beherrschen, wie die Grundbesitzer, Scheichs und Stammesführer, welche überhaupt die Volksmassen beherrschen. Denn das demokratische Mehrparteiensystem wurde eingeführt und damit eine strukturell bürgerliche Demokratie, ohne daß die geringste Veränderung in der ursprünglich-primitiven Gesellschaftsstruktur vollzogen war. Im Westen, das heißt in Europa, war die bürgerliche Demokratie ja auch nicht aus heiterem Himmel entstanden, sondern im Gefolge erbitterter Klassenkämpfe. Und genau daher hatte sie auch einen gesellschaftlichen Inhalt erhalten. Dieser gesellschaftliche Inhalt wiederum ist nur aus den entwickelten kapitalistischen Vorstellungen heraus zu verstehen. Wenn die bürgerliche Demokratie Europas, welche dort aus einer ganzen Aufeinanderfolge von Klassenkämpfen hervorgegangen ist, in einem Bereich eingeführt wird, in welchem noch vielfach der Feudalismus herrscht, so ist völlig natürlich, daß diese bürgerliche Demokratie die Interessen der feudalen Gesellschaftselemente und der mit diesen zunehmend verbündeten Bourgeoisie wahrnimmt. Diese Situation wird in der in Dogubeyazit erschienenen Zeitschrift Şeresiyar folgendermaßen zum Ausdruck gebracht:

«. . . Es ist der Tag gekommen, daß die Hamidischen Regimenter in Unordnung geraten sind, daß sich die Großstämme (aşiret) zu Kleinstämmen (kabile) aufgelöst haben und diese wiederum in Einzelgeschlechter (sülale) geteilt sind, daß also das Volk allmählich vom Berge in die Ebenen heruntergestiegen ist. Diese so vornehmen Beys sind vom Dorfe in die Stadt gegangen, haben sich einen weichen Hut aufgesetzt und eine Krawatte umgebunden. Sie haben sich ihre Schnauzbärte abrasiert und sind nach der Mode gegangen. Von den noch mehrfach deportierten so vornehmen Herren gibt es sogar welche, die sich in den Großstädten gebettet haben und Eingang in die große Gesellschaft gefunden haben. Mögen sie froh darüber sein . . . Die so vornehmen Beys haben seit dem Jahr 1950 für ihre Felder Traktoren, schwere Motorpflüge und Mähdrescher erworben und sich auch auf das Geschäftsleben geworfen. Um Geld und Vermögen zu ergattern, haben sie alles nur Denkbare versucht. Das Geld ist ihre Religion und ihr Priester geworden. Sie haben gelernt, jeden Fünfer richtig zu verbuchen. Das Mehrparteiensystem ist erfunden, ihre Stimme ist nun so wertvoll wie reines Gold, und wie die Zecken kleben sie am Schwanz der Politik.» (siehe Şeresiyar, Heft 2, Januar 1970, S. 1)

So kam es, daß während dieser Demokratiespiele die herrschenden Klassen des Ostens, die Agas, Scheichs und Stammesführer, ganz allmählich den Ausgleich mit der Zentralgewalt, und dies bedeutet mit den herrschenden Klassen des Westens, fanden. Man versuchte und bemühte sich darum, die Reibungspunkte nach und nach aus dem Weg zu räumen und mit der Zentralgewalt zu einem guten Einvernehmen und einer tiefgehenden Einigung zu gelangen. Wie wir wissen, haben keineswegs alle Stammesführer, Großgrundbesitzer, Beys, Scheichs und Seyits des Ostens in der Zeit der Ostaufstände an diesen teilgenommen. Ein Teil von ihnen befand sich sogar auf seiten der Zentralgewalt. Oder hielt sich völlig abseits. Während der Periode des Mehrparteiensystems hingegen ließ ein jeder die Fraktionen mit der Zentralgewalt und trat der Ausbeutungsallianz mit den Westlern bei.

Eines der wichtigsten Ergebnisse dieser Entwicklung liegt darin, daß die Bürokratie, welche in den Jahren 1923–1945 so widerspruchsvoll gewesen war, sich normalisierte. Auf keinen Fall wollen wir damit gesagt haben, daß etwa die Bürokratie ihren Auseinandersetzungen mit dem kurdischen Volk ein Ende gemacht hätte. Es ist jedoch absolut richtig festzustellen, daß die Reibereien mit den kurdischen herrschenden Klassen und einigen Relikten des Feudalismus (Stammesführertum, Scheichtum usw.) abgeschlossen wurden. Seit dieser Zeit hat sich die Bürokratie wie auch sonst immer recht geschickt in den Dienst der herrschenden Klassen gestellt und sich bemüht, deren Ideologie zu verwirklichen.

Wenn auch im Jahre 1960, im Verlauf der Bewegung des 27. Mai, sich die Bürokratie durch die Deportation von 55 Großgrundbesitzern wiederum einmal mit den herrschenden Schichten des Ostens angelegt hat, so haben doch binnen kurzem die Gesetzmäßigkeiten dieser Gesellschaft ihr Gewicht und ihr Fortgelten bewiesen, die Agas, Beys, Scheichs und Seyits sind wieder auf ihre Güter zurückgekehrt. Heute sind die herrschenden Schichten des Westens und des Ostens in einer umfassenden Interessengemeinschaft geeint. Diese Entwicklung dauert immer noch an und verstärkt sich.

Nation und Nationalismus als unvermeidliche Folge der Entwicklung zum Kapitalismus

In Ostanatolien gab es eine grundlegende Veränderung. Diese bestand darin, daß sich der Feudalismus in Richtung auf den Kapitalismus hin entwickelte. Diese Evolution hält immer noch an, entsprechend der allgemein in der Türkei nur gering entwickelten Kapitalisierung. Daher müssen wir anerkennen, daß die Entwicklung, welche Ostanatolien gerade nimmt, eine solche ist, die wiederum im Interesse der herrschenden Schichten liegt. Andererseits dürfen wir nicht vergessen, daß eine Revolution, welche tatsächlich den Nutzen der breiten Volksmassen bewirkt, nur innerhalb einer solchen Entwicklung entstehen kann.

Daß die Entwicklung des Feudalismus hin zum Kapitalismus auf der politischen Ebene die Nation und den Nationalismus hervorbringt, ist ein ganz normaler Vorgang. Wie wir wissen, haben die politischen Kräfte bis heute Ostanatolien vernachlässigt und dort keine Investitionen vorgenommen. Aber heute wollen die Großgrundbesitzer, Beys, Scheichs und Seyits des Ostens Kapitalisten werden, um die Ausbeutung weiter zu intensivieren; die politischen Kräfte entsprechen diesen Wünschen gerne. So kommt es, daß in den letzten Jahren Infrastrukturmaßnahmen wie der Bau von Stauwehren, Wasserkanälen, Straßen und Fabriken beschleunigt werden. Die Entwicklung, welche sich nun im ökonomischen und gesellschaftlichen Bereich abspielte, zerbrach das alte, stammesmäßig ausgeformte Flechtwerk gesellschaftlicher und politischer Strukturen und stand unvermeidlich am Anfang einer Zeitspanne eines wesentlich fortgeschritteneren Nationalismus. Es wäre hier durchaus angebracht, die klar zu erkennende Dynamik der Entwicklung eines Nationalbewußtseins innerhalb der Auseinandersetzung um das Grundeigentum zu untersuchen. Die Feudalherren des Ostens hatten alsbald verstanden, daß die Ausbeutung viel besser betrieben werden konnte, wenn sie erst Kapitalisten geworden wären; sie begannen daher beschleunigt mit der Mechanisierung. Die Mechanisierung schuf einen starken Gegensatz zwischen dem Traktor und der Handarbeit. Dieser Widerspruch ist die Ursache dafür, daß eine große Menge von Bauern, die bislang auf dem Agrarsektor gearbeitet hatten, nun in die Städte abwanderten. Eine wenn auch nur vordergründige Urbanisierung wurde eingeleitet und entwickelte sich rasch weiter. Ohne Zweifel werden auch die industriellen Investitionen diese Entwicklungen beschleunigen. Im Verlauf dieses Gesamtvorgangs werden die die Stämme trennenden Bastionen eingerissen werden, die Werte des Stammessystems zerbrechen und die nationalen Werte an Bedeutung gewinnen; die neu erreichte Größe des Warenumsatzes in den Großstädten, verbunden mit der Bevölkerungszunahme, forcierten diesen Prozeß noch weiter. Die genannte Entwicklung zieht den Abbau des Feudalismus unweigerlich nach sich. Denn wie der Stamm Ausdruck des Feudalismus ist, so ist die Nation die politische Struktur des Kapitalismus. Wo auch immer sich kapitalistische Verhältnisse verdichten, hat das Stammessystem keine Chance mehr. Der wichtigste Umstand, der es wert ist, in diesem Prozeß herausgestellt zu werden, ist die Tatsache, daß jetzt die kurdische Sprache, die kurdische Literatur, die kurdische Folklore und die kurdische Geschichte zum Gegenstand von Untersuchungen gemacht werden. Bei diesem Punkt wollen wir etwas verweilen. Wie wir wissen, sind im Osmanischen Reich im Zeichen der Ideologie der Religionsgemeinschaft gleichwohl alle nichtarabischen Nationen immer wieder erniedrigt worden. Unter denen, die so geringgeschätzt wurden, waren auch die Türken und Kurden. Die herrschenden osmanischen Schichten haben sowohl die «Turkmenen» als auch die «Kurmandschen» immer verachtet. Noch heute nennen Mütter in Zentralanatolien, wenn sie auf ihre Kinder böse sind, diese «Turkmenen». Wenn man jemanden besonders herausstellen will, benutzt man hingegen den Ausdruck «alter Osmane». Aber da mit der Republik (Anfänge dieser Entwicklung reichen bereits in frühere Jahre zurück) das türkische Volk in einen äußerst raschen Nationalisierungsprozeß eintrat, gewannen die «Turkmenen» an Wert. Der Ausdruck «Kurmandsche» wird hingegen im Osten noch immer in abwertendem Sinne gebraucht (siehe Ahmet Aras: Gibt es in der Türkei immer noch Feudalismus?, Ant. Nr. 139, 26. 8. 1969, S. 12). Es steht zu erwarten, daß auch der Ausdruck «Kurmandsche» an Wert gewinnen wird, sobald das kurdische Volk in einen entsprechenden Prozeß der Herausbildung einer Nation und eines Nationalbewußtseins eingetreten ist. In diesem Zeitraum wird sich die kurdische Sprache, welche bislang in mehrere Teile, Mundarten und Dialekte zersplittert hat, von einer Stammessprache zu einer Nationalsprache hin fortentwickeln (siehe Kemal

Badilli: Türkisch-Kurdische Grammatik, Kurmandschi-Sprachzweig, Ankara 1965). Nicht aus Zufall sind die «Revolutionären Kulturvereinigungen des Ostens» (Devrimci Dogu Kültür Ocaklari) jetzt entstanden. In einer bestimmten Phase der gesellschaftlichen Entwicklung wird der Nationalisierungsprozeß sich in den aus der Kleinbourgeoisie stammenden Intellektuellen und Revolutionären widerspiegeln und daher auch zunächst durch die Bourgeoisie vertreten werden.

Die herrschenden Klassen und ihre politischen Handlanger, welche diese Entwicklung genau erfaßt hatten, haben in dem Umfang, in welchem Investitionen durchgeführt werden, welche im ökonomischen Aufbau für den Osten Strukturveränderungen mit sich bringen konnten, Assimilationsmaßnahmen durchgeführt, die den durch die Investitionen eingeleiteten Nationalisierungsprozeß aufhalten sollten. Die klarsten Beispiele hierfür bilden folgende Maßnahmen: Nach der Bewegung des 27. Mai wurden durch Regierungsverordnung die kurdischen Dorfnamen geändert; die Bezirksinternatsschulen wurden schleunigst vermehrt und die Radiosender im Osten nahmen allmählich zu. Da jedoch all diese Maßregeln nicht den erhofften Erfolg brachten, versuchte es die Staatsführung mit Unterdrückungsmaßnahmen und ließ die Kommandos mit ihrem Vorgehen beginnen. Aber die Dynamik der Nationalisierung beruht nicht nur auf der Umstellung des Feudalismus zum Kapitalismus im sozio-ökonomischen Unterbau. Ein rasches nationales Bewußtsein entsteht auch als Reaktion gegen die rassistische Politik der Staatsführung. Ilhan Selçuk drückt dies in einer Schrift folgendermaßen aus:

«In diesem Lande wurde eine ganze Zeitlang das Wort Türke als fremd empfunden. Wie oft ist die Generation des nationalen Befreiungskampfes am Feuer vorbeigegangen, um sich zum Türkentum durchzuringen? Die Kriegskommandeure haben die türkischen Ideen unter den Studenten verfolgt, und Studenten bestraft, weil sie sich für solche gefährlichen Ideen interessiert hätten . . .

Und für jeden, der sich selbst als Türken bezeichnete, gab es viele Unannehmlichkeiten. Denn Türke war ein Attribut, welches den ungeschliffenen Bauern in herabsetzender Absicht beigemessen wurde. Man sagte, daß das Nationalbewußtsein nicht über das Bewußtsein, Osmane zu sein, hinauswachsen dürfe, daß es auch nicht das Bewußtsein einer Religionsgemeinschaft verdrängen dürfe; daher wurde das Wort Türke geächtet und das Türkentum als gefährlich und maßlose politische Strömung aufgefaßt. Die nationalen Kräfte, welche in einem elfjährigen Zeitraum vom Balkankrieg bis zum Befreiungskrieg ihre Feuerprobe bestehen mußten, ließen den Begriff des Türkischen nur noch höher erscheinen und das nationale Bewußtsein nur noch fester sich verwurzeln. Sogar der erhabene Gazi Mustafa Kemal verteidigte mit Ausdrükken wie ‹Glücklich, wer sich Türke nennen kann›, die den heutigen Herren des Westens unpassend vorkommen, mit Zähigkeit und Inbrunst die Notwendigkeit und den Wert des Türkischen.» (Ilhan Selçuk: Volk von Proletariern, Cumhuriyet, 24. September 1970). Diese Schrift von Ilhan Selçuk ist für die heutige kurdische Gesellschaft ein äußerst wichtiges Dokument, insofern als nämlich gezeigt wird, was aus der türkischen Gesellschaft in einem Zeitraum von weniger als 50 Jahren geworden ist. Mit Schlagworten wie «Wie glücklich, wer sich Türke nennen kann», «Ein Türke ist einer ganzen Welt gleichzusetzen» und «Kräftig wie ein Türke» wurde die Nationalisierung des türkischen Volkes beschleunigt, aber dieser Vorgang bewirkte auch, daß die Nationalisierung des kurdischen Volkes ein wenig aufgehalten wurde. Die hierfür hauptsächlich Verantwortlichen sind die zivil-militärischen Kader von Intellektuellen, welche das Wesen der «Ostfrage», die Gleichheit und Brüderlichkeit der Völker nicht einmal andeutungsweise verstanden haben, nicht begreifen können und nicht begreifen lassen.

Diese Zwänge, welche vor 50 Jahren seitens der Osmanen gegen das türkische Volk ausgeübt wurden, passen heute auf das kurdische Volk jedenfalls in den Augen der herrschenden Schichten, der türkischen Bürokratie und der militärisch-zivilen Intellektuellenkader. Wenn jemand, der Kurde ist, auf seine kurdische Abstammung stolz ist oder etwa sagt «Ich bin Kurde», ist er den verschiedensten Drohungen und Strafen ausgesetzt. Eines der interessantesten Beispiele ist an der Atatürk-Universität in einer Kommission geschehen, welche mit der Untersuchung von Studentenunruhen befaßt war, nachdem ein Student namens Müslim Seval sich selbst verbrannt hatte. Die Kommission fragte einen Studenten in etwa: «Beşikçi, er nennt sich Kurde und erzählt etwas von solchen Sachen, aber so etwas gibt es doch überhaupt nicht, nicht wahr?» Der Student antwortete auf diese Frage nur: «Ich bin Kurde.» Über dieses Benehmen schockierte sich die Kommission und übergab doch tatsächlich den Studenten dem Gericht unter der Beschuldigung: «Er betreibt kurdische Propaganda.»

Die herrschenden Klassen des Ostens und Westens sind im Rahmen dieser Veränderungen in eine Periode zunehmender Integration eingetreten; genau diese Integration ist die Ursache dafür, daß die im Osten erzielten Produktionsüberschüsse im Westen verwertet und dort investiert werden, während der Osten permanent verarmt. Parallel zu dieser Integration verändert sich der ostanatolische Klassenaufbau und die feudalen herrschenden Schichten kapitalisieren sich; der Nationalisierungsprozeß, der als Parallele zu diesen Veränderungen im sozio-ökonomischen Unterbau vonstatten geht, gewinnt an Tiefe und Breite. Der Feudalismus in Ostanatolien befindet sich zweifelsohne nicht auf einem revolutionären Wege, aber die feudalen herrschenden Klassen lösen sich in Gestalt einer Entwicklung zum Kapitalismus hin auf. Und diese Entwicklung ist in ihren Ergebnissen revolutionär. Denn während die Stammesstrukturen, welche die ursprüngliche politische Lebensform bilden, zerbrochen werden, gewinnt die Nation an Gestalt und die Lohnarbeit befreit sie von den alten Bindungen.

Mustafa Kemal nahm in den Jahren 1919–1922 in großem Umfang Zuflucht zu einer religiösen Ideologie, um die ostanatolischen, kurdischen Stämme für sein «revolutionäres» Vorgehen zu gewinnen. Heute gibt es diese Möglichkeit auf keinen Fall mehr. Unter zwei Aspekten gibt es sie nicht: 1. Die religiöse Ideologie ist mit ihrer ganzen Tragweite inzwischen zur Waffe der Konterrevolutionäre geworden und daher können die Revolutionäre aus ihr keinen Nutzen ziehen. 2. Wenn es bisher in Ostanatolien herrschende Klassen wie die Stammesführer, Scheichs, Seyits, Agas und Beys gab und diese die Volksmassen unter Kontrolle hatten, so entwickelt sich ein revolutionärer Kader vor allem unter der Führung der Kleinbourgeoisie und gewinnt von Tag zu Tag dort an Bedeutung. (Diese Führungsrolle, welche in der Strategie der Revolution eine Zeitlang diskutiert wurde, existiert in Wahrheit nicht. Man muß nur verstehen, daß eben die Kleinbürger die revolutionären Ideen den Volksmassen nahebringen.) In Anbetracht dieser Lage muß man nach anderen Faktoren suchen, um Ostanatolien für den revolutionären Kampf zu gewinnen. Diese können nur darin liegen, daß der Kampf zur Durchsetzung elementarer Grundwahrheiten, nämlich für die Gleichheit und Brüderlichkeit der Völker, geführt werden muß. Der Versuch, Ostanatolien als türkisch zu präsentieren und zu türkisieren, ist dann von vornherein zum Scheitern verurteilt.

«Die Völker können einen effizienten Kampf gegen die sie ausbeutenden und unterdrückenden Klassen und die imperialistischen Kräfte führen, wenn sie brüderlich und in gegenseitiger Solidarität handeln. Die Hauptbedingung hierfür ist, daß der Grundsatz der Gleichheit aller Völker ohne jede Vorbedingung aufrichtig und ohne wenn und aber anerkannt wird. Der Grundsatz der Gleichheit der Völker ist auch die Grundbedingung für das Prinzip der Gleichheit aller Staatsbürger. Ohne die jeweilige Existenz und ethnischen Besonderheiten zu achten und in der Frage der Nationen revolutionäre Prinzipientreue zu wahren, kann man nicht die für den gemeinsamen Kampf unabdingbare Vertrauensbasis schaffen. Gegen alle Gewalten, die ein Volk zerstören und ausrotten oder andere Unterdrückungsmethoden anwenden will, gilt:

Wenn sich die patriotischen und revolutionären Kräfte der herrschenden Völker nicht mit allen Mitteln wehren, können auch die unterdrückten Völker oder ethnischen Gruppen nicht das nötige Solidaritätsgefühl aufbringen. (siehe Revolutionäre Kulturvereinigungen des Ostens, 1. Dönem Genel Kurulu, 1969–1970 Karar Tasarisi, D.D.K.O.-Verlag, Ankara 1970, S. 7; außerdem Ali Harzya: Die Kurdenfrage, Emek Aylik Sosyalist Dergi, Nr. 6, November 1970, S. 64).

In der Frage der Völker der Türkei wurde auf dem 4. Großen Kongreß der Türkischen Arbeiterpartei – er dauerte von 29.–31. Oktober

1970 – ein äußerst wichtiger Beschluß gefaßt. Hierin heißt es folgendermaßen:

«Eine der Hauptursachen dafür, daß der Bereich, in dem das kurdische Volk lebt, noch unterentwickelter ist als die übrigen Bezirke der Türkei, ist der Umstand – und dies tritt zu dem Gesetz der ungleichmäßigen Entwicklung des Kapitalismus hinzu –, daß die herrschenden Klassen mit Rücksicht darauf, daß dort das kurdische Volk lebt, in dem betr. Bereich eine bestimmte wirtschaftliche und soziale Politik verfolgt haben; dies wird anerkannt und offen verkündet.» (Siehe Ant Dergisi, Dezember 1970, Nr. 8., S. 38.)

Die neue Entwicklungsperiode in Ostanatolien, das heißt die Entwicklung des Feudalismus zum Kapitalismus ist eine Veränderung, welche ganz klar den herrschenden Klassen dient. Aber ohne Zweifel ist die Befreiung der breiten Volksmassen in diesem Wandel bereits inbegriffen; ohne Zweifel wird auch die gegenwärtige Veränderung die Befreiung beschleunigen. (Schon aus all diesen Gründen müssen wir unsere Aufmerksamkeit auf die sich zur Bourgeoisie entwickelnden kurdischen Agas richten. Von ihnen gibt es zwei Richtungen. Soweit sie mit den westanatolischen, kooperierenden Kapitalisten verschmolzen sind und deren Aktivitäten in Gang gesetzt haben, wollen sie den gegenwärtigen Zustand erhalten. Daher sind sie gegen eine «nationalistische» Bewegung im Osten, da diese eine rein revolutionäre Bedeutung hätte. Aber sie haben das östliche revolutionäre Potential wahrgenommen. Es paßt ihnen nun auch nicht in den Kram, außerhalb eines solchen Potentials zu stehen. Denn dann würden sie ja völlig die Stütze des Volkes verlieren und außerhalb der Massen geraten. Weil sie ein doppeltes Spiel spielen, bedeuten sie für die revolutionäre, das heißt nationalistische Bewegung keinerlei Vorteil. Ohne Zweifel trifft diese Darstellung nicht für alle kurdischen Agas zu, die sich bereits verbürgerlicht haben. Aber: im allgemeinen verhält es sich so. Daher müssen wir genau die Tatsache der Verbürgerlichung beachten, um den Umstand der Entwicklung zum Kapitalismus dann für die breiten Arbeitermassen ausnutzen zu können.)

VII. Die Kurden-Republik Mahabad

Während die türkischen Kurden im nationalen Befreiungskampf in den Jahrzehnten nach 1940 keine Rolle mehr spielten, lebte die Idee einer unabhängigen und demokratischen Republik Kurdistan im Irak und Iran weiter. Im Iran schließlich sollte sich 1946 der Traum vieler Kurden erfüllen, als am 22. Januar 1946 eine kurdische Republik ausgerufen wurde. Voraussetzung dafür war, daß sich die politische Entwicklung im

Iran in den letzten Jahrzehnten erheblich von der des Nachbarstaates Türkei unterschied.

Anfang des 20. Jahrhunderts besetzten die Russen, unter dem Vorwand, das Leben und Eigentum russischer Staatsbürger zu schützen, die gesamten Nordgebiete Persiens, während die Engländer Truppen nach Schiraz und Isfahan entsandten, um eine militärische Kontrolle von Südpersien durchzusetzen. Beiden Nationen ging es dabei um die Ausbeutung und Verfügungsmacht über die reichhaltigen Bodenschätze, im besonderen um das Öl. Viel stärker als in der Türkei oder im Irak förderte die Russische Revolution von 1905 die Entwicklung einer revolutionären Bewegung in Persien. Es bildete sich eine gegen den Schah-Hof gerichtete Bewegung, die im wesentlichen auch von den Arbeitern, die auf den Erdölfeldern arbeiteten, unterstützt wurde. Später, als die Oktoberrevolution in Rußland sich ausbreitete, bauten die Perser eine eigene «Rote Armee» auf und unterstützen den russischen Befreiungskampf. Im Sommer 1920 wurde eine Kommunistische Partei in Persien gegründet, die sowohl das Ziel hatte, «die Vorherrschaft der Imperialismus zu stürzen,» als auch «die Großgrundbesitzer zu enteignen und die Ländereien an die Bauern und Soldaten der revolutionären Armee zu verteilen». Schon damals erkannte die Partei: «Mit Hilfe der feudalen Grundherren die Bauern zu befreien ist eine Illusion, gegen die die Partei einen entschlossenen Kampf führen muß.»[47] Auch hier bestand ein großer Unterschied zur Entwicklung in der Türkei.

Das Ziel der Bewegung war nicht nur die Befreiung von Besatzungstruppen, genau wie in der Türkei, sondern auch eine Agrarrevolution, also eine Veränderung der Produktionsverhältnisse. Das Agrarprogramm sah vor, daß «der Boden demjenigen gehört, der ihn bebaut». Und weiter: «Die gesamte landwirtschaftliche Nutzfläche des Landes muß unter den werktätigen Bauern derart aufgeteilt werden, daß jeder Bauer so viel Land erhält, wie er mit seiner Familie bewirtschaften kann. Der Besitz jener skrupellosen Grundherren, die oft mehrere Dörfer und riesige Ländereien, auf denen sie hunderte und tausende von Leibeigenen in mittelalterlicher Fron halten, ihr Eigentum nennen, ist zu beschlagnahmen.»[48]

Die strategische Lage und die Bedeutung des Öls in Kriegszeiten haben im Zweiten Weltkrieg dann dazu geführt, daß der Iran in den Krieg miteinbezogen wurde. Am 25. August 1941 wurde der Iran unter dem Vorwand, die deutsche Agententätigkeit müsse unterbunden werden, von englischen und russischen Truppen besetzt. Die 1942 gegründete Jekaf-Partei, eine Untergrundbewegung kurdischer Bauern und Kleinhändler, nutzte die Situation und forderte von der UdSSR, die den Nord-Iran okkupiert hatte, die Gründung einer Kurden-Republik. Im Gegensatz zu den Aufständen in der Türkei wurde die Republik Mahabad, genannt nach der Hauptstadt Mahabad, von allen iranischen fortschrittlichen Bewegungen und Parteien unterstützt. «Die Bildung der Zusammenarbeit zwischen den fortschrittlichen Parteien von Aserbeidschan, der Kommunistischen Partei des Iran, der Sozialistischen Partei etc. ist ein Beispiel einer nie dagewesenen Solidarität.»[49]

Der Präsident der Republik Mahabad, Ghazi Mohammed, ein Kurde, wurde demokratisch gewählt, bevor er mit Zustimmung der UdSSR am 22. Januar 1946 eine kurdische Republik ausrufen konnte. Fast alle bedeutenden Kurdenführer waren bei dem mit einem Freudenfest verbundenen Staatsakt zugegen. Wichtigstes Ziel der Regierung war die Verwirklichung eines bildungspolitischen Programms. Am Tag der Unabhängigkeit wurde eine Mädchenschule eröffnet, in der Kurdisch Unterrichtssprache war. Kurdische Bücher wurden gedruckt und Lehrbücher ins Kurdische übersetzt. Die Herausgabe politischer und literarischer Werke wurde vorbereitet, um das Bildungsniveau der Bauern zu heben und sie bewußter zu machen.

«Sehr viel ist getan worden, um ein sichtbares Fundament für die Bildung der kurdischen Jugend aufzubauen. Kurdistan ist der Gegensatz zu dem Staat Aserbeidschan insofern, als dort keine russischen Berater anwesend sind. Es gibt keine politischen Gefangenen; nur zwei Morde sind geschehen, die wahrscheinlich nicht politischen Charakters waren, und nur eine sehr geringe Anzahl von Kurden hat aus Gründen ihres Unwillens über die Regierung in Mahabad Kurdistan verlassen und ist nach Teheran gegangen. Auf den Straßen in Mahabad sind Rundfunksendungen aus Ankara wie aus London zu hören. Darauf steht in Täbris, der Hauptstadt von Aserbeidschan, die Todesstrafe. Ob diese Freiheit der Bescheidenheit und der freiheitlich gesinnten Regierung Ghazi Mohammeds oder dem Betreiben einiger Stämme, die jede Einschränkung der Rechte ihrer Nachbarn ablehnen, zu verdanken ist, steht dahin. Es ist aber eine unwiderlegbare Tatsache, daß die Regierung sehr beliebt ist, insbesondere bei den Bewohnern von Mahabad, die den Wandel nach den Steuerqualen und den Unterdrückungen durch die iranische Regierung wohl zu würdigen weiß.»[50]

Die kurdische Republik existierte nicht lange. Im Herbst 1946 verhandelte Stalin mit der iranischen Regierung und erklärte sich auf deren starkes Drängen bereit, die sowjetische Besatzungsarmee aus Kurdistan und Aserbeidschan abzuziehen, wenn der Iran den Sowjets Ölrechte im nördlichen Iran zusprechen würde. Als sich die Russen zurückzogen, stand der junge kurdische Staat schutzlos da.

Ende 1946 ersuchte Teheran die kurdische Republik, sie möge zur Überwachung der freien Wahlen im ganzen Land die Stationierung iranischer Truppen im Gebiet von Mahabad genehmigen. Verteidigungsminister Mustafa Barzani warnte Ghazi, unterlag jedoch dessen politischer Naivität. Als der ahnungslose Regierungschef der Kurden sich zur Begrüßung der iranischen Armee an den Stadtrand begab, wurde er verhaftet und am 31. März 1947 mit zweien seiner Brüder auf dem Platz, wo er einst die Republik ausgerufen hatte, hingerichtet. Verteidigungsminister Mustafa Barzani entkam mit 1000 Soldaten. Er floh zuerst in den Irak und ging später ins Exil in die UdSSR. Seitdem gab es keinen selbständigen Kurdenstaat mehr, weder im Iran noch im Irak noch in der Türkei.

Anmerkungen

1 Memorandum und Analyse der Türkischen Botschaft und des Türkischen Generalkonsulats zu einer Hörfunksendung über «Kurdistan», die im Bayerischen Rundfunk am 9. 10. 1977 gesendet wurde.
2 H. A. Barb: Einführung in die unter dem Namen Tarich al Akrad bekannte Kurdenchronik Scheref; Sitzungsbericht der philosophisch-historischen Klasse der Kaiserlichen Akademie der Wissenschaften in Wien, Wien 1853, Bd. X, Heft II.
3 Xenophon: Die Anabasis von Kyros. Zitiert nach: Ksenefon, Onbinlerine Kürdistan'dan gecisi, Istanbul 1977.
4 M. Rostovtzeff: Geschichte der alten Welt, Wiesbaden 1941, S. 132.
5 B. Brentjes: Die älteste Darstellung von Kurden auf einem persischen(?) Siegelzylinder, in: Wissenschaftliche Zeitschrift der Martin-Luther-Universität Halle-Wittenberg, Halle, Mai 1963.
6 A. a. O., S. 182
7 Nach: M. Rostovtzeff, a. a. O., S. 181.
8 Nach: Der Nersessian: Armenia and the Byzantine Empire, Cambridge/ Mass. 1947, S. 54.
9 Nach: J. Karnusian: Volk ohne Land, Unterseen 1965, S. 8.
10 A. Ter-Mikelian: Die armenische Kirche in ihren Beziehungen zur byzantinischen, vom IV. bis zum XIII. Jahrhundert, Leipzig 1892, S. 55.
11 B. Brentjes, a. a. O., S. 89.
12 H. G. Klett: Türkische Arbeiter ländlicher Herkunft in Deutschland. Hausarbeit für die 1. wissenschaftliche Staatsprüfung, Berlin, WS 75/76, S. 13.
13 B. Brentjes: a. a. O., S. 140.
14 B. Brentjes: a. a. O., S. 140.
15 Türk Anadolu'da Mengücekogullari, zitiert aus: Milliyet, 26. 8. 1971
16 C. J. Edmonds: Kurds, Turks and Arabs, London 1957, S. 45.
17 R. P. Blake und R. N. Frye: History of the Nation of the Archers by Gregor of Akanc, Cambridge/Mass. 1954, S. 304–305.
18 A. a. O., S. 333.
19 J. nebez: Kurdistan und seine Revolution, München 1972, S. 62.
20 Die Kurdenfrage. Auszug aus dem Plädoyer im Prozeß gegen die «Revolutionäre Arbeiter-Bauernpartei der Türkei», TIIKP, 1973, S. 13.
21 J. Nebez, a. a. O., S. 67.
22 B. Heinrich u. J. Roth: Partner Türkei oder Foltern für die Freiheit des Westens, Reinbek 1973, S. 33.
23 C. Akdag: Familienauseinandersetzungen und Stammeskämpfe, Analysen

und Dokumente, Berlin 1977, S. 15.
24 P. Halesworth Sykes: The Kurdish Tribes of the Ottoman Empire, in: Journal of the Antropological Institute, London 1908, S. 451–486.
25 I. Bersikçi: Dokumente und Analysen zur Lage der Kurden in der Türkei, Hg.: HEVRA: Organisation revolutionärer Kurden aus der Türkei, Zürich, o. Datum.
26 H. J. C. Hurevitz: Diplomacy in the Near and Middle East, a documentary record 1914–1956, Princeton 1956.
27 R. Mantran: Histoire de la Turquie, Paris 1968, S. 83.
28 Tonbandprotokoll, zitiert nach Gespräch zwischen Bedir-Khan und J. Roth im September 1977 in Paris.
29 Vgl.: Aydinlik und Halkin Sesi Nr. 8/9/10 und 11, 1975.
30 I. Beşikçi, a. a. O., S. 24–26 u. C. A. Kerimli: Kurdistan. Hg.: ESG Darmstadt, März 1974, S. 6.
31 I. Besikçi: Türk-tarih tezi, ve kürt soruni, Ankara 1977, S. 120–127.
32 I. C. Vanly: Le Kurdistan Irakien Entité Nationale, Neuchâtel 1970, S. 64f.
33 C. A. Kerimli, a. a. O., S. 7.
34 J. Stalin: Marxismus und die nationale Frage. Ges. Werke, Bd. 2, Berlin 1952, S. 290–298.
35 Türkische Tageszeitung «Milliyet», 31. 8. 1930 (Nr. 1636) u. «Milliyet», 19. 9. 1930 (Nr. 1655).
36 Tonbandgespräch zwischen Bedir-Khan und J. Roth, a. a. O.
37 H. C. Armstrong: Grey Wulf Mustafa Kemal, London 1932, S. 265.
38 Tonbandprotokoll aufgrund eines Gespräches zwischen Bauernvertretern von Silvan und J. Roth im September 1976.
39 M. N. Dersimi: Kürdistan Tarihinde Dersim, Halep 1952. In dieser wichtigsten Dokumentation über die Ereignisse in Dersim werden außerdem alle Bauernaufstände in den zwanziger und dreißiger Jahren in der Türkei geschildert.
40 A. a. O., S. 318f.
41 A. a. O.
42 A. a. O.
43 A. a. O., S. 306.
44 A. a. O.
45 A. a. O., S. 307.
46 A. a. O., S. 295.
47 Die Kommunistische Bewegung Irans, 1. Teil 1890–1932, München, S. 79–81.
48 A. a. O., S. 81.

Fast die Hälfte
der erwachsenen Weltbevölkerung kann nicht lesen…

...dafür liest die andere Hälfte, wie es scheint, um so eifriger. So wuchs die Buchproduktion:

15. Jahrhundert – 40 000 Werke (Inkunabeln)
16. Jahrhundert – 520 000 Titel
17. Jahrhundert – 1,25 Millionen Titel
18. Jahrhundert – 2 Millionen Titel
19. Jahrhundert – 8 Millionen Titel

Heute werden allein in der Bundesrepublik in einem einzigen Jahrzehnt etwa 200 000 Titel aufgelegt.

Während im 16. Jahrhundert, einer englischen Quelle zufolge, neben dem Klerus nur Gelehrte und Ärzte in geringer Zahl Bücher besaßen, sind die Bücherwürmer heute kaum noch zu klassifizieren. Das Taschenbuch hat das Bücherlesen endgültig «demokratisiert». Zum ersten Male kann man Bücher vom Taschengeld kaufen. Der günstige Preis der Taschenbücher ist zu einem Teil der Werbung zu verdanken – der Werbung für das Taschenbuch und der Werbung im Taschenbuch, wie beispielsweise dieser Anzeige, die Ihre Aufmerksamkeit auf eine vorteilhafte Sparform lenken möchte.

2. Kapitel

Hemres Reso

Materialien zur Entwicklung der kurdischen Literatur

Heimat

Das war eine andere, schönere Zeit,
in Gärten klangen Lachen und Scherzen
und seliges Glück, ohne Haß, ohne Neid
erfüllte die pochenden Herzen.
Es sangen der Freiheit gewaltiges Lied
die Ströme in funkelndem Schaume;
und nur das geübteste Auge erriet
den Adler im ragenden Raume.
Ja, das war noch Leben, noch herrliche Lust,
da sind keine Tränen geflossen,
die giftig vergiften die treueste Brust,
vom Heim und vom Herde verstoßen.
Die Rebe gab Wein, und dem edelsten Samt
glich saftiger Pfirsiche Wange;
mit Früchten beladen und farbenentflammt
so standen die Bäume am Hange.
Kamine durchlohten mit traulichem Schein
im Winter die schmucken Gehöfte,
sie strahlten der Liebe, dem Glücke allein,
dem Wachsen der kommenden Kräfte.
Wie einst ihre Ahnen in goldener Tracht,
so spielten auf schneidigem Pferde
die Burschen Jirid oder ritten zur Jagd,
verwachsen mit Felsen und Erde.
Zum Gewend, dem rhythmischen Reigen, erklang
am Abend bei flackernden Flammen
der munteren Mädchen und Frauen Gesang
mit kräftigem Basse zusammen.

Doch weine nicht, Mutter, rangen dein Glück
die Fäuste der Feinde auch nieder:
Bald bringen wir unseren Bergen zurück
die Klänge der heimischen Lieder!

(Kamuran Aali Bedir-Khan, zitiert nach: Der Schnee des Lichtes. Kurdische Gedichte des Prinzen Kamuran Aali Bedir-Khan, in deutschen Versen von Carl Wunderlich, Berlin 1935)

«Deutschen Wissenschaftlern und vor allem Oskar Mann, Albert von Le Coq und Martin Hartmann sind die Kurden zu großem Dank verpflichtet, daß sie kurdische literarische Werke gesammelt, nach Deutschland gebracht und zum Teil bearbeitet haben. Damit halfen sie dem kurdischen Volke, seine kulturellen Werke zu erhalten, besonders da diese Werke oftmals in Kurdistan nicht mehr zu finden sind.»[1]

Wenn auch der letzte Satz auf den ersten Blick harmlos klingen mag, so offenbart er doch bei näherer Betrachtung das Tragische in der Geschichte des kurdischen Volkes, in dem Schicksal des Landes Kurdistan, seiner Sprache und damit in der Gesamtheit seiner geistigen und künstlerischen Lebensäußerungen, mit einem Wort seiner Kultur. Die Tatsache, daß es den Kurden nie möglich war, weder in der Vergangenheit noch in der Gegenwart, einen Gesamtstaat zu bilden, sondern immer nur Teilstaaten oder Minderheiten innerhalb größerer Zusammenschlüsse (Persisches und Osmanisches Reich) waren, oder wie in der Gegenwart unter fünf Staaten aufgeteilt sind, hat sich auf die Möglichkeiten der kulturellen Äußerungen, insbesondere auf die kurdische Literatur ausgewirkt. Die Sammlung und schriftliche Fixierung von literarischen Werken blieb in der Vergangenheit oft dem Zufall überlassen, da die jeweilig in Kurdistan die Herrschaft ausübenden Perser, Türken und Araber an einer Dokumentierung und Erhaltung dieser Werke nicht interessiert waren. Oftmals ist es der Hilfe von draußen (Europa) zu verdanken gewesen, daß literarische Werke erhalten blieben, oder daß sie überhaupt erscheinen konnten.

Das Schicksal der ersten kurdischen halbmonatlichen Zeitschrift «Kurdistan» (1898–1902) ist in jüngerer Vergangenheit dafür ein hervorragendes Beispiel. Die erste Nummer erschien am 22. April 1898 in *Kairo*, ab Nr. 6 erschien sie in *Genf*, die Nummer 20–23 in *Kairo*, Nr. 24 in *London*, Nr. 25–29 in *Folkstone*, Nr. 30–31, die letzten Nummern, in *Genf*. Die Zeitschrift wurde zuerst von Miqdat Midhat Bedir-Khan und dann von Abdurahman Bedir-Khan herausgegeben, beides Söhne des letzten kurdischen Fürsten von Bohtan (bis 1848).

Die Geschichte der schriftlich fixierten kurdischen Literatur ist in erster Linie eine Geschichte der kurdischen Poesie. Deshalb galt das Kurdische bis zur Herausgabe der obengenannten Zeitschrift eigentlich nur als Umgangssprache oder – als Literatursprache – nur als Sprache der Poesie, nicht der Prosa.[2]

In der kurdischen Literatur lassen sich zwei Hauptgebiete unterscheiden: 1. Folklore, 2. Kunstliteratur.

1. Die folkloristische Literatur umfaßt hauptsächlich Märchen, Fabeln, Legenden, Erzählungen, Redensarten, Sprichwörter, Volksepen, Balladen und Volkslyrik. 2. Die Kunstliteratur enthält hauptsächlich Gedichte, deren Hauptthemen die Darstellung von Heldenleben oder Liebesgeschichten sind, sowie religiöse Gedichte, Panegyrik und Gazals. Bis zum Ersten Weltkrieg wählten die kurdischen Dichter, noch in arabischer Tradition stehend, neben gereimten zehnsilbigen Versen noch stark die arabische Aruz-Form (Metrik).

Um dem Leser einen gewissen Einblick und Überblick über die kurdische Literatur verschaffen zu können, soll hier an Hand von Beispielen aus den verschiedenen Jahrhunderten eine Darstellung versucht werden.

Die älteste literarische Überlieferung ist «Marfat- u Pîr Şalyarî» (Die Weisheit des Pir Salyar), die Weisheiten, Belehrungen und Ratschläge in Gedichtform enthalten, die noch aus der Zeit vor der Islamisierung stammen.[3]

Im 16. Jahrhundert beginnt die Epoche der revolutionären Dichter und Aufklärer, die die kurdischen Fürsten, Feudalherren und die Fremdherrschaften angreifen und das Volk zum Aufstand aufrufen.

Feqiyê Teyran, der Ende des 16. bis Mitte des 17. Jahrhunderts gelebt haben soll, ist mit seinen Werken «Qewlê hespa res» (Die Worte des schwarzen Pferdes), «Hikayeta Şêx Şênan û Tersa» (Die Geschichte des Scheich Şenan und der Christen), «Hikayeta Şêx Bersisa» (Die Geschichte des Scheich Bersisa) und mit der Erzählung in Gedichtform über die Kämpfe um die Festung Dimdim unter den Kurden sehr berühmt. Er greift die damaligen Fürsten in seinem Gedicht «Axîna Feqî» (Die Klage des Feqî) auf folgende Weise an:

Die untertan sind, sind alle arm,
Die Feinde sind immer die Fürsten
Wie gut sie auch sein mögen, sie sind doch eine Plage.

Solche Worte der Kritik an den Mächtigen brachten auch damals schon die Verfasser ins Gefängnis. Geradezu prophetisch sind seine Worte in dem Gedicht «Wê bê zeman» (Die Zeit wird kommen):

Jede Zeit hat ihre Reihe,
Untergehen werden Gewalt und Zwang,
Die Unterdrückten werden sich erheben mit aufgeklärter Kraft.

Die Zeit kommt, in der Menschen frei reden können,
Der Verstand wird in den Köpfen herrschen,
Dann wird man sich erinnern an Feqiyê Teyran.

Im 17. Jahrhundert schilderte *Ahmedê Xanî* (Ahmadê Chanî, 1651 bis 1707) in seinem Epos «Mem ù zîn» (1695), das von der Liebestragödie «Memê Alan» inspiriert ist, die schon in vorchristlicher Zeit im Volksmund verbreitet war, und von ihm in Kunstpoesie übertragen wurde, die schwierige Lage der Kurden unter der Fremdherrschaft der iranischen und osmanischen Reiche.

Nach Y. Orbeli gehört Ahmedî Xanî zu den drei großen, volksnahen Dichtern des Nahen Ostens. Er schreibt in seinem Vorwort über den georgischen Dichter Rustaveli: «Wenn ein Dichter in seinen Schriften mit seinem Volk verbunden ist, so müssen wir ohne weiteres drei große Dichter des Ostens nennen und vergleichen. Einer ist der Iraner Firdausi, der zweite der Georgier Rustaveli und der dritte ist Ahmedî Xanî, der Kurde. Alle Völker haben A. Xanî vergessen. In Wirklichkeit haben die anderen Völker ihn nicht einmal gekannt. Aber das kurdische Volk allein hat ihn nicht vergessen und in Kurdistan ist er als Dichter des Volkes sehr berühmt.»[5]

Kurdoev schreibt in einem Artikel über A. Xanî: «Ferdausi hat sein «Shah-nameh» aus den iranischen Erzählungen und Legenden aufgebaut, er lobpreist den Schah, die Heldentaten der Männer, besingt die Liebe . . . Aber meiner Meinung nach ist Xanîs ‹Mem û Zin› noch wertvoller als die Schriften Firdausis und Rustavelis, da Xanî auch das Elend, die Armut und das Schicksal des kurdischen Volkes beschreibt, die Idee des kurdischen Patriotismus verbreitet und die Kurden zum Widerstand gegen die Fremdherrschaft aufrief.»[6]

A. Xanî schreibt selbst über seine Gründe, ein Werk wie «Mem û Zin» zu verfassen:

> Damit die Leute nicht sagen, daß die Kurden
> Ohne Wissen und ohne Herkunft und Fundament sind,
> Verschiedene Völker sind im Besitz von Büchern,
> Allein die Kurden sind zu kurz gekommen.

Für wen er seine Werke verfaßt hat, beschreibt er in dem Vorwort zu Nubara Biçûkan (1684) (Frühobst der Kleinen):

> Min ev nivîsî ne ji bo sahib rewacan,
> Belkî ji bo biçûkêd Kurmancan.

Ich habe dies nicht für die Auserwählten, sondern für die kurdischen Kinder geschrieben.

Das Schicksal seines Landes als Eroberungsland zwischen dem Osmanischen und dem Persischen Reich beklagt er mit folgenden Versen:

> Beide Seiten haben die Stämme der Kurden
> Zur Zielscheibe der Pfeile der Vernichtung gemacht,
> Als ob sie der Riegel an den Grenzen wären,
> Jeder Stamm ist eine starke Wehr.

Wenn das Meer der Rum (Türken) und der Tadschiken
In Bewegung und Aufruhr gerät,
Werden die Kurden mit Blut übergossen,
Und sie trennen sie (Türken und Perser) wie ein Isthmus.

Eine Lösung dieses Dilemmas sieht A. Xanî in der Schaffung eines kurdischen Königsthrones:

Wenn wir einen König hätten,
Wenn Gott ihm eine Krone gegönnt hätte,
Würde für ihn ein Thron errichtet,
Würde für uns auch das Glück strahlen.
Wäre für ihn eine Krone erlangt,
Zweifellos hätte man auch nach uns gefragt.
Er hätte sich um uns Waisen gekümmert,
Er hätte uns aus den Händen der Unehrenhaften befreit.

Diese Rum (Türken) hätten uns nicht besiegt,
Wir wären nicht zu Ruinen geworden, wo Eulen nisten,
Untertanen und Habenichtse,
Besiegt und unterworfen von Türken und Tadschiken.

Man darf die Dichter und Schriftsteller eines Volkes, insbesondere für ein Volk in der Lage der Kurden, als berufene Übermittler der Gedanken und Gefühle, als Interpreten des geistigen Standorts einer Nation betrachten. Ohne sie ist die Bewahrung der Identität eines Volkes, meiner Meinung nach, unvorstellbar.

In der Reihe der Nachfolger von Feqiyê Teyran und A. Xanî kann man *Hacî Qadirî Koyî* als einen revolutionären Dichter und Aufklärer nennen (1817–1896/97).[7] Er sagte in seinen Werken den Feudalherren und religiösen Oberhäuptern den Kampf an:

Die Klöster, die Scheichs und ihre Ruhestätten,
Sagt mir, welchen Nutzen haben sie doch,
Außer Lehren der Faulheit und Sammeln von Besitz und Geld?

Man prüft sie nicht einmal,
Damit man sieht, ob sie Gift oder Theriaks (Gegengift) sind.

Prüft sie mit dem Prüfstein wie Gold,
Ob sie Räuber oder Wegweiser sind.

In seinen Versen ruft er auch zum bewaffneten Kampf gegen die Fremdherrschaft auf mit den folgenden Worten:[8]

Bewegt Euch wie die Bienen, beratet Euch leise,
Schafft Kriegsmaterial an, Kanonen, Gewehre und Mörser.
Fürbitte und Zuversicht nutzen in dem heutigen Zeitalter nicht,

Der Pfeil ist das gesegnete Kettenhemd, der Speer ist
der Schutz auf dem Schlachtfeld.

Hacî forderte die Kurden auf, sich die Welt anzusehen, weil «ein reisender Fuchs tapferer ist als die Löwen». Er erkannte, daß es für die Entwicklung eines Volkes unerläßlich war, sich technischen Fortschritt anzueignen und sich nicht gegen Veränderungen zu stemmen. Er rief die Kurden, Männer wie Frauen, auf, sich der Zeit anzupassen und zu versuchen, überall zu lernen:[9]

Komm du, lerne Wissenschaft, was geht es Dich an,
Ob der Lehrer ein Christ, ein Inder oder Jude ist.
....

Die Männer und die Frauen sind hier betroffen,
Wenn der Mullah dies verneint, so hat er keine Religion.
Du mußt Dich wie der Mühlstein drehen,
Jedes Zeitalter verändert den Lebensunterhalt.

Hacî mußte, vor allem wegen seiner Verse gegen die Feudalherren, Kurdistan verlassen, und seine letzte Station war Istanbul, wo er im Jahre 1896 oder 1897 starb. Kurz vor dem Ersten Weltkrieg wurden viele seiner Dichtungen von den türkischen «Unionisten» verbrannt. Reste seiner Gedichte, die man noch retten konnte, sind bisher dreimal veröffentlicht worden.

Nach dem Ersten Weltkrieg beginnt erst die Epoche der modernen kurdischen Literatur. Neben die Poesie tritt jetzt verstärkt die Prosa, meist in Form von Erzählungen. In der Poesie verliert die arabische Aruz-Form (Metrik) zunehmend an Einfluß. Kritischer Realismus und revolutionäre Romantik treten hervor. Die Befreiungsbewegungen und später die Entstehung der kurdischen Republik Mahabad (1945–46) beeinflussen das kurdische Selbstbewußtsein. Die Einführung des lateinischen Alphabets bringt einen Aufschwung in literarischer Hinsicht, besonders unter den Kurden im türkischen und syrischen Kurdistan. Das Erscheinen der Zeitschrift «Hawar» in Lateinschrift, unter ihrem Herausgeber Celadet Bedir-Khan[10], macht Schule. Viele kurdische Intellektuelle absolvierten hier ihre erste Feuertaufe als Schriftsteller. Die politischen Ereignisse und Entwicklungen (Ende der Haschimitenherrschaft 1958), der kurdische Befreiungskampf im Irak seit 1961 bleiben natürlich nicht ohne Auswirkungen auf die kurdische Literatur. Das politische Geschehen findet seinen Spiegel in den Dichtungen, Novellen und Romanen der kurdischen Schriftsteller.

Mit einer Auswahl unter den zahlreichen kurdischen Dichtern und Schriftstellern wird hier versucht, den Lesern einen Überblick über die Wandlungen der kurdischen Literatur seit dem Ersten Weltkrieg zu geben. Für die Tendenzen und Entwicklungen seien die nach meiner

Meinung besonders beispielhaften Schriftsteller *Arebê Şemo, Cêgerxwên, Osman Sabri* und *Musa Anter* genannt.

Arebê Şemo (Schamilov) wurde im Jahre 1898 in Kars/Türkisch-Kurdistan geboren. Er ist der erste und wohl auch bekannteste Romanschriftsteller, der sein Werk auch in Kurdisch geschrieben hat. Sein bedeutendstes Werk ist wohl: «Şivanê Kurd» (Der kurdische Hirte), das im Jahre 1935 vom Kurdischen ins Russische übersetzt und in Tiflis veröffentlicht wurde.

1945 wurde das Buch in Beyruth in Lateinschrift übertragen und von Bazil Nikitine ins Französische übersetzt. Erst im März 1977 wurde es auch ins Türkische übersetzt und veröffentlicht. Weitere Werke sind: «Berbang» (Die Dämmerung), Erivan 1958, «Kurdêd Elagazê» (Die Kurden aus Alagaz), Erivan 1959, «Berevok», Erivan 1969, und «Kurden Qefgasiyê û Derwêşen Kurd» (Kaukasische Kurden und kurdische Derwische). Şemo beschreibt in seinen Werken das tägliche Leben der kurdischen Bauern, den Aufbau und die Struktur des kurdischen Volkes, seinen Kampf gegen die Ausbeutung, insbesondere gegen die Großgrundbesitzer und für den Aufbau einer sozialistischen Gesellschaft. In seinem Werk «Şivane Kurd» wird ein Stück seines Lebens beschrieben. Er schildert, wie er als kleiner Hirte, Sohn einer sehr armen Familie, seinen Lebenskampf meisterte. Er gibt eine genaue Beschreibung des Nomadentums in Kurdistan. Er stellt realistisch die Veränderungen der Stammesgesellschaft zur sozialistischen Gesellschaft unter den Kurden in der Sowjetunion dar.

Zur Veranschaulichung seien einige besonders bildhafte Schilderungen der Lebensumstände zitiert:

«Zu Hause war unser Bett aus Stroh. Wir breiteten es auf der Erde aus und legten eine Matte aus weichem Gras darüber; unser Kissen war auch aus diesem Gras. Wir bedeckten uns mit einer breiten, groben Filzdecke. Wir Kinder schliefen alle zusammen . . . Jeder von uns versuchte, in der Mitte zu schlafen, weil es dort noch wärmer war. Da ich der Jüngste war, ließen sie mir meistens die begehrte Stelle.»

Eine erste Begegnung mit dem komplizierten Stadtleben schildert er so: «Die Köchin legte neben meinen Teller Löffel, Gabel und Messer. Ich wußte, daß der Löffel zum Essen da war, aber wofür waren Messer und Gabel? . . . Nach langer Überlegung dachte ich mir, es wäre Kinderspielzeug. Es wären Geschenke für mich . . . Nachdem ich den ersten und zweiten Gang mit dem Löffel gegessen hatte, steckte ich das Messer und die Gabel in die Tasche. Die Köchin hatte mich scharf beobachtet und benachrichtigte ihren Herren. Als ich mich verabschiedete bekam ich Geschenke, die ich in meine Tasche stecken wollte. Dazu mußte ich Messer und Gabel herausnehmen. Der Herr fragte mich, warum ich sie weggenommen hätte, worauf ich fürchterlich weinte.»

An anderer Stelle beschreibt er, wie er von der Lehrerin der Dorfschule als Schulwächter eingestellt wird: «Sie fragte ihn (den Vater), ob ich für 3 Rubel Gehalt Schulwächter sein könnte. Mein Vater nahm mit Vergnügen an, und ich ging mit der Lehrerin in die Schule. Die Lehrerin brachte mich zuerst an die Stelle mit dem Brennholz und dann zum Klassenraum. Sie erklärte mir meine Arbeit: Jeden Tag sollte ich den Klassenraum reinigen, Staub von Tisch, Fenster und Tür wischen, morgens den Ofen anmachen, das Faß mit Wasser füllen; jeden Morgen und Abend sollte ich den Samowar der Lehrerin vorbereiten und ab und zu für die Lehrerin in die Stadt fahren und einkaufen ... Mein Vater glaubte nicht, daß sie mir dafür monatlich drei Rubel geben würde, und manchmal sagte er, wenn sie mir einen Rubel geben würde, wäre es sehr gut. Aber als ich meinen Monat zu Ende hatte, rief mich die Lehrerin und gab mir drei Rubel. Da ich meinen Namen nicht schreiben konnte, unterschrieb ein Schüler an meiner Stelle. Die Lehrerin legte das Geld in meine Hände und sagte mir, ich sollte mir eine Jacke und eine Mütze kaufen. Wenn es so ist, werde ich dich in die Klasse nehmen und dir lesen und schreiben beibringen, sagte sie. Mein Vater bewilligte mir eine angemessene Jacke, aber am Unterricht teilzunehmen, erlaubte er nicht, weil er dachte, daß, wenn ich wie andere Schüler am Unterricht teilnehmen würde, ich nunmehr keinen Lohn bekommen würde.

Ohne Wissen meines Vaters nahm ich am Unterricht teil und lernte eifrig, und ging dazu noch meiner Arbeit nach.»

Es gibt im weiteren Verlauf des Romans eine Schilderung des Verhaltens der zaristischen Soldaten gegenüber der Zivilbevölkerung, ihre Übergriffe insbesondere auf die kurdischen Frauen und deren tapfere Gegenwehr. Şemo beschreibt seine Wandlung zu einem politisch bewußten und engagierten Menschen, die er unter dem Einfluß der Ereignisse der Oktoberrevolution, insbesondere durch die Lektüre revolutionärer Schriften und durch Teilnahme an den Bolschewisten-Versammlungen erfuhr, mit denen er als Bauarbeiter in Sarikamis bei dem 6. Reservebataillon konfrontiert wurde.

Seine Rückkehr nach Hause schildert er folgendermaßen:

«Zu Hause hatte sich gar nichts verändert. Der Gouverneur war wie früher – Gott und Zar. Wie gewöhnlich prügelten die Gendarme die Kurden mit Holzstöcken, nahmen ihren Besitz und ihr Geld. Die Kurden duckten sich noch tiefer und legten sich vor den Regierungsbeamten auf den Boden. Sie wußten noch nichts davon, daß in Rußland Revolution ausgebrochen und der Zar gestürzt war. Ich versammelte die Bauern und unterrichtete sie über die Ereignisse. Die Bauern hörten mir ängstlich zu, und die Älteren erteilten mir mit leiser Stimme Ratschläge: Sei vorsichtig, Ereb! Wenn der Richter dich hören würde, würdest du Unannehmlichkeiten erleben. Und sie verließen mich, um nach Hause zu gehen ...

Aber meine Aufklärungen blieben nicht unbeachtet.»

Der Autor schildert, wie seine Aufklärungsarbeit Früchte trägt und sich die Bauern ihm nach und nach anschließen. Er selbst wird verfolgt, gefoltert und sein Vater seinetwegen von den Gendarmen unter Druck gesetzt. Im Jahre 1918 kämpft er gegen die Weißrussen. Im Februar 1924 wird er von seiner Partei beauftragt, nach Hause zurückzukehren und unter den Kurden in Armenien zu arbeiten. Er wird vom ZK der Kommunistischen Partei Armeniens mit dem Amt für die nationalen Minoritäten bekleidet. Er nutzt seine schriftstellerische Begabung, um auch auf diese Weise zu einer Änderung der Verhältnisse beizutragen.

Cêgerxwên (Sultan Şexmus) wurde im Jahre 1903 im Dorf Hesarê/Türkisch-Kurdistan geboren. Im Jahre 1914 kurz vor der großen Mobilmachung für den Ersten Weltkrieg siedelte die Familie nach Amude (Syrisch-Kurdistan) über. Sie kehrten dann kurzfristig noch einmal in die alte Heimat zurück, um aber dann endgültig in Amude zu bleiben. Von Kindheit an arbeitete er als Hirte oder Tagelöhner. Er besuchte die Dorf-Medrese (Schule für islamische Geistliche). Um ein guter Geistlicher zu werden, war es damals üblich, daß die Schüler möglichst in verschiedenen Medresen bei verschiedenen berühmten Geistlichen Unterricht nahmen. Aus diesem Grunde bereiste unser Dichter den Irak und Persien. Auf diesen Reisen lernte er sein Volk noch näher kennen, kam mit den Freiheitsbewegungen in Berührung und wurde von diesen Bestrebungen berührt und beeinflußt. Nachdem er einige Jahre als Mullah (islamischer Geistlicher) gearbeitet hatte, gab er diesen Beruf auf, um sich in Reden und mit Dichtungen seinem Volk zuzuwenden. Er versuchte mit seinen Dichtungen aufzuklären, auf die Mißstände hinzuweisen und ihre Ursachen aufzudecken. Obwohl er in erster Linie nationalistisch gesonnen und ursprünglich und im eigentlichen Sinne kein Sozialrevolutionär war, wandelten sich seine Aktivitäten und Zielvorstellungen, nachdem er erkannt hatte, daß das kurdische Volk auch von den Feudalherren und religiösen Oberhäuptern ausgebeutet wurde, und sie die Entwicklung einer fortschrittlichen Gesellschaftsordnung hinderten. Er gelangte zu der Überzeugung, daß nur durch die Bauern- und Arbeiterorganisationen, durch Abschaffung des Feudalsystems und Entmachtung der Großgrundbesitzer die Kurden ihre Rechte erkämpfen könnten. Diese Wandlung läßt sich an seinen drei veröffentlichten Gedichtbänden deutlich nachzeichnen und belegen:

«Diwana Yekan» (Der erste Diwan) wurde zweimal veröffentlicht, 1945 in Damaskus und 1977 in der Bundesrepublik; dann «Sewra Azadî» (Freiheitsrevolution), Damaskus 1954; und «Kîme ez?» (Wer bin ich?), Beyruth 1973. Außerdem erschienen noch zwei Erzählungen mit den Titeln «Reşoyê Dare» (Reşo aus Darê) und «Cim û Gulperî», Damaskus 1946, von ihm. In seinem ersten Gedichtband von 1945 offenbart er sein Bekenntnis zum Nationalismus:

Unser Land tauschen wir nicht mit Berlin,
Unsere Hoch- und Tiefebene tauschen wir nicht mit China,
Es ist unsere Heimat, erhaben und lieblich.

Die Religion von uns Jungen ist der Nationalismus.
Er hält fern von uns Falschheit und Trägheit.

In seinem Gedicht «Ta Kengî ...» (Wie lange noch ...) aus dem zweiten Gedichtband sieht er die rettende Kraft in den Bauern und Arbeitern und erklärt der alten Führungsschicht den Krieg:

Solche Brüderlichkeit, wenn sie immer so ist, brauchen wir nicht,
Wenn unser Zaumzeug an den Eselssattel gebunden ist.[11]
Sie wollen die Herren und Agas bleiben, wir die Schwachen und Lumpen.
Sie sind die Handlanger der Feinde, und wir sollen die ihrigen sein.
He, Ihr Arbeiter und Bauern, genug, die Zeit ist gekommen, erhebt euch.
Wie lange noch werden wir die Arbeiter der Herren und Agas bleiben.
Wie lange noch werden wir der Knochen unter den Pfoten der Hunde bleiben.
Wie lange noch werden wir Sklaven, Entehrte und Knechte bleiben,
Gefangene solcher Leute wie Bayar und Seid.[12]
Wie lange noch werden wir die Festungen und Riegel an den Grenzen bleiben,
Wie lange noch werden wir uns nur gegeneinander mächtig und heldenhaft zeigen
He, Ihr Arbeiter und Bauern, genug, die Zeit ist gekommen, erhebt euch.

In seinem Gedicht «Ey Karker bibin yek» (Ihr Arbeiter einigt Euch) aus seinem letzten Gedichtband zeigt er sich schließlich als Sozialist:

Alle kurdischen Arbeiter sind bereit,
In der Hand Knüppel, Hacke und Schaufel,
Wie die Arbeiter der Welt
sind alle sie mutig, wie Löwen im Kampf
Diese Welt ist unsere Stätte
Diese Welt ist unsere Stätte
Auf jeden Fall, wir sollen uns einigen
Auf jeden Fall, wir sollen uns einigen
Wie Brüder sein, wie Brüder.

Wie lange noch werden wir Sklaven bleiben,
Die Füße in Ketten, den Nacken unter dem Joch
Immer an der Seite der Kolonialisten

Die «Ehrenwerten» der Gesellschaft: Bauern in Südostanatolien.

Auf diese Weise zum Nichtstun verdammt.
Diese Zeit ist die der Freiheit
Diese Zeit ist die der Freiheit
Ob wir umgebracht werden, oder überleben
Ob Freude oder Trauer
Auf jeden Fall, wir sollen uns einigen
Auf jeden Fall, wir sollen uns einigen
Wie Brüder sein, wie Brüder.

Wir sind alle Brüder,
Was ist weiß und schwarz und rot?
Hundertmal Spucke soll es regnen
Auf Gewalt und Diktatur.
Was ist diese Grausamkeit?
Was ist diese Grausamkeit?
Ob wir umgebracht werden oder überleben
Ob Freude oder Trauer
Auf jeden Fall, wir sollen uns einigen
Auf jeden Fall, wir sollen uns einigen
Wie Brüder sein, wie Brüder.

Osman Sabri wurde 1905 in Narince/Türkisch-Kurdistan geboren. Sein Leben ist geprägt von dem Kampf für die Freiheit des kurdischen Volkes, für die unter seinen Familienangehörigen nicht selten der Preis des Lebens gefordert wurde (zwei seiner Onkel wurden für ihre Beteiligung am Scheich Said-Aufstand 1925 in der Türkei aufgehängt), oder im Falle Osman Sabris der Preis der persönlichen Freiheit verlangt wurde. Er wurde während seiner politischen Laufbahn zwölfmal inhaftiert (zweimal von der Türkei, von der er auch in Abwesenheit zu Tode verurteilt wurde, einmal vom Irak, dreimal von den Franzosen als Mandatsmacht in Syrien, sechsmal von den Syrern). Er war viermal in Verbannung, einmal in Madagaskar (1936), in Palästina, im Libanon. Er stand fünfmal unter Hausarrest. Seine letzte Inhaftierung erlebte er im Alter von 68 Jahren 1972/73. Im Jahre 1967 wurde ihm die syrische Staatsangehörigkeit aberkannt. Er ist Mitbegründer der Kurdischen Demokratischen Partei Syriens. Osman Sabri ist Schriftsteller und Dichter zugleich. In den kurdischen Zeitschriften «Hawar», «Ronahî» und «Ro ja Nû» findet man zahlreiche politische und gesellschaftskritische Artikel und Gedichte von ihm, ebenso in den Zeitschriften «Hêviya Welêt» (Hoffnung der Heimat) 1963–65 und «Çiya» (Der Berg) 1965–70.

Seine Gedichte und Aufsätze erschienen als Bücher in «Bahoz û çend nivîsanên din» (Wirbelwind und einige andere Aufsätze, 1956,), «Derdênme» (Unser Leiden). Er veröffentlichte auch ein kurdisches

Seit Jahrhunderten nur bücken, bei der Arbeit, beim Großgrundbesitzer, beim Staat.

Alphabet «Elifbaya Kurdî», Damaskus 1954, und schrieb Gedichte und Erzählungen für kurdische Kinder. Eine Sammlung seiner Gedichte soll demnächst erscheinen.

Obwohl er selbst von feudaler Herkunft ist, sah er schon früh eine der Ursachen für die Rückständigkeit und das mangelnde Selbstbewußtsein des kurdischen Volkes in der Herrschaft der Feudalherren und der religiösen Oberhäupter, denen er, genau wie der Fremdherrschaft, den Kampf ansagte. Er ruft sein Volk in seinen Werken immer wieder zum Kampf für die Erlangung der nationalen Rechte und der Gleichberechtigung auf. Zur Verdeutlichung und Kennzeichnung der schwierigen Lage des kurdischen Volkes benutzt er oft auch die Form der Fabel und zeigt hier in gleichnishafter Form fehlerhafte Verhaltensweisen auf. Seine Gedichte sind gereimt oder freirhythmisch. Seine letzten Dichtungen zeigen seine große Enttäuschung über das Ende des bewaffneten Kampfes im irakischen Kurdistan durch den Friedensschluß von Algier (6. 3. 1975) zwischen dem Iran und dem Irak. In seinem Gedicht «Marsa Felate» (Hymne der Freiheit, Damaskus 1938) bringt er sein Freiheitsverständnis als Freiheit der Selbstbehauptung zum Ausdruck:

> Unser Ziel, unser Streben ist die Bewahrung der Heimat,
> Wir ertragen kein Leben in Unterdrückung, wir benötigen, brauchen Freiheit.

Unsere Väter und Großväter sind seit langer Zeit im Schlaf.
Viele schmutzige Hände haben sich nach der Heimat ausgestreckt,
Wir haben beschlossen, diese Hände der Unterdrücker abzuschlagen.
In der Heimat wollen wir weder Teilhaber noch Feinde.
Seit dreizehn Jahren vergießen wir unser und der Feinde Blut,
Aufgehört haben wir zu arbeiten, zu pflügen und zu bewässern.
Unsere Aufgabe wird immer nur Kämpfen und Töten sein,
Um in der Heimat keinen Feind übrig zu lassen.
Wir sind Soldaten, im Schwur für die Heimat.
Ich ertrage kein Leben in Unterdrückung, ich will unbedingt Freiheit.

Er versteht sich selbst in der politischen Einordnung als Linker, sieht aber in der kritiklosen Übernahme jedweder Ideologie die Schaffung einer neuen Abhängigkeit, die seinem Ideal von der kurdischen Selbstbehauptung, der Besinnung auf die eigene Kraft und Stärke widerspricht. So schreibt er in dem Gedicht «Ho Xort» (He, Jugend) (1956), das in freien Rhythmen verfaßt ist:

Einige von uns
glauben,
die Befreiung der Heimat
von Feinden
von Unterdrückern
dies sei Unabhängigkeit.
In Wahrheit macht
jegliche Ideologie,
ob alt, ob neu,
uns abhängig,
macht uns zu Sklaven.
Das ist der Untergang.
Wir sollen
vor allem
mit unserer eigenen Ansicht
mit unserem eigenen Denken
frei und unabhängig sein.

Als Beispiel für seine Fabeln sei «Kerê Dengbêj» (Der Esel als Sänger) genannt. Hier wird in Versen die Geschichte eines Esels und eines Kamels erzählt, die beide von ihrem Herrn in den Ruhestand versetzt wurden. Die beiden beschließen, in ein Land zu ziehen, wo die Menschen sie nicht finden können. Dort angekommen, lassen sie es sich gut sein. Den Esel erfreut das plötzliche Wohlergehen so sehr, daß er meint, seinem übervollen Herzen durch Gesang Luft machen zu müssen, obwohl ihn das Kamel vor den unangenehmen Folgen warnt.

Der Hirte hört das Singen des Esels und benachrichtigt den Herrn. Sie werden wieder eingefangen und sollen sich zur Strafe abwechselnd auf dem Rücken tragen.

Das Kamel sagt: He, Du langohriger Esel,
als aus Dir ein Sänger wurde,
ahnte ich schon, was kommen wird.
Aber Du konntest Dich nicht beherrschen.
Jetzt bin ich an der Reihe,
Du sollst Deine süße Seele aufgeben.
Ich werde jetzt ausschlagen,
ein bißchen hopsen.
Jetzt erst erkannte der Esel,
was er mit seinem Singen verbrochen hatte.

Aber die Einsicht kommt zu spät, er fällt auf die Steine und bricht sich das Bein. Das Kamel überläßt ihn seinem Schicksal, und er wird von Wölfen und Hunden gefressen.

Derjenige, der früh singt oder großtut,
Aus dem wird kein Mann,
Der hat dasselbe Schicksal wie der Esel.

Musa Anter wurde im Jahre 1920 in einem Dorf bei Nuseybin/Türkisch-Kurdistan geboren. Er ist ein realistischer, gesellschaftskritischer linksgerichteter Schriftsteller und Journalist. Mehrmals wurde er wegen seiner politischen Aktivitäten für das kurdische Volk verhaftet, gefoltert und auch verbannt. Seine veröffentlichten Werke sind: «Kimil» (Der Kornwurm), Istanbul 1962; «Birîna Reş» (Schwarze Wunde), ein Theaterstück, das er während seiner Haft in Istanbul 1959 in seiner Zelle geschrieben hatte und das 1965 veröffentlicht wurde. Ebenfalls in Haft, diesmal 1963 in Ankara, schrieb er ein Kurdisch-Türkisches Wörterbuch «Ferhanga Khurdî-Tirkî», das 1976 erschien. Angekündigte Werke, die bisher noch nicht erscheinen konnten, sind: «Bêçemkar» (Fledermaus), «Gramatika Zimane Khurdi» (Grammatik der kurdischen Sprache), «Ferhanga Tirki-Khurdi» (Türkisch-Kurdisches Wörterbuch und «Kunca 38» (Zelle 38).

Anlaß für sein Buch «Kimil» waren die Reaktionen der Öffentlichkeit in der Türkei auf einen von ihm unter dem Titel «Kimil» am 31. 8. 1959 in der Zeitung «Ileri Yurt» erschienenen Artikel. An Hand und mit Hilfe dieser schriftlichen Reaktionen aus der Presse, aus Regierungskreisen, aus den Reaktionen der Justiz in Form von gegen ihn gerichteten Anklageschriften und Gerichtsbeschlüssen gelingt es Musa Anter, die Lage des kurdischen Volkes in der Türkei, die soziale, wirtschaftliche, politische

Der Sommer ist gekommen, die Ernte reif, die Taschen der Agas füllen sich.

und kulturelle Unterdrückung darzulegen. In seinem Zeitungsartikel, der all diese Reaktionen hervorgerufen hatte, erzählt er die Geschichte eines kurdischen Mädchens aus einem Dorf bei Siverek, das mit einer Schüssel Weizen zu einem durchziehenden Händler geht, um gegen diesen Weizen bei ihm etwas einzutauschen. Der Händler weigert sich, auf diesen Handel einzugehen, weil der Weizen bereits von Kornwürmern befallen ist, und er läßt sich auch nicht von der Klage des Mädchens, die in kurdischer Sprache geführt wird, erweichen. Der Artikel endet mit dem Trost: «Sei nicht traurig, kleine Schwester, deine Brüder, die nunmehr heranwachsen, werden dich von den Kornwürmern und von dem Ducken befreien.»

Der aktuelle Bezug des Artikels lag darin, daß damals seit Jahren die Weizenernte in der Osttürkei durch Wurmbefall vernichtet wurde. Indem Anter zum Teil kommentarlos die Reaktionen der offiziellen Stellen hintereinander abdruckt, gelingt es ihm, die Herrschenden zu demaskieren. Er läßt sie durch pointenhaft zugespitzte Fragen oder kurze scharfe Anmerkungen, die er den Texten zufügt, in das Messer ihrer eigenen Worte laufen und entwirft so das Bild der Unterentwicklung, Verwahrlosung und Diskriminierung der Kurden in der Osttürkei (Kurdistan), der Menschen im Osten, wie es heißt.

In seinem Theaterstück «Birîna Reş» (Schwarze Wunde), das er selbst «eine vieraktige Geschichte zum Lachen und Weinen» nennt, beruht nach Angaben des Autors auf eigenen Erfahrungen und Erlebnissen. Hier wird das Leben einer armen Familie beschrieben, wie es wohl für viele kurdische Familien gelten kann. Der Vater des Helden ist ein Tagelöhner im Dorf eines Agas, die Mutter ist Dienerin im Hause des Agas. Sie hat 8 Geburten hinter sich. Der Sohn wird zur Schule geschickt, was durchaus nicht selbstverständlich ist. Der Autor schildert sehr realistisch den Lebensweg des Sohnes, eingebunden in die Darstellung des Kampfes der Familie um das Überleben. Alle Krankheiten der kurdischen Gesellschaft, z. B. Unwissenheit, Armut, Hilflosigkeit, Ausbeutung, Aberglauben, die fehlende Gesundheitspflege, mangelndes Schulwesen treten in dem Stück zutage.

Hier wird auch die Tugend einer Mutter zur Sprache gebracht, die alles opfert, um ihren Sohn zur Schule zu schicken und ihm ein Studium zu ermöglichen. Sie versucht dies auch gegen die Widerstände des Vaters, der nicht glauben will, daß der Sohn eines Armen sich bilden kann wie die Söhne des Agas, gegen den Spott und Neid der Nachbarn, die sich über ihren Eifer und Glauben an ihren Sohn lustig machen, und gegen den Argwohn und die Angst des Agas, der niemandem, außer sich und seinen Erben, Wissen gönnen will und sich vor der Schwächung seiner Autorität und Vormachtstellung fürchtet.

Misto, der Nachbar: Ach so, ich kam, um mich nach Eurem Sohn zu erkundigen, möge er zum Guten ausschlagen! Wann kommt er denn?

Zîno, die Mutter: Gott möge Sie gebührend belohnen! Wer sagte es Ihnen?

Misto: Der Dorfvorsteher sagte es mir.

Zîno: Oh, ja, er hatte mir seinen Brief vorgelesen.

Misto: Ja, aber Bedo (der Sohn) lernt ja schon lange. Wie viele Jahre sind es schon?

Zîno: Insgesamt 11 Jahre. Aber nun beendet er das Gymnasium.

Misto: Biro, was für eine Schule ist denn das Gymnasium?

Biro, der Vater: Beim besten Willen, ich schwöre bei Gott, ich weiß es auch nicht, du kannst Zîno fragen.

Zîno: Natürlich weiß ich. Das Gymnasium ist die größte Schule Diyarbakirs. Der Herr bemüht sich sehr, aber seine Söhne Mete Bey und Cengiz Bey konnten das Gymnasium nicht beenden.

Bir: Misto, guck mal Zîno an! Die Söhne des Herrn konnten das Gymnasium nicht beenden, aber ihr Sohn würde es schaffen. Wenn es so ist, heißt das, daß das Gymnasium keine gute Schule ist. Wenn es gut wäre, würden dann die Herren das Gymnasium uns überlassen?

Nachdem der Sohn Bedo sein Medizinstudium beendet hat, kehrt er nach Hause zurück und eröffnet eine Praxis. Eine arme Mutter bringt auf ihrem Rücken ihren kranken Sohn Silo zu ihm zur Untersuchung. Darauf entspinnt sich zwischen dem Helden und seiner Mutter folgender Dialog:

Zîno: Bedo, mein Sohn, wahrscheinlich hast du Silo sehr gern?

Bedo: Wie könnte ich ihn nicht gern haben, Mutter. Dieses Menschenkind, das nur aus Haut und Knochen besteht, erinnert mich an vieles. Was für einen Unterschied gibt es zwischen ihm und unserer Heimat? Arm, nackt und krank. Gut, Mutter, wozu hast du mich studieren lassen? Warum hat das Dicle-Heim mich gefördert? Damit auch ich mich auf die Seite der Ausbeuter schlage? Ist es nicht so, daß ich die Silos gern haben sollte und sie aus dieser grausamen Lage retten sollte?

Anter ist besonders für seine anekdotischen Geschichten berühmt. Er beherrscht meisterhaft die Kunst der Verdichtung und pointierten Zuspitzung einer Geschichte, mit der er in kurzen Sätzen mehr aussagt, als in einer ganzen Abhandlung stehen kann, eine Technik, die er auch besonders in seinem Buch «Kimil» benutzt, aus dem einige dieser Artikel entnommen wurden. Unter dem Titel «Bin ich Tierarzt?» schrieb er am 11. 9. 1959 in der Zeitung «Ileri Yurt» in Anspielung auf seinen Artikel über «Die Fledermaus» und «Die Kornwürmer»:

«Wenn man einmal in Verruf gekommen ist, so ist es um einen geschehen. Ich schrieb über einen Vogel, es war unmöglich. Ich schrieb über ein Insekt, das ging sowieso nicht. Jetzt fürchte ich mich auch vor Hunden und Kühen. Wenn ich erst über Menschen schreiben würde! Um Gottes willen, Er möge mich davor beschützen.»

Unter dem Titel «Logik» schrieb er in obengenannter Zeitung am 16. 9. 1959: «Sie haben das Geschrei und die Aufregung gesehen, weil ich ein Gedicht in Kurdisch geschrieben habe. Man sagt, wir (Kurden) seien doch keine Minorität! Na gut, was soll ich mit einer Majorität, die nicht einmal die Rechte einer Minderheit hat?»

Als Replik auf seine Kritiker in den türkischen Pressemedien und Regierungskreisen schrieb er am 10. 7. 1959 in der obengenannten Zeitschrift unter dem Titel «Da wir einmal Lausanne-Fans sind»[13]:

«In dieser schüchternen Kolumne wurden ab und zu ein, zwei Wörter aus dieser Region in der Originalsprache (Kurdisch) zitiert, die das Thema des Geredes wurden.

– Wie ist das möglich, daß Sie in Kurdisch schreiben dürfen? –

Sehen Sie, wie es möglich sein kann, meine sehr geehrten Herren Schwätzer!

Lausanner Friedensabkommen vom 24. 7. 1923:

§ 39 . . . jedem türkischen Staatsangehörigen wird hinsichtlich des Gebrauchs der Sprache seiner Wahl in seinen privaten und geschäftlichen Beziehungen, in Presse, Publikationen und im öffentlichen Leben keinerlei Beschränkung auferlegt.

Ist das so?»

Anmerkungen

1 Kamal Fuad: Kurdische Handschriften, Wiesbaden 1970, S. VI.
2 Kamal Fuad, a. a. O., S. XX.
3 Kamal Fuad, a. a. O., S. XI.
4 Tembûr, Feqiyê Teyran. Herausgeber: «Ronahî», Verein der revolutionären Kurden aus der Türkei und Europa Januar 1976.
5 Y. Orbeli, in: «Çiya», Zeitschrift, Nr. 1–8, 1965–1970, S. 107.
6 Kurdoev, in: Çiya, S. 105.
7 Haci Quadirî Koyî, in Kamal Fuad, a. a. O, S. XXX, IV.
8 Hacî Q. Koyî, in: Kamal Fuad, a. a. O., S. XXX, IV.
9 Hacî Q. Koyî, in: Kamal Fuad, a. a. O., S. XXX, V.
10 Celadet Bedir-Khan (1897–1951) führte das lateinische Alphabet zur Niederschrift der kurdischen Sprache ein. Herausgeber auch der Zeitschrift «Ronahi».
11 Der Dichter meint hier mit dem Kamel das Volk und mit dem Esel die Großgrundbesitzer und Agas. Kamele lassen sich nämlich nur von Eseln führen.
12 Bayar, Staatspräsident der Türkei (1950–1960), Nuri Seid, Ministerpräsident des Irak unter König Feisal bis 1958.
13 In dem Lausanner Friedensabkommen wurde eine Vierteilung Kurdistans besiegelt.

3. Kapitel

Abdul R. Ghassemlou

Bericht über Iranisch-Kurdistan

Nach der Türkei leben im Iran die meisten Kurden, 5,5 Millionen. Der iranische Teil von Kurdistan hat eine Fläche von 125 000 km² und erstreckt sich vom Ararat bis zum südlichen Teil des Zagros-Gebirges.

Das Land ist gebirgig, die Städte liegen meist über 1000 m hoch. Bidjar, eine kurdische Stadt, liegt 1920 m hoch. In Iranisch-Kurdistan herrscht kontinentales Klima; die Regenmenge übersteigt nicht 400 mm jährlich, während sie in den Tälern 2000 bis 3000 mm erreicht. Der Temperaturunterschied zwischen der höchsten Sommertemperatur und der kältesten Zeit im Winter liegt bei 70° bis 80° C. In einigen Teilen sinkt die Temperatur auf −30° im Winter; in Kermanschah klettert sie im Sommer auf 45°.

Die Gebirge sind von Wäldern bedeckt: vom Urmia-See (Rezayeh-See) bis hin zum Loristan erstrecken sich mehr als 4 Millionen ha Wälder. Die Eiche, woraus man mehr als 14 verschiedene Produkte gewinnt, herrscht bei weitem vor. Diese Wälder sind jedoch nicht dicht, denn die Bergbewohner, die im allgemeinen über keinen anderen Brennstoff als Holz verfügen, verbrennen es verschwenderisch und zerstören damit einen unersetzbaren Reichtum.

Der Boden des iranischen Kurdistan ist reich, die Bodenschätze sind zum größten Teil unerschlossen. Erdöl wird in der Gegend von Kermanschah gefördert. Die iranische Regierung fördert im Einverständnis mit den multinationalen Erdölkonzernen weniger als eine Million Tonnen, nur um die lokale Nachfrage zu decken.

Die iranische Verwaltung hat Kurdistan in drei Provinzen geteilt, aber nur das mittlere Gebiet, Sina (Sanandadj), wird offiziell Kurdistan genannt. Die nördliche Gegend heißt West-Aserbeidschan und die südliche Kermanschah.

Die Bevölkerung

Angesichts des Chauvinismus der Regierungen der von Kurden bewohnten Länder ist es nicht einfach, genaue, nicht verfälschte Statistiken über die Anzahl der Kurden zu finden.

Die iranische Regierung, die die Kurden als «reine Iraner» betrachtet und bewußt das Wort «Iraner» mit dem Wort «Perser» verwechselt, hat niemals Statistiken über die nationale Zusammensetzung der Bevölkerung veröffentlicht. Es bleibt nichts übrig, als die Zahl der Kurden nach der Gesamtbevölkerung zu errechnen, die zur Zeit auf iranisch-kurdischem Gebiet lebt. So ergibt sich folgende Tabelle:

Tabelle 1
Kurdische Bevölkerung im Iran[1]

Jahr	Iran insgesamt	iranischer Kurdistan	Kurden im Iran	Kurden im Iran %
1970	28258800	4803860	4521280	16
1975	32440000	5514800	5190400	16

12,8 % der auf dem iranisch-kurdischen Gebiet lebenden Bevölkerung sind Aserbeidschaner (470000) und Perser (235000). Dagegen bilden 400000 Kurden eine kompakte Bevölkerung in der Provinz Khorassan, insbesondere in Ghoutschan und Dargas.[2]

Folgende Tabelle über die Bevölkerungsdichte des iranischen Kurdistan gegenüber dem ganzen Land läßt sich aufstellen.

Tabelle 2
Bevölkerungsdichte des iranischen Kurdistan

	Fläche in qkm	Fläche %	Bewohner/qkm 1970	1975
Iran	1640000	100	17	20
iranischer Kurdistan	125000	7,6	38	44

Die Bevölkerungsdichte ist im iranischen Kurdistan zweimal höher als im ganzen Land, womit sich die Differenz zwischen dem prozentualen Flächenanteil des iranischen Kurdistan (7,6 %) und dem prozentualen Bevölkerungsanteil (17 %) erklären läßt.

Der Großanteil der kurdischen Bevölkerung lebt auf dem Land.

Tabelle 3
Verteilung der Bevölkerung der vier Provinzen des iranischen Kurdistan für das Jahr 1966

	Stadtbevölkerung %	Landbevölkerung %
Mahabad	25	75
Saqqez	19	81
Sanandadj (Sina)	27	73
Kermanschah	49	51
iranischer Kurdistan	30	70
Iran [3]	50	50

Selbstverständlich läuft die Verstädterung in schnellem Tempo weiter:

Tabelle 4
Zuwachsrate der Stadtbevölkerung – geschätzte Zunahme zwischen 1956 und 1976

	1956	1966	1976	Zuwachsrate 1956–1976
Mahabad	20332	28610	42000	208 %
Saqqez	12725	17834	26000	204 %
Sanandadj	40641	54587	76000	187 %
Kermanschah	125439	187930	300000	239 %

Wie daraus hervorgeht, ist Kermanschah schon seit langem die größte Stadt Kurdistans.

Die iranisch-kurdische Familie ist im Durchschnitt groß: fünf- bis sechsköpfige Familien sind in Stadt und Land die Regel.

Die zu Anfang unseres Jahrhunderts begonnene Zerstörung der Stämme ist in ihre Endphase getreten. Die beschleunigte Erweiterung des inneren Marktes aufgrund der Entwicklung des Kapitalismus, die Verwirklichung der (wenn auch in Kurdistan wenig radikalen) Agrarreform und die massive Einwanderung in die Städte, all diese Fakten und auch weitere soziale und kulturelle Veränderungen deuten auf das Ende der Sippengesellschaftsstruktur hin.

Gewiß existiert das Sippenzugehörigkeitsgefühl immer noch und wird noch lange weiterbestehen, aber die klassische Sippenstruktur mit den Mir, Beg oder Aga und mit allen hierarchischen Beziehungen, die die verschiedenen Kasten der Sippe verbinden, bricht zusammen.

Tausende kurdischer Familien leben in Höhlen wie dieser.

Die Religion

Die Hauptreligion im iranischen Kurdistan ist der Islam (für 98 % der Bevölkerung). Die restlichen 2 % sind Christen (Assyrier und Armenier) und Juden. Die meisten Mohammedaner sind Sunniten (75 %), Schiiten (25 %) leben in der Gegend um Kermanschahs und in Luristan.[4]

Sprache und Literatur

Kurdisch gehört zur iranischen Sprachgruppe, die ein Zweig der indoeuropäischen Sprachen bildet. Trotz dieser Verwandschaft und trotz der Vormachtstellung der persischen Sprache als einzige Bildungssprache im Lande haben es die Kurden verstanden, ihrer Sprache und Literatur, die zur Festigung des nationalen Zusammengehörigkeitsgefühls beiträgt, zu bewahren.

Seit Kurdisch vor dreißig Jahren als Amtssprache im Iran verboten wurde, haben die Kurden zu den irakisch-kurdischen Veröffentlichungen gegriffen, in denen die kurdische Sprache und Literatur seit der irakischen Revolution vom 14. Juli 1958 große Fortschritte erzielt haben.

Ein Austausch kurdischer Literatur zwischen den Kurden der Türkei und des Iran existiert kaum wegen der unterschiedlichen Schriften, die in den Schulen der betroffenen Länder gelernt werden: Im Iran wird die persische und arabische Schrift gelernt, in der Türkei dagegen ausschließlich Türkisch in lateinischer Schrift. Der überwiegende Teil der türkischen Kurden und die gesamte Jugend sind unfähig, da sie der arabischen Schrift nicht mehr mächtig sind, im Iran und Irak veröffentlichte kurdische Texte zu lesen. Nur die kurdische Intelligenz, die höhere und Hochschulen besucht hat und nur einen unwesentlichen Bruchteil der Bevölkerung darstellt, kann kurdische Texte in lateinischer Schrift lesen. Was den Austausch kurdischer Publikationen zwischen iranischen und irakischen Kurden anbelangt, stellt sich die Lage ganz anders dar.

Zunächst wird die arabische Schrift in beiden Ländern gelernt. Dann – und das ist nicht zu unterschätzen – spricht die Mehrheit der iranischen und irakischen Kurden Sorani, einen Dialekt des Südkurdistan.

Ein dritter Faktor zur Begünstigung des Austausches der kurdischen Veröffentlichungen zwischen diesen beiden Teilen Kurdistans ist die große Anzahl von kurdischen Büchern und Zeitungen, die im Irak veröffentlicht wurden.

Das alles trägt zur Entwicklung der kurdischen Sprache im Iran bei.

In den letzten Jahren wurden viele Bücher, Broschüren und Zeitschriften im iranischen Kurdistan heimlich veröffentlicht. Oft überrascht in den Veröffentlichungen der iranischen Kurden die reine und reiche Sprache, was im Irak selten ist, obwohl so viele Bücher und Zeitschriften dort veröffentlicht werden (s. den Beitrag von Nader Ebrahimi: «Unmöglich» auf S. 113).

Ein weiterer Faktor beeinflußt die Entwicklung der kurdischen Sprache und Literatur. Obwohl im Iran Kurdisch offiziell verboten ist und es keine einzige kurdische Schule gibt, senden verschiedene Funkstationen Sendungen in kurdischer Sprache, wobei die Funkstation Kermanschah am wichtigsten ist.

Die Rolle der Sendungen in kurdischer Sprache durch die iranischen Funkstationen ist zweideutig. Zum einen sind sie Propagandamittel für die Schah-Politik bei den irakischen und türkischen Kurden, wobei alles unternommen wird, um die kurdische Sprache ihrer Eigentümlichkeit und ihrer Unabhängigkeit zu berauben und sie als persischen Dialekt hinzustellen. Dadurch, daß aber zum anderen im Funk kurdische Gedichte vorgetragen und kurdische Volkslieder ausgestrahlt werden, wird ungewollt zur Verbreitung der kurdischen Literatur und zur Festigung des Nationalgefühls bei den Kurden beigetragen.

Da Kurdisch verboten und Persisch die offizielle Sprache des Landes ist, schreiben und veröffentlichen viele kurdische Intellektuelle in persischer Sprache. Das ist in bestimmter Weise folgerichtig. Wenn ein kurdischer Intellektueller von den breiten Schichten der gebildeten Bevölkerung gelesen werden will, bleibt es ihm nur noch übrig, in Persisch zu schreiben und zu publizieren. Zum Beispiel wurde der meistgeschätzte Roman der persischen Literatur der letzten Jahre, «Der Ehemann der Madem Ahou», von einem Kurden aus Kermanschah geschrieben, der aus politischen Gründen im Gefängnis saß. Die Handlung findet im iranischen Kurdistan statt, der Roman ist eine interessante und gelungene Untersuchung der kurdischen Gesellschaft in der Vorkriegszeit. Wäre dieser Roman in Kurdisch geschrieben worden, hätte er keine Chance gehabt, bekannt zu werden. Neben den jungen Dichtern, deren Verse heimlich verbreitet und gelesen werden, ist Hemin zu erwähnen, der zweifellos der größte zeitgenössische Dichter des iranischen Kurdistans ist. Sein Gedichtband «Vom Klaren und vom Finsteren», erschienen 1974, ist auf beispiellosen Erfolg gestoßen.

Die kurdische moderne Prosa im Iran ist im Aufblühen. Zur Zeit herrscht die heimliche politische Literatur vor, verbreitet hauptsächlich durch Zeitschriften und Zeitungen. Seit 1970 werden kurdische Bücher und Broschüren illegal veröffentlicht, die sich mit den brennendsten politischen Fragen auseinandersetzen. Die Verbreitung der kurdischen Publikationen stößt jedoch auf die scharfe Repression von seiten der iranischen Regierung. Des öfteren war ein von der SAVAK (Geheimpolizei) entdecktes Exemplar die Ursache von Verhaftung und Folterung des Besitzers.

Erziehung und Bildung

Da die Erziehung in kurdischer Sprache verboten ist, muß das kurdische Kind, sobald es das Schulalter erreicht hat, eine Fremdsprache lernen, das Persische.

Die übrigens schlecht ausgestatteten Schulen decken bei weitem nicht die Bedürfnisse des Gebietes. Die Klassen umfassen durchschnittlich 40 Schüler. In zahlreichen Dörfern mit 250–300 Schülern steht nur ein einziger Lehrer zur Verfügung. In vielen Städten und hauptsächlich in den Dörfern besuchen Tausende von Kindern im Schulalter keine Schule, da sie zu ihrem Lebensunterhalt beitragen müssen, aber auch weil zu wenige Schulen vorhanden sind. In der Tabelle 5 auf S. 106 wird die Analphabetenrate der Bevölkerung aufgezeigt:

1975 waren also mehr als 70 % der über zehn Jahre alten Bevölkerung und mehr als 80 % der Frauen Analphabeten. Besorgniserregender ist jedoch die Tatsache, daß zwei von fünf Mädchen und einer von vier Jungen im Alter von 7 bis 15 Jahren keine Schule besuchen. Es ist interessant, die obenstehende Tabelle mit der seit einigen Jahren bekannten Schahparole zu vergleichen, die behauptet, daß sich der Iran unmittelbar vor den weit geöffneten Toren der großen Zivilisation befin-

Tabelle 5
Analphabetenrate bei der über 10 Jahre alten Bevölkerung

Provinz	Gesamte Provinz		Stadtbevölkerung		Landbevölkerung	
	insgesamt	Frauen	insgesamt	Frauen	insgesamt	Frauen
Mahabad	85,6	94,5	62,5	81,6	94,0	99,1
Saqqez	86,9	95,3	62,6	81,4	93,1	98,7
Sanandadj	82,4	90,5	55,7	69,1	92,9	98,8
Kermanschah	70,7	81,8	53,2	66,0	89,2	98,3
Iranischer Kurdistan Schätzungen für 1975	70,0	80,0	40,0	60,0	85,0	95,0

det, abgesehen von der Vollendung der Frauenemanzipation, die Tag und Nacht durch Massenmedien verbreitet wird.

Das Gesundheitswesen

Die ärztliche Versorgung ist in den Städten unzureichend und auf dem Land so gut wie nicht vorhanden. 1966 kam ein Arzt auf 4800 Bewohner; nicht selten sind Gebiete mit mehr als 20000 Bewohnern ärztlich nicht versorgt (in den europäischen Ländern kommt im Durchschnitt ein Arzt auf 400 Bewohner). Es werden jedoch in diesem Bereich keine wesentlichen Veränderungen festgestellt. Trotz des günstigen Klimas und des relativen Überflusses an Trinkwasser können Malaria, Tuberkulose, Trachom (ägyptische Augenkrankheit) und viele andere Krankheiten den iranischen Kurdistan heimsuchen.

Die ökonomischen Verhältnisse

Obwohl in der Zeit zwischen dem Ersten und dem Zweiten Weltkrieg die kapitalistische Umformung der Wirtschaft begann und trotz ihrer gewaltigen Entwicklung in den letzten zehn Jahren bleibt der iranische Kurdistan ein Agrarland im eigentlichen Sinn. Die Mehrzahl der aktiven Bevölkerung ist in der Landwirtschaft tätig, die übrigens die wichtigste Quelle des Nationaleinkommens ist.

Folgende Tabelle macht die Verteilung der aktiven Bevölkerung in den verschiedenen Wirtschaftsbereichen deutlich.

Tabelle 6
Verteilung der aktiven Bevölkerung in Prozent je nach Wirtschaftsbereich für 1966

	Landwirtschaft und Bergwerk	Industrie und Bau	Dienstleistungen
Mahabad	67,8	10,7	21,5
Saqqez	70,5	8,8	20,7
Sanandadj	63,1	11,4	25,5
Kermanschah	46,9	16,9	36,2
Iranischer Kurdistan Schätzungen für 1975	65–70	10,0	20–25

Die obenstehenden Angaben benötigen einige Erläuterungen. Es ist zunächst zu sagen, daß – ausgenommen die Förderung von Erdöl in der Provinz Kermanschah – praktisch keine Förderung von Bodenschätzen betrieben wird. Ferner ist in der Spalte «Industrie und Bau» der Anteil «Bau» entscheidend, denn die moderne Industrie beschäftigt weniger als 5 % der aktiven Bevölkerung. Die landwirtschaftliche Produktion liefert 80 % des Nationaleinkommens; davon stammen 45 % aus der Viehzucht und 35 % aus dem Feldbau.[6]

Das Pro-Kopf-Einkommen, das 1960 bei 80 Dollar lag, wird 1975 auf 150 Dollar für den iranischen Kurdistan geschätzt. Jedoch lag das Pro-Kopf-Einkommen 1975 – offiziellen Erklärungen zufolge – bei 1340 Dollar für den ganzen Iran.

Dem Zuwachs des Nationaleinkommens liegt größtenteils die schnelle Förderungszunahme von Erdöl und die beträchtliche Preissteigerung dieses Produktes in den letzten Jahren zugrunde.

Der Anteil des iranischen Kurdistan bei diesen sich auf Milliarden Dollar belaufenden Erdöleinkünften ist minimal. Von den zahlreichen industriellen Großunternehmen im Iran ist kein einziges in Kurdistan gebaut worden. Abgesehen von der strategischen Eisenbahnlinie, die den Iran mit der Türkei verbindet, gibt es keinen weiteren Kilometer Eisenbahn im Kurdistan, und die iranische Regierung plant nichts Desgleichen für die Zukunft. Eine einzige asphaltierte – auch strategische – Straße, an der irakischen Grenze entlang, befindet sich im Bau und soll den Süden mit dem Norden Kurdistans verbinden.

Der Lebensstandard ist sehr niedrig in Kurdistan. Nach Statistiken von 1966 wohnten mehr als 50 % der Familien (wie schon erwähnt, zählt eine Familie fünf bis sechs Personen) in einem einzigen Raum.

Mehr als 80 % der Wohnungen sind aus Stampferde gebaut, und in den meisten fehlt Trinkwasser und Strom.

Die durchschnittliche Arbeitszeit in den Städten beträgt 54 Stunden in der Woche, und das Durchschnittsalter der Bewohner liegt zwischen 22 und 24 Jahren.

Die Wirtschaft des iranischen Kurdistan, die schon zu Beginn des Jahrhunderts aufgrund der raschen kapitalistischen Entwicklung im Lande von der iranischen Wirtschaft abhängig war, ist im letzten Jahrzehnt Bestandteil der iranischen Wirtschaft geworden. Dennoch: Wenn trotz aller Veränderungen der Iran ein unentwickeltes Land bleibt, so stellt Iranisch-Kurdistan das am krassesten unterentwickelte Randgebiet dar. Ein unterentwickeltes Gebiet in einem unterentwickelten Land, das bezeichnet am besten das wirtschaftliche Niveau Iranisch-Kurdistans.

Die Sozialstruktur

Tabelle 7
Sozialstruktur der kurdischen Landbevölkerung

Sozialgruppe	Prozentsatz der Landbevölkerung		Familienbesitz an Grund und Boden in ha
	1960	Schätzungen für 1975	
Großgrundbesitzer	0,3	–	Mehr als 300
mittlere Grundbesitzer	0,6	0,8	30–50
Kleinbesitzer	1,5	2,5	5–20
Mittlere Bauern	3,0	32,0	1–3
Bauern ohne Besitz	72,0	24,0–26,0	–
Landarbeiter	10,0	23,0–26,0	–
Andere	12,6	14,7	–

Die Großgrundbesitzer verfügten vor der Landreform über 64 % des bewirtschafteten Landes, wobei jeder mehr als 300 ha besaß, und zwar in der Regel das beste Land in dem Gebiet. Sie bildeten gerade 0,3 % der Gesamtlandbevölkerung, und zusammen mit ihren Familien waren es nicht mehr als 10000 Personen. Die Großgrundbesitzer waren in den meisten Fällen abwesend, das heißt, sie kümmerten sich nicht um die direkte Bewirtschaftung des Landes. Inzwischen, nach der Landreform, gibt es keine Großgrundbesitzer mehr.

Die «mittleren Grundbesitzer» verfügen über 14 % des Ackerlandes und machen 0,6 % der Gesamtlandbevölkerung aus. Sie leben in den Dörfern, beaufsichtigen die Arbeit, beteiligen sich aber nicht direkt an der landwirtschaftlichen Arbeit.

«Kleinbesitzer» verfügen über 6 % des Ackerlandes und stellen 1,5 % der Landbevölkerung. Jedem von ihnen gehören zwischen 5 und 20 ha Land, das sie an andere Bauern verpachten oder durch Landarbeiter bearbeiten lassen. Kleinbauern besitzen gerade so viel Land, um sich und ihre Familie ernähren zu können. Sie arbeiten nicht für Großgrundbesitzer, haben aber selbst zu wenig Land, um es verpachten zu können. Auch diese Bauern sind in Iranisch-Kurdistan nicht besonders zahlreich. 3 % der Landbevölkerung sind solche Kleinbauern, die über 2 % des bewirtschaftbaren Bodens verfügen.

Die Bauern ohne Landbesitz stellen den größten und wichtigsten Teil der Landbevölkerung dar (72 %). 42 % davon besitzen Zugtiere und 5 bis 10 Stück Vieh. Jedem dieser Bauern gehören 1 bis 3 ha Land. Die zweite Gruppe repräsentiert 30 % der Bevölkerung. Jeder dieser Bauern bewirtschaftet ein Stück Land bis zu einem Hektar oder gepachtetes Land. Sie bearbeiten den Boden entweder selbst mit Hilfe von Tieren und Maschinen, die dem Besitzer des Landes gehören, oder sie mieten sich die Maschinen.

Die Landarbeiter besitzen weder eigenes Land noch können sie Vorräte anlegen. Sie stellen 10 % der Bevölkerung und sind deren ärmster Teil.

Die «Anderen» sind diejenigen, die nicht auf dem Land wohnen. Es sind Kaufleute, Handwerker, Geistliche, Lehrer etc. Sie stellen 14,7 % der Bevölkerung dar.

Wegen mangelnder Statistiken über die Ergebnisse der Bodenreform sind diese Angaben für 1975 nur annähernde Schätzungen, die vorsichtig zu bewerten sind. Aber die Tendenzen der Veränderungen in der Sozialstruktur gehen daraus hervor. Diese Tendenzen zeigen auf, daß die Großgrundbesitzer, die vor der Bodenreform über 60 % des bestellten Bodens besaßen, ökonomisch verschwunden sind. In vielen Fällen gelang es den mittleren Grundbesitzern, da sie diesem Bodengesetz entgingen, ihren Besitz zu bewahren. Aber die Verteilung des Bodenbesitzes der Großgrundbesitzer hat die Gruppe der Kleinbesitzer und noch mehr die der mittleren Bauern verstärkt, die nunmehr die größte Gruppe der Landbevölkerung ist. Ein weiteres Merkmal ist die schnelle Vermehrung der Landarbeiter, die die zweitgrößte Gruppe bilden und die zusammen mit den Bauern ohne Grundbesitz 50 % der gesamten Landbevölkerung ausmachen.

In den Städten stellt man ein Anwachsen der Arbeiterzahl fest, was von der Landfluchtbewegung noch verstärkt wird. Aus Mangel an industriellen Großunternehmen entwickelt sich das industrielle Proletariat im eigentlichen Sinn nur langsam im iranischen Kurdistan. Im Gegenteil ist ein beispielloses Anschwellen der Arbeitslosenzahl in den Städten eine charakteristische Erscheinung, die durch die Landflucht beschleunigt wird.

Die industrielle Arbeiterklasse ist entweder mit der persischen und aserbeidschanischen aufkommenden Bourgeoisie, die selbst vom ausländischen Kapital abhängig ist, oder mit dem von der Zentralregierung geleiteten verstaatlichten Sektor verbunden. Im Zug des Wachstums der Städte stellen die Mittelklassen, die mit der lokalen Verwaltung und mit den Dienstleistungen verbunden sind, die einen zunehmenden Anteil der Stadtbevölkerung beschäftigen, eine wichtige ökonomische und soziale Macht dar. Auf diese Weise hat der im Iran rasch vordringende Kapitalismus in Kurdistan den Weg zur Entwicklung einer kurdischen Kleinbourgeoisie sowohl in den Städten wie auch auf dem Land bereitet. Damit zeichnen sich das Verschwinden des traditionellen Feudalismus ab und das Aufkommen und die nunmehr irreversible Vormachtstellung einer neuen Gesellschaftsformation: des Kapitalismus.

Dieser Bourgeoisie kommt die Aufgabe zu, die Grundlage für den Kapitalismus im iranischen Kurdistan und die soziale Basis des heutigen Regimes in der kurdischen Gesellschaft zu bilden.

Die aktuelle Gesellschaft im iranischen Kurdistan ist also endgültig in die kapitalistische Entwicklungsphase getreten, was den Anfang eines ökonomischen Polarisationsprozesses bestimmt hat. Die bürgerlichen Schichten bereichern sich, während die Mehrheit der Bevölkerung, die Stadt- und Landarbeiter, im Elend leben und der elementarsten menschenwürdigen Lebensbedingungen beraubt sind.

Die Politik des Schahregimes im iranischen Kurdistan

Im Iran sind also zahlreiche ökonomische, soziale und politische Veränderungen eingetreten. In der Tat konnte der Iran nicht völlig von den tiefgreifenden Veränderungen ausgeschlossen bleiben, die in der ganzen Welt stattgefunden haben. Aber die Veränderungen im Iran stehen in keiner Beziehung zu den natürlichen und menschlichen Quellen des Landes. Außerdem dienten diese Veränderungen den Interessen der herrschenden Klasse, der vom Schah abhängigen Gruppen, und der aufkommenden, mit ausländischem Kapital verbundenen Bourgeoisie, während die Massen unter Elend und Analphabetismus leiden.

Das Schahregime spielt immer mehr – wie es das Eingreifen seiner Armee in Dhufar bewiesen hat – die Rolle eines Dieners des amerikanischen Imperialismus und eines Polizisten in Nahost. Abgesehen davon, daß der Iran dem CENTO beigetreten ist, ist er noch durch einen bilateralen militären Pakt mit den USA verbunden.

Tausende von amerikanischen Beratern kontrollieren die iranische Armee sowie die Ordnungsbehörde (Polizei und Gendarmerie).

Die Schahdiktatur im Iran hat ihren klassischen Höhepunkt erreicht: ein Land mit einer einzigen Partei und einem einzigen Führer. Es bleibt von Freiheit und Demokratie nichts übrig.

Alle oppositionellen politischen Organisationen, alle Gewerkschaften, beruflichen und auch religiösen Vereinigungen sind verboten. Presse- und Meinungsfreiheit sind abgeschafft. Die Parlaments- und Senatsmitglieder werden ausschließlich vom Schah selbst ernannt; die Legislative, die Exekutive und die Justiz sind seinen Befehlen unterworfen. Die SAVAK besitzt Befugnisse, die nur vom Schah eingeschränkt werden können.

Diese kurze Darstellung der Lage im Iran gilt auch für Iranisch-Kurdistan. Aber es gibt weitere Merkmale, die die Situation in Kurdistan kennzeichnen.

Kurdistan ist weit mehr als andere Gegenden des Iran militarisiert. Die Staatsgewalt wird durch Offiziere der Armee, der Polizei, der Gendarmerie und insbesondere von Angehörigen der SAVAK vertreten. Es herrscht eine strenge Kontrolle aller Bewegungen der Bevölkerung. Jeder kurdische Bauer, der von einem Dorf in ein anderes zieht, muß sich beim jeweiligen Bürgermeister ab- und anmelden. Der Aufenthalt jedes Fremden im Dorf ist vom Bürgermeister bei der Gendarmerie anzumelden. Seit dem in Algier im Frühjahr 1975 zwischen dem Iran und dem Irak geschlossenen Abkommen, durch das der nationale Freiheitskampf der irakischen Kurden beendet wurde (s. a. Kapitel über den Irak), werden die von Kurden bewohnten iranischen Grenzgebiete mit allen zur Verfügung stehenden Mitteln überwacht.

Die nationale Unterdrückung dauert im gesamten Iranisch-Kurdistan weiter an. Das Schahregime weigert sich, das kurdische Volk als eigenes Volk anzuerkennen, das Bestandteil einer Nation ist, die zwischen Iran, Irak, Türkei und Syrien aufgeteilt ist.

Jede Forderung, selbst die nach einem Minimum an nationalen Rechten, wird mit größter Härte unterdrückt. Die zur Zeit der Regierung des Schah Rezah eingeleitete politische Assimilation in das iranische Volk ist immer noch wirksam. So hat die reaktionäre Politik des Schah Iranisch-Kurdistan in ein Gefängnis für das kurdische Volk verwandelt. Diese Politik der nationalen Unterdrückung gilt auch mehr oder weniger für die von Arabern, Belutschen und Aserbeidschanern gewohnten Gebiete. Obwohl die nicht-iranischen Staatsangehörigen mehr als 50 % der gesamten Bevölkerung bilden, enthält ihnen das Schahregime ihre nationalen Rechte vor. Kurz, die Teheraner Regierung ignoriert schlicht die Nationale Frage, die auch im Iran existiert. Der Schah selbst hat es wiederholt erklärt. Aber ist es möglich, diese Frage dadurch zu lösen, indem man sie ignoriert?

Vorzeichen des Erfolgs?

Mehrmals waren die Kurden der nationalen Einheit nahe, aber jedesmal scheiterte der Versuch aus diesem oder jenem Grund. Sicherlich gibt es Gründe in der tausendjährigen kurdischen Geschichte, die immer noch aktuell sind. Weil sie keinen Zugang zum Meer haben, weil sie seit dem Mittelalter im Gebirge unter anderen Völkern leben, sind sie in den Windschatten der Zivilisation geraten. Objektiv bleibt die kurdische Gesellschaft weit hinter der der benachbarten Länder in ihrer Entwicklung zurück. Wie kann sich eine kleine geteilte Nation gegen mehrere Staaten gleichzeitig erheben? Ist es nicht wahr, daß zahlreiche kurdische Aufstände aufgrund gemeinsamer Maßnahmen dieser Staaten scheiterten? Wiederholte Niederlagen sind Ausgangspunkt einer Legende geworden: Die Kurden haben keine Freunde. In Wirklichkeit haben die Kurden sehr wohl viele Freunde, aber sie müssen sie da suchen, wo sie sind.

Zunächst in jedem Land, wo sie leben. Die geschichtlichen Erfahrungen in allen Teilen Kurdistans und vor allem im irakischen Kurdistan zeigen, daß der Kampf des kurdischen Volkes, wenn er isoliert vom Kampf der Gesamtbevölkerung geführt wird, zum Scheitern verurteilt ist.

Da sich die iranischen Kurden im politischen Rahmen des Iran befinden, ist ihr Kampf grundsätzlich mit dem der anderen Völker des Iran verbunden. Ohne den Sturz des Schahregimes kann weder die nationale Selbstbestimmung für die Kurden noch die Demokratie im Iran entstehen. Nur – das muß klar gesagt werden – sind die iranischen demokratischen Bewegungen im Kampf gegen das Schahregime nähere Verbündete als die Kurden des Irak bzw. der Türkei. Der gemeinsame Feind vereinigt sie in einer vereinten Front.

Sicherlich ist die iranische Linke (so wie auch die türkische und irakische Linke) nicht immer gleicher Meinung wie die kurdische Bewegung über alle Aspekte der nationalen Frage, aber das soll nicht ein Hindernis für die Kooperation und die gemeinsame Aktion werden, aus dem einfachen Grund, weil die fortschrittliche Bewegung keine anderen Verbündeten im Iran besitzt. So ist es auch in der Türkei, im Irak und in Syrien. Die türkischen, persischen und arabischen Völker sind keine Feinde des kurdischen Volkes, sondern seine Freunde. Nach einer grundlegenden Untersuchung hat sich die Demokratische Partei Kurdistan (D. P. K.) im Iran für den bewaffnetenKampf entschieden als wesentliches Mittel, ihre Ziele zu erreichen. Diese Kampfform wurde ihr durch das autoritäre Regime des Schah aufgezwungen. In der Tat steht keine andere Möglichkeit für revolutionäre Veränderungen zur Wahl. Im Rahmen des Schahregimes gibt es weder Demokratie noch nationale Rechte für unterdrückte Völker.

Nader Ebrahimi

Unmöglich

An jenem Morgen vermochte der Lehrer nicht, wie gewohnt, früh aufzustehen. Er hatte die ganze Nacht bis zum Morgengrauen mit der Korrektur von Prüfungsarbeiten verbracht, die er mit dem Zeichen «r» für richtig und «f» für falsch versehen hatte.

Da ging der Satan – der uns als Herr des Bösen aus allen Märchen bekannt ist – sorglos herumstreunend am Fenster des Lehrers vorbei. Er warf einen Blick auf den friedlich schlafenden Lehrer und grinste hämisch: «Seid mir gegrüßt, Ihr Schläfer!»

Er zog den grauen Anzug des Lehrers an und betrachtete die vergilbte Photographie auf dem Abgangszeugnis des Lehrers. Eine Reihe wichtiger Leute hatten das Zeugnis mit der Note «gut» bestätigt, was nichts anderes bedeutete, daß er sich gut eigne, wohl an die 40 Jahre seiner Kräfte für ein Leben voller Mühen zu verbrauchen.

Der Satan warf einen Blick in den ewig-wachen Spiegel, der ihm das Bild des Lehrers zurückwarf. Er sagte sich: «Gut, nun bin ich also der Lehrer!»

«Der Satan» öffnete die Tür zum Klassenzimmer. Auf das Zeichen des Klassensprechers zum Aufstehen fuhren die Schüler von ihren Bänken hoch. Mit einem Kopfnicken bedeutete ihnen der Satan, sich hinzusetzen, und alle setzten sich wieder. Der Satan wischte seine Gläser ab – seine Augen waren in all den Jahren schwach geworden –, aus der letzten Bank hörte man ein Kichern. Er öffnete das Klassenbuch und kontrollierte die Anwesenheit; danach ließ er seinen tückischen Blick über die Klasse schweifen und befahl, die Tafel abzuwischen. «Du, junger Herr», wandte er sich an ein Kind mit glatten schwarzen Haaren und einem freundlichen Gesicht, «ich möchte, daß du ‹unglücklich sein› konjugierst!» Das Kind, das langsam aufgestanden war, schaute durch das offene Fenster in den Schulhof, wo zwei schwarze Krähen auf dem Rand des Brunnens saßen, und senkte seinen Kopf. Der Satan wiederholte: «Junger Herr» – diese Art der Höflichkeit hatte er im Umgang mit Universitätsgelehrten und in den Kreisen der «höheren Gesellschaft» gelernt – «du sollst ‹unglücklich sein› konjugieren, in der Gegenwart!»

Das Kind mit den schwarzen Haaren und dem freundlichen Gesicht sagte leise: «Ich bin unglücklich, du bist unglücklich – bei diesen Worten lachte der Satan höhnisch – er ist unglücklich, wir sind unglücklich, ihr seid . . .»

«Es genügt, mein Sohn», unterbrach der Satan, «das war sehr gut, jetzt in der Vergangenheit!» Und das Kind fing wieder an: «Ich war unglücklich, du warst unglücklich . . .» – wieder grinste der Satan –, «er war unglücklich, wir . . .»

«Ist gut mein Sohn, nun die Zukunft!»

Das Kind sah zum Fenster hinaus, warf den Blick auf die Krähen, sie flogen davon. Dann schaute es wieder in die Klasse und starrte auf die Brillengläser des Lehrers. Der Satan putzte hastig seine Brille und sagte: «Du sollst konjugieren, mein Lieber!»

Das Kind antwortete freundlich: «Herr, ich kann nicht!»

«Es ist leicht, sehr leicht», meinte der Satan eindringlich, «verdirb dir deine Note nicht!»

«Ich kann nicht, Herr, ich kann nicht . . .», antwortete das Kind.

«Denk nach, mein Lieber, denk mal gut nach! Es ist viel leichter, das Verb in die Zukunft zu bringen als in die Vergangenheit.»

Atemlose Stille in der Klasse.

«Ungenügend, setz dich, du bist völlig unbegabt! Nun du, mein Sohn, ja, du da an der Ecke, bring du ‹unglücklich sein› in die Zukunft!»

«Herr, das haben wir noch nicht gelernt, das wurde uns nicht beigebracht!»

«Eine so einfache Konjugation braucht man nicht erst zu lernen. Die Verben konjugiert man in der Zukunft mit Hilfe von ‹werden›. Du mußt nur wollen!»

«Ich kann nicht!»

Der Satan vergaß langsam die Höflichkeit, die er im Umgang mit den Gelehrten erlernt hatte, und schrie wütend mit drohender Stimme: «Du mußt!»

«Ich kann nicht.»

«Du mußt!»

Atemlose Stille – der Satan war aufgeregt aufgestanden, knallte sein Heft auf den Tisch und schrie: «Dummköpfe seid ihr alle!», um sogleich wieder mühsam beherrscht auf seiner Forderung zu beharren: «Einer von euch, nur ein einziger muß dieses Verb konjugieren, oder ich werde euch alle durchfallen lassen!»

Ein Schüler aus der letzten Reihe wagte einzuwerfen: «Herr, dieses Verb wird überhaupt nicht in der Zukunft konjugiert.»

«Doch, es geht, sehr gut sogar! Ich selbst habe es vor 47 Jahren konjugiert» – dabei erinnerte er sich überhaupt nicht, so etwas je getan zu haben – «ich erinnere mich sogar, daß ich es vor 7320 Jahren konjugiert habe» – in jenen Tagen nämlich, da er von Gott, dem Erhabenen und Allerhöchsten, abgefallen war.

Das Kind erwiderte unbeirrt: «Das war die Zukunft von gestern und nicht die von morgen!»

Mit fratzenhaft verzerrtem Gesicht schrie der Satan: «Du willst wohl behaupten, daß dieses Verb in unserer Sprache gar nicht existiert?»

Das Kind erwiderte darauf ruhig: «Vielleicht haben Sie es in einer anderen Sprache konjugiert. Sie haben ja selbst gesagt, daß Sie alle Sprachen der Welt beherrschen!»

«Nein!» schrie der Satan.

«Doch!» beharrte das Kind.

Der Satan bebte vor Wut. Mit heiserer Stimme stieß er hervor: «Ich werde euch alle auspeitschen![8] Entweder wird einer von euch ‹unglücklich sein› jetzt sofort in der Zukunft konjugieren, oder ich werde die Peitsche holen lassen.»

In der Klasse blieb es vollkommen still.

Der Satan wandte sich wieder an das Kind mit den schwarzen Haaren und dem freundlichen Gesicht, das noch an seine Sechs dachte, und schmeichelte: «Konjugiere es doch ein einziges Mal, nur in der ersten Person Singular mit Hilfe von ‹werden› . . .!»

Doch das Kind blieb unerschrocken: «Das ist unmöglich, dieses Verb *wird nie* in die Zukunft treten!»

Der Satan schrie . . .

Endlich war der Lehrer aufgewacht. Der Spiegel berichtet ihm, daß der Satan an seinem Bett gestanden, seinen grauen Anzug angezogen und die alte Photographie betrachtet hatte. Er fühlte, wie sein Herz heftig schlug, und vor seinen Augen verschwamm alles zu einem Nebel.

«Er rannte den ganzen Weg von seinem Haus bis zur Schule, und ohne sich einzutragen[9] – der Satan hatte diese kleine Pflicht erfüllt – riß er die Tür zum Klassenzimmer auf. Die Kinder sahen plötzlich den Lehrer in der halboffenen Tür stehen, der Satan war jedoch spurlos verschwunden.

Ein paar Kinder allerdings behaupteten, für den Bruchteil einer Sekunde, beim Ertönen des Klingelzeichens, zwei Lehrer gesehen zu haben. Einen hinter dem Pult und den anderen in der halboffenen Tür.

Alle waren jedoch überzeugt, daß der Lehrer sehr schnell vom Pult zur Tür geeilt sein müsse, um den Stock zu holen, der zweifellos die letzte Drohung wahrmachen und sie zur Kapitulation zwingen sollte.

Der Satan, nur den Augen der Kinder verborgen, lächelte dem Lehrer verschlagen entgegen, der aufgeregt und voller Angst fragte: «Was hast du mit meinen Kindern angestellt?»

Haßerfüllt antwortete der Satan: «Ich war gerade dabei, ihnen beizubringen, wie man ‹unglücklich sein› in die Zukunft bringt.»

Der Lehrer atmete erleichtert auf: «Hast du eine Niederlage erlebt, ja?»

Um seinen Mund bildete sich ein zufriedenes Lächeln, das schließlich sein ganzes Gesicht erhellte, und leise sagte er: «Ja, Satan, ich habe ihnen beigebracht, ‹unglücklich sein› niemals in die Zukunft zu bringen . . .»

Er sprach weiter leise zu sich selbst, und sein Gesicht war von ruhiger Freude erfüllt. Langsam ging er zum Pult zurück, setzte sich und sagte: «Gut, meine Kinder, dies war nur eine Prüfung für euch, eine mündliche Prüfung wegen der besseren Sicherheit. Eure schriftlichen Arbeiten waren alle gut. Ich hatte Angst, man könnte euch eines Tages zwingen, etwas zu tun, was ihr selbst nicht wollt. Dies war nur eine Prüfung, ich danke euch allen!»

Es klingelte; die Kinder klatschten für den Lehrer. Er putzte seine Brille, öffnete das Klassenbuch und tilgte die ‹Sechs› des Kindes mit den schwarzen Haaren und dem freundlichen Gesicht – mit einem *roten* Federstrich.

Anmerkungen

1 Die Schätzungen für das Jahr 1975 sind nach der Extrapolationsmethode festgesetzt worden, wobei als durchschnittliche Zuwachsrate der Bevölkerung 2,8 % für das ganze Land genommen wurde.

2 Sie wurden Anfang des 17. Jahrhunderts auf Befehl des Schahs Abbas Safavide dort angesiedelt, um die iranischen Grenzen gegen den Angriff der vom Norden kommenden Stämme zu verteidigen.

3 Schätzungen für 1975. Quelle: National Census of Population and Housing, November 1966, Teheran, und Monthly Bulletin of Statistics, November 1971, U. N., New York 1971.

4 Die Scheichs, religiöse Notabeln der sunnitischen Sekten, üben immer noch einen nicht unwesentlichen Einfluß im iranischen Kurdistan aus. Qadiri und Nagchebandi sind die zwei wichtigsten, noch bestehenden Sekten (tariqats); tendenziell nimmt jedoch ihr Einfluß und der der Scheichs ab. Die Sektenmitglieder der Scheichs werden «murids», «derviches» oder «sofis» genannt. Jeder Murid soll einmal im Jahr seinen Scheich besuchen und von ihm gesegnet werden. Ansonsten gibt es keine klerikale Hierarchie bei den sunnitischen Kurden. Der junge kurdische Mönch (mala) bekommt sein Zeugnis von einem bekannten religiösen Notabel (einem ehemaligen mala).
Wenn er in ein Dorf geschickt wird, hat dieser junge Mönch keine weiteren Einkünfte als die, die er von den Sektenmitgliedern empfängt.
Da die meisten Bauern sehr arm sind, ist der junge Mala genötigt, hauptsächlich mit Viehzucht, aber auch durch Ackerbau seinen Lebensunterhalt zu sichern. Und weil er eng mit der Landbevölkerung zusammenlebt, weil er ihre Not und ihre erbärmlichen Lebensverhältnisse kennt, trägt dieser «Intellektuelle» – oft der einzige Gebildete im Dorf – aktiv zum Kampf um die nationale Befreiung bei. Aus diesem Grund versuchen die iranischen Behörden in den letzten Jahren, die sunnitische Hierarchie «umzustrukturieren», indem sie den Malas ein monatliches Gehalt gewähren, damit sich diese zunehmend für die Staatsinteressen einsetzen.

5 Quelle: National Census of Population and Housing, Teheran, November 1966.

6 In den meisten Gebieten des iranischen Kurdistan sind die traditionellen landwirtschaftlichen Produktionsmittel unverändert geblieben. Deshalb bleibt die Landwirtschaftsproduktivität sehr niedrig:

Getreide	6- bis 7mal
Rote Rüben	3mal
Tabak	5mal

geringer als in den entwickelten Ländern Europas.

7 Henry Binder, französischer Reisender, schrieb 1887: «Ich habe zwei dieser Räume abgemessen. In dem einen (3,5 m lang, 3 m breit, 2 m hoch) wohnten ein Mann, zwei Frauen, zwei Esel. In dem anderen (5 m lang, 3 m breit, 2 m hoch) ein Mann und seine Frau, sein Schwiegersohn, seine Tochter, zwei Kinder und noch ein Paar Ochsen, 2 Esel und vier Schaafe dazu».
H. Binder: Im Kurdistan, in Mesopotamien und in Persien, Paris 1887, S. 381 (der französischen Ausgabe).
Neunzig Jahre später haben sich diese Zustände leider kaum verändert.

8 In der persischen Schule gilt es immer noch als wirkungsvolle «Erziehungsmethode», die Kinder brutal zu schlagen.

9 Im Iran ist es üblich, daß sich die Lehrer jeden Morgen in eine Art Anwesenheitsliste eintragen.

Kornernte bei den Kurden von Tunceli/Dersim.

4. Kapitel

Kurdisches Leben in der Gegenwart

Paul Rotkopf

I. Beobachtungen und Bemerkungen über eine kurdische Bevölkerungsgruppe

Das Bild, das die Reiseberichte dieses und der vergangenen Jahrhunderte von den Kurden zeichnen, ist von einer auffallend einheitlichen Widersprüchlichkeit: Beschreiben die einen sie als stolze, von Freiheitsdrang beseelte, großzügige, ihre rauhe Umwelt souverän beherrschende, womöglich gar «arische» Stammeskrieger, so erscheinen sie den anderen als abgefeimte, hinterhältige und arglistige orientalische Räuber und Briganten. Diese Widersprüchlichkeit scheint, in verstellter Form, als Ambivalenz auch noch in der wissenschaftlichen Literatur durch. Man

Lehmhäuser: 50 % der kurdischen Familien leben in solchen Häusern, in zwei Zimmern. 30 % haben drei Zimmer zur Verfügung – bei einer durchschnittlichen Familienstärke von acht Personen.

Ein Blechofen in einem Zimmer: ein Luxus. Noch ist genügend Heizmaterial da.

kann zwar davon ausgehen, daß diese Darstellungen sich eher verschiedenen Verkehrungen europäischer Selbsteinschätzungen verdanken, ihre Untersuchung also Teil der europäischen Ideengeschichte wäre. Doch angesichts der Tücken, die der Versuch europäischer Identifikation mit Fremden, die zugleich Unterdrückte sind, von jeher hat, muß der prägende Einfluß dieser Bilder, auch wo sie dem zwanghaften Spiel der Imagination entsprungen sind, zunächst einmal anerkannt werden. Dies gerade dann, wenn dargestellt werden soll, welches die Ursachen des so hartnäckigen Bestehens auf der kurdischen Identität angesichts höchst komplexer Bedrohungen waren und noch heute sind. Das Bemühen, die kurdische Identität im Rückgriff auf europäische Identifikationsmöglichkeiten zu erschließen und zu verstehen, kann sich leicht als kurzschlüssig erweisen und zu meist politisch interessierten Mißverständnissen führen. Die Lösung des Dilemmas scheint, wie bei anderen «Völkern ohne Anwalt» auch, darin zu liegen, daß sie zu ihren eigenen Anwälten werden und ihre Absichten und Taten selbst vertreten. An anderen Stellen dieses Bandes kommen daher vor allem Kurden selbst zu Wort.

Eine andere Lösung, die vielleicht in die gleiche Richtung zielen könnte, ist die Übersetzung von Selbstdarstellungen. Allerdings ist deren Auswahl und Kommentierung noch in das angedeutete Dilemma verstrickt, schon deshalb, weil Selbstzeugnisse nicht nur sprachliche Formen annehmen, sondern als Gesten, Bewegungen unausgesprochene, weil selbstverständliche Bewertungen darstellen und als Reaktion oder Zugriff auf natürliche und gesellschaftliche Lebensbedingungen, als Lebensform also, auftreten. Ihrer Übersetzung geht die Beobachtung voraus.

Die Gruppe von Kurden, die im folgenden vorgestellt werden soll, nennt sich in einer religiös gefärbten normativen Eigenbezeichnung «die ihrer Hände, Zunge und Lenden Herr sind». Die in diesem Selbstbild vorgenommenen Einteilungen, die damit verknüpften Ansprüche und ihre Realisierungsmöglichkeiten sind Ausgangspunkt und Gliederungsprinzip der folgenden Bemerkungen. In ihnen soll, in den Bereichen der Arbeit, der Interaktion und Kommunikation, der Reproduktion und der Geschlechterbeziehung, der Frage nach den Bedingungen kurdischer Identität und ihrer Gefährdung nachgegangen werden.

Die historische Zersplitterung der kurdischen Gesellschaft ist erst in diesem Jahrhundert von nationalistischen Bestrebungen thematisiert, damit aber keineswegs überwunden worden. Ihr Fortdauern, auch in dem zu beschreibenden Gebiet, macht einige Hinweise auf regionale Besonderheiten und Eigentümlichkeiten notwendig, welche die Grenzen einer Verallgemeinerbarkeit der folgenden Aussagen auf das übrige türkische Kurdistan zeigen.

Die Kurden in der Provinz Tunceli, die zwischen den beiden Oberläufen des Euphrat liegt, sind erst sehr spät, nämlich 1938, durch eine militärische Unterwerfungskampagne, die von Massakern und Deportationen begleitet war, in die türkische Verwaltung eingegliedert worden. Damit hängen drei andere Umstände zusammen:

Da sie nie der Oberhoheit von «feudalen» oder bürokratischen Instanzen unterstanden, sind sie im Unterschied zu den Kurden, etwa der Ebene von Diyarbakir, nie abhängige Pächter, sondern immer freie Bauern gewesen.

Dazu hat sich in ihrem recht unzugänglich in den Bergen verborgenen Siedlungsgebiet eine Religion erhalten und ausgeprägt, die eine Mischung aus altiranischen, anatolischen, alttestamentarischen, christlichen, islamischen und zentralasiatisch-türkischen Elementen darstellt. In ihr überwiegen mystische und, gegenüber der sunnitischen Orthodoxie, häretische Tendenzen. Diese Religion, das Alevitum, so genannt, weil sie die Verehrung von Ali, dem Schwiegersohn Mohammeds und seiner Nachkommen, der Imame, in den Mittelpunkt rückt, ist auch unter den Türken Zentral- und Westanatoliens teilweise verbreitet. Andererseits hat diese Religion die Kurden von Tunceli in eine noch fortdauernde Opposition nicht nur zur sunnitischen osmanischen Zentralgewalt und heute zu politisch formierten orthodox-islamischen Restaurationstendenzen, sondern auch zu den sunnitischen kurdischen «Feudal»herren und orthodoxen Ordensführern, etwa in der Gegend von Palu, gebracht. Außer den Kurden von Tunceli gibt es in Malatya, Maraş, Sivas, Erzincan und Muş noch kurdische Alevi, die überwiegende Mehrheit aller Kurden ist aber sunnitisch.

Schließlich sprechen die meisten, wenn auch nicht alle Bewohner Tuncelis nicht das fast im ganzen türkischen Kurdistan gesprochene Kurmanci, sondern einen anderen kurdischen Dialekt, das Demili, das mit dem Zazaca der sunnitischen Kurden von Elaziğ, Bingöl, Diyarbakir und Muş nah verwandt ist.

Welche Bedeutung diesen sozialstrukturellen, religiösen und sprachlichen Besonderheiten im Zusammenhang mit den gegenwärtigen kurdischen Einigungsbemühungen zukommt, wird noch erläutert werden.

Die ihrer Hände Herr sind

«Wir ziehen in den Krieg», sagt Şükrü, als ich ihn mit seinem Vater in der Morgendämmerung auf dem engen Weg treffe, der sich durch die über- und nebeneinander geschachtelten Häuser eines Dorfes in Tunceli windet. In seinen von Disteln zerstochenen und aufgerissenen Händen trägt er eine Sichel, die er in gespielter Wut durch die Luft wirbelt, um einen imaginären Feind damit zu zerteilen. Seine Augen sind entzündet, seine Lippen aufgesprungen. «Noch 15 Tage bis zum Dreschen», sagt er, und sein Vater fügt hinzu, ich könne ja auch auf ihr Feld kommen. Dort sehe ich sie später, wie sie mit aus Holz grob geschnitzten Fingerverlängerungen an der linken Hand, die weit auseinanderstehenden Weizenhalme bündeln, sie mit der Sichel in der Rechten eher ausreißen als abschneiden und aus ihrer gebückten breitbeinigen Haltung einen Schritt nach vorne tun. Der Vorgang wiederholt sich, bis der abgewinkelte linke Arm gefüllt ist, dann legen sie die Garben auf dem Boden ab. Mutter und Schwestern von Şükrü bündeln sie und sammeln sorgsam alle herabgefallenen einzelnen Halme auf. Tausende von Malen wiederholt sich dieser Bewegungsablauf an diesem Morgen, bis zur Abenddämmerung geht es so weiter, von schweigsam verbrachten Ruhepausen im Schatten eines der wenigen Bäume unterbrochen. Auf dem Nachbarsfeld wird gesungen, vier halbwüchsige Jungen, dicht nebeneinanderstehend, arbeiten sich ein abschüssiges, von Steinen übersätes Feld hinauf und feuern sich gegenseitig an. Dazwischen spotten sie über einen einsamen Alten, der auf einem Feld in der Nähe unbeirrt allein weiterarbeitet. Er hat keine herangewachsenen Söhne, die ihm helfen könnten, wie jene vier ihrem Vater. Drei von ihnen besuchen sonst das Gymnasium in der Stadt. Wie Şükrü, der Lehrer ist, verbringen sie die Ferien mit Erntearbeiten auf den elterlichen Feldern.

«So ist unser Leben», sagt Şükrü, «es ist noch ganz feudal.» – «Das Feld gehört aber doch euch», wende ich ein. «Ja, aber es kommt nichts dabei heraus, wir arbeiten fast für nichts, schau, was wir in der Hand haben», sagt er und zeigt ein Bündel karger Weizenähren vor, mit Disteln durchsetzt.

Wochen später machen wir eine Rechnung auf: Şükrüs Vater besitzt 40 Ölçek, das ist eine Fläche, auf die vierzig 36-kg-Säcke Saatgut kommen, etwa 10 ha. Jedes Jahr wird die Hälfte davon mit Weizen bebaut, die andere Hälfte liegt brach oder wird mit Gerste, Linsen oder einer weiteren Hülsenfrucht zur Tierfütterung bebaut. Dieses Jahr war die Ernte gut, 20 Ölçek Weizen liefern die fünffache Erntemenge, also 100 Ölçek. Nachdem das Saatgut für das nächste Jahr, eine Naturalabgabe von einem Sechzehntel für den Müller und eine für den Dorfvorsteher abgezogen wurden, bleiben 75 Ölçek, deren Marktpreis, einschließlich des Strohs, etwa 15000 TL (ca. 2000 DM) beträgt. Die in diese Produktion eingegangene Arbeitszeit kann nur grob geschätzt werden: Für Pflügen, Aussaat, Umpflügen der brachliegenden Felder, Ernten, Dreschen, Worfeln, Waschen und Transport errechnen wir 180 Mann- (bzw. Frau-)Tage. Das bedeutet einen theoretischen Tagesverdienst von 80 TL (ca. 10 DM), theoretisch, weil Weizen allgemein weder ge- noch verkauft wird, sondern gerade den Eigenbedarf, im vorliegenden Fall von vier Erwachsenen und fünf Kindern, deckt. Dieser Tagesverdienst entspricht etwa den unteren Lohngruppen in der städtischen Industrie.

«Die Arbeit in der Industrie ist viel leichter, dazu weiß man, wann sie anfängt und aufhört», sagt Şükrü, als wir gemeinsam die dieselgetriebene Dreschmaschine, die von einem Dorffremden auf Stundenbasis vermietet wird, mit Weizengarben füllen. Viele andere Bauern dreschen noch mit dem Dreschschlitten. In der sengenden Sonne auf dem Schlitten sitzend, treiben sie ein Ochsenpaar an. Die Dreschmaschine muß maximal ausgenutzt werden, sie wird noch in anderen Dörfern eingesetzt werden. Darum rattert sie auch in der Nacht. «Sauberer ist die Arbeit in der Stadt auch», fügt Şükrü noch hinzu und wischt sich den Häckselstaub aus den Augen. «Dafür machst du dort dein ganzes Leben lang dieselbe eintönige Arbeit», meine ich, «während ihr erntet, drescht, Ziegen auf die Weide treibt, Zäune flickt, Brennholz holt, Weintrauben erntet, Häuser baut, und eure Frauen backen, kochen, melken, weben und häkeln.» – «Weil wir müssen, um nicht zu hungern», beschließt er die Diskussion. «Aber so geht es nicht weiter.»

Den alten Ríza frage ich, ob es denn früher besser gewesen sei. «Nein», sagt er, «viel schlimmer. Wir haben Gerste und Mais gegessen, die wir heute nur noch an Tiere verfüttern. Es gab Hungersnöte, und die Kinder sind uns zu Dutzenden weggestorben. Wir hatten kein Geld und zu kaufen gab es eh nichts. Schulen gab es auch nicht. Wir haben uns die Köpfe wegen eines Huhns eingeschlagen, und die Räuber haben uns das Vieh weggetrieben. Jetzt haben wir den Fortschritt.»

Şükrü ist anderer Meinung: «Wenn wir nicht in die Stadt gingen, könnten wir überhaupt nicht überleben. Wir haben so viele Kinder, daß jede Familie eine Fußballmannschaft bilden könnte. Die Böden werden immer schlechter, weil wir sie immer stärker ausnützen müssen. Mein Vater bearbeitet das gesamte Land seines Vaters, sonst würde es nicht reichen.»

Şükrüs Vater hat drei Brüder: Ali, der älteste, ist der Sohn einer Armenierin, die nach den osmanischen Massakern an den Armeniern 1915 zurückblieb. Er spricht seit Jahren kein Wort mit seinem Bruder, weil der ihm, im Bunde mit der zweiten Frau seines Vaters, das Land wegnahm. Er hat sich irgendwo weit außerhalb des Dorfes niedergelassen und dort ein Stück Land mit dem Geld gekauft, das er in der Stadt und durch Krankenheilungen, die er nach den Regeln von religiösen Zaubersprüchen vornimmt, verdient hat. Cemal, der zweite Bruder, arbeitet in Deutschland, wenn er zurückkommt, geht er in eine kleine Kreisstadt in der Nähe. Şükrüs Vater hat sein Land ohne Entschädigung übernommen, schließlich hat Cemal ja einen Arbeitsplatz. «Cemal ist ein Deutscher geworden», sagt mir Keko, der dritte Bruder. Als er mein fragendes Gesicht sieht, fügt er zur Erklärung hinzu: «Er schickt mir kein Geld.» Keko ist ebenfalls mit Şükrüs Vater verkracht, jahrelang haben sie statt Worte nur Schrotflintenschüsse gewechselt. Er ist der jüngste, bei der Erbteilung konnte er sich noch nicht wehren. Er ging nach Batman, einem Ort im Osten von Diyarbakir, in dem Öl gefördert wird. Keko hat als Schweißer gearbeitet, dabei ein Auge verloren und lebt jetzt als Frührentner im Dorf, weil seine Rente für ein Leben in der Stadt nicht ausreicht. Weil auf seiner kleinen ererbten Parzelle kaum Erträge zu erzielen sind, arbeitet er nur in seinem Obst-, Gemüse- und Weingarten. Er liest viel und macht zahllose einfallsreiche und böse Bemerkungen über die «fanatischen Sunni», mit denen er in Batman lebte, die nicht sähen, daß es allenfalls auf dieser Welt ein Paradies geben könne, aber auch über die jungen Revolutionäre, die bloß redeten: «Das einzige, was die umdrehen» (im Türkischen dasselbe Wort wie «umstürzen»), «ist ihr Brot, mehr wird es davon nicht».

Es gibt Brüder im Dorf, die besser miteinander auskommen, aber die Konflikte zwischen Verwandten und Nachbarn im Dorf sind zahllos und verwickelt. Der Zusammenschluß von Dörfern und Stammessegmenten gegen Nachbarstämme, deren Häuser angezündet und deren Vieh gestohlen wurde, findet heute nicht mehr statt, auch weil die staatliche Polizei Stammeskriege und -fehden verhindert. Aber die Konkurrenz der einzelnen Haushalte scheint sich eher verschärft zu haben, wenn sie auch nicht immer gewalttätig ausgetragen wird. Häufiger ist der völlige Abbruch der sozialen Beziehungen oder die Beschränkung auf ritualisierte Begrüßungs- und Abschiedsformeln. Die gespannte Atmosphäre des Mißtrauens, auch der Intrige und der üblen Nachrede, deren Ursachen vor allem in der Möglichkeit liegen, sich wirtschaftliche Vorteile durch dorfpolitische Machtränke zu verschaffen, kontrastiert mit der

Offenheit, Herzlichkeit und würdevollen Großzügigkeit zahlreicher Beziehungen zwischen nahe Verwandten oder durch Heirat, Beschneidungspatenschaft oder eine religiös begründete fiktive Bruderbeziehung verbundenen Bauern. Zwischen ihnen, die oft weit verstreut in den Dörfern der Umgebung leben, finden auch Transaktionen statt, die das wirtschaftliche Risiko der einzelnen Haushalte mindern können. Kooperation bei der Arbeit ist dagegen selten, der Regenfeldbau auf den Landparzellen beruht ganz auf der Produktion unabhängig wirtschaftender einzelner Haushalte. Nur das Vieh – vor allem Ziegen, denn für Schafe ist die Vegetation bereits zu karg – wird gemeinsam auf die Weide getrieben, turnusmäßig von einem Haushalt, der für je einen Tag für die gesamte Herde deren Besitzern verantwortlich ist. Aber sonst wird nie gemeinsam Hand an eine gemeinsame Sache gelegt, die Antagonismen und Sonderinteressen überwiegen.

Vor kurzem scheiterte der Bau einer Schule, der von der Regierung finanziert werden sollte, daran, daß kein Bauer ein Stück Privatland – selbst gegen Entschädigung – zur Verfügung stellen wollte, wobei von jedem einzelnen beredt Klage über den Mangel an Gemeinschaftsgeist der anderen Bauern geführt wurde. Überhaupt besteht Einmütigkeit über die negativen Auswirkungen der Zersplitterung, die das Resultat der traditionellen gesellschaftlichen Organisationen zur Bewältigung der Naturzwänge ist. Aber insgeheim geht jeder einzelne davon aus, daß die anderen diese Einmütigkeit nicht, jedenfalls nicht in ihrem Verhalten, teilen.

An einer Bedeutungsverschiebung des Wortes «halk» (Volk) zwischen der türkischen Stadtkultur und den kurdischen Dörfern schimmert dieser Zusammenhang durch: «halk» ist im Türkischen die Masse der Unterdrückten, im emphatischen Sinn; die Partei des türkischen Populismus, die CHP, die Republikanische Volkspartei, hat den Begriff in ihre Eigenbezeichnung aufgenommen. «Xalki» sind in der kurdischen Alltagssprache dagegen immer «die anderen Leute», deren Ochsen in fremde Gärten einbrechen, vor denen Eigentum geschützt werden muß und die böse Gerüchte verbreiten. Bei den jüngeren Leuten, die ohne Ausnahme sehr politisiert sind, wächst allerdings die Einsicht, daß angesichts der wirtschaftlichen Marginalisierung des Gebiets, in dem kaum staatliche Entwicklungsmaßnahmen durchgeführt werden, eine neu definierte Einheit not tut. Şükrü redet etwa durchaus mit seinen Onkeln, mit denen sein Vater im Streit liegt: «Was geht mich der Streit dieser alten Esel an, wir sind doch alle arme Kerle.»

Die Ursachen der Zersplitterung und der internen Antagonismen lassen sich also differenzieren: Traditionell standen sich Haushalte, Nachbarschaftsgruppen von Verwandten, ganze Dörfer, in denen auch alle miteinander, wenn auch entfernter, verwandt sind, und Stämme in gewalttätigen Auseinandersetzungen einander gegenüber und haben sich zu diesem Zweck geeint. Heute ist jeder Haushalt mehr oder weniger allein auf sich gestellt und muß seine Entscheidungen an den neuen Quellen aller Vor- und Nachteile, dem Arbeits- und Gütermarkt und der Bürokratie, ausrichten. Der Zugang zum Warenmarkt, der in eine fast gänzlich abgeschlossene Ökonomie Kleider, Seife, Kochgeschirr, Medizin, Tee, Zucker, Dünger u. a. eingeführt hat, setzt Gelderwerb voraus. Da kaum ein Bauer irgend etwas zu verkaufen hat und zudem angesichts des Bevölkerungswachstums und der sinkenden Erträge nicht genug produziert wird, bleibt nur die Abwanderung in die Stadt. In den genannten Dörfern leben annähernd genauso viele Menschen wie vor 50 Jahren. Mindestens ebenso viele aber sind in die Stadt gegangen, die meisten auf Dauer. Sie subventionieren durch Geldzuwendungen an ihre zurückgebliebenen Eltern die Landwirtschaft. In Einzelfällen kehren sie auch zurück, wenn sie ihre Arbeit in der Stadt oder in Deutschland verloren haben, ohne angesichts der geringen Arbeitsproduktivität in der Landwirtschaft und der ohnehin überzähligen Arbeitskräfte in ihr etwas zur Produktion beitragen zu können. Sie reproduzieren dort im Rahmen der Hausproduktion allenfalls ihre Arbeitskraft.

Die Arbeit in Bereichen mit verschiedenen Formen wirtschaftlicher Organisation sprengt die Gemeinsamkeit des Erfahrungshintergrundes auf. Der Generationskonflikt nimmt neue Formen an, weil die väterliche Autorität sich mit der Drohung, die Söhne bei Gehorsamsverweigerung auszuhungern, nicht mehr durchsetzen kann. Die Jungen, die nicht werden können und wollen wie ihre Eltern, gehen in die Schulen oder suchen Arbeit in der Stadt, sie sehen am Landleben zunehmend – und aus der Perspektive der Stadtkultur – seine Borniertheit. Ihre revolutionären Forderungen, die sich am Leninismus orientieren, antizipieren bereits eine zukünftige proletarische Klassenlage. Ihre Perspektiven für die Landwirtschaft zeichnen sich durch einen behutsamen Pragmatismus aus, sind aber gleichwohl derzeit unrealistisch: Wasserpumpen sollen das reichlich in Quellen und Flüssen vorhandene Wasser in die Gemüse- und Weingärten bringen, Straßen sollen gebaut werden, damit die Produkte einer intensiveren Landwirtschaft auch auf den Markt gebracht werden können und damit keine Menschen mehr nur deswegen sterben, weil sie den bislang umständlichen und teuren Gang zum Arzt verschieben, bis es zu spät ist. Dünger müßte viel mehr verwendet werden und alternative Produktionszweige, etwa Bienenzucht, entwickelt werden. Läden und kleine Handwerksbetriebe sollten gegründet werden, vielleicht gar kleine Fabriken in den Zentralorten. Aber für all dies gibt die Regierung kein Geld, die Arbeitsplätze bleiben in den großen Städten Istanbul, Ankara, Izmir und Adana, und für private und öffentliche Investitionen finden sich rentablere Anlagemöglichkeiten. Die Tatsache, daß der am 100 km entfernten Keban-Staudamm erzeugte Strom kaum der Entwicklung einer lokalen Industrie dient, sondern nach Ankara geleitet

Dorfszenen aus der Umgebung von Tunceli.

wird, interpretieren viele Bauern aber auch als politische Entscheidung. Gleiches gilt für das in Batman geförderte Öl, das über Iskenderun nach Istanbul verschifft wird. Es bleiben der Umstand, daß es nicht genügend Arbeit in den Dörfern gibt, und die Notwendigkeit zur Abwanderung.

Gewiß unterscheiden sich die kurdischen Dörfer in Tunceli in dieser Hinsicht nicht grundsätzlich von vielen türkischen, arabischen und iranischen Dörfern, die durch das Eindringen der Warenproduktion wirtschaftlich marginalisiert wurden, auch nicht in ihrer materiellen Kultur und ihrer Wirtschaftsform. Das Zentralproblem eines radikalen gesellschaftlichen Umbruchs und der damit einhergehenden Auflösung der traditionellen Lebensform hat zunächst also nichts mit der Frage nach der kurdischen Identität gemein, insofern fast alle Bauern im Mittleren Orient davon betroffen sind.

Angesichts der in Europa zunehmend verbreiteten Skepsis gegenüber den Folgen technischen Fortschritts und forcierten wirtschaftlichen Wachstums mag es Außenstehende zunächst befremden, daß gerade das Ziel wirtschaftlicher Entwicklung in allen Gesprächen mit kurdischen Bauern eine derart prominente Rolle spielt. «Wir sind fortschrittlich, wir wollen lernen und arbeiten, aber wir haben nichts in der Hand», ist eine oft gehörte Aussage. Man kann sie von Alten und Jungen hören, aber während die Alten eher die bisherigen Veränderungen positiv würdigen und allenfalls weitere Reformen wünschen, veranlaßt ihre Perspektivelosigkeit die Jungen dazu, einen radikalen Umbruch, auch Umsturz, zu fordern. Die Härte des Naturzwangs, die Mühseligkeit der landwirtschaftlichen Arbeit, ihre Unergiebigkeit und die Unmöglichkeit, ihr auf dem Land Alternativen oder Entwicklungsmöglichkeiten gegenüberzustellen, läßt die städtische Industrie als derzeit einzige Lösungsmöglichkeit erscheinen, auch wenn sich die Bedingungen in dieser Hinsicht eher verschlechtern. Doch ist jungen wie alten Bauern ihre bisherige Lebensform immer noch so selbstverständlich, daß die Auflösung ihrer traditionellen Institutionen zwar teilweise problematisiert oder auch gefordert wird, insgesamt aber doch angenommen wird, daß all jenes, was ihnen daran wertvoll erscheint, Gastfreundschaft etwa ebenso wie enge und weitverzweigte persönliche Beziehungen, verwandtschaftliche Solidarität ebenso wie patriarchalische Autorität ungebrochen in der industriellen Lebenswelt fortbestehen könnten und müßten. Nur andeutungsweise, etwa in der wiederkehrenden Rede von der Reinheit ihrer Luft und dem Wohlgeschmack ihres Wassers, die beide in der Stadt dreckig seien, erscheint jene uns vielleicht naiv anmutende Begeisterung für die Vorzüge der industriellen Lebenswelt gedämpft.

«In Deutschland ist es gut, jeder hat dort Arbeit», sagte ein Bauer im Kaffeehaus. «Und mit dem ‹tesbi› spielen die Deutschen auch nicht.» (Tesbi ist ein aus 33 an einer Schnur aufgereihten Stein- oder Glasperlen gebildetes Spielzeug, das die Männer außerhalb von Arbeitssituationen fast ständig in der Hand bewegen.) «Warum eigentlich nicht», frage ich. Nach einigem Zögern kommt die Antwort. «Wenn einer in Deutschland mit dem Tesbi spielt, kommt gleich die Polizei und schickt ihn arbeiten.»

Die ihrer Zunge Herr sind

«Das Kurdische ist eine schmutzige Sprache, das brauchst du nicht zu lernen», erklärt mir der alte Ríza. «Auf dem Markt, in der Schule, beim Distriktvorsteher, in der Fabrik muß man gut Türkisch können. Es ist gut, daß unsere Kinder in der Schule Türkisch lernen.» Ich erzähle ihm, daß ich verstehen will, was die Bauern untereinander reden, dazu ihre Balladen aufnehmen, übersetzen und so etwas über ihre Geschichte erfahren möchte. «Das ist alles vorbei», sagt er, während ich das Tonbandgerät anstelle, mit dem ich ein kurdisches Lied aufgenommen hatte:

Komm, Mutter, die Häuser von Mezre liegen hoch.
Heute erklingt der Ruf der Lerche, das Geschrei der Gänse.
Bei Gott, sagt Yussuf, zwei, drei Reiter kommen.
Komm, Herr, die Kreisstadt brennt.
Wäre doch Hilfe gekommen,
Wieviel Männer aus seinem Haus sind vernichtet.
Komm, Mutter, die Häuser von Mezre liegen ganz vereinzelt.
Heute, bei Gott, kommen die Soldaten mit den Zaza über uns.
Yussuf schreit, all ihr Brüder, wie Helden sollt ihr euch schlagen.
Heute, bei Gott, seht den Kampf bei der Moschee in Uze.
Komm, Herr, die Kreisstadt brennt.
Wäre doch Hilfe gekommen.
Wieviel Männer aus seinem Haus sind vernichtet.
Komm, Mutter, die Häuser von Mezre liegen hoch, voller großer Äste.
Heute laufen die Truppen der Zaza um Mezre herum.
Gott, laß, die uns Grund zur Rache geben, nicht entkommen.
Komm, Herr, die Kreisstadt brennt.
Wäre doch Hilfe gekommen.
Wieviel Männer aus seinem Haus sind vernichtet . . .

Ríza lauscht andächtig, mit wiegendem Kopf. «Schön singt der Keko», sagt er, und erst nach einer Weile erläutert er den Zusammenhang, auf den der lakonische und abgekürzte Liedtext sich bezieht: 1915 waren die osmanischen Truppen über die Armenier hergefallen, die lokalen kurdischen Stämme hatten sich, im Gegensatz zu ihrem Verhalten in anderen Gebieten Kurdistans, an den Massakern und Vertreibungen nicht beteiligt und den Armeniern in Einzelfällen auch geholfen. Im Jahr darauf begannen sie selbst eine Revolte, offenbar aufgrund ihrer Befürchtung, die nächsten Opfer der osmanischen Truppen zu sein, und zündeten die Kreisstädte an. Dem folgte eine militärische Operation der osmanischen Truppen – die russischen Verbände, gegen die sie kämpften, standen nur 50 km weit entfernt –, wobei sie von sunnitischen Kurden aus Palu, den Zaza, unterstützt wurden.

Der Gegensatz zwischen Zaza und alevitischen Kurden hatte über Jahrhunderte bestanden und beruhte auf sozial-strukturell und religiös begründeten Konflikten: Die Beys der Ebene von Palu hatten wiederholt, meist ohne Erfolg, versucht, die Stammbauern in den Bergen zu unterwerfen und abgabepflichtig zu machen, wie das längst mit den Zaza geschehen war, und damit auch ein Nest von Häretikern auszuheben, die weder in die Moschee gehen, noch beten und die sunnitischen Kalifen für die Mörder von Mohammeds Schwiegersohn Ali und seinen Söhnen Hasan und Hüseyin halten. Ihre antiritualistische bäuerliche Mystik, in der auch zahlreiche vorislamische Elemente sich erhielten, ist nicht um das heilige Buch, den Koran, und die Einhaltung ritualisierter Verehrungsformen zentriert, sondern um in dem Gebiet lebende heilige Männer, die «seyit», die als Nachkommen Alis gelten, und um religiöse Feste mit Tanz, Liedern und Predigten, die in Privathäusern von den Seyit abgehalten werden, dazu um Wallfahrten und andere Feste, deren Hauptmoment Speiseverteilungen an alle Anwesende sind.

Die wechselseitige Verachtung von kurdischen Alevi und sunnitischen Zaza war auch später noch folgenreich: 1925 begannen die Ordensführer und Beys in Palu und in weiten Gebieten Ostanatoliens einen Aufstand gegen die laizistische Politik der neuen Republik Atatürks, um das islamische Recht, Şeriat, zu verteidigen. Der Aufstand formulierte aber auch bereits deutlich nationalistisch-kurdische Aspirationen. Die Kurden Tuncelis benutzten die Gelegenheit, sich an ihren Erbfeinden zu revanchieren, und kämpften auf der Seite der Republik. 1938 wurden sie selbst unterworfen, das Weiterbestehen eines Stammesgebiets, in dem ständige Fehden und Raubzüge stattfanden, und dessen Bewohner weder Steuern zahlten noch gerne Soldaten stellten, erschien der republikanischen türkischen Regierung nicht mehr tolerierbar. Atatürk bezeichnete das Gebiet als Krebsgeschwür, und im Zuge einer militärischen Kampagne wurden Tausende erschossen oder deportiert. Seitdem wählen die Bauern von Tunceli die Partei Atatürks und heute Ecevits, die CHP, weil sie ihnen heute die einzige Garantie für wirtschaftlichen Fortschritt und eine laizistische Religionspolitik zu sein scheint.

Die Paradoxien dieser historischen Entwicklung lösen sich auf, wenn man davon ausgeht, daß Konflikte zwischen religiösen Parteien im Mittleren Orient traditionell wichtiger waren als ethnische Gegensätze. Heute versucht allerdings die junge Generation, die Ereignisse der Vergangenheit neu zu interpretieren, wobei sie sich auf zwei verschiedene

Ein Gefängnis: Heimat der Fortschrittlichkeit in der Türkei.

Traditionsstränge beruft, die auch für das Sprachenproblem in dem Gebiet wichtig sind.

Ali, die Führer der Bauernaufstände der vergangenen Jahrhunderte, etwa Pir Sultan Abdal und die anatolischen Heiligen des Bektaşi-Ordens, der das organisierte Zentrum des Alevitums bis zum Verbot des Ordens 1925 war, werden als frühe Sozialisten gesehen, die gerechte Verteilung und Kampf gegen alle Unterdrücker gepredigt hätten. Das Medium der Tradition sind religiöse Lieder, die seit Jahrhunderten von der Seyit gesungen werden und deren traditionelle Form heute von revolutionären Sängern mit neuen sozialkritischen Inhalten gefüllt wird. Alle diese Lieder waren und sind türkisch, die Kurden Tuncelis kannten schon immer das Türkische als religiöse Sprache.

Daneben wird die Situation der Kurden in Ostanatolien insgesamt als die einer kolonialen Unterdrückung diskutiert und der Versuch unternommen, die alten religiösen Gegensätze und Stammesfehden in einem nationalen Befreiungskampf aufzuheben, der nationalistische mit klassenkämpferischen Auseinandersetzungen verbindet. Diese Aufstände dieses Jahrhunderts, so wenig geeint ihre Initiatoren dabei waren, werden als Vorläufer interpretiert.

«Unsere Kinder müssen, wenn sie mit sechs Jahren in die Schule kommen, erst Türkisch lernen», erzählt ein Lehrer. «Sie verlieren dabei zwei bis drei Jahre, die sie bis zu den Aufnahmeprüfungen in die weiterführenden Schulen, gar die Universität, nicht mehr aufholen.» «Schluß mit der Assimilationspolitik» ist ein in den letzten Jahren viel gehörter Slogan, gerade bei den Lehrern, denen jeder Gebrauch des Kurdischen in der Schule untersagt ist. Noch führen sie ihre politischen Diskussionen meist auf türkisch, wie von ihren Gegnern etwas hämisch festgestellt wird. Dies deshalb, weil die Dialektunterschiede im Kurdischen, das Fehlen einer verbindlichen Schrift, das Verbot, Bücher auf Kurdisch zu drucken, und die Ausbildung in türkischsprachigen Schulen die Entwicklung der kurdischen Sprache gehemmt haben. Die Situation der Zweisprachigkeit wirkt sich auf die junge Generation ganz anders aus als auf ihre Eltern, die ebensowenig daran dächten, miteinander in einer anderen Sprache als Kurdisch zu reden, wie daran, je ein Buch zu lesen, sei es nun Türkisch oder Kurdisch. Die offizielle Kultur- und Bildungspolitik geht davon aus, daß jeder, der es in der Türkei zu Amt und Würden oder auch bloß zu einem Arbeitsplatz bringen will, Türke zu sein hat, das heißt Türkisch zu sprechen hat. Mit Einschränkungen läßt sich diese Politik als rassistisch bezeichnen, denn sie leugnet zwar nicht die menschliche Identität derer, die assimiliert werden sollen, wohl aber ihre kulturelle. Sie werden als Menschen anerkannt, allerdings nur soweit sie Türken sein wollen.

Die ältere Generation winkt nicht nur resigniert ab, wenn die jungen Revolutionäre ihre nationalistischen Ideen formulieren, sie ist noch vom

Bewußtsein bestimmt, daß die benachbarten Kurdenstämme nicht weniger Feinde seien als jedwede türkische Regierung in Ankara. Die Konsequenzen, wenn auch nicht der Verlauf der traumatischen Unterwerfung von 1938 werden von ihr gebilligt: Ende der Stammesfehden, Ansätze zu einer Gesundheitsversorgung, einige Straßen und Schulen und der Zugang zum Markt haben einige traditionelle Zwänge gemildert. Erbittert reagieren sie allenfalls, wenn ihren Söhnen Ausbildungs- und Arbeitsplätze wegen ihrer Herkunft verweigert werden, was häufig geschieht. «Erst mußten wir Türken werden, und jetzt behandelt man uns nicht mal als solche», stellen sie fest, glauben aber überwiegend doch an die Vorteile der Integrationspolitik, wie sie vor allem von der CHP vertreten wird. Die bislang nicht realisierte Politik der CHP geht davon aus, daß mit der zumindest teilweisen Aufhebung der sozio-ökonomischen Unterprivilegierung Ostanatoliens das von ihr offiziell gar nicht anerkannte Problem der Kurden in der Türkei sich lösen ließe, indem durch Assimilierung in den Städten und durch eine Entwicklung der Dörfer das Bewußtsein ihrer Bewohner von einer Sonder- und Randstellung sich auflösen ließe. Ihre Integrationspolitik unterstellt also, daß das Festhalten an kultureller Identität nur materielle Ursachen hat, die sich als solche beeinflussen lassen.

Die Erfahrungen der jungen Leute aber deuten darauf hin, daß die Integration notwendig scheitern muß. Die Diskriminierung in der Stadt bestärkt sie im Bewußtsein einer Sonderstellung und in der Meinung, die Integration könne individuell vielleicht erreicht werden, aber ein ganzes Volk lasse sich den selbstverständlichen Gebrauch der eigenen Sprache nicht verbieten. Während in den letzten Jahren gedruckte kurdische Bücher und Zeitschriften wiederholt beschlagnahmt wurden, ertönen die kurdischen Balladen und Lieder aus Lautsprechern in den Basaren der Städte Ostanatoliens. Die Einführung der Kassettenrecorder hat ihre Verbreitung nicht nur ermöglicht, sondern läßt auch Verbotsmaßnahmen scheitern. Denn was heute beschlagnahmt würde, könnte morgen hundertfach wieder verbreitet werden. Der gesellschaftliche Kontext der kurdischen Ballade im Zeitalter ihrer technischen Reproduzierbarkeit hat sich aber ebenfalls verändert. Wo früher einzelne Sänger durch die Dörfer eines eng umschriebenen Gebiets zogen, bleiben sie heute zu Hause, singen auf Tonband und lassen ihre Lieder in einem weit größeren Gebiet verbreiten. Dabei werden allerdings fast ausschließlich Lieder in Kurmanci gesungen, das Demili in Tunceli und das Zazaca von Bingöl, Muş, Elaziĝ und Diyarbakir hört man bislang noch selten, und auch unter den vereinzelt in Zeitschriften abgedruckten Liedern oder Gedichten finden sich vor allem Texte in Kurmanci.

Aber die Forderungen der jüngeren Kurden in Tunceli gehen über die bloß konservierende Verbreitung dieser Lieder weit hinaus, deren Gegenstände zudem gesellschaftlichen Verhältnissen entstammen, die sich in einem durchgreifenden Umbruch befinden. Sie fordern, und betreiben auch, die Entwicklung einer kurdischen nationalen Literatursprache. Das Festhalten an der eigenen Sprache ist ihnen besonders angesichts des Umstands wichtig, daß die kurdische Gesellschaft und Kultur sich in bezug auf ihre Produktionstechniken, ihre materielle Kultur, ihre Wirtschafts- und Sozialorganisation, auch ihre Religion, jedenfalls bei oberflächlicher Betrachtung, kaum von der türkischen, iranischen und arabischen ländlichen Kultur zu unterscheiden scheint, die kulturelle Produktion aber vor allem in sprachlich vermittelten Formen erfolgt. Eine bildende Kunst besteht kaum, und die durchaus typisch kurdische Musik dient vor allem der Übermittlung von rezitierten Texten in Liedern, Balladen und Epen.

In einem zweisprachigen Gebiet wie Tunceli fällt auf, daß sich der Anwendungsbereich der beiden Sprachen in mehr oder weniger deutlich auseinanderfallende Sphären teilt. Auseinandersetzungen mit der Bürokratie, Erfahrungen in der Stadt, auf dem Markt, in der Industrie, ebenso wie die politischen Diskussionen der jungen Leute werden auf türkisch berichtet, während Ereignisse im Dorf, in den Haushalten, die Beziehungen zwischen einzelnen Leuten, Arbeitssituationen, der dörfliche Alltag also, auf kurdisch kommentiert werden. Dabei ist, soweit in Tunceli Kurmanci gesprochen wird, die Sprache mit zahlreichen türkischen Worten durchsetzt, selbst Eigentümlichkeiten der türkischen Syntax werden teilweise übernommen. An den alten Liedern läßt sich ablesen, daß dieser Prozeß lange vor der Assimilationspolitik der letzten Jahrzehnte eingesetzt hat und sich einer seit langem bestehenden Vertrautheit mit der türkischen Sprache, vermittelt durch die alevitische Religion, verdankt. Doch sind Lieder aus weiter entfernten kurdischen Gebieten, etwa dem Hakkari, selbst aus den kurdischen Gebieten der Sowjetunion, die über Radio Eriwan ausgestrahlt werden, den Bauern durchaus verständlich.

Eine wichtige Rolle bei dem Versuch, die Assimilation aufzuhalten, spielen die Volksschullehrer des Gebiets, die als Schriftgelehrte und Leute anerkannt werden, deren Wissen über den engen dörflichen Rahmen hinausreicht. In gewisser Hinsicht haben sie die Position der Seyit übernommen, deren Morallehren zwar noch als verbindlich gelten, aber doch nicht mehr an ihrer Person festgemacht werden. Zudem werden den Seyit zunehmend die Natural- oder Geldabgaben verweigert, die sie früher beanspruchen konnten, weil dies den jungen Leuten angesichts der reduzierten religiösen Rolle der Seyit als bloße Ausbeutung erscheint. Die Zustimmung, die die Lehrer genießen, ist allerdings sicher nicht uneingeschränkt, politische Radikalität ist nicht unbedingt die Sache aller Bauern, und zudem müssen sie befürchten, wegen deren Reden selbst Schwierigkeiten mit der Polizei zu bekommen. Doch sind diese Lehrer meist in dem Gebiet tätig, aus dem sie stammen; nach einigen

Jahren, die sie obligatorisch in einer anderen als ihrer Heimatprovinz verbringen müssen, kehren sie dorthin zurück und kennen die Verhältnisse sehr genau, wenn auch ihre ideologische Orientierung am Marxismus-Leninismus den Bauern oft unverständlich ist. Aber sie teilen, in einer in der Türkei von Atatürk propagierten populistischen Tradition stehend, das Leben der Bauern mit fast all seinen Widrigkeiten, und wenn sie etwa Weizen oder Geld für die Erdbebenopfer in Lice und Van sammeln, bekommen sie selbst von denen etwas, die selbst kaum genug zum Leben haben.

Die Aussagen der jungen Generation zum Problem der Erhaltung der kurdischen Kultur sind in den letzten Jahren schärfer geworden, einige haben sich von türkischen linken Organisationen, die das Kurdenproblem nicht thematisieren wollen oder es nicht wagen, abgewandt. Aber die «linke» Tradition, die ein Spezifikum der Provinz Tunceli ist – die Provinz gilt den Anhängern nationalistisch-türkischer oder islamischer Parteien als «kleines Moskau» –, veranlaßt sie, auch eine nationalistische kurdische Programmatik, wie sie sich bei Großgrundbesitzern in Mardin, Urfa und Diyarbakir findet, scharf zu kritisieren. Entlang der gleichen Linie verläuft auch ihre Auseinandersetzung mit der Politik von Barzani im Irak.

Aber ihrer eigenen Auffassung nach ist die politische Entfaltung und Lösung des Verhältnisses von nationaler Befreiung und der Aufhebung von Ausbeutungsverhältnissen an den Fortbestand der dörflichen Kultur gebunden, der gegenüber sie ein durchaus ambivalentes Verhältnis haben. Sie betonen jedenfalls, daß die Abwanderung in die Städte, zumal auch nach Deutschland, bislang eine durchaus erfolgreiche Assimilation zur Folge habe, insofern dort viele Eltern mit ihren Kindern von vornherein nur Türkisch sprechen und so das Kurdische bei diesen Familien innerhalb einer Generation verschwinden wird. Die Chancen, unter den herrschenden politischen Bedingungen Zentren kurdischer Kultur aus den Städten Ostanatoliens zu machen oder die kurdische Kultur in den westanatolischen Städten zu erhalten und zu entwickeln, werden von ihnen eher skeptisch beurteilt.

Die ihrer Lenden Herr sind

Einer der Seyit, der Religionsgelehrten des Gebiets, erläuterte mir die Bedeutung der Eigenbezeichnung «die ihrer Hände, Zunge und Lenden Herr sind». Seiner Hände Herr zu sein, bedeutet danach, nicht zu stehlen und zu töten, sondern für sich und die Seinen zu arbeiten. Seiner Zunge Herr zu sein, heißt vor allem, niemanden zu beleidigen, die eigenen Worte so zu wählen, daß sie das Wohlbefinden aller Anwesenden fördern. Er räumt ein, daß die Bauern in der Erfüllung dieser Forderungen oft nachlässig sind. Die dritte aber, die besagt, jeder Mann dürfe nur mit einer Frau verheiratet sein – dies im Unterschied zum sunnitischen Islam, der vier Frauen erlaubt –, dürfe mit ihr vor der Ehe nicht sexuell verkehren und ihr ebensowenig untreu werden wie sie ihm, werde weitgehend eingehalten. In der Tat wird jede Durchbrechung der als streng getrennt begriffenen Rolle von Mann und Frau als ernste Bedrohung wahrgenommen, und es werden alle Verletzungen der strikten Sexualmoral als Abgleiten in einen tierischen Zustand interpretiert. Mensch ist nur derjenige, der dies durch Kontrolle seiner animalischen Triebe innerhalb der gesellschaftlichen Regeln unter Beweis stellt.

Ein alter Sänger, der zahlreiche Lieder über das Gebet kennt, erwähnte eines, das vorzusingen er sich jedoch weigerte, weil es für die Bewohner des Dorfes, in dem ich lebte, ehrenrührig sei. Später stellte sich heraus, daß das Lied von der im übrigen gescheiterten Entführung einer verheirateten Frau handelte, die vor mehr als 40 Jahren stattfand. Noch heute ist die bloße Erwähnung dieses Vorfalls gegenüber den noch lebenden Nachkommen dieser Frau ein Ding der Unmöglichkeit.

Wie in anderen islamischen und Mittelmeerkulturen auch, sind die Begriffe von Ehre und Scham eng mit sexuellem Wohlverhalten, besonders der Frauen, verknüpft. Ehrenrührig sind Regelbrüche weniger für den unmittelbar beteiligten Mann, als für die Frau, vor allem aber auch für deren Mann und ihre Brüder. Es handelt sich also nicht um eine Doppelmoral, nur ist der Kreis, deren Ehre jeweils auf dem Spiel steht, anders zusammengesetzt, als dies dem mitteleuropäischen Verständnis heute vertraut ist.

An einer Reihe von Institutionen läßt sich das Selbstverständnis kurdischer Bauern von der Differenz männlicher und weiblicher menschlicher Natur darstellen: Bei der Heirat wird durch elaborierte Tauschvorgänge und ausgedehnte Feiern die Überführung einer Frau von ihrer Ursprungsgruppe in eine neue, von ihr zu gründende Familie szenisch dargestellt. Die Beschneidung der Knaben und jungen Männer entfernt, unter Bezug auf alttestamentarische Traditionen, das an ihnen, was «schmutzig» ist, ihre männliche Natur mit Weiblichem vermischt. Die Geburt erfolgt unter strengem Ausschluß der Männer, aber unter Beteiligung aller Nachbarsfrauen und vieler weiblicher Verwandten. Der Kontakt zwischen Männern und Frauen, die weder miteinander verwandt noch verheiratet sind, wird sorgfältig reglementiert. Die Arbeitssphären der beiden Geschlechter sind deutlich, wenn auch nicht völlig geschieden: Feldarbeit, Transport, Viehauftrieb und Einkäufe obliegen den Männern, Hausarbeit wie Kochen, Waschen, Weben und auch das Melken der Tiere den Frauen. Die alevitische Religion sieht allerdings die gemeinsame Teilnahme von Männern und Frauen an den religiösen Versammlungen vor, die heute aber kaum noch stattfinden.

Für das europäische Bewußtsein, gerade wo es sich am Ziel gesellschaftlicher Emanzipation zu orientieren meint, bietet die Segregation der Geschlechter in der islamischen Welt einen Anlaß zur Irritation, welcher die Trennung der Lebenssphären der beiden Geschlechter als Ausdruck für die fehlende Gleichberechtigung und damit Unterdrükkung der Frau erscheint. Die damit gestellten Fragen sind sehr komplex, in diesem Zusammenhang ist vor allem bedeutsam, wie diese Fragen sich den Beteiligten im Kontext wirtschaftlicher und politischer Emanzipation und der Verteidigung kultureller Identität stellen.

Eine junge Lehrerin, deren politische Auffassungen sich wie die ihrer Altersgenossen durch einen eigentümlichen Synkretismus von alevitischen und leninistischen Konzepten auszeichnet, beantwortet die Frage, ob das in den Dörfern vorherrschende Verhältnis von Mann und Frau auch Gegenstand einer revolutionären Umgestaltung sein soll, eindeutig negativ. Zwar sollten, so meint sie, junge Leute mehr Gelegenheit haben, sich vor der Ehe kennenzulernen, und auch der Einfluß der Eltern auf das Zustandekommen ehelicher Verbindungen sollte eingeschränkt werden. Aber voreheliche Enthaltsamkeit und absolute Treue beider Partner in einer lebenslangen monogamen Verbindung erscheinen ihr weiterhin als Ideale. Die europäische Libertinage, von der sie weiß, daß sie auch in den großen türkischen Städten, vor allem in der Oberschicht, Einzug gehalten hat, verurteilt sie als skandalös, bürgerlich und dekadent.

An einer Diskussion zwischen einem alten Mann und einem jungen Lehrer mag deutlich werden, daß trotz allem auch im Bereich der Geschlechterbeziehungen Veränderungen eintreten. Eine junge Frau war, wenige Wochen nach der Heirat, von ihrem Mann zur Arbeit nach Deutschland geschickt worden, ein sicher seltener und wenig typischer Vorfall. Sie hatte in der Folge den Kontakt zu ihrem Mann abgebrochen, und Nachrichten von ihr blieben aus. Aufschlußreich sind nur die Interpretationen ihres Verhaltens durch die beiden Männer. Während der Alte schwere Vorwürfe gegen ihren Mann erhob, der auf sie hätte aufpassen, sie behüten und versorgen müssen und sie gar nicht hätte nach Deutschland schicken dürfen, argumentierte der Lehrer, daß ökonomische Notwendigkeiten ihren Mann dazu gezwungen hätten, daß die Frau aber das Vertrauen, das er in sie setzte, enttäuscht habe und daher sie die Schuldige sei. Während dem ungebrochenen patriarchalischen Bewußtsein also die Verpflichtung des Mannes vordringlich erscheint und ihre Nichterfüllung kritisiert wird, führt der Gedanke formaler Gleichberechtigung und die Vorstellung eines beiderseitigen Vertrauensverhältnisses zu einer Verurteilung der Frau, wobei der Freiheit, die sie sich vermutlich nahm, jede Anerkennung versagt bleibt und als bloßes Abgleiten auf den Status einer Hure betrachtet wird.

Beide Positionen, so sehr ihre Gemeinsamkeit sie von in Europa gängigen Vorstellungen unterscheidet, gehen auch in der Frage der

Legitimität von Gewaltanwendung gegenüber Frauen auseinander. Während die traditionelle Auffassung auch eine gewaltsame, gegen den Willen eines Mädchens erfolgte Entführung noch gutheißt, weil erfahrungsgemäß derart zustandegekommene Ehen keineswegs schlechter funktionierten als andere, heißt die Auffassung der jungen Leute nur Entführungen mit Einverständnis des Mädchens gut. Meist dienen diese Entführungen dazu, den Widerstand starrköpfiger Väter, die überhöhte Forderungen nach Heiratsgut stellen, zu brechen. In zahllosen, gerade auch den alten Liedern, werden solche Entführungen als gerechtfertigte Alternativen zu den mit dem Einverständnis aller Beteiligten, also vor allem der Verwandtschaftsgruppen von Bräutigam und Braut, zustandegekommenen Ehen verherrlicht.

Heute ist die Schwierigkeit, das Heiratsgut aufzubringen, das seit einiger Zeit nicht mehr Natural- sondern Geldform hat, ein viel diskutiertes Gesprächsthema junger Männer. Sie müssen jahrelang in der Stadt arbeiten, um genügend Geld zu verdienen, mit dem sie ihre eigenen Eltern unterstützen und über das Heiratsgut auch noch den Betrieb der Eltern ihrer Braut subventionieren. Das Heiratsalter steigt, und aus Deutschland zurückgekehrte Arbeiter oder junge Männer mit einem Arbeitsplatz in der Stadt gelten als begehrteste Heiratspartner, weil sie eine Befreiung von der Plackerei landwirtschaftlicher Arbeit in Aussicht stellen können. Für junge Bauern, die von der traditionellen und selbstverständlich immer noch geltenden Arbeitsteilung der Hausproduktion zur Ehe verurteilt sind, wird die Situation immer schwieriger. Das Heiratsgut, ursprünglich eine Garantie für den zwischen zwei Verwandtschaftsgruppen geschlossenen Vertrag, der der einen Gruppe eine Frau aus der anderen überträgt und im Zusammenhang mit der Mitgift, die persönliches Eigentum der Frau bleibt, auch der Absicherung der Frau dient, wird zunehmend inflationär und bekommt immer deutlicher ökonomische Funktionen. Aber selbst bei denjenigen, die vereinzelt die Abschaffung des Heiratsguts fordern, ist das Ideal ehelicher Treue und strikter Geschlechtertrennung höchst lebendig.

Der Kampf junger Kurden für die wirtschaftliche Entwicklung ihrer Region und ihre uneingeschränkte Anerkennung für die Vorteile technischen Fortschritts, die ideologisch als revolutionäre Modernisierungsstrategie erscheint, ist mit dem Ziel einer Erhaltung und Verteidigung, nicht einer Revolutionierung traditioneller Institutionen im Bereich der Geschlechterbeziehung verknüpft. Dieser Zusammenhang könnte sich allenfalls bei ganz und gar proletarisierten und in die Städte abgewanderten Gruppen verändern. Doch deutet auch die Situation anatolischer Arbeitsemigranten in Deutschland darauf hin, daß die Auflösung der im Patriarchalismus vorgenommene Geschlechtertrennung keineswegs eine automatische Folge der kapitalistischen Warenproduktion ist.

Das Recht der Kurden auf wirtschaftliche und politische Emanzipation und die Verteidigung ihrer kulturellen Identität ernst zu nehmen, heißt auch, zur Kenntnis zu nehmen, daß ihr Recht auf ihre eigene Geschichte einschließt, daß sie von der unseren verschieden ist.

(Paul Rotkopf ist das Pseudonym eines westdeutschen Wissenschaftlers, der ein Jahr in kurdischen Dörfern lebte und lehrte und dies auch in Zukunft tun möchte.)

Bekir Yildiz

Reşo Aga

«Die Menschen im Osten sterben, weil sie leben, sie töten, um zu leben.»

Reşo Aga klopfte mit seiner kleinen Lederpeitsche auf seinen Stiefel und ging in den Hof hinein. Reşo Aga hatte drei Frauen. Er war so adlig, daß man im Dorf sagte, daß seine Familie schon seit 10, ja schon seit 20 Generationen Agas waren. Als er nun in das Zimmer eintrat, knieten seine drei Frauen nieder, und jede bemühte sich darum, ihm seine Stiefel auszuziehen. Aber nur Güllü, die mit den grünen Augen, den schwarzen Haaren und dem breiten Hintern, streckte er die Stiefel hin, damit sie ihm diese auszieht. Güllü war glücklich, daß sie ihm diese Stiefel ausziehen durfte, denn wer ihm seine Stiefel ausziehen darf, der darf mit Reşo Aga ins Bett gehen. In jener Nacht hat Reşo Aga Güllü mit ins Bett genommen.

An der Seite des großen Hofes befindet sich ein Stall. Dort gibt es acht bis zehn Esel, sechs Pferde und sechs Kamele. Alle Tiere wurden von einem Kameltreiber behütet, der im Stall neben den Tieren schläft. Spätabends wachte er durch arges Gebrüll auf. Ein Esel hatte einen anderen Esel gerochen und brüllte. Der Kameltreiber:

«Du Tier. In der Nacht kann man doch so etwas nicht machen.» Aber er konnte nicht mehr einschlafen und ging aus dem Stall in den Hof hinaus.

Die Tochter von Reşo Aga konnte noch nicht einschlafen. Schwaches Licht drang aus ihrem Zimmer, ein Strahl durchbrach die schwarze Nacht. Der Kameltreiber wollte eigentlich nicht in das Zimmer hineinschauen. «Es ist die Tochter meines Herr», sagte er zu sich. Doch der Lichtstrahl forderte ihn auf, genau in das Licht hineinzuschauen. Und plötzlich sah der Kameltreiber, daß sich die Tochter des Agas auszog. «Yahüvela» (um Gottes willen), schreit der Kameltreiber und rennt zum Stall zurück. Doch im Stall sah er, wie die Esel sich liebten. Den Kameltreiber hat dieser Zustand erregt. Plötzlich stürzte er aus dem Stall zu dem Zimmer, aus dem der Lichtstrahl leuchtete. Wenn er nicht mit offenem Munde atmen würde, wäre er vor Aufregung umgefallen und gestorben.

Reşo Agas Tochter träumte. Von einem Mann, der seine Finger auf ihre warmen Lippen gelegt hat – und sie streichelt mit einer Hand ihren Busen. Einen Mann stellt sich Reşo Agas Tochter vor, einen Mann in den Bergen, einen Mann in den Wolken, einen Mann wie ein Riese, kräftig, klug, ein Teufel, ein adliger Mann, ein Mann, der die Wände ihres Vaters sprengt.

Gerade in diesem Moment springt der Kameltreiber in ihr Zimmer.

Die Tochter von Reşo Aga war sprachlos, als sie sah, daß der Mann, der aus den Wolken herunterstürzte, der Kameltreiber war. Angst wie ein Kalb hat sie bekommen. Der Kameltreiber hat die Angst ausgenutzt, den Mund des Mädchens zugehalten, das Mädchen in den Stall gezerrt, auf ein Pferd geschnallt, ist aufgesprungen und in der Finsternis der Nacht in die Ferne geritten.

Die Sonne war aufgewacht. Reşo Aga lag müde neben Güllü. Da schlug die erste Frau gegen die Tür und schrie:

«Aga, komm schnell. Das Mädchen ist geflüchtet. Ach, welch ein Unglück.»

Reşo Aga warf die Decke weg und sprang aus dem Bett.

«Was sagst du Unglückliche? Du hast mich erschreckt.»

«Das Mädchen ist entführt, schau selbst nach.»

Zusammen rennen sie in das Zimmer des Mädchens – die Kleider lagen noch da.

«Wo ist meine Tochter?»

«Der Kameltreiber ist verschwunden und ein Pferd fehlt», sagten ihm seine Diener. Das Gesicht von Reşo Aga wird weiß. «Er ist mein Feind», schrie er bitter. «Das einzige Kind, oh, mein Kameltreiber ist nicht einmal den Kot meines Nachwuchses wert. Weib, verschwinde. Du hast meiner Tochter keine reine Milch gegeben, du bist schmutzig.»

«Was habe ich falsch gemacht, mein Aga», sagt Zeyno, die Mutter des Mädchens. «Ich weiß nichts. Hole doch dein Pferd und suche sie», murmelte sie.

Reşo Aga gibt Zeyno einen Tritt, nimmt sein Pferd und schreit: «Bis ich zurückkomme, müssen alle Türen zugesperrt bleiben, nicht einmal die Vögel, die vorbeifliegen, dürfen etwas von dieser Schande hören», sagte er.

Dann ist er die große Straße hinuntergeritten und in die weite Steppe hineingaloppiert. Hinter ihm wurden Türen und Fenster zugesperrt und verriegelt.

Reşo Aga ist mit tausenden Sorgen und Tausendfachem Haß in sein Dorf geritten. Bevor er auf dem Dorfplatz ankam, ließ er sein Pferd stehen und steigt ab. Schaum tropfte vom Maul des Pferdes auf den Boden. Reşo Aga blickte in einen Hof hinein und sah dort, daß eine Unterhose an einer Wäscheleine aufgehängt war. Für ihn mußte jede Schande auf der Erde sofort gerächt werden. Er sprang auf das Haus zu und trat voller Wut mit seinen Füßen gegen die Tür.

Drinnen saß eine Frau:

«Wer ist da?» rief sie.

Wütend schrie Reşo Aga:

«Öffne die Tür, Frau, ich bin es . . . Dein Aga Reşo!»

Die Tür öffnete sich.

«Bitte, mein Aga . . .»

«Sind meine Diener Huren geworden?»

«Um Gottes willen, mein Aga, wie kannst du so etwas fragen!»

«Welche Hure hat diese Hose aufgehängt? Wen gibt es in meinen Dörfern, der es wagt, seine Unterhosen aufzuhängen?»

Die Frau bekommt Angst, läuft hinaus und nimmt die Hose von der Leine. Genau in diesem Augenblick richtet Reşo Aga sein Gewehr gegen die Frau, zielt und schießt. Beim ersten Schuß blieb die Frau noch stehen. Bei der zweiten Kugel fällt sie auf den Boden, mit der Unterhose in den Händen . . .

Reşo Aga hatte sich noch nicht einmal nach der Frau umgeschaut, drehte sich um und geht zum nächsten Haus.

Die Bauern wurden durch die Schüsse aufgeschreckt, und sie fragen sich, was passiert ist, der Dorfplatz füllte sich.

Reşo Aga schrie jetzt vor dem Haus, vor dem er angekommen war:

«– Hey . . . Hey Hançerli Siĝo . . . Hançerli Siĝo . . .»

Kurze Zeit später kam ein Mann mit breitem Gesicht, kräftigem Schnurrbart und einem Hirtenmantel:

«Bitte, mein Aga . . .»

«Schnell, versammle alle Männer. Wir werden alle zur Bluthöhle gehen.»

«Selbstverständlich, mein Aga . . .»

«Zur Bluthöhle . . . schnell . . .»

«Zur Bluthöhle . . .»

Reşo Aga sprang auf sein Pferd und ritt zur Bluthöhle. Hançerli Siĝo hatte in der Zwischenzeit die Männer versammelt . . .

Die Bluthöhle befand sich auf dem Gipfel, nahe eines kleinen Passes. Reşo Aga ging in die Höhle hinein, und bald kam auch Hançerli Siĝo mit acht Männern:

«Selamünaleyküm . . .»

Ohne den Gruß zu beantworten, sagte Reşo Aga:

Der Hirte.

«Hançerli Siĝo», sagte er. «Paß gut auf das auf, was ich dir jetzt sage. Eines müßt ihr aber wissen. Heute ist mein schwärzester Tag. Alle Männer wirst du schicken. Die Berge werden sich verschließen. Meinen Kameltreiber und meine Tochter werdet ihr finden, selbst wenn sie sieben Stockwerke unter der Erde sich aufhalten. Und wenn du sie gefunden hast, wird der Kameltreiber sofort getötet. Aber meine Tochter möchte ich lebend zurückbekommen. Ich reite jetzt in die Stadt. Niemand darf etwas davon erfahren. Die große Welt bleibt ein Gefängnis, bis du meine Tochter gefunden hast . . . Haydi (los) . . . Und noch etwas müßt ihr wissen. Ich habe euch in dieser Bluthöhle ein Geheimnis verraten. Von dieser Minute an werdet ihr alles hören, aber nicht sprechen. Eure Augen werden wie ein Blitz alles durchleuchten!»

Hançerli Siĝo ging zu dem durch sein Schicksal wütend gewordenen Aga:

«Kühle dein Herz, mein Aga», sagte er. «Deine Ehre ist auch unsere Ehre. Wir werden sie finden, ob sie sich in einem Ameisennest oder im Ozean versteckt haben. Wir werden sie finden. Evellah . . .»

Reşo Aga:

«Los, ihr Weg soll blutig sein», sagte er.

Und die Worte, die er als Aga sagte, waren grausam . . .

Ein Tag war vergangen, eine Woche und sogar ein Monat waren vergangen. Kein Kameltreiber war zu finden, keine Tochter war zu finden.

Weder tot noch lebendig . . .
Reşo Aga trauerte mit allen seinen Verwandten. Die Männer sind nicht mehr aus den Häusern gegangen, weder ins Kaffeehaus, noch zu einem anderen Platz. Sie haben sich nicht den Bart rasiert und ihre Köpfe haben zum Boden hinuntergehangen. Die Frauen sind weder ins Bad, noch zu ihren Nachbar gegangen. Das gesamte Dorf sprach nur über das Unglück:

«Reşo Agas Tochter ist geflüchtet . . .»

«Reşo Agas Tochter, faulend ist sie geboren . . .»

«Reşo Agas Tochter hat die Ehre befleckt . . .»

«Reşo Agas Tochter ist eine Hure geworden, eine Hure ist sie geworden, die ihre Unterhose ausgezogen hat . . .»

«Was ist Reşo Aga wohl für ein Aga, der nicht einmal seinen Liebling schützen konnte . . .»

Reşo Aga ging nirgendwo mehr hin und sprach mit niemandem mehr. Aber er fühlte, was über ihn geredet wurde. Es ist gleichgültig: Ob in diesem Dorf, ob in Urfa oder in Siverek, wenn ein Mädchen weggelaufen ist, gibt es keine größere Schande. Nur warten bleibt, warten, bis man sie findet . . . Alles andere wäre sinnlos.

Wenn man auf der Gasse geht, wird man nicht gegrüßt, wenn man im Kaffeehaus sitzt, stehen die anderen sofort auf und gehen weg. Kurzum, es ist eine ansteckende Krankheit, wenn ein Mädchen weggelaufen ist . . .

Auch bei Reşo Aga war es so. Für jene Menschen, für die seine Ehrenhaftigkeit eine Sage war, war er wie eine Katze, die vor der Milch verrückt geworden war.

Bald war auch der zweite Monat vorüber. Es war am späten Nachmittag. Die Sonne blendete nicht mehr die Augen.

Reşo Aga hockte mit gekreuzten Beinen im Hof auf einem Kelim, während die Mutter des geraubten Mädchens, Zeyno, auf der Türschwelle saß. Ihre Augen sind in die weite Ferne gerichtet. Plötzlich klopfte es an das Tor. Hançerli Siĝo kam herein. Sofort eilt er zu Reşo Aga und flüstert ihm ins Ohr:

«Das Mädchen ist draußen . . .»

Reşo Aga sprang von seinem Platz auf:

«Vay! (Oh) . . . Und der Kameltreiber? . . .»

«Erschossen haben wir ihn . . .»

Reşo Aga drehte sich um:

«Bringt sie herein», sagte er, «ins Hinterzimmer.»

Das Mädchen, bedeckt mit einem Schleier, trat in den Hof ein, schaut herum und blickt zu seiner Mutter, die auf der Schwelle sitzt . . . Aber die Mutter rief nicht «meine Tochter» und kam nicht gelaufen. Warum war sie eigentlich schuldig? Der Kameltreiber hatte sie in der Nacht geraubt, und er hatte unterwegs soviel Angst, daß er das Mädchen überhaupt nicht berührt hatte.

Mutter Zeyno ging daher zu ihrer Tochter, gab ihr die Hand und brachte sie ins Hinterzimmer . . .

Zum erstenmal nach so vielen Tagen schlief sie wieder im Haus ihres Vaters. Aber alle waren lieblos und teilnahmslos . . .

Am Morgen herrschte im Haus große Aufregung. Nachrichten sind gegangen und Nachrichten gekommen. Es wurde wieder warm. In diesem Moment kam Mutter Zeyno zu ihrer Tochter. Ihre Augen waren vom vielen Weinen rot. Wenn Mutter Zeyno laut weinen könnte, wäre es nicht so schlimm. Oh, sie taumelte zwischen der Liebe zu ihrer Tochter und den Sitten . . . Dann schaute sie ihrer Tochter in die Augen. War sie nicht auch einmal 15 Jahre alt gewesen? Jugend und Angst zeichneten das Gesicht der Tochter. Ein Sieg der Angst.

Mutter Zeyno:

«Ich werde dich nichts fragen», sagte sie. «Tu nichts. Das Schicksal ist grausam. Dein Vater wird dich zum Weinberg bringen!»

Das Mädchen umarmte ihre Mutter:

«Macht das nicht», sagte sie. «Macht das nicht. Ich habe nicht gesündigt. Ich bin nicht weggelaufen. Wir sind wie Geschwister nur hin- und hergeritten. Habe Gnade mit mir!!»

Mutter Zeyno versuchte sich von ihrer Tochter zu befreien. Aber ihr Kind hielt die Ärmel mit Todesangst so fest, daß Zeyno über die Liebe ihres Kindes so erschüttert war, daß sie sie mit den Händen, die sie streicheln wollte, festhielt. Jetzt konnte sie auch laut weinen. Das schreiende Weinen flüchtete zum Zimmer hinaus und erschreckte das ganze Dorf . . .

Reşo Aga verließ zum erstenmal seit Monaten das Haus. Aber er war nicht alleine. Neben ihm stand seine Tochter. Ganz gerade ritt er auf dem Pferd, wie ein General, der als Sieger vom Krieg zurückkehrt. Seine Tochter aber hatte vor Scham ihren Kopf nach unten gesenkt. Diese Scham war der Sieg des unendlich berühmten Reşo Aga. Sie haben das Dorf verlassen, durch menschenleere Wege, an einigen Weinbergen und Gärten vorbei. Endlich erreichten sie ihren eigenen Weinberg.

Als das Mädchen noch klein war, hatte es oft dort gespielt und mit zittrigen Händen die Trauben gegessen. Neben dem Weinberg standen sechs Menschen – die wichtigsten Menschen des Stammes seiner Familie. Sie hatten ein Grab vorbereitet. Reşo Aga stieg langsam vom Pferd.

Jeder beugte seinen Kopf. Alle waren bereit, ein Opfer zu bringen, um in Ehre leben zu können. Reşo Aga zog seine Tochter, die sich wehrte, zu dem neuen Grab. Das Mädchen spürte, daß sie zwischen den vielen Menschen nicht flüchten konnte und nichts mehr unternehmen konnte. Sie konnte nichts mehr sagen . . .

Hinter ihrem Ohr explodierte eine Pistole, das Mädchen ist sofort umgefallen. Das Blut, das der Kleinen am Kleid hinunterlief, hat niemand gesehen. Als das Mädchen mit Erde zugeschüttet war, ritt sofort der beste Reiter los.

Vor dem Haus von Reşo Aga hielt er sein Pferd an. Es war der Onkel des Mädchens. Die Tür öffnete sich. Dann ist der Mann in den Hof gegangen und hat die glückliche Nachricht bekanntgegeben:

«Alles ist in Ordnung, alles ist in Ordnung», sagte er. «Gott soll sie selig machen . . .»

Plötzlich drangen aus dem Haus des Reşo Agas Schreie in die Ohren des Onkels. Zeyno, die Mutter des Mädchens, bereitete sich für neue Aufgaben vor. Sie wollte ins Bad gehen und sich die Haare mit Kina (rote Farbe der Freude) färben, weil die Ehre wiederhergestellt worden war . . .

Hanneke Garrer, Adrienne Schürenberg

Frauen in Kurdistan
Ein Bericht aus dem Leben der kurdischen Frauen

Vorbemerkung

Wir haben diesen Bericht zusammen geschrieben aus der Erfahrung, die wir beide vor drei Jahren während eines zwei Monate langen Aufenthalts im türkischen Teil Kurdistans machten. Wir waren beide in unterschiedlichen Gegenden. Wir wollen die unterschiedlichen Situationen beschreiben, weil dies für den Leser vielleicht eine Hilfe sein kann.

Adrienne war in Begleitung eines Mannes nach Kurdistan gefahren und verbrachte die ganze Zeit auf einem Dorf, das durch die Arbeitsemigration der Männer gekennzeichnet war. In dem Dorf lebten fast nur Frauen und Kinder. Von daher war Adrienne in ihrer Bewegungsfreiheit nicht eingeschränkt, sondern hatte die Möglichkeit, ohne irgendwelchen Zwang an dem Dorfgeschehen teilzunehmen.

Hanneke lebte als Frau allein in einer Familie in einer Kleinstadt. Da sie ohne Mann kam, wurde sie ganz in die Frauengemeinschaft aufgenommen und genoß deren Schutz. Sie trug ein Kopftuch und Kleider, wie es in Kurdistan üblich ist. Sie lebte dadurch auch mit allen Einschränkungen in der Bewegungsfreiheit, die den Frauen auferlegt sind.

Wir haben diesen Bericht aus unseren gemeinsamen Erfahrungen

Das Leben prägt. Eine kurdische Bäuerin aus der Gegend um Batman.

zusammengestellt, wobei wir vieles aus den Gesprächen mit den Frauen gelernt haben. Unsere Beschreibung des Frauenlebens ist ganz subjektiv. Wir wagen es nicht, in diesem Augenblick unsere Erfahrungen zu verallgemeinern.

1. Der Empfang

Ich stehe vor einem kleinen Haus mit flachem Dach. Das Haus ist aus gebranntem Lehm und Baumstämmen gebaut. Um das Haus herum ist ein kleiner Garten, rechts vom Häuschen, dicht daneben, steht ein neues Haus aus Beton. Aus dem Dach ragen noch die Träger heraus, so daß noch ein Stockwerk darauf gebaut werden kann. Es ist weit und breit das einzige Betonhaus. Als ich aus dem Taxi aussteige, kommen sofort Kinder an, ein ganzer Schwarm steht um mich herum und glotzt mich mit großen Augen an. Ich gehe durch das eiserne Tor, da kommt eine Frau aus der Tür. Ich gebe ihr einen Zettel mit einigen türkischen Sätzen und versuche ihr klarzumachen, daß ich diese Adresse von ihrem Mann in Berlin bekommen habe. Die Frau kann leider nicht lesen. Als ich mehrmals Berlin und den Namen ihres Mannes sage, kapiert sie schließlich, daß ich ihn irgendwo kennengelernt habe, küßt mich und lädt mich ein. Ich gehe durch die Tür, muß meine Schuhe ausziehen und werde auf einen Diwan gesetzt. Der Raum ist lang und schmal. An seinen beiden Enden sind Türen mit Fliegengaze, ein kühler Luftzug weht so durch die Wohnung. In dem Raum stehen zwei große Diwans, eine Tretnähmaschine, in einer Ecke ein Tisch mit einem Stuhl und ein Kühlschrank. Eine Birne baumelt von der Decke herunter . . . Drei weitere Türen, die von dem Raum ausgehen, sind geschlossen. Später erfahre ich, daß sich dahinter das Gästezimmer und die Schlafzimmer der Eheleute und der Schwiegermutter befinden. Dann gibt's noch einen offenen Zugang zu einem Raum, in dem ich die Küche vermute. Eine große Menge Menschen versammelt sich in dem Raum. Kinder kommen nah an mich heran und versuchen heimlich, meine nackten Arme zu streicheln. Alle reden durcheinander, ganz laut. Ich kann nur sitzen und nichts sagen. Neben mir sitzt die Frau des Hauses, einen Arm um mich gelegt und lächelt mich manchmal ermutigend an, so empfinde ich das wenigstens. Ich kriege mit, daß ein Dolmetscher geholt wird. Ich möchte mich selber auch gern verständigen, und da das so nicht geht, bin ich recht froh, als endlich ein älterer Mann kommt. Er spricht mich in gebrochenem Englisch an, erklärt zuerst mal, wer und was er ist. Er hat jahrelang Englisch bei arabischen Kindern unterrichtet und kann ganz gut Arabisch sprechen, was er dann auch mindestens zehn Minuten lang vorführt und wovon ich natürlich nichts verstehe. Er erklärt mir dann, daß ich überhaupt nicht gut Englisch spreche, kein Stück Grammatik kenne. Ich lasse alles über mich ergehen und bitte ihn doch mal zu übersetzen, wer ich bin und daß ich ein paar Tage hier bleiben will. Als alles übersetzt ist, werde ich nochmals mit Fragen überhäuft:

Woher ich den Hausherrn kenne, wie alt ich bin, ob ich verheiratet bin, wo meine Eltern wohnen usw. Mir wird erklärt, daß der Mann beim Militär ist und noch lange nicht nach Hause kommt. Die Frau sagt mir, daß sie Nurhan heißt und daß ich bei ihr bleiben soll. Die meisten älteren Besucher und Neugierigen ziehen jetzt ab, beruhigt oder enttäuscht. Es bleiben jedoch noch mindestens fünfzehn Personen im Raum, alles Frauen und Kinder, die immer über mich diskutieren. Nach tagelangem Tuscheln über mein eventuelles Verhältnis zum Hausherrn in Berlin werde ich mich soweit verständigen können, um klarzumachen, daß zwischen uns nichts war, und dann sind die Frauen beruhigt und das geheimnisvolle Reden hört auf.

Die Frauen beschließen Essen zu machen. Ein paar Frauen fangen mit Vorbereitungen in der Küche an. Nurhan deutet mir an, daß ich mich waschen soll. Ich nicke zustimmend. Sie begleitet mich durch den Küchenraum in einen kleinen Waschraum. Da kommt aus einem kleinen Rohr Wasser aus der Wand heraus, an der anderen Ecke ist ein Klo eingebaut, ein Loch, davor zwei Fußtritte, daneben steht eine Art Badeofen. Ich wasche meine Hände mit grüner Haushaltsseife und dem frischen Wasser. Der Baderaum ist voller Frauen und Kinder, die mich neugierig angucken. Nurhan deutet mir an, daß das nicht genug ist, ich soll mich ganz waschen. Ich bin ein bißchen geniert, als sie anfängt, mich auszukleiden. Ich ziehe die Bluse aus, auch das reicht nicht, ganz nackt soll ich sein. Als ich nackt und ein bißchen schüchtern dastehe, streichelt Nurhan mir über die Arme und findet meine haarlosen Arme ganz schön. Sie zeigt ihre Arme, die reichlich behaart sind, und sagt: «Nicht gut, pis, pis.» Dann faßt sie mich ganz unbefangen an die Brust und bewundert sie. Jetzt fängt das Waschen an. Mit einer Karaffe wird eiskaltes Wasser über mich gegossen. Nurhan wäscht mir den Rücken, mit Haushaltsseife und einem selbstgestrickten Waschlappen. Meine Haare werden nicht gewaschen, aber die Frauen pflücken wohl in meiner Frisur herum und haben sofort entdeckt, daß meine Haare mit Henna gefärbt sind. Nurhan und ich werden uns in Zukunft noch vielmals gegenseitig waschen, allerdings ohne so viele Zuschauer. Ich werde von Nurhan und einem großen Mädchen abgetrocknet.

Inzwischen riecht es wunderbar. Wir gehen auf die Veranda, wo wir ein riesiges Festmahl genießen: Reis, gefüllte Auberginen, gefüllte Tomaten, eine Fleischsuppe und viel Brot, Wasser und als Nachspeise Melonen und Weintrauben. Nurhan versucht mit mir zu reden, was mit Hilfe von Zeichensprache einigermaßen geht. Die älteren Frauen sitzen noch auf der Terrasse, schauen uns zu und schütteln dauernd den Kopf. Nach dem Essen, abgewaschen wird von einem Nachbarsmädchen, setzen wir uns wieder in den Innenraum. Die Nähmaschine wird jetzt mitten in den Raum geschoben, und Nurhans Schwiegermutter fängt an, für ihre Kunden zu nähen. Nurhan macht Tee, setzt sich neben mich, umarmt mich dann und schaut mich strahlend an. Es kommen viele Frauen zu Besuch, die mich dann fragen, wie ich heiße, wie alt ich bin, ob ich verheiratet bin, wie meine Eltern heißen und ob ich viele Geschwister habe. Nurhan ist riesig stolz und kennt meine ganze Familie schon auswendig. Sie beantwortet stolz alle Fragen. Frauen mit Stoff kommen, wahrscheinlich unter dem Vorwand, ein Kleid machen zu lassen, in Wirklichkeit aber, um die Ausländerin anzugucken. Ich muß in den ersten Tagen meines Aufenthalts im Haus eine riesige Kundschaft für die Schwiegermutter angezogen haben. So geht es auch am Abend. Immer wieder kommen neue Leute und schauen mich an. Ich habe mit der Nachbarstochter, die einige Wörter Englisch spricht, verabredet, daß ich ihr Englisch beibringe, dafür muß sie mir kurdische Wörter beibringen. Abends, als ich in dem dafür freigemachten Ehebett liege, setzt sich Nurhan auf das Bett mit den Bildern von ihrer Familie. Sie erzählt mir an Hand der Bilder, wie und wann sie geheiratet hat, daß ihre Eltern gestorben sind. Sie ist nicht glücklich in der Ehe, aber sie hat keine Mutter mehr, zu der sie zurückgehen kann, also muß sie weiter diese Ehe fortführen. Sie hat drei Kinder und will keine mehr bekommen: aber das geht nur insgeheim. Sie erzählt, daß sie sich einmal im Monat eine Spritze vom Arzt holt, ihre Schwiegermutter darf das nicht wissen. Da sie von ihrem Mann kein Geld bekommt, ist sie darauf angewiesen, von der Familie unterstützt zu werden. Das bedeutet für Nurhan immer so etwas wie Betteln. Die Schwiegermutter lebt im Haus, aber Nurhan bekommt für sie kein Geld. Die Schwiegermutter ist nicht nett, sagt Nurhan. Der Mann ist von ihr weggegangen, weil sie so schlecht ist, und jetzt macht sie mir, der Schwiegertochter, noch die Hölle heiß. So erzählt sie lange, fragt mich aber auch viel. Wir verstehen uns prima mit unserer Zeichensprache, und es ist spät, als wir uns hinlegen und sie mich vor dem Einschlafen nochmals umarmt und mir «Schwesterchen» zuflüstert.

Dieser erste Tag zeigt, wie warm und herzlich die Begrüßung in der Kleinstadt war. Im Dorf ist es nicht anders. Die Frauen umarmten und küßten die neuangekommene Frau gleich bei ihrer ersten Begegnung. Sie wurde in das Haus gezogen, auf den Diwan gesetzt und gestreichelt. Diese Spontaneität und Herzlichkeit bei der Begrüßung fanden wir beide sehr schön. Wir waren überrascht, daß wir nicht als Fremde, die wir für die Frauen ja eigentlich waren, behandelt und nicht förmlich begrüßt wurden.

Diese Frauen gaben uns von Anfang das Gefühl von Zuneigung, das einfach dadurch entstand, daß wir auch Frauen waren. Diese Liebe und

Vertrautheit hat sich dann in der Zeit, wo wir bei den Frauen gelebt haben, weiter vertieft.

Der erste Badetag an einem Nachmittag. Nüriye badet mich. Auf einem großen Feuer im Kamin steht ein riesiger Kupferkessel mit Wasser. Die Küche ist dunkel und voller Dampf. Nur durch das Fensterloch in der Decke und durch den Feuerschein wird sie schwach beleuchtet. Ich muß mich auf einen niedrigen Hocker in das Becken setzen, das eigentlich nur aus einem Abfluß und einer kleinen Zementumrandung besteht. Am Boden kauernd, werde ich von Nüriye begossen und abgeschrubbt. Sie seift mich ein und holt wieder frisches Wasser, um mich von neuem zu übergießen. Alles ist sanft und selbstverständlich. Sie hat keine Hemmungen, mich anzufassen, und schaut mich von oben bis unten genau an. Unbefangen faßt sie mir an die Brüste, wundert sich, daß sie fest sind, und sagt gleich sachverständig: «Keine Kinder.» Sie staunt und lacht über meine Schamhaare. Schließlich wühlt sie unter ihren Röcken und zeigt mir, daß sie sich alle Schamhaare abrasiert hat und sagt: Sauber! Sie kann gar nicht verstehen, daß sich in Deutschland die Frauen nicht die Schamhaare rasieren, was für sie als schmutzig gilt. Sie kneift mir leicht in die Schenkel und den Bauch. Auch meine weiße Haut ruft Bewunderung hervor. Dicksein und weiße Haut haben ist hier ein Schönheitsideal und das Zeichen für Reichtum.

Die Unbefangenheit und offene Neugierde bringen mich immer wieder zum Staunen und vertreiben mir meine anfängliche Befangenheit. Nicht nur ich werde so gebadet. Als ich einmal zu Arife in die Scheune kam, nahm sie gerade mit ihrer Nachbarin ein Bad. Ich solle ruhig reinkommen, es waren noch eine andere Nachbarsfrau und Kinder da. Arife und die Nachbarin wuschen sich gegenseitig die Haare und färbten sie anschließend mit Henna. Ausdauernd und liebevoll kämmten sie sich die langen Haare, rieben das Henna hinein und flochten sie zu langen Zöpfen. Dabei führten sie «kosmetische Gespräche»: wer die schönste und weißeste Haut hat und mit welcher Seife man am besten die Haare wäscht.

Immer wieder fiel uns auf, was für ein warmes und zärtliches Verhältnis diese Frauen zueinander haben. Frei von der Scheu, sich gegenseitig anzufassen und zu streicheln. Es war auch ganz natürlich, daß sie über ihren Körper und auch ihre Geschlechtsteile sprachen und Witze machten. Sie hatten eine offene und direkte Art, in der sie einfach das, was sie gerade dachten, aussprachen und sich darüber belustigten. Uns hat dabei imponiert, was für ein positives und selbstbewußtes Verhältnis sie zu ihrem eigenen Körper und ihrem Geschlecht hatten, daß sie stolz darauf waren und sich die intimsten Stellen zeigten.

«Wenn die Türken kommen, ziehen wir den Schleier über unser Gesicht.»

2. Grüne Haushaltsseife

Ich wohne jetzt seit drei Tagen bei Nurhan, und wir haben verabredet, daß ich jetzt nicht mehr Gast bin, sondern ich werde ihr im Haushalt helfen. Nurhan sagt, daß es unmöglich ist, daß ich bei der Arbeit in und um das Haus helfe, ihre Schwiegermutter wird sie ewig beschimpfen und es ihrem Mann erzählen, und dieser wird sie deswegen schlagen. Ich erkläre dann nochmals allen in der Familie, daß ich nicht als Tourist gekommen bin, sondern gerne das Leben einer kurdischen Frau kennenlernen will, und daß für mich dies nur möglich ist, wenn ich genauso wie alle kurdischen Frauen eine bestimmte Aufgabe zu erledigen habe. Ich sehe, daß das alle Frauen komisch finden, aber es bleibt ihnen nichts anderes übrig, als mich zu akzeptieren. Wegschicken können sie mich auch nicht, sie wollen, daß ich bleibe. An den nächsten Abenden höre ich scharfe Auseinandersetzungen zwischen Nurhan und ihrer Schwiegermutter. Sie wird tatsächlich beschimpft wegen der Tatsache, daß ich im Haushalt mitarbeite. Ich will mit der Schwiegermutter reden, aber Nurhan verbietet es mir. Ich schreibe schließlich einen Brief an Nurhans Mann, erkläre nochmals die Situation und sage, daß ich sehr zufrieden bin. Ich kann jetzt nur hoffen, daß er seine Frau nicht zu sehr verprügelt.

So allmählich habe ich einen festen Rhythmus entwickelt. Wir stehen um halb sieben morgens auf. Die Schwiegermutter schläft in einem geblümten Nachthemd, das sie vor dem Frühstück gegen ihre Tageskleidung austauscht. Nurhan und ich schlafen meistens in den gleichen Kleidern, die wir am Tage anhaben. Selten ziehen wir ein Nachthemd an, nur wenn wir die andere Kleidung gewaschen haben und sie nachts trocknen muß. Auch die Kinder schlafen in der Tageskleidung und werden nur irgendwann am Tag in andere Kleidung gesteckt und gewaschen. Wir Frauen waschen uns einmal in der Woche ausführlich und jeden Tag, wenn wir unsere Periode haben. Sonst werden nur Kopf und Hände gut gewaschen.

Als erstes muß ich das ganze Haus mit Wasser saubermachen. Nurhan sprüht es mit einem Wasserschlauch aus dem Garten aus, und ich fege mit einem Handfeger aus zusammengebundenen Zweigen das Wasser samt Dreck aus dem Haus. Anfangs habe ich große Schwierigkeiten mit dem Fegen. Das Fegen geschieht anders als bei uns: vom Körper weg aus dem Handgelenk. Ich habe daher auch dauernd Schmerzen im rechten Arm. Nach der Wasserreinigung ist das Haus angenehm kühl und feucht. Jetzt wird Tee gemacht. Alles in der Küche geschieht auf dem Boden. Auf einer Gasflamme kochen wir den Tee. Wir essen draußen auf der Veranda. Auf einem großen Tablett tragen wir Teegläser, Teekanne, Brot und die flüssige Marmelade hinaus. Wir Frauen und Kinder setzen uns draußen hin, und es wird gefrühstückt. Abi, der alte Onkel, setzt sich ausnahmsweise dazu und trinkt einen Tee mit uns. Wir trinken viel Tee, teilen das Brot, und jeder steckt sein Brot in die Schüssel mit Marmelade. Die Kinder bekommen ein kleines Schälchen mit Marmelade. Wir frühstücken lange, es ist jetzt noch nicht so warm auf der Veranda, und es weht ein angenehmer Wind.

Nach dem Frühstück werden die schmutzigen Sachen in eine große Schüssel zu dem Wasserhahn im Garten getragen, ich wasche jetzt ab. Dazu brauche ich kein warmes Wasser. Ich seife die einzelnen Teile mit grüner Haushaltsseife ein, benütze dazu einen zusammengenähten Nylonstrumpf. Nachher wird alles mit viel kaltem Wasser abgewaschen und entweder in die Sonne gestellt oder mit einem Tuch abgetrocknet. Ich mache dies wie alle anderen Arbeiten auch am Boden in der tiefen Hocke. Ich habe in den ersten Tagen viel Muskelkater in den Beinen. Das Abwaschen wird, wie jede Arbeit, ganz langsam verrichtet. Nurhan hat inzwischen die Wäsche und die Windeln in warmem Wasser eingeweicht und fängt an zu waschen. Alle Kleidungsstücke werden immer wieder mit der grünen Haushaltsseife eingerieben und ausführlich geschrubbt. Anschließend wird mit viel kaltem Wasser gespült, und dann hängt sie die Stücke im Garten auf eine Leine.

Ich habe inzwischen das Geschirr in der Küche sauber in das Regal

gestellt, und wir beratschlagen, was wir zum Mittagessen kochen wollen. Wir essen selten Fleisch, es ist zu teuer. Meistens wird Reis gekocht mit einer Gemüsesoße. Wir setzen uns mit einem großen Tablett Reis auf die Veranda und sortieren die schlechten Körner und das Ungeziefer aus. Die Kinder spielen im Garten mit den Kindern vom Nachbarn. Nurhans Schwester kommt vorbei und fragt, ob wir nachmittags zu ihr kommen, die Tante komme auch. Sie schaut, was wir kochen, erzählt von den Kindern und schimpft auf den Mann. Von dem Nachbarn kommt die älteste Tochter und flüstert mir die letzten englischen Wörter ins Ohr, die ich ihr gestern im Tausch gegen kurdische Wörter beigebracht habe. Ein Mann mit Melonen kommt vorbei, und wir gehen auf die Straße und suchen uns die schönsten Früchte aus. Jetzt geht's los. Nurhan handelt und feilscht, und es macht dem Kaufmann sichtbar Spaß, obwohl er so tut, als ob er furchtbar böse ist, weil der Endbetrag viel zu niedrig ist.

Wir waschen den Reis gründlich und gehen in die Küche. Wir kochen zuerst den Reis, der in einer Decke warm gehalten wird, und machen anschießend eine Gemüsesoße, die hauptsächlich aus geschmorten Tomaten besteht. Zum Schluß werden noch zwei Eier dazugeschlagen. Nurhans Schwester hat ihre älteste Tochter zu uns geschickt mit einem Teller voll mit Reis gefüllten Auberginen. Wir setzen uns auf die Terrasse und essen Reis, Soße, Auberginen und Brot. Dann trinken wir von dem eisgekühlten klaren Wasser. Zum Schluß essen wir Weintrauben aus dem Garten. Die Schwiegermutter ißt nicht mit uns, sie ist bei den Nachbarn ihrer Nichte eingeladen. Dort essen sie viel Fleisch. «Die sind ganz reich», erzählt Nurhan nicht ohne Gehässigkeit in der Stimme. Ihre Schwiegermutter ist auch reich, sie näht den ganzen Tag für andere Frauen. Das Geld behält sie alles selber, nichts gibt sie ab. Sie spart für eine Reise nach Mekka. Sie ist die einzige im Haus, die regelmäßig betet, «aber teuflisch ist sie trotzdem», fügt Nurhan hinzu. Sie kann nicht gut mit ihrer Schwiegermutter auskommen, fast keine Frau, der ich begegnet bin, kann mit ihrer Schwiegermutter auskommen.

Nach dem Essen waschen wir die Hände mit fließendem Wasser aus dem Garten und reiben unsere Lippen und Zähne mit Wasser ab.

Ich wasche das Geschirr vom Mittagessen ab, die Töpfe scheuere ich mit Sand aus dem Garten. Wir legen uns kurz hin und gehen anschließend zu Nurhans Schwester. Sie hat sechs Kinder, mit unseren drei und den Kindern vom Nachbarn ist es ein riesiges Gewimmel auf die Terrasse. Die kleinen Kinder werden zunächst in den Garten gescheucht. Wir setzen uns auf der Terrasse, die größeren Mädchen setzen sich zu uns. In der Ecke hängt das Baby in Tücher gewickelt zwischen zwei Pfeilern und wird von einem Mädchen sanft geschaukelt. Nurhans Schwester hat ein bißchen Kaffee gekauft, und wir trinken aus den kleinen Tassen Kaffee – ein seltener Genuß. Anschließend werden die Tassen umgedreht auf den Teller gesetzt, und nach einiger Zeit hat sich auf der Innenseite der Tasse ein Muster aus Kaffeesatz gebildet. Jetzt geht's los. Die Tante ist am besten im Phantasieren. Es werden wunderbare Reisen in dem Braun des Kaffeesatzes entdeckt, natürlich bekomme ich einen wunderhübschen Kurden zum Mann und viele Kinder prophezeit. Es ist alles sehr aufregend, und vor allem die älteren Mädchen sind ganz dabei. Die Frauen vom Nachbarhaus kommen rüber, sie haben ihre Handarbeiten mitgebracht. Sie häkeln die Perlenränder für die dünnen weißen Voile-Kopftücher. Die Tante bewegt unaufhörlich ihre Spindel, wir stricken Strümpfe für die Kinder. Wir reden viel über Kinder, über die Männer, über Kleidung. Als ein Verkäufer mit Stoffen vorbeikommt, gehen wir alle hin und bewundern die letzten bunten Muster der Kunststoffe. Es entstehen keine tollen Diskussionen. Aber immer wieder fragen die Frauen mich aus, wie das, was sie beschäftigt, in Deutschland gemacht wird. Sie finden manches, was ich vor allem über Kindererziehung erzähle, komisch. Die Frauen sind sehr neugierig, wie das mit dem Kinderkriegen in Deutschland ist. Fast alle Frauen leiden sehr unter dem Druck, viele Kinder gebären zu müssen, können sich aber nicht wehren.

Gegen sechs Uhr gehen wir wieder nach Hause und machen das Abendessen fertig. Wir kochen wieder. Diesmal machen wir Weizengrütze mit kleinen Nudeln drin und wieder eine Tomatensoße. Wir essen es mit Brot zusammen und sitzen dabei auf der Veranda.

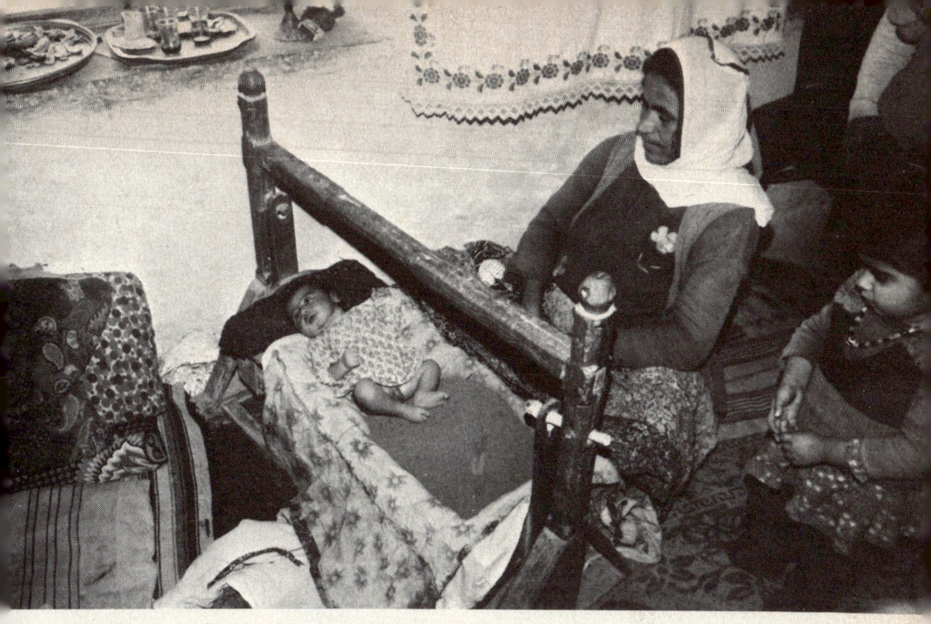

Die Chancen für das Kind, überleben zu können, stehen statistisch 1:50. Säuglingssterblichkeit in Türkisch-Kurdistan: 50 %.

Ich wasche nach dem Essen ab, die Kinder spielen im Garten.

Später am Abend kommen Nachbarn und eine Tante mit Onkel und den Kindern zu uns. Ich mache Tee in der Küche und serviere ihn auf der Terrasse. Die Frauen handarbeiten, solange es hell ist, wenn es dunkel wird, zünden wir eine Petroleumlampe an. Zwei alte Männer erzählen Geschichten und schaukeln dabei ihre Enkelkinder. Ein Großvater dreht seinem fünfjährigen Enkelkind eine Zigarette. Er läßt den Jungen daran ziehen und genießt es. Die kleinen Kinder schlafen auf dem Schoß der Mütter ein, die größeren holen ihre dünnen Matratzen und legen sich in eine Ecke. Gegen halb zwölf gehen die letzten Gäste weg. Wir räumen die Teegläser zusammen, decken die Kinder mit Tüchern zu und legen uns selber auch auf die Matte auf dem Boden des Schlafzimmers. Ein Tag im Leben einer kurdischen Frau ist vorbei.

3. Die Arbeit im Dorf lastet auf dem Rücken der Frauen

Im Dorf D. konnte keine Familie mehr allein von ihrer Arbeit auf dem Land und von der Viehwirtschaft leben. Auf Grund der Boden- und Klimaverhältnisse konnte auf den Feldern nur Weizen und Viehfutter angebaut werden, in den wenigen Gärten wuchsen nur Klee, Mais und

Kartoffeln. Die Erträge waren meist gering und deckten häufig nicht den Bedarf einer Familie an Mehl und Futter für die Schafe und Ziegen während des Winters. Alles andere – Gemüse, Obst, Salz, Tee und andere Lebensmittel – mußte in der nahe liegenden Kreisstadt auf dem Markt gekauft werden.

Daher bestand für die Männer des Dorfes der Zwang zum Geldverdienen und damit zur Emigration. In fast jeder Familie arbeitet mittlerweile der Mann außerhalb des Dorfes, entweder in den Großstädten der Türkei oder im Ausland. Frauen, deren Männer gestorben sind, sind auf den ältesten Sohn angewiesen. Er wird möglichst früh verheiratet, damit er irgendwo in der Türkei arbeiten kann, um ihr Geld zu schicken.

Im Dorf leben nur die Jungen bis vierzehn, fünfzehn Jahre, die meistens die Tiere hüten, und die alten Männer. Einige jüngere Männer, die mit ihrem in der Emigration verdienten Geld Maschinen, wie etwa Traktoren und Dreschmaschinen, kauften, verdienen damit im Dorf ihr Geld. Zumindest im Sommer bestimmen Frauen und Kinder das Leben und die Arbeit im Dorf. Die Frauen machen die gesamte Landarbeit, nur auf dem Dreschplatz helfen die älteren Männer mit, und die jüngeren bedienen für hohe Stundenlöhne die Maschinen. Auch auf der Sommerweide, wo während des Sommers in den Bergen die Tiere geweidet werden, arbeiten nur Frauen. Sie verarbeiten die Schafsmilch zu Käse und Butter für den Winter. Im Sommer, zur Erntezeit, ziehen die Frauen morgens um sechs Uhr aufs Feld. Frauen mit kleinen Kindern haben eine Wiege, in der das Kind angebunden schläft, mit einem Strick über den Rücken gehängt. Die Wiege wird am Rand des Feldes abgestellt, und immer wenn ein Kind schreit, wird es von der Mutter gestillt. Mit Sicheln schneiden die Frauen den meist nur zwanzig Zentimeter hohen Weizen, eine schwere Arbeit in sengender Hitze. Ab und zu werden Pausen gemacht. Da wird viel gequatscht und Brot mit Käse gegessen, und trotz der Hitze und Anstrengung geht es dabei immer sehr lustig zu. Viele Frauen bleiben auch mittags auf den Feldern, die oft weit vom Dorf entfernt liegen. Erst wenn es dunkel wird, um neun Uhr, kommen sie wieder ins Dorf zurück. Dann beginnt für viele von ihnen die Arbeit im Haus: Die Tiere werden gemolken und versorgt, der Brotteig wird geknetet, das Essen wird gekocht, und die Wäsche muß gewaschen werden. Die Männer sehen es als selbstverständlich an, daß die Frauen neben diesen Arbeiten im Haus das Getreide ernten, was früher in erster Linie Männerarbeit war. Sie schnitten das Korn auch noch mit Sensen, nicht mit Sicheln.

Ali hat zwei Monate lang Urlaub und ist im Dorf. Seine Frau wäscht abends um zehn Uhr Wäsche, nach einem langen Tag Feldarbeit. Ali hat sich ausgeruht, geschlafen, ist spazierengegangen. Darauf angesprochen, daß die Frau hier sehr viel arbeiten muß, auf dem Feld, im Stall, im Haus und auch noch die Kinder versorgen, meint er, seine Frau arbeite nur

Fehlende Mechanisierung: geringe Ernteerträge, Schulden, Emigration.

zwei Monate im Jahr, er aber arbeite das ganze Jahr über. Tiere versorgen, Brot backen, Yoghurt und Käse machen, Teppiche weben . . . diese Handarbeit wird von den Männern gar nicht als Arbeit betrachtet, einfach weil sie kein Geld einbringt.

Nicht alle Frauen arbeiten auf dem Feld. Durch die Arbeitsemigration der Männer kam es zu einer allmählichen Umverteilung des ohnehin schon verhältnismäßig wenigen und nicht sonderlich fruchtbaren Landes. Nach dem Kurdenaufstand waren die fruchtbarsten Felder in der Ebene durch die türkische Regierung enteignet worden und den in der Kreisstadt neuangesiedelten türkischen Bauern übergeben worden. Familien, die ganz aus dem Dorf abwanderten, verkauften ihr Land, sofern sie überhaupt welches besaßen, und andere, die in der Emigration viel Geld verdient hatten, kauften Felder hinzu. So arbeiten die Frauen, je nach Landbesitz und materiellen Verhältnissen der Familie, mehr oder weniger bei der Ernte auf dem Feld mit. Einige Frauen, die nur wenig Land haben, verdingen sich als Lohnarbeiterinnen auf den Feldern der Reichen. Frauen aus begüterten Familien arbeiten selbst überhaupt nicht auf dem Feld, sondern bringen nur das Essen und den Tee zur Mittagspause. Viele Frauen helfen sich gegenseitig bei der Feldarbeit, so werden erst die Felder der einen Familie, dann die der anderen Familie abgeerntet. Diese Hilfe findet jedoch meist nur unter benachbarten oder verwandten Familien statt.

Nachdem der Weizen mit Ochsenkarren ins Dorf gebracht worden ist, beginnt die Arbeit auf den Dreschplätzen, die meistens auf den Dächern der terrassenförmig an den Hang gebauten Häuser liegen. Auf dem Dreschplatz geht es entweder geruhsam oder aber hektisch zu, was abhängig ist von der finanziellen Lage der Familie. Arme Familien haben kein Geld für Traktor und Dreschmaschinen; hier stehen die Frauen mehrere Tage auf dem Dreschschlitten, der von einem Ochsen gezogen wird. Wenn die Männer da sind, übernehmen sie diese Arbeiten, ab und zu werden sie von einem Sohn oder dem Großvater abgelöst. Reichere Familien bezahlen den Preis für die Miete des Traktors, der Dreschmaschine und der Arbeit des Traktorbesitzers. Da das alles viel Geld kostet, muß schnell gearbeitet werden. Alle verfügbaren Arbeitskräfte müssen mithelfen, auch die Kinder. Oft werden die Nächte durchgearbeitet: eine fieberhafte Schaufelei, denn das gedroschene Korn muß so schnell, wie es die Maschine ausspuckt, zur Seite geschaufelt werden. Die Frauen sind bei der Arbeit völlig vermummt, den Kopf in ein großes Tuch eingewikkelt, eine Scheißarbeit, weil überall das kleingehäckselte Stroh herumfliegt, der Staub dringt in Augen, Ohren und Nase, alles juckt und brennt.

In den darauffolgenden Tagen muß die Spreu vom Weizen getrennt werden. Das wird meistens mit der Worfelmaschine gemacht, die manuell betrieben wird. Einige Frauen machen das auch ohne Maschine, indem sie den Weizen gegen den Wind in die Luft werfen, so daß der Wind die Spreu wegweht und die Körner zu Boden fallen. Die Frauen füllen den Weizen in Säcke, fegen das Stroh zusammen, bringen es in die Ställe und schleppen die Getreidesäcke ins Haus.

Mehrere Tage lang sind die Frauen damit beschäftigt, unten am Bach den Weizen zu waschen. Das Bachwasser wird in ein Becken geleitet, in das der Weizen hineingeworfen wird. Die leichteren Stroh- und Unkrautreste werden mit dem fließenden Wasser weggespült, während der schwere Weizen auf den Grund sinkt. Hier arbeiten immer mehrere Frauen zusammen und helfen sich gegenseitig, da das Waschen mit die unangenehmste und anstrengendste Arbeit ist. Die Frauen müssen stundenlang in gebückter Haltung im Wasser stehen, die Säcke ausschütten, immer wieder den Weizen mit den Händen auflockern und ihn dann mit großen Sieben am Ende des Beckens auffangen. Dabei sind die Kleider der Frauen völlig durchnäßt. Abends nach der Arbeit beim Tee sind die Frauen kaputt und durchgefroren. Es ist kein Wunder, daß viele der Frauen unter Rheuma leiden.

Durch diese harten Arbeiten sind die Frauen auch verhältnismäßig stark. Viele waren dünn und sehnig und hatten auf dem Rücken und Armen dicke Muskeln, was jedoch unter mehreren Röcken, Jacken und Tüchern verborgen blieb.

In den darauffolgenden Tagen haben die Frauen etwas Zeit zum Ausruhen. Der Weizen wird auf den Dächern auf Kelims zum Trocknen ausgebreitet. Dabei hocken die Frauen zu zweit, dritt und viert daneben, um aufzupassen, daß die Hühner – und besonders die Hühner des Nachbarn – sich nicht an den Weizen wagen. Dabei tratschen sie und erzählen über den letzten Streit im Dorf oder eine mögliche Hochzeit. Und ehe sie sich versehen, picken die Hühner fröhlich den Weizen, und es gibt Krach und Gezeter, weil eine mit Steinen nach den Hühnern der anderen wirft.

Bei der Fahrt mit dem Traktor zur Mühle in die Kreisstadt muß ein alter Mann oder wenigstens ein Sohn mitfahren, weil es für die Frauen eine Schande ist, allein in die Kreisstadt zu fahren. Doch die Verhandlung mit dem türkischen Mühlenbesitzer über den Preis des Mahlens führt die Frau. Sie ist sauer über den hohen Preis, legt sich mit ihm an und brüllt ihm entgegen, daß sie wenig Geld hat, das perlt aber alles an seiner blasierten Miene ab. Alle Frauen fluchen auf den Mühlenbesitzer, den Türken. Ganz anders in der Bäckerei, wo anschließend noch ein Sack Fabrikmehl gekauft wird, um das eigene Mehl weißer zu machen. Die Bäcker sind Kurden. Hier verhalten sich die Frauen total anders, unterhalten sich mit ihnen und benehmen sich gelöst und frei wie im Dorf.

Wenn die Ernte endlich zu Ende ist, die Seitenfächer des großen Vorratsschrankes in der Küche mit Mehl und der Stall mit Stroh- und Viehfutter gefüllt sind, werden die Vorbereitungen für den Winter getroffen.

An einem Mittwoch – dem Markttag – laufe ich mit den Frauen über die Felder und Hügel in die Kreisstadt, in der die Wintervorräte an Gemüse gekauft werden. Bevor man die ersten Häuser sehen kann, hüllen sich die Frauen in große schwarze Tücher, die Gesicht, Körper und Arme unter einem großen schwarzen Geflatter verbergen. Sie erklären mir: Dort, wo Türken wohnen, verhüllt sich die kurdische Frau, damit sie sie nicht betrachten können. Als erstes geht's in den Laden der Vilmaz-Sippe. Dies ist ein sicherer Ort für die Frauen, weil er Verwandten aus dem Dorf gehört. Hier fühlen sie sich vor Türken sicher und lassen ihre Tücher fallen. Frauen, die schon auf dem Markt waren, geben Tips, was heute besonders günstig oder aber teuer ist.

Mit Yildis dann auf dem Markt wird erst mal alles genau verglichen, Preise und Güte des Gemüses. Grüne Bohnen müssen als Vorrat für den Winter gekauft werden. Die Bohnen sind heute gerade billig, darüber reden alle den ganzen Vormittag. Auf dem Markt kann ich viele Frauen erst gar nicht erkennen, weil sie so verhüllt und vermummt sind. Erst wenn sie herankommen und mit Yildis über die Preise tuscheln, erkenne ich sie wieder. Yildis kauft Riesensäcke voll Bohnen und Paprika. Sofort nach dem Kauf eilen wir in den Laden des befreundeten kurdischen Schusters. Von hier aus huscht Yildis noch mal schnell zu den Obstständen, um Kartoffeln, Weintrauben und Pfirsiche zu kaufen. Es wird genau überlegt, was gekauft wird, jeder Lira ist eingeplant. Obst ist sehr teuer, so bekommt jedes Kind nur einen Pfirsich mitgebracht. Obst und Gemüse sind gekauft, nun geht es wieder in den Krämerladen, wo Şitran, Şahanem und Tezere schon in der hintersten Ecke hocken und über die Preise quatschen. Die Frauen kaufen nur Obst und Gemüse, weil sie hier sorgfältig auswählen müssen. Alle übrigen Käufe werden von «Boten» getan, den Kindern. Die bekommen mal zwei, mal fünf Lira in die Hand gedrückt und werden in die verschiedensten Richtungen geschickt, um das Gewünschte zum billigsten Preis zu kaufen. Dann wird erst mal alles begutachtet, von der einzelnen Sicherheitsnadel über den Bindfaden bis zur Waschseife. Und vielleicht entschließt sich dann doch noch eine Frau zum Kauf, und wieder müssen die Kinder flitzen. So hocken in den kurdischen Läden die Frauen der jeweiligen Sippe in der hintersten Ecke, vor den Blicken der Männer auf der Straße und im Laden geschützt, draußen sieht man fast nur Männer und zwischendrin die Kinder, die wie an unsichtbaren Zugschnüren ihrer Mütter die Einkäufe erledigen. Auf dem Gemüsemarkt habe ich auch gelernt, was Schande ist: Ich konnte mich nicht zurückhalten, eine leckere Weintraube zu essen. Dies erregte Anstoß bei den Frauen, weil es als größte Schmach gilt, vor Männern in der Öffentlichkeit, und noch dazu vor Türken, zu essen.

Wieder im Dorf, werden die Bohnen gesäubert, gebrochen und auf Kelims in der Sonne zum Trocknen ausgebreitet. Paprikaschoten werden geschnitten, sorgfältig auf Bindfäden aufgezogen und an die Hauswände zum Trocknen gehängt. Auf den Dächern ist reges Treiben, alles muß getrocknet werden. Hier liegen die Bohnen, nebenan wird das Salz getrocknet, gesiebt und in Säcke verpackt. Andere Frauen machen Feuer und kochen darauf in großen Kupfertöpfen den Weizen für die Weizengrütze. Durch das Kochen quillt er mächtig auf, so daß später in der Mühle die Schale leicht abgerieben werden kann. Kommt er aus der Mühle, sind Frauen und Kinder stundenlang damit beschäftigt, ihn sorgfältig zu verlesen. Jedes Steinchen und Krümchen muß entfernt werden. Nach der Säuberung wird er zwischen den Steinen einer Handmühle grob gemahlen. Mit Hühnerbrühe gekocht ergibt er ein schmackhaftes Gericht.

Nebenan wird eine Ziege geschlachtet. Viele Frauen und Kinder stehen herum und schauen zu, wie ein Mann dem Tier die Kehle durchschneidet. Ich muß wegsehen. Doch die Kinder lachen sich kaputt über die Ziege, die zum Schluß noch mal scheißt. Şitran und Alie helfen beim Abziehen der Haut, die, an den Zehen angefangen, langsam mit kleinen scharfen Messern vom Fleisch abgetrennt wird. Die Gedärme werden ausgepustet und gesäubert. Raime zerschneidet das Fleisch in viele kleine Stücke und Scheiben. Stühle, Hocker und Stangen werden auf das Dach getragen, und die Fleischstücke werden darüber sorgsam nebeneinander zum Trocknen aufgehängt. Der Fleischvorrat wird für den Winter angelegt, wo es häufiger Fleisch zu essen gibt. Im Sommer ißt man ganz selten Fleisch, höchstens wenn Gäste zu Besuch kommen oder bei

Festen. Das Essen ist sehr karg und besteht meistens aus einem Brei von Tomaten, Paprika und Eiern, der zusammen mit Brot gegessen wird. Manchmal gibt es gebratene Kartoffeln oder in Fett gebratenes Brot. Die Frauen erzählten, daß die Kinder früher viel größer gewesen sind, weil es mehr Fleisch zu essen gab.

Der September ist der Monat der großen Geldausgaben: Die Miete für die Dreschmaschine muß bezahlt werden, der Traktorist wartet auf sein Geld und die Vorräte für den Winter sind teuer. Holz muß auch noch gekauft werden. Viele Frauen haben kein Geld. Sie schreiben eindringliche Bittbriefe an ihre Männer oder Söhne, doch endlich Geld zu schikken, damit sie ihre Schulden bezahlen können. Vielleicht können sie auch beim nächstenmal, wenn sie nach Hause kommen, ein Paar Winterschuhe für die Kinder mitbringen.

Im Herbst beginnt auch die Arbeit mit der Wolle. Die Frauen scheren die Schafe. Am Brunnen wird die Wolle gewaschen und geschlagen. Ein Teil wird zum Weben versponnen, den anderen Teil schlagen die Frauen auf dem Dreschplatz mit langen Stöcken zu weichen Flocken, die dann in die Bettdecken gestopft werden. Zum Knüpfen und Weben wird sehr viel Wolle gebraucht. Oft reicht die Wolle aus einem Haushalt nicht für einen ganzen Kelim oder Teppich. Deshalb leihen sich die Frauen gegenseitig abwechselnd ihre Wolle. Yildis gibt in diesem Jahr ihre ganze Wolle Altun, weil sie einen Teppich knüpfen will. Die Frauen helfen sich beim Kämmen und Spinnen der Wolle. Im Haus, wo ein Teppich geknüpft wird, ist es immer gemütlich. Junge Mädchen und Frauen schauen oft zur Tür herein und bleiben zu einem kleinen Schwatz. Alle sitzen um den Webstuhl herum, halten die bunten Wollknäuel in den Händen und helfen beim Festschlagen der Fäden mit den Kämmen. Es wird viel erzählt und gelacht.

4. Zuckerstücke

In der Kleinstadt läuft das Leben einer verheirateten Frau fast vollkommen getrennt von dem ihres Mannes ab. Die Frau herrscht in Haus und Garten. Sie muß alle schweren Arbeiten allein verrichten. Der Mann kommt fast ausschließlich zum Essen und Schlafen nach Hause. Es sieht so aus, als ob er seine ganze Zeit im Teehaus verbringt, wo die Männer in großen Gruppen sitzen und reden. Wenn der Mann Gäste mitbringt, bietet die Frau die zurechtgemachten Speisen zuerst den Männern an und wartet zurückgezogen mit den Kindern, bis die Männer fertig sind, um dann selbst den Rest zu essen.

In Gesprächen bedauern die Frauen immer wieder das Fehlen einer liebevollen Beziehung zwischen Mann und Frau. Die Gleichgültigkeit, mit der die Frauen als Kindererzieherin und Haushälterin benutzt werden, hat ihren Höhepunkt in der totalen sexuellen Ausbeutung der Frau während der Nacht. Wo die Frau tagsüber keine Beziehung zum Mann hat, wird sie nachts zum Geschlechtsverkehr herangezogen, eben wenn der Mann es sich wünscht. In Erzählungen mit den Frauen kam heraus, daß die Frauen natürlich auch sexuelle Bedürfnisse haben, ja sich sogar freuen auf das Wiedersehen mit dem Mann nach langer Abwesenheit. Aber fast alle hatten eine Abneigung gegen die Männer, in der Art, wie sie ihre Bedürfnisse auf Kosten der Frauen durchsetzten. Die Männer sehen die Frau als Objekt und sind nicht in der Lage, auf ihre geistigen und seelischen Bedürfnisse einzugehen. Dadurch bekommen die Frauen oft eine gleichgültige Haltung gegenüber ihren Männern.

Die Frauen haben keine Scham, sich gegenseitig über ihre Männer auszulassen und sich über sie lustig zu machen. So erlebe ich einen Abend, wo wir uns mit mindestens acht Frauen, auf dem großen Bett auf dem Dach sitzend, wieder tolle Geschichten erzählen. Von weitem hören wir die Männer kommen. Sie kommen in einer großen Gruppe aus dem Ort. Alle Frauen rennen bis zum Dachrand, fangen an, Witze über die Männer zu machen, und spucken nach unten. Die Männer tun so, als ob sie nichts bemerkt haben, und verschwinden schnell in ihren Häusern.

Im Dorf ist das Verhältnis von Männern und Frauen etwas gelockerter. Die Frauen sind alle sehr selbstbewußt und in der Gegenwart von Männern selten verlegen. Durch Bemerkungen und Witze tragen sie ebenso zur Unterhaltung bei wie die Männer.

Nicht nur die Hausarbeit, sondern auch die schwere Arbeit auf dem Feld und mit den Tieren machen die Frau im Dorf unentbehrlich und stärken dadurch ihre Position gegenüber dem Mann.

Nüriye wehrt sich:

Schon morgens um sechs gibt es einen mächtigen Streit zwischen Nüriye und ihrem Mann Rüstem. Als ich in die Küche komme, frage ich Esime, was denn los sei. Sie sagt nichts, lacht aber, und Hatun lacht auch. Dann kommen Nüriye und Yildis in die Küche. Als sie hören, daß ich den Krach mitbekommen habe, lachen und kichern alle. Nüriye lacht so komisch, daß ich mir schon denken kann, worum es geht. Yildis macht dann drastisch und sich halb kaputtlachend eine Bewegung mit dem gestreckten Zeigefinger in Richtung auf Nüriyes Unterleib: «Rüstem, Rüstem!» Alle lachen und freuen sich, besonders weil Yildis das so lustig vormacht. Nüriye erzählt: Rüstem wollte, aber ich nicht! Sie ist zu müde gewesen und hatte keine Lust, und hat sich, als Rüstem nicht nachgeben wollte, einfach in das andere Zimmer zum Schlafen gelegt. Soll er doch die Felder verkaufen! Dann hat sie nicht soviel Arbeit und ist nicht so müde! Alle Frauen lachen Rüstem aus.

Später wieder in der Küche ist auch Rüstem da. Er wagt etwas von der Arbeit zu sagen. Nüriye explodiert gleich und fängt an, ihn lachend mit

Zuckerstücken zu bewerfen. Rüstem schützt sich mit den Armen und lacht. Sie trifft ihn voll auf die Stirn. Freude und Gekicher bei allen Frauen in der Küche, Rüstem geht raus.

Im Gegensatz zu den Männern leben und arbeiten die Frauen das ganze Jahr im Dorf. Sie bestimmen das Bild in den Häusern und auf den Gassen. Die Männer verleben nur die Wintermonate im Dorf oder kommen vereinzelt zur Urlaubszeit. So gibt es im Dorf kein Kaffeehaus, das als Treffpunkt für die Männer dienen könnte. Sie besuchen sich gegenseitig zu Hause. Bei diesen Besuchen sind die Frauen jedoch nicht unbedingt ausgeschlossen. Treffpunkt der Frauen sind die beiden Backhäuser. Hier wird von morgens bis spät in die Nacht hinein gebacken. Am Eingang zur Backstube stehen Frauen mit ihren Teigtrögen und warten, bis sie an der Reihe sind. Im Sommer stehen dort auch Männer herum, um sich an den Gesprächen zu beteiligen. Deutlich merkt man, daß ihnen ihr Kaffeehaus fehlt.

Die Männer stehen einer Frauengemeinschaft gegenüber, die dadurch stark ist, daß alles erzählt wird, und die einen gefühlsmäßigen Rückhalt bietet. Das Verhältnis der Männer untereinander dagegen ist viel distanzierter und formaler.

Aufgrund dieser Solidarität unter den Frauen steht eine Frau bei Krach und Streit mit ihrem Mann nicht allein da. Alle Frauen wissen, was passiert ist, und nichts wird verheimlicht. Gemeinsam schimpfen sie auf die Männer oder lachen über sie. Das geht aber nicht so weit, daß die Frauen die Ehe in Frage stellen und sich von ihren Männern trennen.

5. Bräute

Die kurdischen Familien, denen wir begegnet sind, kennen bis auf einige seltene Ausnahmen noch keine Geburtenkontrolle, da die Religion dies nicht erlaubt. Die Frauen gebären viele Kinder, die Säuglingssterblichkeit ist hoch.

Die Geburt eines Sohnes ist am meisten erwünscht. Bekommt die Frau keine Kinder oder gebärt sie nur Mädchen, kommt es häufig vor, daß der Mann eine andere Frau heiratet und sich so den lang erwünschten Sohn sichert. Besonders tragisch ist oft auch, daß bei Kinderlosigkeit oder der Geburt von einem Mädchen immer die Schuld bei der Frau gesehen wird. Die Kinder, ob Jungen oder Mädchen, werden in Tücher gewickelt, die Beine gestreckt eng aneinandergebunden. Mehrmals haben wir unter der Kleidung der Kleinkinder ein Amulett gefunden, das die Kinder beschützen soll.

Die Frauen, die schon mit den vielen Aufgaben im Haushalt, Garten und auf dem Feld ausgelastet sind, haben ein sehr zwiespältiges Verhältnis zu den kleinen Kindern. Einerseits wird jedes neue Kind als eine

Errungenschaft in der Familie angesehen, man freut sich also. Andererseits bedeutet das neue Kind wieder zusätzliche Arbeit für die Frau und von daher eine Belastung. Die Frauen entwickeln ein liebevolles, aber auch hartes Verhältnis zu den kleinen Kindern. Immer ist jemand aus der Familie da, meist eines der größeren Geschwister, die das Baby herumschleppen oder schaukeln. Heult das Baby, so kommt sofort die Mutter und legt das Kind an ihre Brust. Die Kinder werden bis zum zweiten Lebensjahr gestillt. Im Haus und Garten haben die Kinder viel Freiheit zum Spielen, Spielzeug gibt es allerdings nicht oder nur selten, die Kinder begnügen sich mit den Dingen, die im Haus und im Garten zu finden sind. Die ganze Kindheit ist ein Hineinwachsen der Kinder in die Aufgaben der Erwachsenen. Die Mädchen folgen der Mutter bei ihren Aufgaben im Haus, und bald verrichten sie Handlangertätigkeiten. Sie helfen beim Brotbacken, Teigkneten oder beim Versorgen der kleineren Geschwister. So werden die Mädchen von klein auf mit den Aufgaben als Frau und Mutter vertraut gemacht. Die kleinen Jungen haben bis zur Schulzeit weitaus mehr Bewegungsfreiheit als die Mädchen. Sie werden nicht so schnell bestraft für ihre Dummheiten, verrichten keine Tätigkeiten im Haushalt, sondern werden schon als kleine Kinder vom Vater ins Kaffeehaus mitgenommen. Die Bevormundung der Jungen geht bis zum Essen: der Junge bekommt das Knochenmark, das ihn stark macht, der Junge bekommt die Hoden vom Schaf, die ihn potent machen sollen.

Die sexuelle Erziehung der Kinder läuft ziemlich natürlich ab. Die Kinder schlafen bis zum neunten Lebensjahr in einem Raum mit den Eltern zusammen. Die Kinder werden abends von der Mutter eingeschläfert, wobei sie sich so lange neben das Kind legt, bis dieses eingeschlafen ist. Dieser Brauch und das lange Stillen lassen eine starke Bindung zwischen Mutter und Kind entstehen. Es ist auch sicherlich wichtig für das Verhältnis zwischen Sohn und Mutter und die Beziehung des Mannes zu seiner Ehefrau.

Obwohl Schulpflicht besteht, nimmt es keiner so ernst damit. Die Arbeiten auf dem Feld verhindern oft einen regelmäßigen Schulbesuch. Vor allem bei Mädchen wird Schulbildung nicht als notwendig angesehen. Wenn die Mädchen acht bis zehn Jahre alt sind, werden viele Witze darüber gemacht, welchen hübschen Jungen sie wohl mal heiraten werden. Dann ärgern die Mädchen sich sehr und behaupten ganz fest, daß sie zu Hause bleiben und niemals heiraten wollen. Die Hochzeiten erleben sie nur als aufregende Feste, ohne selbst betroffen zu sein. Die Mütter und Großmütter stricken aber schon eifrig die schönen Socken für die Aussteuer. Das Mädchen selbst häkelt auch emsig Deckchen. Doch trotzdem ist die Hochzeit noch weit. Mit vierzehn Jahren ist ein Mädchen im heiratsfähigen Alter. Es wird herausgeputzt und steht zur Heirat feil. Ihre Eltern halten Ausschau nach einem passenden Mann. Diese Mädchen sind scheue Wesen geworden. Völlig verschüchtert, wagen sie fast

Sie diskutieren mit den Männern über Wege aus ihrer sozialen Not: Bäuerinnen aus Derik.

nie die Augen vom Boden zu heben. Sie sind immer verschlossen und ernst, lachen sieht man sie nie. Unbeholfen hängen sie in ihren bunten rosa- und gelbglänzenden Röcken und Kleidern. Sie können sich nicht mehr normal bewegen, was besonders ins Auge fällt, weil sie so auffällig angezogen sind. Ihre langen Haare werden zu mehreren Zöpfen geflochten, in die Kordelschnüre und feine Perlenketten gebunden werden, was sehr hübsch aussieht. Die Ehe ist dann meistens eine von den Eltern beschlossene Sache. Mit den Eltern des Bräutigams werden Verhandlungen über Brautpreis und Mitgift geführt. Die Mädchen werden fast immer verheiratet, nach ihren Wünschen wird nicht gefragt.

Die jungverheiratete Frau wird noch mehrere Jahre nach der Hochzeit Braut genannt. In den ersten Jahren muß sie viel durchstehen, bevor sie in der verhältnismäßig freien und oft fröhlichen Gesellschaft der Frauen selbst als Frau akzeptiert wird.

Nach der Hochzeit beginnt für die Braut eine schwere Zeit. Sie hat ihre Mutter, Schwestern und Freundinnen zurückgelassen und muß sich jetzt in einem fremden Haus einleben. In den ersten Tagen und Wochen nach der Hochzeit redet niemand mit ihr, sie muß noch nicht arbeiten. Befehle werden ihr über die Kinder vermittelt. Fast nie darf sie das Haus verlassen, ganz selten huscht sie durch die Gassen, um Wasser vom Brunnen zu holen oder die Wäsche aufzuhängen. Dabei schaut sie niemand an und ist stumm. Sie ist völlig verschleiert, mit sich allein.

Nach etwa einem Monat muß sie arbeiten. Die kurzen und schnellen Befehle der Schwiegermutter weisen ihr die Arbeiten zu. Als Magd im Haus muß sie von morgens bis abends arbeiten, dabei darf sie mit der Schwiegermutter nicht reden, geschweige denn mit dem Schwiegervater oder mit Fremden. Zu den jüngeren Geschwistern ihres Mannes darf sie nur hinter vorgehaltenen Händen etwas tuscheln, sogar die kleine Aufforderung «Nimm die Karbidlampe mit!» muß sie den Kindern in Gegenwart der Schwiegermutter ins Ohr flüstern. Nur in seltenen Fällen darf sie der Schwiegermutter die Hand küssen und sie damit um Erlaubnis bitten, ihr etwas sagen zu dürfen.

Unter den Schwiegertöchtern in einem Haus besteht ein hierarchisches Verhältnis. Die ältere, die schon länger im Haus ist, genießt dann meist schon ein paar Vorrechte und kann auch die jüngere wiederum anweisen, was sie zu tun hat.

Diese jungen Frauen sind von der Kommunikation im Dorf ausgeschlossen. Scheu und zurückgezogen sitzen sie abends dabei, wenn die Frauen erzählen und Späße machen. Nur wenn sie untereinander sind oder andere jungverheiratete Frauen auf der Straße treffen, werden sie lustig und beginnen ausgelassen zu reden. Sie haben oft sehr freundschaftliche Beziehungen zueinander.

Abends huscht Hatun, die sechzehnjährige Braut von nebenan, schon im Schlafkleid ohne Kopftuch barfuß zur Scheune herein. Sie schläft heute nacht zusammen mit Talie, der Braut aus Yildis' Haus, in deren Bett. Ihre beiden Männer sind nicht im Dorf. Die beiden kichern und werfen sich heimliche Blicke zu. Beide freuen sich auf die gemeinsame Nacht.

Ein halbes Jahr nach der Hochzeit geht dann die Neugierde und Erwartung der Schwiegermutter und der Nachbarinnen los, ob die neue Braut schon schwanger ist. Sie wird angeschaut und betastet. Alle warten auf ein Kind, sie selbst am meisten. Nichts ist für das Prestige der Frau so wichtig, wie ein Kind zu bekommen. Sonst ist sie wertlos und muß Angst haben, daß ihr Mann noch eine Frau nimmt. Nur durch Gebären von Kindern – möglichst Jungen – kann sie von der jungverheirateten, nichts geltenden Braut zu einer angesehenen Frau werden, die in das Leben der Frauen im Dorf integriert ist.

6. Hochzeit

Gestern und vorgestern war im Dorf große Hochzeit. Groß im Gegensatz zu den beiden anderen vorher.

Das Besondere an den Hochzeiten hier ist, daß die Braut und der

Bräutigam eine so nebensächliche Rolle spielen, ja eigentlich nur den Anlaß zum Fest hergeben.

Ein oder zwei Tage vor der Hochzeit kündigt ein Junge mit einer großen Satteltasche voll Äpfeln auf der Schulter die Hochzeit an. Jeder wird mit einem Apfel zur Hochzeit eingeladen. Am ersten Tag wird dann bei den Männern nur Raki gesoffen und getanzt. Es wird Musik gemacht. Ismayil, der Flöter, windet sich beim Flöten wie ein Schlangenbeschwörer und bläst seine Backen so auf, als hätte er Tennisbälle darin. Der «dumme» Trommler läßt im unbeobachteten Moment seine Hose runter und zeigt den Frauen seinen Penis. Alle lachen und kichern. Er bekommt eine Ohrfeige und ein Mann bindet ihm dann seine Hose fest zu. Die Musikanten spielen eine Art Dschungel-Rhythmus, der durch das ganze Dorf schallt; alles kommt angerannt und drängelt, die Kinder in Scharen, die Frauen schieben sich gegenseitig schüchtern auf den Dreschplatz, wo alle «Tanzen, tanzen» rufen. Dann tanzen sie alle in einer Reihe, an einem Finger angefaßt. Doch schon bald sind die Männer dran, und die Frauen sind nur noch Zuschauer, alle in einem großen Haufen gedrängt, ringsum die Kinder, bestaunen sie die tanzenden Männer, bei denen es – schon wegen des reichlich genossenen Raki – etwas temperamentvoller zugeht. Wo sind denn nun Braut und Bräutigam? Jeder in seinem Haus. Der Bräutigam sitzt allein mit ein paar Freunden und Verwandten, fern von Festgelage und Tanz, aber trotzdem im Festanzug mit Popschlips. Die Braut, auch in ihrem Haus, darf jetzt noch in der Küche sitzen und sich von den alten Frauen abküssen lassen, aber schon bald, am nächsten Tag, muß sie «in die Ecke». In dem meist einzigen Zimmer des Hauses ist ringsum oben an der Decke eine Leine gespannt, auf der neue Kleider, Röcke, Tücher, Pluderhosen, Schuhe und noch viel mehr hängt – die Aussteuer der Braut. Das große Bett mit bunten Matratzen und riesigen goldglänzenden Kissen steht schon in der Scheune bereit.

Im Haus der Brauteltern sind am nächsten Tag schon morgens einige Frauen versammelt, nach und nach werden es mehr, und das Zimmer füllt sich. Und wo steckt die Braut? Eine Ecke des Zimmers, gleich hinter der Tür, ist mit einer Decke zugehängt, so daß ein winziger Raum entsteht, wo gerade ein Stuhl hinpaßt. Hinter dieser Decke sitzt die Braut den ganzen Tag bis zum Abend. Hier bekommt sie auch das Essen gereicht. Sie wird von Freundinnen umringt und behängt, die sich immer wieder in die Ecke unter die Decke drängeln, schwatzen und die Braut befummeln, so daß der Vorhang wogt und sich beult.

Immer mehr Frauen und Kinder kommen. Jede Neuangekommene darf dann kurz einen Blick hinter den Vorhang werfen, wo ihr eine todernste Braut, mit Goldmünzen behängt, entgegenstarrt. Doch gleich wird die Decke auch schon wieder vorgezogen, und die Frau wendet sich mit «wunderschön», «sehr hübsch» wieder den Frauen im Zimmer zu. An der Tür drückt sich die ganze Zeit schon die vierzehnjährige Schwester der Braut, sie ist völlig verheult, und immer neue Tränen rollen über ihre Backen.

Bis zum Abend werden Zimmer und Scheune voller und voller! Auf dem Diwan an den Wänden sitzen und hocken dicht an dicht die Frauen, alle reden und erzählen sich etwas. Bald habe ich das Gefühl, das Zimmer platzt oder die Frauen zerdrücken sich gegenseitig. Überall dazwischen die quirlenden, aufgeregten Kinder, über die unter den Frauen ein Riesenstreit ausbricht, ob man sie rausschicken soll oder nicht. Die Frauen mit Kindern werden wütend, weil sie natürlich jetzt nicht ihre Kinder nach Hause bringen wollen. Alle schreien sich an, die Kinder werden herumgeschubst, fangen an zu heulen und bekommen öfter mal einen Klaps.

Bald am Abend kommt der dumpfe Trommelschlag langsam nähergestampft, und etwas später hört man dazwischen auch die dudelnde Flöte. Die Musikanten kommen in die Scheune und danach die Männer. Es wird ein großer Kreis in der Mitte freigelassen. «Henna, Henna»! Wo ist es? Wann kommt es? Alle Männer und Frauen sind ganz aufgeregt.

Eine hübsche Frau fängt an, um den Balken in der Mitte der Scheune zu tanzen, immer im Kreis und in jeder Hand eine kleine Schüssel mit Henna, von einem Tuch bedeckt. Wir anderen Frauen tanzen in einer Schlange hinter ihr. Ich soll dann unbedingt direkt hinter ihr tanzen. Dann dreht sie sich um und tanzt vor mir. Sie tanzt sehr schön, eine Art Bauchtanz, und schaut mir dabei ganz tief in die Augen. So tanzen alle mit wippenden Hüften durch die Scheune, wobei das Henna von Frau zu Frau wandert. Kaum ist der Tanz zu Ende, drängeln und schieben sich alle in das Zimmer, wo die Braut sitzt. Nun tritt der Bruder der Braut vor den Vorhang und verlangt ein Bakschisch, ohne das der Braut kein Henna aufgelegt wird. Ein Verwandter des Bräutigams tritt hervor, und es beginnt eine gestelzte, fast rituelle Verhandlung über die Höhe des Bakschisch. 100 Lira! Soviel will er nicht bezahlen, und er rechnet auf, was schon alles bezahlt wurde: 15 000 Lira der Brautpreis! – Aber die Mitgift! Ganz plötzlich einigen sich dann beide doch schnell auf 100 Lira. Die Braut, die wie ein großes Bündel in Bettlaken verpackt aussieht, wird in die Scheune geschoben. Das Laken wird hochgehoben, und für einen Moment scheint ihr verweintes Gesicht grell im Blitzlicht auf. Sie wird auf ein Kissen gesetzt, und eine Frau trägt auf ihre Hände und Füße Henna auf; die Hände werden dann mit einem weißen Tuch zu einer Art «Fausthandschuh» abgebunden, und an die Füße werden ihr weiße Socken gezogen. So geht sie in dieser Nacht auch ins Bett.

Diese ganze Zeremonie bringt manche Frauen schon zum Schluchzen. Schwester und Mutter heulen jetzt so herzzerreißend, daß es die anderen Frauen ansteckt, und alle weinen mit. Die Schwester war schon den ganzen Tag völlig aufgelöst und weinte dauernd, und auch die Braut ist bei diesem Tamtam nur noch ein schluchzendes Bündel. Daß alle so weinen und mit der Braut ihren Abschiedsschmerz mitempfinden, hat mich umgehauen; auch ich habe geheult und war traurig.

Danach wird die Braut wieder in ihre Ecke geschoben, und es bricht ein Gedrängel und Streit um das Henna aus. Die Frau mit der Hennaschüssel rennt aus der Scheune und alle hinterher. Jeder möchte Henna auf die Hände haben. Die gleiche Zeremonie findet nun noch einmal im Haus des Bräutigams statt. Hier tanzen die Männer etwas schwankend und gen Himmel schielend, was alle Frauen zu Witzen veranlaßt.

Am Morgen wache ich schon von der Hochzeitsmusik auf und stürme gleich in das Haus der Brauteltern, wo die Mitgift überprüft wird.

Ein großer Kelim liegt ausgebreitet in der Küche; aus dem Nachbarzimmer wird die Mitgift angeschleppt: Eine große Matratze, Bettdecke, goldschimmernde Kopfkissen, vier dieser scheußlichen, kleinbürgerlichen Sessel in Weinrot – das neue Statussymbol –, Kochtöpfe, Teller und eine große Holzkiste, in der sich in Bündeln Strümpfe, Hemden, Röcke, Pullover, Tücher und Seife und mehr stapeln.

Die Männer aus der Verwandtschaft des Bräutigams strömen in die Küche. Sie müssen jetzt alles überprüfen. Um die ganze Mitgift herum bilden sich zwei Halbkreise: Auf der einen Seite die Männer aus der Bräutigamsfamilie – sehr zahlreich –, ihnen gegenüber die Frauen, meist verwandt oder befreundet mit der Brautfamilie. An der Kiste hockt die alte Großmutter, und in dem Berg von Mitgift steht die neue Schwiegermutter.

Ismayil, der Flöter, der gleichzeitig der Hoca des Dorfes ist, betet kurz, worauf alle wild klatschen. Ein wichtigtuerischer Verwandter des Bräutigams steht großartig mit der Liste in der Hand da, in der alle Mitgiftgegenstände samt Preis verzeichnet sind. Er liest vor: ein Bett 5000 Lira, vier Sessel 2800 Lira, . . . jeden Posten gewichtig betonend, worauf die strengen Überprüfer jedesmal eine beruhigendes «Tammam-Tammam» ausstoßen. Und die Preise? – Utopisch, viel zu hoch. Sie werden immer mindestens doppelt so hoch angesetzt, um die Mitgift – ein Äquivalent für den Brautpreis – möglichst wertvoll erscheinen zu lassen.

Bei den großen Sachen – da geht es schnell, da ist ja alles zu sehen, aber dann der kleine Krimskrams, hier geht's ins Detail: Wieviel Paar Socken? Wieviel Teegläser? Alles wird erst langsam aus der Kiste gekramt, nicht gleich gefunden, Bündel für Bündel wird aufgeschnürt, was alle nervös macht. Einerseits haben die Männer Angst, daß ihr Clan um die Mitgift betrogen wird, also muß alles penibel gezeigt werden. Andererseits aber wollen sie großzügig erscheinen, sagen immer öfter und schneller «Tammam, tammam», womit sie jedoch nur schlecht ihre mißtrauische Genauigkeit verhehlen können.

Während des Kaufakts schluchzt es hinter dem Vorhang: die Braut und ihre Freundinnen, doch darum kümmert sich jetzt niemand.

Später wird die verheulte Braut hinter dem Vorhang hervorgeholt und, dicht umringt von Mädchen und Frauen, angezogen. Aus Fladenbroten wird eine spitze Tüte gerollt. Auf den Kopf der Braut wird Brot und Salz gelegt, und dann wird die Tüte aufgesetzt, und sie wird völlig von oben bis unten mit bunten Tüchern vermummt. Jetzt darf sie unter Tränen nochmals alle umarmen, von denen sie sich nun trennen muß. Die Mutter und Schwester wollen sie überhaupt nicht mehr loslassen. Ein sehr trauriger Abschied. Dann wird sie vor den Kamin geführt, den sie durch ihre Tücher küßt. Dann zu ihrem Vater, den sie durch Abtasten der Füße erkennt. Sie küßt seine Füße und seine Kniee. Auch er weint und umarmt sie nochmals innig. Zuletzt wird sie zur Schwelle des Hauses gebracht, und mit ihrem Kuß auf die Schwelle hat sie endgültig das elterliche Haus verlassen.

Schnell in den Dolmus, worin die Frauen sie zu ihrem neuen Haus geleiten. Voran fährt der Traktor mit den Brautschätzen im Anhänger. Auf dem Traktor türmen sich die Männer johlend und türkische Fähnchen schwingend, auf dem Kühler sitzt der Flöter und der «dumme» Trommler. Nach einer Runde mit Musik durch das ganze Dorf, gelangt der Zug schließlich vor dem Haus des Bräutigams an. Die Braut steigt aus. Der Bräutigam steht auf dem Dach des Hauses mit zwei Freunden, und seinen Mund hinter einem vorgehaltenen Taschentuch verbergend, wirft er der Braut einen Apfel zu: Sie ist nun angenommen und wird in die Küche des Hauses gebracht und wieder hinter einen Vorhang gesteckt.

Der Bräutigam frühstückt dann noch in einem anderen Haus mit zwei, drei Freunden. Nervös, zitternd und hochrot ißt er ein paar Bratkartoffeln mit Tomaten, bietet ungeschickt, betont männlich, den paar Gästen eine Samsun-Zigarette an. Er sieht aus wie ein älterer Hirtenjunge und ist ja auch erst sechzehn!

Von den Musikanten abgeholt, ziehen alle in Richtung des elterlichen Hauses: Der Bräutigam, wieder das Taschentuch vor den Mund gepreßt, die Musiker voran, einige Frauen tanzen, alles umringt von einer wilden, völlig überdrehten Kinderschar und in eine große Staubwolke eingehüllt. Im Haus wird der Bräutigam ebenfalls hinter den Vorhang geschoben, und bald geht alles aus der Küche, nachdem Schwester und Bräutigambruder noch einmal hinter den Vorhang geäugt haben.

Was jetzt kommt, möchte ich gerne wissen. Ob die beiden überhaupt irgend etwas miteinander anfangen können, geschweige denn sich lieben, nach all dem Trubel. Mehr war jedoch nicht zu erfahren. Und mehr ist nicht zu berichten.

Yasar Kemal

Diyarbakir

Diyarbakir, Stadt der Rosen, Stadt der Wassermelonen, mit neuerbauten Hotels, mit seinen Naturschönheiten, Diyarbakir ist eine Touristenstadt. Eine Stadt der vielen Widersprüche. Wenn man hinschaut, erschreckt man. Diyarbakir sieht aus wie eine Stadt, auf die eine Atombombe gefallen ist. Viele Plätze sind leer, voller Ruinen. Altes Diyarbakir, das verrottet ist. Aber im Lauf der Zeit gewöhnt man sich daran. Es gibt zwei Diyarbakir. Eins, das von der Zitadelle umrahmt ist, das andere neben der Zitadelle. Das alte Diyarbakir mit seinen schönen Gebäuden, Häusern, Straßen, Kleidungen. Alles, was man sieht, ist so alt wie die Zitadelle: die Häuser, alt, schmutzig, mit abgeschliffenen Basaltsäulen und Bogen.

Das Haus des Paschas verwendet man als Hotel. Auf den Dächern der Häuser sieht man Gräser und Steppenblumen, kniehoch. Obwohl es sehr wenig Bäume gibt, leuchtet die Stadt in grüner Farbe. In den kleinen Gassen spürt man Traurigkeit. Sie brauchen beim Vorbeigehen nur an eine Tür zu klopfen, und sie geht sofort auf. Eine alte, dunkelgekleidete Frau öffnet die Tür. Als sie merkt, daß du ein Fremder bist, lädt sie dich ein, und nun beginnt Diyarbakir aus seinem Schutzpanzer herauszukommen. Das Haus hat immer einen kleinen Innenhof, in der Mitte ist ein kleines Wasserbecken, und rundherum stehen Rosen. Überall sind Rosen. Auch im Stadtpark, dem Mardinkapida, blühen Rosen. Stadt der Skorpione, der Rosen, der Kaffeehäuser.

An jeder Ecke gibt es ein Kaffeehaus, fast zu viele. Aber sie sind anders als in den meisten Städten. Jedes Kaffeehaus hat einen grünen Hof, mit vielen Blüten. Neben Rosensträuchern stehen Tische, darauf handgestickte Decken. Da trinkt man Kaffee, Tee. Kaffeehäuser gibt es genügend, und sie sind trotzdem alle voll. Als ich gefragt habe warum, sagten sie mir, «um arbeiten zu können».

Wenn der Kaffeehausbesitzer weiß, daß Sie ein Fremder sind, wird er Ihnen sofort eine bunte Blume, eine Rose schenken.

Die Straßen kann man eigentlich nicht Straßen nennen. Die wichtigste Straße ist die Gazi-Caddessi, von Westen nach Osten geht sie. In der Stadt sieht man meist Kutschen, Kamele und Maultiere. Plötzlich sieht man eine Kamelherde neben einem neuen Auto vorbeitrotten. Sie laufen in der Stadt hin und her, gehen mit Waren beladen kreuz und quer. Ich habe gefragt, warum sie Glocken tragen. Da haben sie mir gesagt: «Wir tragen Sand vom Tigris zur Baustelle.» Das fand ich seltsam. Auf der

«Warum fotografiert ihr mich? Seid ihr Touristen, meine Herren? Sind wir Exoten?»

Straße sieht man sehr wenige Frauen. Fast alle sind mit dem Schleier bedeckt und tragen schwarze Kleider. Man glaubt, hier wäre unsere neue Demokratie nicht hingekommen. Sie sind mit schwarzen Kleidern bedeckt und laufen wie Sklaven hinter den Männern her. Es gibt viele bittende, hinkende, armlose Kinder – und Frauen, die betteln.

Wenn Sie morgensfrüh auf die Straße gehen, sehen Sie armselige Kleider, darin blasse Gesichter. Meist sind es alte Frauen, die die Straßen kehren. Neben der Gruppe steht ein Gemeindearbeiter. Überall ist es staubig, und wenn sie kehren, stößt eine Staubwolke in die Luft. Gestern, als ich dort war, hatte es geregnet. Ich hatte beobachtet, wie diese Frauen auf der Straße selbst nach dem Regen kehren. Ich hatte mich zunächst gewundert, aber später erfahren, daß diese Frauen Hilfsarbeiter sind, Gemeine. Wenn sie um die Zitadelle wandern, werden Sie sehen, da ist keine Stadt, sondern ein Dorf. Neben dem Brunnen waschen Frauen ihre Wäsche. Nackte Kinder, Schafe, die Gras suchen, Kühe, Esel, Pferde. Die Häuser sind ohne Fenster, halb in die Erde hineingegraben. Unter den Mauern sind Misthaufen. Sie glauben wirklich, Sie sind in einem Dorf, wenn Sie in die Stadt hineinkommen. Doch beim Bahnhof ist eine moderne Stadt entstanden. Dieser Teil entwickelt sich immer mehr. Man spürt einen Fortschritt. Hier ist Diyarbakir eine moderne Stadt. Diyarbakir, Stadt der Skorpione, der Rosen, der vielen schmutzigen und stinkenden Gaststätten, Stadt der Wassermelonen, mit seinen Häusern und Moscheen, Stadt der krassen Widersprüche.

17. 5. 1951

Diese Welt ist eine andere Welt. Am Ufer des Tigris liegen die Dörfer. Fast alle Gärten der Stadt liegen am Rand des Tigris. Fast alle Maulbeerbäume, die Diyarbakirs Seidenraupen nähren, kommen aus diesem Flußtal. Der Tigris teilt sich bei Diyarbakir in fünf Arme. Wegen dieser Teilung des Tigris gibt es hier auch die berühmten Wassermelonen, die auf den Sandflächen des Tigris angebaut werden. Nirgendwo auf der Erde kennt man so große Wassermelonen. Warum sind sie so groß?

Wer Wassermelonen, große Wassermelonen züchten will, der braucht nicht einmal Gärtner zu sein.

Ein Wassermelonen-Züchter hat erzählt:

«Bruder», hat er gesagt, «es gibt zwei Arten von Boden, wo man Wassermelonen züchten kann. Der eine ist es, wo man im Sommer den Boden trocken läßt und der im Winter naß bleibt, das nennt man Kiliç. Die anderen Böden sind am Rande des Flusses, die nicht unter Wasser stehen. Die Gegend muß flach sein und mit Kieselsteinen bedeckt sein, kleinen Kieselsteinen. Da gräbt man etwa zweieinhalb Meter in die Tiefe, bis das Wasser herauskommt. Das nennt man Kuye. Und in einer Linie setzt man in bestimmten Abständen je drei Wassermelonen. Am zweiten Tag muß man den Boden mit Kuhmist, der zuvor gebrannt worden ist, zudecken und nach einer Woche nochmals mit Kuh- oder Taubenmist düngen. Dann muß man 40 Tage zählen, und dann ist die Melone so groß wie ein Berg. Glaube, mein Herr, so groß wie du. Aber niemand kann das machen», sagte er.

Ich habe in seine Augen gesehen und gefragt, warum das ein Geheimnis ist.

«Nein, mein Bruder, aber was geht das dich an. Willst du Wassermelonen züchten?»

Auf dem Tigris gibt es Kelek. Auf diesem Kelek (Floß) befördern sie von Egil bis nach Diyarbakir Holz. Ein Kelek wird aus dem Leder von

Schafen und Kälbern gemacht. Die werden zusammengebunden. Ein Kelek kann aus 64–72–80–77 Schafsbälgen sein. Jeder Kelek kann drei oder sogar vier Tonnen Holz tragen.

23. 5. 1951

Am frühen Morgen, wenn die Straßen noch leer sind und nur die Maultiere mit den Glocken am Hals zu hören sind, gehe ich in ein Kaffeehaus. Man sieht, wie die Sonne hinter der Zitadelle aufsteigt, und die Sonnenstrahlen kommen langsam zu den Dornensträuchern. Ich grüße einen alten Mann. Wir sprechen miteinander.

«Mein Sohn, mein Sohn. Unsere größte Sorge sind hier die Erde und die Steine.» Dann öffnet er sein Herz und beginnt weiterzureden: «Unsere Sorgen sind Arbeitslosigkeit und Armut. 70% in der Stadt sind arbeitslos. Es geht ihnen schlecht. Schau, schau, die Kaffeehäuser, wie voll sie sind. Es gibt nirgendwo so viele Kaffeehäuser. Früher waren auch die Bauern so arm und hungrig. Die Großgrundbesitzer haben die Bauern von ihren Feldern gejagt. Ein Aga hat fünf Dörfer, zehn Dörfer. Ja, das gibt es. Fabriken sind erforderlich. Ohne Fabriken geht es nicht weiter. Alle wandern. Alle kommen nach Diyarbakir, um hier arbeiten zu können. Industrie ist erforderlich, Fabriken. Schau dir den Schmutz der Stadt an. Vor Staub sieht man überhaupt nichts.»

Ich sehe, er hat vollkommen recht.

Der pensionierte Beamte hat dicke Augenbrauen und unter den Augenbrauen leuchten feurige Augen. Dann erklärt er einige Sachen. Als wir auseinandergingen, sagte er: «Schreib das, mein Sohn. Aber wer hört uns denn? Wer versteht uns denn?»

In einem Garten steht ein Mann, der auf dem Rücken Maulbeeren geladen hat. Er schwitzt.

Hast du viele Seidenraupen», frage ich.

«Nein.»

«Wie viele?»

«150 Kurus.»

«Wie viele Tage mußt du dafür arbeiten?»

«10 Tage.»

«Und was arbeitest du dann?»

«Es gibt keine Arbeit.»

«Was hast du denn dann zum Essen?»

«Was soll ich machen? Es gibt keine Arbeit.»

«Gut, mein Freund. Wenn du keine Arbeit hast, hast du kein Geld, und wenn du kein Geld hast, hast du kein Brot . . .»

«Es gibt keine Arbeit.»

«Wie viele Kinder hast du?»

«Fünf Stück.»

«Was gibt es für sie zum Essen?»
«Es gibt keine Arbeit . . .»
«Wo wohnst du?»
«In dem Stadtteil Alipaşa wohne ich.»
«Wie heißt du?»
«Hasan.»
«Bist du von hier?»
«Nein, vom Tigris-Dorf.»
«Warum bist du hierhergekommen?»
«Keine Arbeit.»
«Gibt es hier welche?»
«Was soll ich machen?»
«Hast du im Dorf kein Geld?»
«Ja, ich hatte einmal. Aber jetzt nicht mehr.»
«Was ist passiert?»
«Der Muhtar hat es genommen, der Aga hat es genommen.»
«Warum?»
«Mit Gewalt.»
«Gibt es noch viele Bauern ohne Land?»
«Viele.»
«Und was machen die?»
«Nichts. Es gibt kein Brot.»
«Was werden die Kinder 10 Tage später essen?»
«Was soll ich machen, keine Arbeit.»
Er nimmt die Maulbeeren.
«Gut», sagte ich zu Hasan.
«Herr», sagte er, «hast du Arbeit?»
«Ja.»
Dann ging mein Freund, und ich schaute hinter ihm her.

Was sollen wir machen. Ich habe für meine Erlebnisse keine Überschrift gefunden. Überall ist Staub. Warum ist das? Vielleicht hat es eine Ursache, denke ich. Aber es gibt eine Gemeindeverwaltung in der Stadt. Wenn sie es gibt, was tut sie eigentlich. Wenn ich sage, es gibt keine Gemeinde, ist das nicht übertrieben.

Ich sehe eine Frau, mit Trachom im Auge. Trachom führt zur Erblindung und ist ansteckend. Die kranke Frau mit einem Kind wartet vor dem Gemüse, das sie kaufen wollen. Ich habe mit einer Frau gesprochen. Sie hat zwei Kinder.

Wenn man die Tiere sieht, versteht man, warum es die Schwarze Fliege (Malariafliege) gibt. In einer Ecke auf einem schmutzigen Tuch hat ein Mann Käse hingestellt. Er jagt manchmal die Fliegen weg, und auf dem Käse fliegen Schwärme hoch.

Yoghurt-Pazar nennt man einen Platz. Über jede Yoghurtkanne ist ein schwarzes Tuch gedeckt. Mit einer Yoghurtverkäuferin habe ich gesprochen.

«Wie viele Kuruş verdienst du am Tag?»

«1 Lira», sagte sie.

«Reicht dir das Geld?»

«Es reicht. Ich spare sogar noch.»

Jedes Jahr verkauft sie drei Tage lang Yoghurt. Jeden Tag einen Lira. Dann bekommt sie 90 Lira. Dieses Geld reicht sogar zum Sparen, sagt sie.

Früher gab es Seidenraupenzucht in Diyarbakir. Jetzt ist sie zu Ende. Die Kunstseide hat sie verdrängt. Außerdem kommt aus Syrien Seide im Schwarzhandel, und unsere Raupentiere sind nicht so gut.

Diyarbakir entwickelt sich. Die Ebene von Diyabarkir ist breit und flach. Nach Westen ist sie so flach wie ein Leinentuch. Eine Ebene, so weit das Auge sehen kann, wie eine flache Wüste. In dieser gelb und grün bedeckten Blumenebene findet man grüne Haufen. Es ist Weizen. Hier wird Weizen angebaut. Der Tigris und die anderen kleinen Flüsse fließen ins Leere hinein. Zuerst hörte ich, daß man einen Damm bauen wollte. Später hatten sie erklärt, daß er 30 Millionen Lira kosten würde. Daher wurde der Plan aufgegeben. Aber selbst wenn er 200 Millionen Lira gekostet hätte, würde es sich lohnen, weil es vielen Tausenden Arbeit gegeben hätte. Wenn in diesem Jahr kein Damm gebaut wird, dann müßte man wenigstens die kleinen Wasserläufe benutzen können.

Wir hoffen, daß die neue Regierung solche wichtigen Aufgaben nicht vergessen wird.

1951 war Menderes zwei Jahre an der Macht, eine reaktionäre Regierung. Aber trotzdem, Yasar Kemal, der Reformist, erwähnt das und hofft . . .

In Diyarbakir gibt es keine Straßen, keine Wege, abgesehen von den größeren Ortschaften gibt es zwischen den Dörfern keine Verbindung. Im Winter hat man höchstens mit acht Ortschaften eine Verbindung. Diese Arbeit muß man sofort beginnen.

Die Schulen sind für mich eine andere Sorge. 70 % sind Analphabeten. In den Dörfern gibt es keine Lehrer, daher unterrichten sie sich selbst. Diejenigen, die studieren, sagen, wenn eine Universität gebaut wird, sollte es hier sein.

Die Sümerbank hat hier eine neue Fabrik gebaut.

Bauer aus Urfa. Ihm gehört nichts, nicht einmal die Strohgabel. Urfa – das Reich der Agas und Jandarmas.

Ein Dorf bei Diyarbakir, ein Flüchtlingsdorf

1939 kamen aus Bulgarien Flüchtinge her, haben einen Platz gefunden und ein Dorf gebaut. Als ich dort wanderte, bin ich auf diese Dörfer aufmerksam geworden.

Geschichte: 21 km östlich von Diyarbakir, am Fluß Ambar, liegt nahe von Köprübasi das Dorf. Hier gibt es 94 mit Dachziegeln bedeckte Häuser, die zwei Zimmer haben. Die Häuser stehen an den Hängen der Gegend. In diesen 94 Häusern wohnen mehr als 500 Flüchtlinge. Der Staat gab den Flüchtlingen ein paar Kühe, einen Pflug und zur Ernte genügend Korn und das 5 Jahre hintereinander. Außerdem bekamen sie für jeden Kopf 10 kg Weizen, einmalig 1 kg Oliven pro Kopf und für jeden Kopf 30 Dönüm Boden. Bisher ist alles in Ordnung, sagen die Leute. Aber was danach kommt, ist schlecht. Was kommt danach? Der Sommer. In Diyarbakir brannte in diesem Sommer eine gelbe Hitze, so daß die Menschen verbrannten. In dieser Hitze können sogar die Vögel nicht mehr fliegen. Dafür gibt es die Schwarze Fliege. Nirgendwo gibt es Wasser. Ab und zu gibt es einmal einen Brunnen. Aber das Wasser ist so schlecht, und die Brunnen sind im Sommer meistens leer. Niemand von den Flüchtlingen bleibt von der Krankheit verschont. Im ersten Monat, nachdem sie angekommen sind, sind 120 Menschen gestorben. Alle sind krank. Das Dorf ist leer. Es gab nicht einmal so viele Menschen, daß man die Toten begraben konnte.

Die Sterbenden sterben, und die Lebenden gehen aus dem Dorf und haben ein anderes Dorf gesucht. Eine zweite Flüchtlingswanderung begann. Diejenigen, die weggelaufen sind, konnten in den fremden Dörfern nicht leben. Sie kamen in ihre Dörfer zurück. Aber sie haben weder Ochsen in der Hand noch einen Pflug, und der Staat gab ihnen nicht noch einmal Unterstützung . . . Langsam beginnen sie sich jetzt zu vermehren.

Wie sollen diese Menschen leben?

Sie pachten Boden vom benachbarten Grundbesitzer, und erst dann können sie sich ernähren, wenn sie 200 Dönüm Boden haben. Natürlich können sie nicht so viele Felder bearbeiten. Sie pachten daher nur 50 Dönüm an. In diesem Jahr ist die Situation noch schlimmer geworden. Die Agas haben Maschinen gekauft, daher verpachten sie keine Felder mehr. Manche Agas zwingen die Bauern, ihre Felder an den Aga zu geben. Ihre Absicht ist es, daß die Bauern in den Flüchtlingsdörfern nach kurzer Zeit aufgeben und in andere Orte ziehen. Denn damit würde das ganze Dorf dem Aga gehören, und er könnte die Felder mit seinen Maschinen alleine bewirtschaften.

Die Bauern werden sich nicht mehr wehren können. Sie haben nichts zu essen. Im Dorf Tavuklu gibt es zwei Kühe, aber Schafe und Ziegen überhaupt nicht mehr. Fett gibt es wenig. Die Gänse, die sie züchten, machen nur Dreck. Der Großgrundbesitzer hat sogar die Tiere verjagt, weil sie auf seine Felder gelaufen sind.

In diesen Gegenden hat der Aga alle Felder genutzt. Für die Flüchtlinge bzw. deren Tiere bedeutet das den Tod. Aber sie haben sich längst daran gewöhnt, kein Essen zu kochen. Anstelle von Gemüse essen sie Unkraut. Ich habe Brunnen gesehen. Viele Frauen warten dort. Nach der Reihe ziehen sie das Wasser hoch, stundenlang warten sie auf das Wasser. Im Sommer trocknen die Brunnen aus. Gott soll ihnen helfen.

«Anpassen oder vernichten»

Die Assimilations- und Kolonialpolitik der türkischen Regierungen von 1945 bis 1977 gegenüber den Kurden

Die innenpolitische Entwicklung in der Türkei nach dem Zweiten Weltkrieg hatte zu keinerlei Änderung für die Kurden geführt. Die Existenz der Kurden als Volk und ihre nationale Identität wurden weiterhin geleugnet. Denn, so schrieb die Tageszeitung «Son Posta» am 11. April

1946: «In der Türkei gibt es keinerlei kurdische Minoritäten, sondern lediglich verschiedene Nomaden mit nationalem Bewußtsein oder ohne.»

Gleichzeitig verstärkten sich die Repressionen gegenüber den kurdischen Bauern. Der kurdische Intellektuelle V. Bulut erinnert sich: «Damals kamen die Jandarmas immer in die Dörfer geritten, denn bis 1965 hatten sie nur Pferde. Sie sind in die Dörfer gekommen und zwangen die Bauern, ihnen Stroh, Heu und Hafer zu geben. Für ihren Kommandanten verlangten sie Eier und Hühner. Wer dazu nicht imstande war, wurde durch Bastonade gefoltert. Es gab ja auch damals keine Alternative für die Kurden. Das Volk hatte ein sehr geringes politisches und nationales Bewußtsein. Daher wehrten sich die Bauern, indem sie die Soldaten bestochen haben.»

Nach 1945 wurde auch das Tragen der kurdischen Nationalbekleidung, des «Sal Sapik», verboten und mit Gefängnis bestraft. Wer auf der Straße oder bei einer türkischen Behörde Kurdisch redete, kam vergleichsweise harmlos davon: 5 Lira Strafe. (Das entsprach 1950 einem Wochenlohn.)

In der Türkei vollzog sich indessen eine gravierende politische Umwälzung. Denn schon kurz nach Atatürks Tod flammte ein heftiger Streit zwischen den Verteidigern einer nationalen Wirtschaft mit einer verstaatlichten Industrie und den Anhängern einer freien Privatwirtschaft auf. Das Bürgertum nämlich, das im Innern wie nach außen größere ökonomische Bewegungsfreiheit anstrebte und immer mehr zur entscheidenden politischen Kraft wurde, wandte sich gegen die Politik des Etatismus. 1946 wurde im Zuge der «Liberalisierung» die «Demokratische Partei», DP, gegründet, die die privaten Investitionen forcieren wollte und bei den Parlamentswahlen 1950 die absolute Mehrheit erreichte. Sie stützte ihre Argumentation auf die Forderungen des amerikanischen Nationalökonomen Thornburg nach der völligen Abkehr vom Prinzip des Etatismus, zugunsten der Privatinitiative durch ausländische Kredite und nach der Nichteinmischung des türkischen Staates in die aus- und inländische Investitionspolitik.[1]

Begünstigung des Privatkapitals bedeutete, sich mit den USA zu verbünden. 1946 bat die türkische Regierung die USA um einen 500-Millionen-Dollar-Kredit, der den Import von für die industrielle Entwicklung benötigten Investitionsgütern ermöglichen sollte. Die USA gewährten nur 10% des Wirtschaftskredits. Als Gegenleistung und zugleich als Vorschuß für zukünftiges Wohlverhalten verbot die türkische Regierung die «Sozialistische Arbeiter- und Bauernpartei». Die sowjetische Absicht, Stützpunkte an den Meerengen zu errichten, veranlaßte die USA jedoch schon bald zur Gewährung einer weiteren Anleihe von 5 Millionen Dollar, «die der Rüstungsindustrie und der Entwicklung der strategischen Infrastruktur dienen sollte». Diese 5 Millionen bildeten den

Anfang der amerikanischen Militärhilfe für die Türkei.[2] 1948 trat die Türkei der OEEC (Organisation für Wirtschaftliche Zusammenarbeit in Europa) bei. Wenig später erhielt die Türkei Kreditzusagen über jährlich 100 Millionen Dollar für den Ausbau von Papier-, chemischer, Maschinenbau- und Stahlindustrie sowie der Energiewirtschaft. An die Hilfe waren jedoch Bedingungen geknüpft: Beseitigung aller Handelshindernisse, Abkehr von der staatlichen Planung und Liberalisierung der privaten in- und ausländischen Unternehmertätigkeit. Bald war die türkische Regierung vollkommen von der amerikanischen Regierung abhängig, ohne die Zustimmung der USA geschah in der Türkei nichts mehr. 1950 schickte die türkische Regierung 4500 Soldaten nach Korea, um die amerikanischen Einheiten zu unterstützen, ein Jahr später kam es zu zahlreichen Verhaftungen von Mitgliedern der «Türkischen Kommunistischen Partei», TKP, anschließend, Ende 1951, wurde ein Gesetz über die Einführung der Todesstrafe für Mitglieder der TKP verabschiedet. In den nächsten Jahren trat die Türkei der NATO (1952) und dem CENTO-Pakt (1955) bei.

Die Erwartungen der Regierung Menderes, mit dem NATO-Beitritt eine Goldader erschlossen zu haben, erfüllten sich nur teilweise. Zwar zahlten die USA bis 1960 994 Millionen Dollar an Wirtschaftshilfe und 1650 Millionen Dollar an Rüstungshilfe, aber die Dollars waren für die Entwicklung des Militärapparates gedacht und dienten nicht dazu, die Lebensbedingungen der arbeitenden Bevölkerung zu verbessern. Das Schulwesen blieb auf dem Vorkriegsstand stecken, das Analphabetentum nahm zu. Für die Arbeiter waren Gewerkschaften verboten, während die Landbevölkerung immer noch in feudaler und halbfeudaler Abhängigkeit dahinvegetierte. Außerdem stiegen die Lebenshaltungskosten Jahr für Jahr höher; 1959 betrugen die Preissteigerungen ca. 74%. Die ökonomische Verschlechterung und die Ausbeutung der Türkei durch die Amerikaner hatte zu einer politischen Radikalisierung geführt. Es kam immer wieder zu großen Demonstrationen, besonders der Jugend, gegen das korrupte Regierungssystem und seinen Beschützer, die USA. Die Gefängnisse waren bald überfüllt. Als Menderes in Istanbul und Ankara, als Reaktion auf die massenhaften Demonstrationen, das Kriegsrecht verhängte, stürzte am 27. 5. 1960 eine Gruppe kemalistischer Armeeoffiziere die Regierung. Sie lösten das Parlament auf und setzten die Verfassung von 1923 außer Kraft. General Cemal Gürsel wurde der Vorsitzende des neugegründeten «Nationalen Wohlfahrtsausschusses».

Wesentliche Veränderungen für das türkische Volk brachte die neue Verfassung von 1961. Mit ihr wurden ein Zweikammersystem (Senat und Parlament), das Verhältniswahlrecht und die Verfassungsgerichtsbarkeit erstmals in der Türkei eingeführt. Sie brachte den Bürgern fundamentale Rechte, insbesondere die Unantastbarkeit der Person, den

Schutz der Privatsphäre, Freizügigkeit, Gedanken- und Glaubensfreiheit. Gleichzeitig wurde das von der «Demokratischen Partei» verbotene Recht zur Gründung von Gewerkschaften aufgehoben und das «Recht auf Gründung von Arbeiterverbänden» und das «Streikrecht» eingeführt. Allerdings wurden die neuerworbenen bürgerlichen Freiheitsrechte in den nächsten Jahren wieder aufgehoben. 1963 beispielsweise wurde das Streikrecht erheblich eingeschränkt.

Eine Gruppe jüngerer Offiziere unter den Putschisten wollte, daß das Komitee tatsächliche Regierungsgewalt ausüben und die ausstehenden Reformen im Geiste Atatürks durchführen sollte. Die andere Gruppe, die sich schließlich durchsetzte, begnügte sich mit einer wirtschaftlichen Besserstellung der Militärs und einem Weisungsrecht an alle künftigen zivilen Regierungen. Bis Ende 1960 war die Armee von allen revolutionären Elementen gereinigt: 235 Generale und etwa 400 höhere Offiziere wurden in den Ruhestand versetzt.

Auch die Kurden blickten zuerst mit großem Optimismus der neuen Entwicklung in den türkischen Städten entgegen. Doch es blieb bei der Hoffnung, denn die putschenden Offiziere waren rigide Kemalisten. Auf die Frage eines Korrespondenten der «Times», ob die Regierung die Rechte der Kurden anerkenne oder nicht, antwortete General Cemal Gürsel: «Haben Sie keine Geschichte studiert? Es gibt doch nichts Derartiges wie Kurden und Kurdentum in der Türkei.»[3] Dabei hatte die in der Zwischenzeit stattgefundene irakische Revolution von 1958 (s. Kapitel über Irak), deren eine Konsequenz auch das Zugeständnis einer kulturellen Autonomie an die Kurden des Landes war, zur Wiederauferstehung der kurdischen Nationalbewegung in der Türkei beigetragen. Es war zuerst ein Kampf um die Gewinnung kultureller Rechte. 1959 häuften sich Verhaftungen der aktiven Nationalisten. «Die meisten der verhafteten Personen wurden beschuldigt, gegen die Sicherheit des Staates komplottiert zu haben, indem sie Beziehungen zu den barzanistischen Seperatisten unterhielten, doch ist niemals irgend etwas Konkretes vorgebracht worden, was diese Beschuldigungen beweisen könnte. Die in den Wohnungen der verhafteten Personen bechlagnahmten kompromittierenden Dokumente waren in der Mehrheit der Fälle Publikationen, die sich mit der kurdischen Sprache, Literatur und Geschichte befaßten.[4] Am 5. November 1960 schrieb die türkische Tageszeitung «Yeni-Istanbul», daß 500 Menschen unter der «Anklage reaktionärer Tätigkeiten festgenommen» worden sind. Wie die Zeitung weiter schrieb, bestand diese reaktionäre Tätigkeit darin, daß einer der Verhafteten ein kurdisches Alphabet herausgegeben hatte. Unverständlich war schon damals, wie denn «reaktionäre Elemente» kommunistische Propaganda machen konnten. Diese Verbindung hatte zwei Ziele: einerseits diejenigen als «reaktionär» bei der Bevölkerung zu diffamieren, die sich scheinbar gegen nationalistische kemalistische Staatsideen stellten, und andererseits die Kommunistenangst zu schüren. Wenige Tage, nachdem die Verhaftungen veröffentlicht worden waren, drohte der damalige Staatschef Gürsel: «Wenn diese Bergtürken nicht Ruhe geben, wird die Armee nicht davor zurückschrecken, ihre Städte und Dörfer zu bombardieren. Es wird ein solches Blutbad, daß sie auch mit ihrem Land von der Bildfläche verschwinden.»[5]

Als Antwort auf die neue Welle der Unterdrückung demonstrierten im Osten der Türkei Tausende von Bauern: in Mardin, Diyarbakir, Siverek, Bitlis. Bauern, die am 8. Mai 1961 in Van auf die Straßen gingen, trugen Schilder mit der Aufschrift: «Wir sind keine Türken. Wir sind Kurden. Die türkische Regierung muß unsere nationalen Rechte anerkennen.»[6]

Die neuen Revolten gegen die nationale Unterdrückung, bei denen 315 Menschen durch die Polizei (Jandarmas) getötet wurden, bedachte General Gürsel, inzwischen türkischer Staatspräsident, mit den Worten: «Spucke demjenigen ins Gesicht, der dir sagt, daß du Kurde bist.»[7]

In den Jahren zwischen 1960 und 1970 steigerte sich die rassistische Hetze der konservativen Regierung in Ankara gegen das kurdische Volk – aber auch der antifeudalistische und antikapitalistische Widerstand organisierte sich, und zwar in der gesamten Türkei. Während bei den Parlamentswahlen im Jahr 1965 die «Gerechtigkeitspartei» (AP) die absolute Mehrheit erlangte und Süleiman Demirel Minsterpräsident wurde, erhielt die «Türkische Arbeiterpartei», TIP, eine sozialistische Opposition, 15 Parlamentssitze. Die Versammlungen der «Arbeiterpartei» und anderer demokratischer Organisationen, besonders der Lehrergewerkschaft, waren das Ziel polizeilicher Razzien und Angriffe fanatischer islamischer Kommandoorganisationen, die von der «Gerechtigkeitspartei» bezahlt wurden, um die ständig wachsende linke Opposition in der Türkei zu bekämpfen. Seit 1966 sprach man in der Türkei von der «Kommunistenjagd», der «Studentenjagd» und der «Guerillajagd». Dahinter verbargen sich im wesentlichen aktiv arbeitende politische Gruppen, Organisationen und Einzelpersonen. Das waren die «Türkische Arbeiterpartei», Gewerkschaftsführer, Arbeiter, landlose Bauern, Lehrer, Schriftsteller und Journalisten, und besonders Studenten und das kurdische Volk. Somit blieb die allgemeine politische Unterdrückung der antiimperialistischen und antikapitalistischen Bewegung in der Türkei auch für die Kurden nicht folgenlos. Sie steigerte sich ihnen gegenüber, genährt durch den herrschenden Rassismus. Ein charakteristisches Beispiel: 1966 wurde das kurdische Gebiet um Varto von einem schweren Erdbeben heimgesucht. Der damalige Innenminister, Haldun Menteseoglu, besuchte daraufhin die zerstörte Stadt, um den Bürgern seine «Anteilnahme» auszusprechen. Das tat er in der Form, daß er die in Lumpen herumlaufenden Bauern beschimpfte und erklärte: «Was soll dieses Jammern. Hier sind ja nur 3000 Menschen umgekommen. Schauen Sie nach Vietnam, da kommen 30000 Menschen um.» Als er spürte, daß die Bauern gegen diesen Zynismus protestierten, schrie er sie an: «Aus dem Mund der menschenähnlichen Lebewesen höre ich tierische Laute. Wenn ihr mit diesem Staat unzufrieden seid, so sucht euch doch einen anderen.»[8]

Die starke sozialistische Opposition in der Türkei fand besondes viele Anhänger in Ostanatolien, unter den Kurden, die zum erstenmal Möglichkeiten sahen, ihrer politischen Isolation zu entkommen. 1967 fanden wiederum zahlreiche politische Demonstrationen im Osten statt, die sich gegen die «imperialistische Besetzung der Türkei» wandten. Überall erklangen die Parolen:

«Wir wollen keine Polizeistationen, sondern Schulen»

«Gegen Faschismus und Imperialismus»

«Wir wollen keine Jandarmas, sondern Lehrer»

«Im Westen gibt es Fabriken und Straßen. Im Osten Kommandos und Polizei.»[9]

Für die türkische Regierung war es jetzt schwieriger geworden, die kurdische Bewegung als «nationalistisch und reaktionär» zu diffamieren, da auch zunehmend die sozialistische Opposition die Forderungen der Kurden nach ökonomischer und kultureller Freiheit unterstützte. Als Gegenmaßnahme erließ die Regierung in Ankara am 25. 1. 1967 ein Gesetz zur Kulturpflege. Ministerpräsident Süleiman Demirel hatte mit allen Ministern ein Gesetz unterzeichnet, durch das die kurdische Sprache offiziell verboten wurde. Seitdem sind alle Bücher, Zeitungen, Dokumente etc., auf denen kurdische Sprache bzw. Musik zu hören ist, verboten. Im Gesetz Nr. 6/7635 wurde auch geregelt, daß Aufnahmen auf Tonbandkassetten in kurdischer Sprache illegal sind.[10] Auf der publizistischen Seite wütete indessen eine nationalistische Kampagne gegen die Kurden: «Während des 1. Weltkrieges, in dem wir von allen Armeniern verraten wurden, entkamen sie (die Kurden) unserem Zorn dadurch, daß sie in ihren schwer zugänglichen Bergen lebten. Andernfalls würden sie die Minderheit in den Provinzen geworden sein, in denen sie heute die Mehrheit der Bevölkerung stellen. Und wenn sie 100mal zu 100% die Mehrheit haben, ihr Traum, einen Staat auf türkischem Boden zu gründen, bleibt ein Traum vergleichlich dem der Griechen von Byzanz und der Armenier von Groß-Armenien. Also sollen sie sich doch fortmachen, ehe sie das Haupt der türkischen Nation ins Unglück stürzen und nicht selbst ausgerottet werden. Die türkische Rasse ist sehr geduldig, aber wenn sie in Zorn gerät, wird sie zu einem tobenden Löwen, den niemand aufhalten kann. Sie sollen sich bei den Armeniern über uns erkundigen und daraus Lehren ziehen. Ihr wagt es, von uns eine unabhängige Sprache zu fordern, unabhängige Schulen, Radioprogramme und eine von der unseren getrennte Presse. Um euren Staat zu schaffen, setzt ihr eure Geheimtreffen fort, lest ihr in euren Privatversammlungen euren Kindern kurdische Gedichte vor.»[11]

Fast alle kurdischen Studenten hatten sich in den Jahren zwischen 1967 und 1969 in den Universitätsstädten mit den dortigen sozialistischen und revolutionären türkischen Organisationen verbündet. Sie gründeten schließlich 1969 eine eigene Organisation, die «Devremici Dogu Kültür Ocaklari», DDKO, die «Revolutionären Kulturvereinigungen des Ostens». Sie wurden gegründet, nachdem es zu politischen Auseinandersetzungen mit der «Türkischen Arbeiterpartei» gekommen war, der man opportunistisches Verhalten vorwarf. Die Kulturvereinigungen verbreiteten sich innerhalb weniger Monate über alle Städte Ostanatoliens, von hier aus wurde der Kampf gegen die gezielte Benachteiligung der kurdischen Regionen und die «Kolonialpolitik» der Regierung in Ankara aufgenommen. Agitiert wurden im wesentlichen die landlosen Bauern. Im März 1971 zwangen die türkischen Generäle Ministerpräsident Demirel zum Rücktritt, entmachteten das Parlament und verhängten wenig später über 11 Provinzen das Kriegsrecht. Obwohl die Verhängung des Kriegsrechts, bzw. die Intervention der Generäle damit begründet wurde, daß endlich «den anarchistischen Zuständen» an den Universitäten ein Ende bereitet werden müsse und «Reformen verwirklicht» werden müssen, wurde auch über drei ostanatolische Provinzen das Kriegsrecht verhängt: über Diyarbakir, Siirt und Antak-a. Hier fanden in der Vergangenheit die meisten Landbesetzungen durch die armen Bauern statt. Ein Ziel des Militärputsches war daher sicherlich, die kurdische Bewegung rechtzeitig einzudämmen, denn, so der von den Generälen eingesetzte Justizminister am 28. 4. 1971: «Millionen von Kurden haben in den östlichen Provinzen einen bewaffneten Aufstand geplant.»[12] Daher verfügten die Militärkommandanten in Diyarbakir nicht nur die Verhaftung von 5000 linken Kurden, sondern auch: «Für die türkische Nation ist offiziell und privat nur ein Bild vorhanden, das überall aufgehängt werden kann. Und das ist das Bild unseres größten Retters, Atatürk. Im Herzen und im Traumbild aller, die unserer Nation angehören, kann kein anderes Bild und kein anderer Name Platz haben.»[12a]

Nachdem die gesamte sozialistische und kommunistische Opposition ausgeschaltet war, im Kerker auf Gerichtsverhandlungen vor den Militärrichtern wartete oder in den Untergrund gegangen war und alle ihre Organisationen zerschlagen waren, Friedhofsruhe in der Türkei herrschte, zogen sich die Generäle wieder in die Kasernen und vornehmen Apartements zurück. Von den sozialen und wirtschaftlichen Problemen hatten sie keines gelöst. Am 26. September 1973 endete in Ankara und Istanbul, den beiden letzten Städten mit Kriegsrecht, die Herrschaft der Militärkommandanten, und am 14. Oktober 1973 konnte wieder eine neue demokratische Regierung gewählt werden. Diese freien Wahlen, wenn man sie als solche bezeichnen will, obwohl noch Tausende wegen ihrer politischen Ansichten eingesperrt waren, führten zu einem politischen Erdrutsch. Die sozialdemokratische «Republikanische Volkspartei», CHP, mit Bülent Ecevit als Vorsitzendem, gewann die Wahlen und konnte die Zahl ihrer Abgeordneten von 143 auf 185 erhöhen. Dagegen verlor die konservative Partei, die «Gerechtigkeitspartei» des vor dem Militärputsch amtierenden Ministerpräsidenten Suleiman Demirel, ihre absolute Mehrheit.

Ecevit schloß mit der dogmatisch-islamischen «Nationalen Heilspartei», MSP, eine höchst widersprüchliche Koalition. Eine Koalition, in der der eine Partner, die Sozialdemokraten, eine westlich orientierte bürgerlich-demokratische Politik praktizieren wollten, und der andere Partner, die MSP, von Demokratie wenig hielt und am liebsten einen islamischen Staat aus der türkischen Republik machen würde. Die Koalition hielt denn auch nicht lange. Im Sommer 1974, nachdem Ecevit türkische Truppen auf Zypern landen ließ, wollte er seine Popularität nutzen und mit seinem Rücktritt Neuwahlen erzwingen. Ecevit hoffte, dann die absolute Mehrheit zu erreichen. Die Rechnung ging nicht auf. Wieder kam es zu einer lang anhaltenden Regierungskrise, und schließlich bildete im Frühjahr 1975 – ohne Neuwahlen – der Führer der AP, Süleiman Demirel, die «Regierung der nationalistischen Front». Gestützt wurde sie von der «Nationalen Heilspartei», MSP, der «Republikanischen Vertrauenspartei», CGP, und der faschistischen «Partei der nationalistischen Bewegung», MHP, deren Vorsitzender, Alparslan Türkes, auch Führer derjenigen Kommandotruppen war, die schon vor dem Militärputsch viele Oppositionelle ermordeten. Alparslan Türkes, von den Kurden «Köpek», das heißt Hund genannt, bekam in der neuen Regierung den Posten des Vizeministerpräsidenten. Diese nationalistische Front regiert seit ihrem Bestehen durch Terror und Unterdrückung der linken Opposition. Die Kommandos von Alparslan Türkes, die «Grauen Wölfe», können ungehindert toben. Inzwischen haben sie praktisch den gesamten Staatsapparat besetzt. Während der ersten Regierung der nationalistischen Front, die von April 1975 bis zum Juni 1977 herrschte, wurden auf den Straßen und Gassen der Türkei 274 Menschen, fast ausschließlich linke Oppositionelle, ermordet, über 3500 schwer verletzt. Allein in den ersten drei Monaten der «zweiten Regierung der nationalistischen Front» starben 100 junge Menschen, davon ein großer Teil auf Grund von Auseinandersetzungen zwischen Kurden und den türkischen Faschisten des Alparslan Türkes. Seit Januar 1978 regiert die CHP, nachdem die rechte Koalition durch ein Mißtrauensvotum Ende Dezember 1977 gestürzt wurde.

Das Korn wird mit der Hand von Unkraut gesäubert und dann zerstampft. Szenen aus Viranşehir.

Die Politik der gezielten Benachteiligung

In den kurdischen Provinzen von Ostanatolien lebten im Jahr 1977 ca. 8,5 Millionen Einwohner, davon 80% Kurden. Die schon in osmanischer Zeit offensichtliche Unterentwicklung der kurdischen Provinzen wurde in den sechziger Jahren erheblich verstärkt. Nach ihrer sozio-ökonomischen Struktur lassen sich die 18 kurdischen Provinzen in Ostanatolien wie folgt gliedern:

Nördliche Osttürkei: Erzincan, Erzurum, Kars, Agri, Tunceli, Bingöl, Muş, Bitlis, Van, Adiyaman, Malatya, Elazig und Siirt.
Südosttürkei: Gaziantep, Urfa, Diyarbakir, Mardin und Hakkari.

Abgesehen vom Kleinhandwerk ist Türkisch-Kurdistan fast ausschließlich landwirtschaftlich strukturiert. In den nördlichen Teilen ist vor allem Viehzucht vorherrschend, in den südöstlichen und östlichen Teilen der Anbau aller Arten von Nahrungspflanzen, besonders aber Weizen. Die Landbevölkerung der 18 kurdischen Provinzen setzt sich aus ca. 1 Million Familien zusammen. Von diesen besitzen 62% Grund und Boden, während 38% landlose Bauern sind, das heißt, sie leben als Pächter, Halbpächter und Lohnarbeiter. In einzelnen Provinzen ist die Zahl der landlosen Bauern jedoch viel höher: In Muş haben 44 % keinen Boden, in Siirt 42 %, in Urfa 54 % und in Diyarbakir 46 %.[13]

Innerhalb der besitzenden Familien verteilt sich der bebaubare Boden jedoch extrem ungleichmäßig: 34,6% besitzen 1–10 ha. Es sind jene, die ein jährliches Defizit erwirtschaften.

19,8% besitzen 11–25 ha. Sie können durch ihre Arbeit gerade ihren Lebensunterhalt erwirtschaften, 21,5% besitzen 51–200 ha. Sie erwarten einen jährlichen Überschuß. 4% aller Bauern besitzen mehr als 200 ha, es sind die Großgrundbesitzer.

Der Großbesitz umfaßt 33% der gesamten Nutzfläche, der Kleinbesitz dagegen 27%, und meist ist es der schlechte Boden.[14]

Zahlreiche Dörfer gehören dabei vollkommen dem Großgrundbesitzer, dem Aga. Die Agas selbst wohnen in den Städten und lassen ihre Besitztümer durch Bedienstete kontrollieren. So verfügen die meisten der in den Städten lebenden Agas über mehr als 261 ha Boden, während die in den Dörfern lebenden Bauern, die von der Bodenbewirtschaftung leben müssen, nicht mehr als 24 ha ihr eigen nennen.[15]

Als Agas werden in der Regel diejenigen Menschen bezeichnet, die Eigentum an Boden besitzen und in den kurdischen Stämmen gleichzeitig die Rolle des Stammesältesten übernommen haben. Der Aga, der heute meist nicht mehr in den Dörfern lebt, benutzt daher Mittelsmänner, um seinen Machtbereich zu kontrollieren. Er hat dazu Sicherheitskräfte angestellt, die die Aufgabe haben, ihn zu beschützen. Immer wieder nämlich kam es vor, daß sich die armen Bauern gegen ihre

Ein Dorf bei Silvan. Der Traktor gehört dem Aga in Diyarbakir, den Bauern ausgemergelte Esel und drei Olivenbäume.

Unterdrückung wehren, und dann kann sich der Aga seines Lebens nicht mehr lange erfreuen. Die bewaffneten Schläger dienen heute im wesentlichen dazu, bei Konflikten um den Boden einzugreifen, wenn beispielsweise der Aga behauptet, daß der bislang von den Bauern bewirtschaftete Boden ihm gehört, und er deshalb die Bauern verjagt. Kommt es dabei zu bewaffneten Auseinandersetzungen zwischen dem Aga und den Bauern, kann der Aga sicher sein, daß er außerdem Polizei, Staatsanwalt und Richter auf seiner Seite hat. Es gibt in der türkischen Rechtsgeschichte fast keinen Fall, in denen bei Streitigkeiten zwischen den Kleinbauern oder Pächtern und den Agas die Bauern Recht bekommen hätten. In 95% aller Konflikte um Boden hatte in den letzten 10 Jahren der Großgrundbesitzer recht bekommen.[16] Für die Bauern bleibt dann, wird bei den Konflikten der Aga oder einer seiner «Sicherheitsleute» getötet, nur der Weg in die Berge. Beispielsweise ist es jedem Reisenden bekannt, daß es in bestimmten Regionen von Ostanatolien Straßenräuber gibt, die Autos anhalten, besonders gerne die von Touristen, und die Insassen ausrauben. Es sind genau diejenigen Gebiete, wie Batman, Mardin und Siirt, in denen es die meisten Großgrundbesitzer und die meisten landlosen Bauern gibt. «Diejenigen, die als Räuber bezeichnet werden, sind meistens bodenlose, arme Menschen.»[17]

Die Beziehungen zwischen dem Aga und den Scheichs auf der einen

Seite und den Bauern und Landarbeitern auf der anderen Seite sind feudalistisch geprägt. So kommt es heute noch vor, daß die Bauern ohne Lohn für die in ihren Dörfern sitzenden islamischen Gelehrten, die Scheichs, arbeiten. Die sunnitischen Scheichs und die schiitischen Dêde lassen von den Bauern ihre Felder bearbeiten, die Ernte einbringen und den Haushalt besorgen. Außerdem kommt häufig die Produktenrente vor: die Bauern geben in Form von Naturalien Teile der Ernte ihren Agas und Stammesführern ab. In der Regel erhält der Aga heute 50% der Ernte, und die Bauern seines Dorfes dürfen den Rest behalten.

In Silvan gehören dem Aga Mahmut Kebul, einem Abgeordneten der AP, insgesamt 15 Dörfer. 1975 nahm er ein:

5 Millionen Türkische Lira (TL) für Tabak,
2 Millionen Türkische Lira (TL) für Baumwolle,
15 Millionen Türkische Lira (TL) für Korn,
25 Millionen Türkische Lira (TL) für Weizen.

Die Bauernfamilien, von denen bei der Landbewirtschaftung Kinder und Alte mitarbeiten müssen, haben im gleichen Zeitraum ein Jahreseinkommen pro Familie von 8000 TL, das sind ca. 800 DM.

Viele Bauern in der Provinz Hakkari wiederum werden in Naturalien für ihre Arbeit entlohnt. Sie erhalten Getreide, Baumwolle oder Tabak, die sie dann gegen andere Gegenstände eintauschen. Auf die Frage an einen Bauern in der Nähe von Hakkari, ob er weiß, was der Aga verdient, antwortete er: «Alles Getreide gehört dem Aga. Und wir bekommen ein wenig von dem Getreide, aber kein Geld.»

«Von was ernähren Sie sich dann?»

«Nur Getreide und ein wenig Obst.»

In Ostanatolien gibt es zwar noch alle Formen der feudalen Ausbeutung, aber die kapitalistische Entwicklung machte in den letzten Jahren auch nicht vor Ostanatolien halt. Denn die Händler, mit denen die Bauern in Verbindung treten können, repräsentieren die kapitalistische Einflußnahme. Da sind zum einen diejenigen Wanderhändler, die «Cerci», die mit ihren Eseln oder Pferden von Dorf zu Dorf ziehen und dort ihre Waren (z. B. Spiegel, Nähzeug, Obst etc.) gegen andere Waren (Getreide, Schafwolle, Ziegenfelle) eintauschen.

Soweit Kleinstädte in der näheren Umgebung liegen, kommen die Dorfbewohner dorthin und bekommen für ihre Waren (Käse, Wolle, Getreide etc.) zum Beispiel Schuhe, Stoffe, Zucker, Salz oder Düngemittel. Dabei vollzieht sich der Tausch zu 50–60% Ware gegen Ware und zu 40–50% gegen Geld. Immer häufiger kommen die Bauern auch in die Großstädte, nach Diyarbakir, Erzurum oder gar nach Ankara. Hier erhalten die Bauern für ihre Waren nur Geld.

Die Bauern können ohne Erlaubnis ihres Agas keineswegs an einem anderen Ort als Landarbeiter tätig sein. Wenn dieser es erlaubt und der Bauer sein Dorf und seinen Stamm verläßt und arbeiten geht, muß er bei seiner Rückkehr dem Aga einen Tribut zahlen. Der Aga verlangt darüber hinaus von seinen Bauern Geld für Waffen und Munition, die er für die Lösung von Streitigkeiten benötigt, und Geld für die Gerichtskosten, beispielsweise bei Blutracheprozessen. Diejenigen Bauern, die sich dagegen wehren, werden aus dem Dorf gejagt. Die landlosen Bauern, das heißt die Pächter oder Landarbeiter, verfügen über keinerlei sozialen Rechte wie Versicherungen, Gewerkschaft, arbeitsrechtliche Sicherungen. Sie sind rechtlos – Leibeigene. Die Großgrundbesitzer haben zudem Arbeitsvermittler eingeschaltet, die die Landarbeiter je nach Bedarf beschäftigen. Jeder Landarbeiter ist dann gezwungen, sich der Arbeitsgruppe eines solchen Arbeitsvermittlers anzuschließen. Entsprechend diesen Strukturen ist auch das Einkommen verteilt. 10% der Haushalte in Ostanatolien erwirtschaften 50,1% des Gesamteinkommens der Region durch Landwirtschaft, während 50% aller Haushalte nur 12,8% des Gesamteinkommens erwirtschaften. Dabei liegt das Einkommen aus landwirtschaftlicher Tätigkeit in den östlichen Provinzen am niedrigsten und im Westen, bzw. Zentralanatolien, am höchsten. Verdient eine Bauernfamilie in Hakkari monatlich 250 TL, sind es in Aydin (Westen) 2500 TL; in Manisa (Westen) sind es 2350 TL, in Aĝri aber nur 500 TL.[18]

Die meisten Kleinbauern bewirtschaften ihre Felder noch mit primitiven Produktionsmitteln wie Ochsen und Holzpflügen. So erwirtschaften

Der Dreschschlitten. In anderen Dörfern setzt man Esel vor den Dreschschlitten.

sie weitaus weniger als diejenigen Großgrundbesitzer, die sich Traktoren, Ernte- und Saatmaschinen leisten können. Sie verhindern mit dieser Form der Bewirtschaftung aber die Bodenerosion. Die von Traktoren gezogenen Pflüge sind in vielen Gegenden unbrauchbar, weil sie zu tief pflügen. Dadurch wird die Erde so aufgelockert, daß der Wind, vor allem aber die Regenfälle im Frühjahr und im Herbst, auf weiten Flächen das Erdreich davonschwemmen können. «Man hat an der Hochschule für Landwirtschaft in Ankara ausgerechnet, daß jährlich 500 Millionen Tonnen Erde der Türkei durch Erosion verlorengehen.»[19] Ein anderer Grund der Erosion ist das bedenkenlose Abholzen der Wälder. Holz dient in erster Linie als Brennmaterial. Wo die Bauern keine Bäume für ihre Öfen finden, benutzen sie den Viehdung. Dieser wird mit den Händen zu Kugeln und Scheiben gepreßt, in der Sonne getrocknet und ergibt im Winter ein gutes Brennmaterial. Dem Ackerboden werden aber dadurch wertvolle und notwendige Düngestoffe vorenthalten. Boden ohne Düngung wird aber immer weniger ertragreich. Kunstdünger wiederum können sich die Bauern nicht leisten, weil er zu teuer ist. In insgesamt 40% aller kurdischen Dörfer gibt es keinen Dünger. 55% benutzen natürlichen Dünger und nur in 5,7% aller Dörfer wird Kunstdünger verwendet – und damit der Bodenertrag gesteigert. Dort, wo das

Der Weizen wird vom Spreu getrennt.

meiste Land den Großgrundbesitzern gehört, wird das Land mit Kunstdünger gedüngt. Alle anderen Bauern, Pächter, Kleinbauern etc. benutzen Naturdünger, bzw. überhaupt keinen – und erwirtschaften entsprechend weniger.[20]

Die Ernteerträge sind aber auch deshalb niedrig, zumindest bei den Kleinbauern und mittleren Bauern, weil es fast überhaupt keine Bewässerung der Felder gibt. In Ostanatolien werden nur 4,9% des Kulturlandes bewässert. Der Rest ist nicht bewässert worden, weil die türkische Regierung es bisher abgelehnt hatte, die reichhaltigen Wasservorräte im Osten zur Bewässerung einzusetzen. Daher kann nur derjenige Bauer genügend Erträge erwirtschaften, der zumindest über die technischen Hilfsmittel verfügt, um den Boden optimal zu bearbeiten. Geringes Einkommen läßt aber keine Investitionen in Maschinen zu: Das heißt, die Bauern können moderne Methoden der Bodenbewirtschaftung nicht anwenden. Sie können weder Maschinen kaufen noch leihen. Niedrige Erträge, die wiederum zu geringem Einkommen führen, sind die Folge. Die Großgrundbesitzer demgegenüber, die sich Maschinen anschaffen, versuchen daher auch die Felder derjenigen Bauern zu bewirtschaften, die sie diesen bisher verpachtet haben. Denn im Gegensatz zu den Kleinbauern wird der Aga bei den Banken keine Schwierigkeiten haben, Kredite zu bekommen. 74,8% aller Bauernfamilien in Ostanatolien

Dorf bei Derik. Das Dorf gehört einem Aga, dem insgesamt 30 Dörfer der Umgebung ausgeliefert sind. Hier ist aber auch das Potential der kurdischen Revolution.

erhalten keinen Kredit, weil sie nicht kreditwürdig sind.[21] In der Provinz Diyarbakir mit 663 Dörfern haben nur 0,4% der Dorfgemeinschaften einen Kredit erhalten.[22]

Das schlägt sich auch im Gesamtdurchschnitt der Türkei nieder. 1970 wurden in der Türkei durchschnittlich pro Provinz für 2700000 TL Kredite vergeben. In den ostanatolischen Provinzen dagegen nur 995000 TL – in Siirt 433000 TL und in Hakkari 727000 TL. Das heißt, daß fast überhaupt nichts investiert worden ist und wenn, dann haben Großgrundbesitzer und Kleinhändler die Kredite bekommen. So gehen die Bauern zu den privaten Kreditverleihern, den Zinswucherern. Die wiederum arbeiten eng mit den Großgrundbesitzern zusammen, das heißt, die Großgrundbesitzer selbst verleihen das Geld zu wucherischen Zinsen an die Kleinbauern, die sich dadurch ständig höher verschulden und schließlich gezwungen sind, ihr Land an den Großgrundbesitzer zu verkaufen – und sich und die eigene Familie dazu.

Eine andere Methode der Großgrundbesitzer, ihren Besitz zu erweitern, ist die, den Boden für sich zu beanspruchen, der dem Staat gehörte und bisher von den Bauern bewirtschaftet wurde. Das war auch so in dem kleinen Dorf Araplar in der Provinz Adiyaman. Vor 20 Jahren wurden hier Bauern angesiedelt, die bisher ohne Land waren. Die Bauern bauten auf dem staatlichen Land Weizen an. Der Aga versuchte dann, 15 Jahre

Kurdin, deren Mann von den Jandarmas abgeholt wurde.

später, beurkunden zu lassen, daß ihm das Land gehört, da er es ja auch bearbeiten läßt. Dann setzte er Maschinen ein und vertrieb die Bauern, unterstützt von seinen Privatpolizisten, von den Feldern. Als sich die Bauern wehrten, ihr Land besetzten, rief der Aga die Jandarmas (Polizei) und beide, Aga und türkische Polizei, vertrieben die Bauern von dem Land. Wenig später erhielt der Aga auch den Besitztitel über den Boden, nachdem er den Beamten des zuständigen Katasteramtes mit 2000 TL bestochen hatte. Jetzt arbeiteten die Bauern als Landarbeiter für ihren Aga.

Oft gelang es den Agas, die Bauern dadurch von den Feldern zu vertreiben, indem sie die Schulden mit Hilfe der Jandarmas eintreiben ließen. Die wurden mit dem Vorwand, daß die Bauern einen Aufstand planen würden, in die Dörfer geschickt. In der Regel wurden die Bauern verhaftet, ihre Familien vertrieben, und dem Aga blieb das bisher von den Bauern bewirtschaftete Land.

Mit dieser Methode wurden Anfang Dezember 1976 die Bauern der Dörfer Yasin, Haydarkulul und Darakol von ihren Feldern vertrieben. Zuerst kam es zu Streitigkeiten zwischen den Bauern und dem Großgrundbesitzer um die Bewirtschaftung von 20000 ha Boden. Nachdem die Bauern, solange sie sich zurückerinnern konnten, den Boden bewirtschaftet und die Erträge eingenommen hatten, erklärte plötzlich der Aga, ihm würde der Boden gehören, und zusammen mit seinen Privatpolizisten vertrieb er die Bauern von den Feldern. Als sich die Bauern wehrten, wurden die Jandarmas alarmiert, denen der Aga erklärte, die Bauern hätten moderne Waffen. Die Polizei kam auch prompt und praktizierte das, was in den kurdischen Dörfern zum alltäglichen Repressionsinstrumentarium gehört. Zuerst wurden alle Bauernfamilien gezwungen, sich auf den jeweiligen Dorfplätzen zu versammeln. Die Männer wurden dann öffentlich gefoltert, indem sie an den Füßen an eine Art Galgen gehängt wurden. Auf die knapp oberhalb des Bodens baumelnden Köpfe schlugen die Jandarmas mit ihren Schlagstöcken und Gewehrkolben. Bei anderen wurden die Barthaare abgerissen. Als diese Torturen beendet waren, brachten die Jandarmas alle Bauern in die umliegenden Gefängnisse. Die Frauen und Kinder wurden nach Bismil geschleppt, die Männer in das Gefängnis von Diyarbakir. 10 Tage blieben die Kinder und Frauen im Gefängnis von Bismil, die Männer 20 Tage.

In der Zwischenzeit hatte der Aga auch die Erlaubnis von den türkischen Behörden erhalten, den Boden zu bewirtschaften, was er sofort, nachdem die Bauern in den Gefängnissen eingesperrt waren, tat. Da die Traktoren aber nur die flachen Teile des Landes pflügen konnten, streute er auf die anderen Felder, die er nicht umpflügen konnte, Rattengift, durch dessen Genuß wiederum die Schafe und Kühe der Bauern verendeten.

Ein ähnlicher Fall ereignete sich 1975 in vier Dörfern von Batman in

«Nieder mit den Ausbeutern.» Der Widerstand der Bauern wächst und wird organisiert.

der Provinz Siirt. Diese Dörfer gehören einer der größten feudalen Familien in Kurdistan, Cemal Paşa, deren Familienmitglieder lange Zeit auch den Bürgermeister von Diyarbakir gestellt hatten. Insgesamt bestimmen sie heute noch über 80 Dörfer in den Provinzen Diyarbakir, Siirt und Bitlis. Im Juli 1975 behauptete die Familie plötzlich, daß die Felder, auf denen die Bauern arbeiteten, ihnen gehören, mit der Begründung, daß diese Dörfer alle einmal von Paşas Vorfahren gebaut worden sind. Um diese Forderungen durchzusetzen, kamen die Privattruppen des Agas in die umliegenden Dörfer, um die Felder zu zerstören, auf denen Weizen, Wassermelonen, Tabak und Bohnen angepflanzt waren. Denn der Großgrundbesitzer wollte alles umpflügen und eine neue Weizensorte pflanzen, die einen höheren Ertrag sicherte. Zuerst warfen die Bauern Steine gegen die Privattruppen von Cemal Paşa. Daraufhin kamen die alarmierten Jandarmas und folterten Kinder wie Männer. 100 Bauern wurden nach Batman und Siirt abgeführt und in die Gefängnisse geworfen. So hatte der Aga sein Ziel durchgesetzt. Aber in der Zwischenzeit hatte er schon kein Interesse mehr, die Felder zu bewirtschaften, und er unterbreitete den Bauern ein Angebot. Für 5 Millionen TL sollten sie ihm den Boden abkaufen, der maximal 1 Million TL wert war. Die Bauern nahmen Kredite auf und kauften dem Aga schließlich ihren Boden ab. Die Schuldenlast ist mittlerweile so erdrückend geworden, daß sich schon zwei Bauernfamilien das Leben genommen haben.

Die Ursache für diese Auseinandersetzungen, die in den letzten Jahren erheblich zugenommen haben, liegt in der Bodenfrage des Ostens. In der Zeit des Osmanischen Reichs wurden die Weideländer gewöhnlich nach der Macht der Feudalherren und Stämme aufgeteilt. Die während der letzten Periode des Osmanischen Reichs erlassenen Gesetze über das Bodeneigentum ermöglichten den Agas und Scheichs, die Weideländer und die landwirtschaftlich nutzbaren Gebiete als ihr Eigentum zu beanspruchen. Durch die neuen Zivilgesetze wurde dieser Zustand zementiert. Dabei haben es die Großgrundbesitzer, Bürokraten und die einflußreichen Familien in den Stämmen geschafft, daß die Länder und Weidegebiete, die sie sich früher durch Gewaltanwendung angeeignet hatten, in das Grundbuch der Republik eingetragen wurden. Diese Eintragungen waren aber auch teilweise nicht zwingend zur ökonomischen Machterhaltung notwendig, da der Aga kraft seiner feudalen Herrschaft sowieso über den Boden verfügte. Im Osten wurden daher auch die Felder eines Großgrundbesitzers sehr unpräzis umschrieben, um ihm die Möglichkeiten der Expansion einzuräumen: «Östlich bis zum X-Berg, westlich bis zum W-Berg, nördlich bis zum A-Fluß und südlich bis zum Z-Fluß.» Solche Gebiete schließen, neben den zur Landwirtschaft geeigneten Zonen, Tausende Hektar Weideländer, Wälder, Berge und Hügel in sich ein.

Wegen dieser unsicheren Besitzverhältnisse und dem zunehmenden antifeudalistischen Kampf der kurdischen Bauernbewegung spielen die Konflikte um Weideländer und Boden im Leben der Bauern auch heute noch eine wichtige Rolle. Wenn der Großgrundbesitzer behauptet, daß ihm ein bestimmtes Stück Land gehört und er es bewirtschaftet, ist es für die Bauern sinnlos, diesen Konflikt vor einem Gericht lösen zu lassen, weil sie dort nicht gelöst werden. Die Prozesse dauern Jahre, oft Jahrzehnte. Außerdem widerspricht das Gerichtsverfahren den traditionellen Lösungsmethoden der Kurden. Auf jeden Fall sind juristische Auseinandersetzungen zu kostspielig, da die Gerichtskosten oft mehr als den eigentlichen Wert des betroffenen Landes betragen. Die einzigen Nutznießer sind die Anwälte.

Wegen der Konflikte um Weideland kommt es immer wieder zwischen den einzelnen Familien zu großen Spannungen. Die Bauern der einen Familie, die meist einem Aşiret angehören, denunzieren die Bauern des anderen Dorfes und Aşiret, oft regelt dann die Pistole oder das Gewehr den Konflikt. Das wiederum führt zur Blutrache, es kann also vorkommen, daß auf Grund von ökonomischen Konflikten Dutzende Bauern getötet werden. Denn sie sehen in ihren Nachbarn den Todfeind und wissen nicht, daß die tatsächlichen Feinde diejenigen sind, die sie in diesen Zustand gebracht haben. Für die türkische Regierung gibt es daher kein besseres Mittel, um die Spaltung unter den Kurden zu forcieren, als die Beibehaltung der feudalistischen Strukturen, die zu den Stammeskämpfen führen. Außerdem ist das für die Polizei eine willkommene Gelegenheit, in den Dörfern Razzien zu veranstalten und gleichzeitig die kurdische Nationalbewegung einzuschüchtern.

In Malazgirt, der Provinz Muş, kam es im Sommer 1977 zu derartigen Konflikten. Bilanz: 24 Tote. Auch hier ging es um Weideland. Der Landrat von Malazgirt hatte bereits mehrmals die offiziellen Behörden darauf aufmerksam gemacht, daß die vorhandenen Spannungen unter den Bauern zu harten Auseinandersetzungen führen werden. Aber es wurde nichts getan. Und erst dann, als die Bauern gegeneinander kämpften, 24 Menschen getötet wurden und die anderen Bauern ihre Dörfer verlassen haben, tauchte der Staat auf. «Und wie? Die Kommandoeinheiten verschärften grauenhaft die Folterungen gegenüber den Bauern in dieser Region. Es ist interessant, wie der Muş-Abgeordnete Kasim Emre sich über die Kommandoüberfälle äußerte. Wie die Zeitungen berichteten, sprach Emre die ‹Spalter› für schuldig und klagte darüber, daß diese Spalter die Stadt Muş zur befreiten Zone erklären und in Muş eine Menge Waffen gelagert seien. Es ist möglich, daß man in Muş tatsächlich eine Anzahl von Waffen beschlagnahmt hatte, zweifellos nach schweren Prügeln und Folterungen. Heute hat man ihre Waffen beschlagnahmt, gut, morgen werden sie sicher ihre Schafe und ihre Kühe verkaufen und mit dem Geld sich neue Waffen besorgen, sie haben keine andere Wahl.»[23]

Ein anderer charakteristischer Vorgang fand am 28. September 1975 in Tuzluca in der Provinz Hakkari statt. Hakkari ist diejenige Provinz in der Türkei, die am unterentwickeltsten gehalten wurde. Dort herrschen fast ausschließlich Agas und Scheichs über die ca. 100000 Bauern. Bisher war es auch so, daß die Polizei- und Militärrepressionen hier am stärksten waren, im wesentlichen deshalb, weil es regen Austausch zwischen den Kurden im Nachbarland Irak und den Kurden in Hakkari gegeben hatte, bzw. gibt. Bis 1965 galt die Provinz als eine verbotene Zone, selbst 1977 ist es für Touristen und Beobachter gefährlich, sich mit den Bauern in Verbindung zu setzen. Der Großgrundbesitzer Ahmet Adiyaman, zugleich Führer des Stammes Jirki, die keine Moslems, sondern Yeziden sind, unterhielt bis zu diesem 18. September gute Beziehungen zur Verwaltung und zum Militär. Entsprechend gute Beziehungen unterhielt er auch zum Staatsanwalt von Tuzluca. Aber plötzlich trübte sich das Verhältnis, und die türkischen Stellen erinnerten sich daran, daß der Aga noch keinen Militärdienst abgeleistet hat. Warum sich das bisher so gute Verhältnis trübte, ist nicht bekanntgeworden. Auf jeden Fall kam der Staatsanwalt, unterstützt von 18 Jandarmas, zum Großgrundbesitzer, um ihn festzunehmen. Der Aga und seine Bauern wehrten sich, und während des Schußwechsels zwischen den Bauern und den Staatsorganen wurden der Großgrundbesitzer und sechs Jandarmas

In den Schluchten des wilden Kurdistan. Bauern aus Tuzluca, die vor den Jandarmas flüchteten. Der Fotograf, der diese Aufnahmen knipste, wurde wenig später von der türkischen Geheimpolizei, MIT, ermordet.

getötet. Nach diesen Ereignissen flüchteten alle Bauern der umliegenden Dörfer in die schwer zugänglichen Bergregionen. Insgesamt waren es 18000 Bauern, die aus Furcht vor den anrückenden 2000 Soldaten sich in die Berge zurückzogen. Die gesamte Region wurde eingekesselt. Von Hubschraubern aus wurden die Bauern aufgefordert, sich zu ergeben. Eine bewaffnete Auseinandersetzung schien unvermeidbar. Nur durch eine massive Intervention der demokratischen Organisationen und des CHP-Parlamentsabgeordneten aus Hakkari konnte Blutvergießen vermieden werden. Die Jandarmas und Militärs zogen sich zurück, und die Bauern kehrten in ihre Dörfer zurück. Der Journalist der Zeitung «Hürriyet», der die türkische Öffentlichkeit von der Gefahr der blutigen Auseinandersetzungen informierte, wurde einige Zeit, nachdem er über die Vorgänge in Hakkari berichtet hatte, ermordet aufgefunden. Ermittlungen in diesem Fall wurden von staatlicher Seite «aus Sicherheitsgründen» untersagt. Der Staatsanwalt, der nach diesen Ereignissen versetzt worden war, wurde an seinem neuen Amtssitz etliche Monate später ermordet. Hintergrund des militärischen Aufmarsches war, daß die Kurden in Hakkari dabei waren, ihre Brüder im Irak militärisch zu unterstützen. Die Grundstrukturen der Machtkämpfe sind meist eindeutig: Konflikte zwischen den Großgrundbesitzern und der Staatsgewalt sowie Konflikte zwischen Großgrundbesitzern untereinander werden grundsätzlich auf dem Rücken der meist unbeteiligten Bauern ausgetragen. Die jeweils betroffenen Bauern und Landarbeiter werden unfreiwillig in diese Auseinandersetzungen einbezogen, um sie untereinander zu spalten und eine Zusammenarbeit zwischen ihnen zu verhindern. «Wenn einzelne Familien sich weigern, an den Kämpfen teilzunehmen, bekommen sie kein Pachtland und keine Arbeit mehr und müssen fortziehen. Ihnen bleibt dann nur der Weg in die Stadt, denn ein anderer Großgrundbesitzer würde sie aus Angst, daß seine eigenen Leute auch so handeln könnten, nicht aufnehmen. Ihr Großgrundbesitzer läßt sie sogar noch in der Stadt einschüchtern und bespitzeln und schwärzt sie bei den Behörden an, so daß sie auch von dort keine Hilfe erwarten können. Dieses System des Terrors reicht sogar bis nach Westeuropa, wohin einige betroffenen Familien geflüchtet sind. Hier wird sehr deutlich, daß von Stammesführern im Sinne von gütigen und weisen, noch dazu gewählten Vaterfiguren, wie sie Interpreten sehen, überhaupt nicht die Rede sein kann.»[24] Der kurdische Wissenschaftler Cemal Akdaĝ kommt in einer Untersuchung über die Stammeskämpfe zu folgendem Ergebnis: «Diese Tatsache muß auch von seiten europäischer Schreiber endlich Rechnung getragen werden. Dem unterdrückten und ausgebeuteten kurdischen Volk können romantisch verklärte Falschdarstellungen nur schaden. Wenn also im Interesse des kurdischen Volkes die europäische Öffentlichkeit über Vorgänge in Kurdistan informiert werden soll, dann auf der Basis sorgfältiger Recherchen, die die tatsächlichen Beziehungen, d. h. Abhängigkeiten in der kurdischen Gesellschaft berücksichtigen müssen.»[25]

Mechanisierung und Vertreibung

Verstärkte Mechanisierung, umfangreiche Bodenverbesserungs- und Entwässerungsarbeiten, breite Verwendung von Kunstdünger und die immer bessere Anwendung der fortgeschrittenen Feldbautechniken kamen ausschließlich den Großgrundbesitzern zugute, die genügend finanzielle Mittel hatten, um die Kosten für Maschinen, Kunstdüngemittel und Entwässerungsanlagen zu bezahlen. Dabei war auffällig, daß auch dieser Standard in Ostanatolien im Vergleich zu allen anderen türkischen Regionen am niedrigsten war.[26]

Diese Zahlen stammen aus den Jahren 1965 bis 1967. 1975 wurden allein 49000 Traktoren gebaut. Das bedeutet, daß in der Zwischenzeit beispielsweise die Zahl der Traktoren in Ostanatolien erheblich gestiegen ist. Ähnliches gilt auch für die anderen Produktionsmittel. Dabei bleibt jedoch die strukturelle Benachteiligung bestehen.

Die Mechanisierung hat sich auf die Erträge ausgewirkt. Die Aussich-

	Türkei	Ostanatolien	Vergleich Osten/ gesamte Türkei in Prozent
Fläche qkm	780576	220775	29,9
Einwohner (1977)	43000000	8700000	20,2
Analphabeten in Prozent	51	72	–
Mähmaschinen	5992	270	4,5
Motorfahrzeuge	80695	5253	6,5
Straßen in km	48693	9083	18,7
Zahl der elektrischen Maschinen	98000	4195	4,1
Stromgeneratoren	4800	55	1,2
Traktoren	74982	6496	8,6

ten für die Ernten in der Türkei wurden in den letzten Jahren als sehr gut bezeichnet. 1976 ergab sich gegenüber 1975 ein Mengenzuwachs von 8%. Inwieweit die steigenden Erträge Abnehmer finden, ist eine andere Frage. Es fehlt an Fachkräften für Lagerung und Transport der Ernte, so daß schwere Qualitätsschäden entstehen. Auf Grund der fehlenden Verkehrserschließung von Ostanatolien kommt es häufig vor, daß die Ernte verrottet, bevor sie ihre Abnehmer gefunden hat.[27]

Es fehlt nicht nur am Ausbau des Straßen-, Telefon- und Telegrafennetzes, sondern auch an der Ausbildung von Fachkräften für die Landwirtschaft und im allgemeinen an der Erhöhung des Bildungsniveaus der Bauern, um die geeigneten materiellen Bedingungen für eine moderne intensive Landwirtschaftsentwicklung in der Breite zu schaffen, die besonders das Kultur- und Lebensniveau der Bauern erhöhen kann. Dazu sieht die türkische Regierung keinerlei Anlaß. Sie ist lediglich bereit, die dünne Schicht der Agas zu unterstützen und ihre Macht entsprechend auszuweiten: «Die einseitige Mechanisierung und verbesserte Produktionsweise der Großbauern verstärkte die Ungleichgewichte auf dem Lande. Das Großgrundeigentum konnte auf Grund der Mechanisierung dazu übergehen, bisher verpachtetes Land in eigener Regie mit Maschinen zu bewirtschaften. Als Ergebnis der Mechanisierung verschwand der Teilbauer zusammen mit den Ochsen und den meisten hölzernen Pflügen, ohne etwas anderes an seine Stelle zu setzen als eine begrenzte Anzahl von Jobs für Traktorfahrer, Beifahrer, Aufseher und Chauffeure und wenige Wochen für Gelegenheitsarbeiter in noch nicht mechanisierten Arbeitsvorgängen.»[28]

Ein Bauer aus Diyarbakir: «Früher haben in unserem Dorf 30 Familien gelebt. Jetzt sind es 18. Der Aga hat sich mehrere Traktoren zugelegt und daher 12 Familien von den Feldern gejagt, und der andere Aga hat auch vor, sich bald Traktoren zu kaufen, und dann werden die anderen gehen. Die Traktoren werden kommen, wir können die Bankschulden nicht bezahlen, und so wandern die Bauern hier von Dorf zu Dorf, um Arbeit zu finden. Es gibt für uns keinen Platz mehr.»

Denn der Bauer ist nur noch konkurrenzfähig, wenn er mehr Ackerland bewirtschaften und seine Produktion durch Einsatz von Maschinen etc. verbessern kann. Da jedoch die kleinen Bauern immer weniger für ihre Erzeugnisse erhalten, gleichzeitig die Preise überproportional gestiegen sind, können sie sich nicht mehr am technischen Fortschritt beteiligen, sie müssen ihr Land aufgeben und werden gezwungen, in die Stadt auszuwandern. Allein im Jahre 1976 stiegen die Preise für die allgemeinen Lebenshaltungskosten und Industriegüter, aber auch für Energie, um durchschnittlich 75%; bei Diesel und Benzin erhöhte sich der Preis um 100%. Dagegen stiegen die Erzeugerpreise nur um durchschnittlich 40%. Die Kleinbauern, die meist an Großhändler verkauften, erhielten noch weitaus geringere Erträge. Wie es in denjenigen Dörfern und Städten aussieht, in denen Agas über grenzenlosen Reichtum und Macht verfügen, Kleinbauern mit Mühe und Not für den eigenen Bedarf sorgen können und die landlosen Bauernfamilien hungern, geht aus den folgenden Strukturuntersuchungen über Mardin und Tunceli hervor.

In der Provinz Mardin, nahe der syrischen Grenze, leben insgesamt 271984 Personen. Es gibt eine einzige Staatsstraße: eine teilweise geteerte, gut ausgebaute Landstraße, die von Urfa und Diyarbakir bis nach Idil, Cizre und Silop zur irakischen Grenze führt. Die anderen Dorfstraßen und Straßen zwischen den Dörfern bestehen zu 90% aus Feldwegen, die meistens nicht von Motorfahrzeugen befahren werden können. Nur 117 Dörfer von insgesamt 708 sind im Winter zu erreichen. In der Provinz gab es 1965 16 Jeeps, 26 Lastwagen, 88 Traktoren. Der jährliche Bevölkerungsanstieg beträgt 2,7%. Dabei gibt es starke regionale Gefälle.

Insgesamt sind nur 52,9% des Bodens zu bewirtschaften. 2,3% aller Familien bewirtschaften dabei 49% des gesamten Bodens mit mehr als 200 ha Land pro Familie. Auf der anderen Seite haben 23490 Bauernfamilien, von insgesamt 57476 Familien, keinerlei Land, das sind ca. 50%. Von diesen landlosen Familien arbeiten 4005 Familien als Pächter privaten Grundbesitzes, 236 haben das Land vom Staat gepachtet und 19249 Familien dienen als Landarbeiter. Pächter und Landarbeiter bewirtschaften das Land der Agas, die zum größten Teil in den Städten leben. Die Entlohnung wird wie folgt geregelt:

1. Die Großgrundbesitzer geben nur den Boden und erhalten ein Zehntel der Ernte.
2. Die Großgrundbesitzer geben das Land, das Saatgut und die Maschinen und nehmen zwei Drittel der Ernte.
3. Die Großgrundbesitzer geben das Land, das Saatgut oder die Hälfte

des Saatgutes, und die Ernte wird 50 zu 50 geteilt.

Insgesamt erwirtschafteten die Bauern dabei zwischen 100 bis 1500 TL pro ha und Jahr. Wenn man davon ausgeht, daß 33,3 % der Bauern über 1 bis 10 ha Land verfügen und 27 % der Bauern über 11–25 ha Land, bedeutet das ein durchschnittliches Familieneinkommen von 9000 TL (900 DM) pro Jahr.[29]

In 420 Dörfern gibt es Trinkwasser, in 288 keines. In keinem der Dörfer kann gehandelt werden, die Bauern liefern ihre Produkte in den nächsten Distrikt-Städten ab. 26 Dörfer liefern ihre Produkte nach Diyarbakir und 34 nach Siirt.

In 538 Dörfern wird mit Holz geheizt, in 287 Dörfern mit Tierdung und Stroh, in 72 Dörfern mit Stroh und mit Kohle in drei Dörfern. In nur zwei Dörfern der Gesamtprovinz gibt es Elektrizität.

Wie sich die fehlenden Infrastrukturinvestitionen für diese Provinzen auswirken, zeigt sich darin, daß es keinerlei soziale Versorgung gibt. Nur in zwei Dörfern steht ein Gesundheitszentrum, nirgends gibt es Hebammen. Dafür in 51 Dörfern Polizeistationen und in 578 Dörfern Moscheen. Es gibt keine Industrie.

Die Tageszeitung «Cumhuriyet» berichtete am 26. August 1968 über die Verhältnisse in der Provinz Tunceli, dem ehemaligen Dersim: «Tunceli ist eine unserer Provinzen, die auf 7774 qkm 155 000 Einwohner beherbergt. 414 Dörfer gibt es. Von unseren Bürgern, die in Tunceli leben, können 61 % weder lesen noch schreiben. In den Dörfern erhöht sich der Anteil der Analphabeten auf 67 %. Von 414 Dörfern sind 122 ohne Bewässerung. 5 % aller Felder werden bewässert, 95 % sind Gottes Segen überlassen. Es gibt keine Kooperativen, dafür 30 Kaffeehäuser, 18 Gemeindegästehäuser. Im ganzen gibt es 25 Traktoren, 5 Autobusse, 14 Lastwagen, einen Transporter, 15 000 Holzpflüge, 47 eiserne Pflugscharen, 3 Mähdrescher. Laut Industriestatistik gibt es in Tunceli weder staatliche noch private Industriearbeiter. Stadtbeamte, Dorfagas, Händler, Stammesherren dominieren in dem Gebiet. Und Gendarmen und Steuereinnehmer laufen dazwischen herum.»

Das Elend der kurdischen Bauern, die in mittelalterlicher Abhängigkeit gelassen werden, wächst, bedingt durch den enormen Bevölkerungszuwachs in den östlichen Gebieten. Betrug die Bevölkerungsentwicklung zwischen 1955 und 1960 in Ostanatolien 17,6 %, erhöhte sie sich zwischen 1960 und 1965 schon um 20 %, im Vergleich zu 12,4 % in der Türkei. Und das bei einer Sterblichkeitsrate von 55 % in den ersten vier Lebensjahren! Auch das hängt wiederum mit der Unterentwicklung zusammen. Denn je höher die soziale Entwicklung, um so niedriger ist die Rate an Todesfällen und Geburten, was von der gesundheitlichen Versorgung und dem Bildungsniveau abhängig ist. Inzwischen liegt die jährliche Zuwachsrate der Bevölkerung im Osten bei 3 %, während die übrige Türkei eine sinkende Tendenz aufweist und jetzt bei knapp 2,5 %

Herstellung von Kerpiç. Lehm wird mit Stroh vermischt, aus dem Ziegel geformt werden. Sie werden an der Sonne getrocknet, um dann damit die Lehmhäuser zu bauen.

liegt. Die sinkende Tendenz wird noch deutlicher, wenn man die Zuwachsraten ohne die beiden atypischen Bereiche Ankara und Istanbul errechnet. Die Raten liegen dann bei 2%. So wächst auf der einen Seite die ostanatolische Bevölkerung, während auf der anderen Seite immer weniger Möglichkeiten vorhanden sind, die Familien zu ernähren. Die türkische Regierung versucht zwar die Bevölkerungsentwicklung einzudämmen – aber nur dadurch, daß sie das Gesundheitswesen vernachlässigt. Die Folgen: einmal die extrem hohe Kindersterblichkeit und zum anderen die durchschnittliche Lebenserwartung der ostanatolischen Bauern, die bei 40 Jahren liegt.

Das Gesundheitswesen in Ostanatolien

Wenn man über das Gesundheitswesen im türkischen Kurdistan spricht, stößt man unmittelbar auf den Namen von Yusuf Azizoglu, der in den sechziger Jahren Gesundheitsminister war. Die Azizoglus sind eine kurdische Großgrundbesitzerfamilie aus Silvan (Provinz Diyarbakir). Auf das Betreiben Azizoglus wurden am 5. 1. 1961 als Bestandteil des neuen Gesundheits- und Sozialwesengesetzes 224 sogenannte «Saglik Ocaklar» (Gesundheitsheime) gegründet – vornehmlich im «Südosten der Türkei», also in Kurdistan. Eigentlich sollten diese S.O.-Heime – nach der Vorstellung von Azizoglu mit einem Beamten, 2–4 Ammen/Geburtshelferinnen, einer Krankenschwester, einem Sekretär, einem Chauffeur, einem Arbeiter besetzt – die Krankenversorgung in den Ostprovinzen garantieren; in jedem Dorf/Stadt mit mehr als 5000 Einwohnern sollten diese Gesundheitsheime eingerichtet werden.

Doch in der Tat blieben diese Verfügungen nur symbolisch, in den meisten Fällen findet man in den «Gesundheitsheimen» weder einen Arzt noch einen Pfleger, noch eine Amme – es gibt keine Spritze und keine Medikamente: «Es sind weiße Häuser, inmitten unserer Lehmhütten, mit einer türkischen Fahne drauf!» sagte ein kurdischer Bauer. «Innen sind sie leer, da sitzt nur ab und zu der Beamte, der, von der Zentralregierung geschickt, sein Gehalt damit verdient, daß er die türkische Fahne aufzieht!»

Auf die Frage hin, ob denn dann das Mühen Yusuf Azizoglus ganz umsonst gewesen sei, meinte ein Alter: «Er war Abgeordneter der Yeni Türkiye Parti (Neuen Türkischen Partei), er wollte sicher etwas für uns tun, aber er hatte Angst, sich zu Kurdistan zu bekennen. Er hat nie gesagt: ‹Ich bin Kurde›, und da ist er eben gestorben, und übriggeblieben ist kaum was von dem, was er erreichen wollte!»

Eigentlich sollten in alle Kleinstädte Ärzte von der Regierung geschickt werden, doch die meisten westlichen Ärzte wollen nicht in den unterentwickelten Osten, obwohl sie im Osten mehr als im Westen verdienen können. Dafür werden kurdische Ärzte nicht nach Kurdistan gelassen. Ihre Anstellung als staatliche Ärzte wird abgelehnt.

Krankenversicherung

Ein versicherter Arbeiter – das sind die allerwenigsten – zahlt etwa 40% seines Lohns für Versicherungsbeiträge. Wenn der Lohn steigt, steigt auch der Beitrag.

Eine Operation oder eventuelle Krankenhausaufnahme ist dann frei.

Für die Medikamente in ambulanter Behandlung zahlt die Versicherung 80%, der Versicherte 20%.

Die Familienangehörigen des Versicherten zahlen 20%.

Doch die meisten Ärzte (auch der Versicherungskrankenhäuser) haben «Abkommen» mit Arzneimittelfirmen, welche Medikamente den Versicherungsnehmern verschrieben werden. Im allgemeinen werden die «guten», teuren Medizinen nur von Privatärzten verschrieben.

Ein Versicherter kann sich nur im «Sigorta-Hastahane» (Versicherungskrankenhaus) verarzten lassen, beziehungsweise einer Versicherungspraxis. Doch ein Versicherungsarzt sieht am Tag durchschnittlich 60 Patienten. Das heißt, daß er sich praktisch nicht um die Patienten kümmern kann. Damit die aber nicht auf den Gedanken kommen, daß sie nicht betreut werden, werden in den meisten Fällen viele, zu viele Medikamente aufgeschrieben.

Was macht jemand, der nicht versichert ist – das ist die große Mehrheit der kurdischen Bevölkerung?

Er muß alles selbst zahlen, stürzt sich also in Schulden oder geht nicht zum Arzt. Unversicherte Arbeiter bekommen bei Arbeitsunfällen weder den Lohnausfall bezahlt noch einen Zuschuß zur medizinischen Betreuung.

Ärztemangel

Es vesteht sich, daß die Möglichkeit, einen Versicherungsarzt in Anspruch zu nehmen, nur in den Städten besteht, denn nur 5% der Dörfer/ Kleinstädte haben einen Arzt, der im Sommer für die Bauern nur nach stundenlangem Marsch, im Winter überhaupt nicht zu erreichen ist, da es in den meisten Gegenden keine Straßen gibt, viele Dörfer aber von Dezember bis März abgeschnitten sind. Schwerkranke müssen im Schlitten in die nächste Stadt gebracht werden. Doch wer das überlebt, der wird auch zu Hause gesund; denn selbst wenn er es in die nächste

Krankentransport. Es fehlen Straßen, es fehlen Transportmöglichkeiten, um die Kranken rechtzeitig zum Arzt zu bringen.

Kreisstadt schafft, so werden ihm dort allenfalls Medikamente verschrieben, die er nicht bezahlen kann. Die Möglichkeit, in ein Krankenhaus aufgenommen zu werden und dort auch tatsächlich gesund gepflegt zu werden, ist für einen kurdischen Bauern und seine Familie praktisch nicht existent.

Bei Krankheiten, die einen Spezialisten erfordern, verringert sich die Heilungschance nochmals um ein Erhebliches, denn die Fachärzte (mit Belegbetten in örtlichen Krankenhäusern zum Teil) fordern Honorare, die für einen Bauern unbezahlbar sind.

Von derselben Quelle erfahren wir, daß 37,3 % der vorhandenen Ärzte in der 1. Region (Kirklareli, Edirne, Istanbul und Tekirdağ) arbeitet

	Jahr	Anzahl der Menschen pro Arzt	Ärzte in Prozent
Türkei insgesamt	1974	1880	100,0
18 Städte im Südosten	1974	5575	6,8

(Quelle: Statistisches Gesundheits-Jahrbuch der Türkei, 1975 Ministerium für Gesundheit und Sozialhilfe)

und 23,7 % in der VII. Region (Kastamonu, Çankiri, Ankara, Kirşehir, Yozgat und Nevşehir). In den 18 Städten im Osten und Südosten der Türkei dagegen finden sich nur 6,8 % der Ärzte. In Istanbul kommen auf einen Arzt 490 Menschen, in Ankara 500, in Izmir 690.

In der Provinz Hakkari gibt es nach der offiziellen Statistik für die insgesamt 102313 Einwohner einen Zahnarzt, acht Ärzte und 18 Gesundheitsbeamte sowie 14 Hebammen.[30] In Wirklichkeit haben die Ärzte jedoch im Winter, der von November bis April dauert, ihre Praxen verlassen und sich in den Westen zurückgezogen. Die Bauern bleiben in dieser Zeit ohne ärztliche Versorgung. In Hakkari gibt es dann lediglich einen Militärarzt, der zwar über gute Absichten, aber über keinerlei Medikamente verfügt. Da die Bauern keine Möglichkeiten haben, bei Krankheiten einen Arzt zu erreichen, sind sie, wenn sie sich nicht selbst helfen können, zum Tode verurteilt. Genauso ungleichmäßig wie die Verteilung der Ärzte ist die der Gesundheitseinrichtungen und der Krankenbetten.

	Einwohnerzahl	Gesamtanzahl der Krankenbetten	Krankenbetten je 10000 Einwohner
Ankara	2572562	11224	43,6
Bitlis, Bingöl, Ağri	765710	415	5,4
Türkei	40197000	100000	25,1

(Quelle: Bulletin der Ankara-Izmir-Ärztekammer, 19. April 1977)

Dabei ist es fast ausgeschlossen, eine gut ausgebaute Krankenstation zu finden. Als beispielsweise die zwanzigjährige Hausfrau Ayse Bereket in Urfa die Geburt ihres Kindes erwartete und sich dabei schwere Komplikationen einstellten, schleppte sie sich zum Krankenhausarzt, der nach rascher Untersuchung feststellte, daß die Frau dringend einen operativen Geburtseingriff braucht. Er verlangte 200 TL, doch die Bäuerin hatte nur 150 TL bei sich. Da schickte der Arzt die Frau wieder weg und sagte, sie solle zuerst die restlichen 50 TL holen oder sie sich irgendwo ausleihen; dann unverzüglich wieder zu ihm kommen. Unter argen Schmerzen ging die Frau wieder weg und konnte sich tatsächlich die 50 TL borgen. Die Blutungen waren aber inzwischen noch stärker geworden, auf dem Rückweg zum Arzt brach sie auf der Straße zusammen und verblutete.

Für die ca. 43 Millionen Einwohner der Türkei braucht man dringend über 500000 Spitalbetten, aber es gibt nur knapp über 100000. Die meisten dieser Betten sind zudem in privaten Kliniken und dort nur

Krankenhaus in Diyarbakir.

zahlenden Patienten vorbehalten. Im Osten gibt es Provinzen, in denen es für eine ganze Provinz nur 260 Krankenhausbetten gibt, so in Van und Hakkari. Daher versucht man auch, die unversorgten Kranken moralisch zu trösten. Eine Istanbuler Zeitung schrieb: «Einst starb man ruhig in seinem Bett, umgeben von seiner Familie. In unseren Tagen stirbt man in Spitälern und Kliniken nach langem Leiden, verlängert durch alle möglichen Arten von Instrumenten, welche uns eine langsame Agonie bescheren und dabei die Familie ruinieren. Denn in ein Spital zu kommen, bedeutet Analysen, Elektrokardiogramme, Röntgenaufnahmen, Konsultationen, dabei schmilzt das Geld in wenigen Wochen dahin und läßt oft die Familie ohne einen Groschen – ohne daß dabei der Patient gerettet würde.»

Die Klinik von Diyarbakir zeichnet sich dadurch aus, daß in einem Bett drei Wöchnerinnen liegen, ein schwerverletzter Bauarbeiter zum Beispiel nur alle 2–3 Tage umgebettet wird, die Bettwäsche (verschwitzt, blutig und schmutzig) einmal in der Woche gewechselt wird. In vielen Zimmern gibt es keine Ventilation – bei Temperaturen im Sommer um 40° C. In Hakkari, in dem ein Provinzhospital steht, gibt es dafür keinen Strom. Einer der im Sommer praktizierenden Ärzte hat außer einem Stethoskop, einem Verbandskasten, der meist leer ist, und einer meist defekten Lampe keinerlei technische Ausstattung. Ein medizinisches

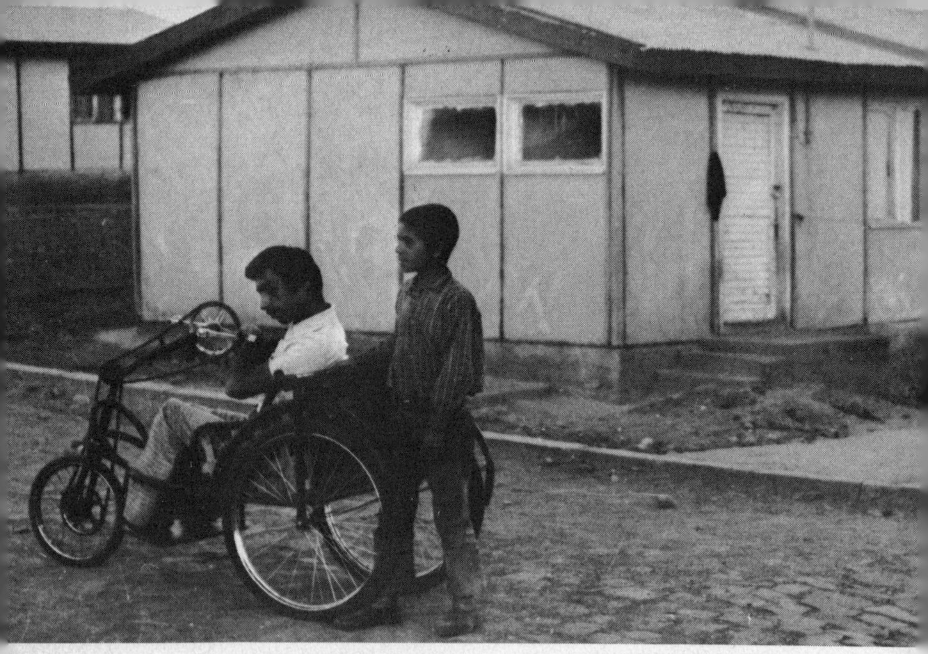

Im allgemeinen müssen sich die Kranken ihre Hilfsmittel selbst bauen. Die Türkei, eine Gesellschaft der Krüppel.

Labor zur Untersuchung von Blut, bei Epidemien besonders wichtig, existiert nicht. Etwa alle zwei Monate wird in Hakkari ein Chirurg per Hubschrauber eingeflogen, der dann dringend notwendige operative Eingriffe vornimmt.

In der Stadt erzählt man sich dann, daß der «Insan-Kasap» (der Menschenmetzger) wieder da ist.

Apotheken und Medikamente

In den sieben Ostprovinzen gibt es für 236000 Menschen eine Apotheke. Und dort gibt es die wichtigsten Medikamente, die fast täglich gebraucht werden, gegen Tuberkulose, Cholera, Trachom, Magen-Darm-Infektionen, Kindbettfieber etc. entweder nicht oder nur gegen Aufschlag oder Beziehungen. In vielen Fällen lassen die Ärzte die Patienten erst in die Apotheke gehen, die verschriebenen Medikamente einzukaufen, bevor sie die Gebrauchsanweisung geben: um sicherzustellen, daß die Medizin auch gekauft wird. Denn mit den Rezepten wird oft etwas anderes gekauft. Alle türkischen Apotheken führen außer den Medikamenten auch Kosmetika. Und deshalb lassen sich viele Frauen für den Gegenwert eines Rezeptes Parfümerien verschreiben: Lippenstift statt

Aspirin. Jeder kranke Türke wünscht sich aber ausländische Medikamente, weil die in der Türkei erzeugten meist qualitativ sehr mangelhaft sind. Selbst die im Lizenzverfahren erzeugten Medikamente entsprechen oft nicht den Originalen. Außerdem sind die Medikamente für die Bauern in der Regel unbezahlbar. 1970 wurde eine Medizin, die sehr wirkungsvoll bei der Ausheilung von Tuberkulose eingesetzt wurde, auf den Markt geworfen. Preis: 11 TL. Nachdem sich herumgesprochen hatte, wie effektiv das Medikament war, und die Nachfrage sehr groß war, wurde das Medikament aus dem Verkehr gezogen und nur noch auf dem Schwarzmarkt verkauft. Preis 50 TL. Dabei findet man heute Medikamente gegen Tuberkulose sowieso nur in den Großstädten. Die durchschnittliche Anzahl der in den Kleinstädten zur Verfügung stehenden Medikamente liegt bei 100 Präparaten je Apotheke. Oft kommt es auch vor, daß Bauern, die bei ihren Apothekern oder Ärzten kurdisch sprechen, weder bedient noch behandelt werden. Das gleiche gilt oft für die Behandlung bzw. Betreuung durch die Gesundheitsbeamten und Hebammen. Wer nicht türkisch spricht, bleibt unversorgt. Aber: im Prinzip ist die gesamte kurdische Region sowieso unversorgt, wie die folgende Aufstellung dokumentiert.

Zahl der Einwohner pro gesundheitlicher Versorgungseinrichtung im Jahre 1965 in Ostanatolien und in der Türkei

Provinz	Ärzte	Zahnärzte	Krankenhausbetten	Apotheken
Adiyaman	19092	–	2703	133644
Agri	4186	49392	1887	123481
Bingöl	9408	75261	1667	150521
Bitlis	57502	154069	2041	154069
Diyarbakir	4033	47592	775	52880
Elazig	6206	29339	251	46104
Erzincan	4458	64647	1099	86195
Hakkari	6995	83937	2778	–
Mardin	9253	79576	3030	99470
Muş	5678	99358	1667	198716
Siirt	8276	264832	2128	88277
Tunceli	11012	–	2041	–
Urfa	8669	112700	1389	75133
Van	5035	66710	1667	133420
Region	6667	100000	1200	100000
Türkei	2680	16667	600	20000

(Quelle: M. R. Jafar: Under-Underdevelopment, Helsinki 1976, S. 113)

Kindersterblichkeit in der Türkei im Vergleich mit anderen Ländern

Länder	Kindersterblichkeit unter den 0- bis 4jährigen (%)	Säuglingssterblichkeit je 1000 Geburten
Türkei		
Land	54,9	168
Stadt	38,8	113
durchschnittlich	50,9	153
Schweden	1,4	12
Kanada	5,5	19
Bulgarien	6,2	21
Griechenland	7,6	32
Philippinen	41,8	71
Mexico	44,2	68
Thailand	24,3	26
Chile	29,1	91

(Quelle: Bulletin der Ankara-Izmir-Ärztekammer 11, August–September 1976)

Trotz der Epidemien, der hohen Kindersterblichkeit und der niedrigen Lebenserwartung gibt es keinerlei Gesundheitsfürsorge und kein Hygieneprogramm für die Bauern. Eine Gesundheitsgesetzgebung existiert nicht. Dabei führen gerade die Unterernährung, die ständige Unterkühlung, die fehlenden Hygienemöglichkeiten zu der hohen Kindersterblichkeit. Die Kinder laufen während des ganzen Jahres im Dreck herum, im Winter tragen sie allenfalls Plastikschuhe. Wenn es im Sommer dann kein Wasser gibt, um sich zu reinigen, kommt es zu den berüchtigten Epidemien, denen Hunderte von Kindern zum Opfer fallen. Fast alle Kinder haben geschwollene Bäuche: Zeichen der Unterernährung. In den Dörfern sagt man dann, daß das Kind zu dick ist, und man beginnt mit warmen Eisenstücken den Bauch zu bestreichen. Dadurch glaubt man, daß der Bauch wieder normale Form annimmt.

Fast in jedem Dorf trifft man auf die typischen Kinderkrankheiten in unterentwickelten Staaten: Polyneuritis durch den Vitaminmangel, Hungergeschwüre, Anämie, Fettleber und Bauchschwellungen wegen der proteinlosen Kost. Fehlendes Eiweiß führt zu einer verminderten Entwicklung des Kindes, zu seinem frühen Tod oder dem vorschnellen Altern. All diese Hungerschäden verursachen eine steigende Invalidität der Bauern. Überall trifft man auch die «schreienden Kinder», die «vom Teufel besessen sind». In Wirklichkeit leiden sie nur unter Hunger, der im Verlauf der Jahre zu massiven psychischen Deformationen geführt hat. Sie haben allenfalls noch das Glück, in die Dorfgemeinschaft integriert zu werden, das Glück geheilt zu werden haben sie genausowenig wie die Neugeborenen, die, bedingt durch den massiven Vitamin-B-Mangel, physisch dahinsiechen.

Kinder aus Urfa mit der ansteckenden Augenkrankheit Trachom. Sie führt bei Nichtbehandlung zur Blindheit.

Für die schwangeren Frauen gibt es keinerlei Gesundheitsvorsorge, keinerlei Geburtshilfe und keine Kinderheilkunde. Hebammen finden sich nur in den wenigsten Dörfern, und selbst die helfen häufig nicht den Frauen, sondern kommen nur, «um den Kindern einen türkischen Namen zu geben». Was in anderen Ländern selbstverständlich ist, daß die schwangeren Frauen während der Dauer der Schwangerschaft eine leichtere Tätigkeit erhalten, ist in Ostanatolien, aber auch in anderen türkischen Regionen, eine Utopie. 28,4% der Frauen leiden daher wegen der zu harten Arbeit bis zur Geburt an Fehlgeburten. Am nächsten Tag nach der Geburt müssen 80% aller jungen Mütter wieder arbeiten. Auch während der Geburt kommt es häufig zu Todesfällen. Die Nabelschnur wird häufig mit einer nichtdesinfizierten Schere abgeschnitten. Infektionen entstehen, können nicht behandelt werden und führen zum Tod von Mutter oder Kind. Die Kinder werden, in Ermangelung von Puder, mit roter Erde eingeschmiert, was später zu Schwellungen und Infektionen führt. Wenn man bedenkt, daß es in den meisten kurdischen Dörfern weder Elektrizität gibt noch Wasserversorgung, in der überwiegenden Zahl der Haushalte mit Kuhmist geheizt wird, die minimalen hygienischen Voraussetzungen also fehlen, um die Kinder gesund zu gebären und die Frauen nach der Geburt zu versorgen, wundert es lediglich, daß überhaupt noch Kinder und Frauen die Geburt überleben. Auf jeden

Fall führen alle benannten Umstände zu einer extrem hohen Sterblichkeitsrate, sowohl bei Müttern als auch bei Kindern.

Statistiken über die Zahl der Hungerkatastrophen gibt es nicht, auch nicht über die Opfer, die die jährlichen Katastrophen fordern. Ärzte in Diyarbakir und Van berichten jedoch, daß in jedem Winter durchschnittlich 10000 Menschen ausschließlich an Hunger bzw. den Folgewirkungen des Hungers sterben müssen. Berichtigt sind die Hungerkatastrophen in der Provinz Hakkari. In einem Flugblatt der «Revolutionären Studenten des Ostens» und der Studentenvereinigungen der technischen Universität von Istanbul heißt es dazu:

«HILFERUF DER IN HAKKARI AN HUNGER STERBENDEN AN DIE VÖLKER DER TÜRKEI

Einerseits werden Milliarden – geschaffen im Schweiße des Antlitzes des Volkes – verschleudert und Riesenkapitalien in sinnlose Brückenbauten und Gefängnisneubauten hineingepumpt – andererseits gibt es in unserer Türkei Verhungernde.

BRÜDER, WIR REDEN VON HAKKARI!

Von dem Hakkari, dessen Lage als eine unserer Provinzen auf der Karte zu zeigen selbst viele unserer Intellektuellen nicht imstande sind. Sei es so – allerdings sterben in dieser Provinz heute Bürger des Hungers. In diesen Tagen, in denen wir in den Sommer hineingehen, sind die Verkehrswege der Landkreise ŞEMDINLI, ÇUKURCA und BEYTÜŞEBAP noch geschlossen. Die Lebensmittelvorräte sind zu Ende gegangen. Das Volk ißt Gras statt Brot. Bis heute sind bereits drei Personen verhungert.

In Hakkari kann wegen der geringen Anbaufläche, seiner schwierigen Bergtäler und kargen Berge nicht genügend Weizen angebaut werden – und Mehl, Salz, Petroleum, Zucker und andere für das Volk lebensnotwendige Güter können nicht aus den Nachbarprovinzen herangeschafft werden. Die Verkehrswege bedeuten für Hakkari das Leben selbst. Dennoch gibt es von den Kreisen Hakkaris keine Verbindungswege zu Nachbarprovinzen, ja nicht einmal solche zwischen seinen eigenen Kreisen und Dörfern. In den an der Grenze liegenden Dörfern steigt der Preis für das Kilo Salz im Winter auf zweieinhalb Lira (etwa 1 DM). Nicht einmal absolut lebensnotwendige Güter sind in den Dörfern und Kreisen dieser Provinz aufzutreiben. Das Volk ist ohne Verbindungswege, das Volk ist ohne Ärzte, ohne Medikamente – und verhungert.

Die Politiker ignorieren die minimalsten Lebensbedürfnisse des Volkes. Die Probleme des Volkes interessieren sie nicht. Sie sind mit dem neuesten politischen Kuhhandel (den Wahlen) beschäftigt.

Wir rufen alle Patrioten, all jene, die auf der Seite der Menschenrechte stehen, alle aufrichtigen Intellektuellen und realistischen Presseleute auf – MACHT EUCH ANS WERK!

Erfüllt Eure Aufgabe, damit dem Volk von Hakkari der Zutritt zum 20. Jahrhundert gewährt werde.

Die Gleichgültigkeit der Regierung (der Türkei) gegenüber dem Osten läßt sich mit keiner menschlichen Logik mehr erklären. Hier ist ein Telegramm des Landrates von ÇUKURCA vom 10. Mai (1969):

S. O. S.

DREI VOR HUNGER GRAS ESSENDE PERSONEN SIND GESTORBEN! DA ES IM KREIS KEINEN ARZT ODER SANITÄTER GIBT, DIAGNOSTIZIERTEN WIR ALS TODESURSACHE DEN VERZEHR VON GRAS. BRINGT UNS DRINGEND HILFE AUF DEM LUFTWEGE.

... Aus der Luft kam die dringende Hilfe durch die schweren Bombenflugzeuge der irakischen Luftwaffe. Brandbomben und Sprengbomben explodierten über dem Landkreis von Çukurca. Der Preis: ein trockener Protest – eine trockene Entschuldigung der irakischen Regierung ...

Solche Vorgänge sind nicht neu. Aus den 1962 beginnenden Grenzverletzungen (der irakischen Luftwaffe bei Angriffen auf kurdische Dörfer in der Türkei) waren am 29. Juni 1965 Luftangriffe großen Stils geworden. Deren Ziel waren wiederum die Gebiete des unglücklichen Landkreises Çukurca in der Provinz Hakkari ... Schwere Bombenflugzeuge haben auf unsere südöstliche Grenze Feuer regnen lassen. Als ob Spreng- und Napalmbomben nicht genügten, durchkämmten sie den Kreis mit ihren Bordmaschinengewehren. Die Angriffe ließen den Toten Ali Ertunç und viele Verwundete zurück. Der Angriff wurde von mehr als einem Flugzeug durchgeführt. Das Ergebnis war wiederum eine trockene Entschuldigung ...

Ihr Herren, die Ihr Träger der Verwaltung für dieses Land seid und Euch in weiche Sessel niederlaßt: Das Vaterland ist nicht nur Ankara! In Çukurca verlangt das Volk seine Staatsbürgerrechte:

Es verlangt von Euch Verkehrswege, Wasser, Licht und Ärzte. Ihr, die Ihr im Wahlkampf diese Mißstände zu beseitigen versprochen habt, habt damit auch die Verwaltungsobhut für dieses Land übernommen.

Nichtsdestotrotz ist diesem Volk nicht einmal sein Leben garantiert. Diese Menschen, die hungrig sind, durstig, verstreut, ohne Garantie für ihr Recht auf Leben, sind gezwungen, selbst zu handeln, um zu überleben. Darum werden sie Schmuggler und Banditen genannt.

He, Ihr da, die Ihr die Träger der Verwaltung für dieses Land seid, es ist nicht ohne Grund, daß Ihr dies als ein juristisches Problem bezeichnet, anstatt es als ein wirtschaftliches zu erkennen und nach einer wissenschaftlichen Lösung zu suchen. Dies würde natürlich kaum zum Nutzen der Feudalherren sein, welche Eure Zügel in der Hand halten. – Çukurca ist im 20. Jahrhundert unsere Schande. Als Revolutionäre Jugend wenden wir uns gegen die Gleichgültigkeit der Regierung.

REVOLUTIONÄRE STUDENTEN DES OSTENS, STUDENTENVEREINIGUNG der Technischen Universität und Technischen Hochschulen, Istanbul

Ein kurdisches Dorf

Das Dorf liegt in Südostanatolien. Es hat 321 Einwohner und 53 Häuser, die alle aus Stein gebaut sind. Als Dach benutzte man Pappelstämme, die mit Erde bedeckt sind. Es sind Dreizimmerhäuser: das Gästezimmer, die Küche und ein Wohnzimmer. Die einzige Straße des Dorfes ist 1970 von einer ausländischen Firma gebaut worden, die zur Erdölsuche gekommen war. Seitdem ist die Straße nicht repariert worden. Wenn es regnet, ist die Straße nicht befahrbar, im Winter und den ersten Frühlingsmonaten bleibt die Straße überhaupt gesperrt. Im Dorf gibt es kein Auto. Der Aga, der die Bauern gegen Geld von Zeit zu Zeit in die Stadt bringt, befehligt im Dorf, sowie in anderen Dörfern, über bewaffnete Kommandoeinheiten. Im Dorf fehlt ein Gesundheitszentrum, das nächste ist eine Stunde weit entfernt, aber seit 1972 gibt es dort kein Personal. Im Dorf befinden sich zwei Lebensmittellädchen, wobei die Bauern mit Geld bezahlen oder mit Eiern tauschen. Keiner der Bauern liest eine Zeitung oder Zeitschrift. Frauen und Kinder sind an der Produktion beteiligt. Besonders die Frauen müssen extrem viel arbeiten. Sie sammeln Holz auf den Bergen und tragen es auf ihrem Rücken bis zum Dorf. Als Winterfutter für das Vieh sammeln sie Eichenblätter. Sie pflügen und bestellen das Land. Ab und zu leisten sie sogar Hirtenarbeit, eine Tätigkeit, die sonst den Männern vorbehalten ist. Die Bauern sind gezwungen, das Stammesoberhaupt finanziell zu unterstützen. Wer das nicht tut, wird aus dem Dorf gejagt. Politisch tendiert der Stammesführer zur CHP. Im Dorf gibt es erst seit 1971 eine Grundschule, die vom Staat gebaut worden ist. Sie hat einen einzigen Klassenraum, in dem die Kinder der verschiedenen Jahrgänge gleichzeitig unterrichtet werden. 1976 konnte nur ein einziger Schüler sein Zeugnis offiziell bekommen, die anderen 15 Schüler hatten zwar auch bestanden, besaßen aber keinen Personalausweis und bekamen deshalb kein offizielles Zeugnis. Weder im Dorf noch in der Umgebung gibt es eine Mittelschule, so daß die Kinder keine höhere Schule besuchen können. Im Gegensatz zu den meisten anderen Dörfern leben hier keine landlosen Bauern. 17 Familien haben je 0,5 ha Land, 8 Familien je einen ha, einige Familien je 10 ha und fünf Familien je 15 ha Land. Beim Pflügen werden Pferde und Esel benutzt. Die Arbeitsgeräte der Bauern sind der Eisenpflug, der Spaten, die Hakke, die Spitzhacke und der Dreschschlitten. Es gibt keine Geräte wie Traktoren, Mähdrescher etc. Immerhin benutzt man teilweise seit zwei Jahren Kunstdünger. Das Weideland ist das Gemeingut des Dorfes und läßt sich nicht verpachten. Es gibt kein fließendes Wasser. Trinkwasser holen sich die Bauern aus einer Quelle, die 300 m vom Dorf entfernt liegt. Über die Landreform äußern sich die Dorfbewohner so: «Wir haben von der Landreform schon etwas gehört. Wir wissen aber, man gibt uns doch kein Land, das unseren Bedürfnissen entspricht.»

Die Landreform

Schon seit 1945 gab es Bestrebungen, durch eine Landreform die Armut auf dem Land zu beseitigen. Doch die landlosen und armen Bauern warteten bisher vergebens auf ein wirksames Gesetz über die Bodenreform und seine Durchführung. Denn eine grundlegende Veränderung der feudalistischen Strukturen in Ostanatolien hätten es notwendig gemacht, den Boden den Bauern zu geben, die ihn bearbeiten. Da einer solchen Maßnahme jedoch mächtige Interessengruppen entgegenstanden, wurden zahlreiche Gesetzentwürfe immer wieder geändert, so daß von den ursprünglichen Entwürfen nie viel übrigblieb. Erst nach 1971 wurde relativ zielstrebig an einem neuen Entwurf gearbeitet.

Wiederum scheiterte der erste Entwurf am Widerstand der Lobby der Großgrundbesitzer in der «Gerechtigkeitspartei». Ein führendes Mitglied der «Gerechtigkeitspartei» betonte Anfang Dezember 1972, daß das Gesetz nur über seine Leiche durchgesetzt werden könnte. Ein anderer Abgeordneter predigte, daß es in den Dörfern Blutvergießen geben würde, wenn das Gesetz in der vorliegenden Form verwirklicht werden würde. Der erste Entwurf scheiterte. Die «Gerechtigkeitspartei» erklärte, daß sie dem Gesetz nur zustimmen würde, wenn die Verteilung des Landes an Verwandte in Verbindung mit einer Heirat nicht aufgehoben werden würde und daß auch diejenigen das Land behalten dürfen, die nicht auf ihrem Land arbeiten, sondern sich in den Städten aufhalten und die Bauern für sich arbeiten lassen. 1973 wurde das Gesetz dann verabschiedet. Einmal abgesehen davon, daß überhaupt nicht genug

Land vorhanden war, um alle landlosen und armen Bauernfamilien zu versorgen, gab es für die kurdische Bevölkerung mindestens ein großes Hindernis. Voraussetzung für die Landvergabe ist nach Artikel 53 des Reformgesetzes an erster Stelle die Kenntnis des Türkischen in Wort und Schrift. Doch 80% der kurdischen Bevölkerung sind Analphabeten. Sie würden bei der Landvergabe nicht berücksichtigt werden. Damit war das Reformgesetz von vornherein eine Farce. Aber selbst die ansatzweisen Versuche, doch etwas zu ändern, wurden am 12. Oktober 1976 vorläufig beendet, weil das türkische Verfassungsgericht die Regelung, daß Beträge bis zu einer bestimmten Höhe für enteignetes Land sofort, darüber hinausgehende Beträge jedoch in Raten vom Staat zu zahlen wären, für ungültig erklärte. Sämtliche Entschädigungssummen müßten vom Staat sofort bezahlt werden. Wenn bis zum 12. Oktober 1977 kein Anschlußgesetz verabschiedet sein würde, das diese Weisung berücksichtigte – und dieser Entwurf wurde nicht vorgelegt –, werde das bisherige Reformgesetz auslaufen und damit ungültig.

Das Gesetz sollte in der kurdischen Provinz Urfa als erstes durchgesetzt werden. Am 3. November 1976 erklärte der Staatsminister für die Anwendung der Bodenreform das Verstaatlichungsverfahren in Urfa für beendet. Der Hintergrund:

In Urfa gibt es insgesamt 644 Dörfer, wobei 51 Dörfer einer einzigen Person gehören, 40 Dörfer einer Familie und 32 Dörfer einem einzigen Stamm. 54% der Bauern in Urfa sind ohne Grund und Boden.

Die Verstaatlichung des Bodens hat im Februar 1975 angefangen. In den ersten drei Monaten wurden ca. 200000 ha Boden verstaatlicht, in den folgenden acht Monaten kein einziger Quadratmeter Boden mehr. Während Minister Erkovan in einer Pressekonferenz am 3. November 1976 sagte, daß die Gesamtsumme des bis November 1976 verstaatlichten Bodens 1752478 ha erreichte, für die insgesamt 531246268 TL zu bezahlen sind, von denen 15% auch ausbezahlt wurden, erklärte der «Fonds für die Boden- und Agrarreform»: «Der Bezirk Urfa ist am 1. November 1973 zur ersten Reformzone erklärt worden. Die Gesamtsumme des zur Verstaatlichung geeigneten Bodens beträgt 3862768 ha. 1100000 ha davon ist Staatsgut. Die Summe des Bodens also, der verstaatlicht würde, beträgt praktisch nur noch 2760000 Hektar.»[31]

Zwischen der in diesem Bericht genannten Summe und der von dem Staatsminister genannten gibt es demnach einen Unterschied von über 1 Million ha Boden. Diesen Boden hat die Regierung der nationalistischen Front ihren alten Besitzern, den Großgrundbesitzern, gelassen. Denn 150 Großgrundbesitzer aus Urfa forderten die drei AP- und einen MSP-Abgeordneten ihrer Provinz auf, dafür zu sorgen, daß die türkische Regierung die Umverteilung des Bodens rückgängig macht bzw. stoppt. Andernfalls sollten die vier Abgeordneten ihre Parteien verlassen. Bei

Hier wird Pekmez produziert. Es ist Traubensaft, der mit Zucker vermengt so lange gekocht wird, bis die Flüssigkeit steif wird. Dann wird sie in der Sonne getrocknet und dient als Vorrat für den Winter.

einer Mehrheit von damals drei Abgeordneten im Parlament hätte das den Sturz der Regierung bedeutet. Und so wurde es auch gemacht. Schon zuvor hatte die Regierung der nationalistischen Front das Gesetz verwässert. Das Gesetz setzte nämlich fest, daß der gesamte Boden derjenigen, die ihren Boden nicht direkt und produktiv bearbeiten, verstaatlicht werden soll. Die Regierung Demirel hat diese Anweisung am 18. Oktober 1975 verändert, so daß der Unterschied zwischen denjenigen, die ihren Boden direkt bearbeiten, und denjenigen, die das nicht tun, nicht mehr anerkannt wird.

Dem Gesetz gemäß muß die Verstaatlichung in bestimmten Schritten durchgeführt werden. Zuerst werden Verstaatlichungsakten vorbereitet. Das Staatssekretariat faßt den Verstaatlichungsbeschluß. Dieser Beschluß wird dem Grundbesitzer amtlich mitgeteilt. Der Verstaatlichungsbeschluß muß für 15 Tage aufgeboten werden. Dabei wird der Entschädigungsteil, der im voraus bezahlt werden muß, an die «Ziraat-Bankasi» auf den Namen des Grundbesitzers eingezahlt. Das Gelände wird im Namen des Staates in das Grundbuch eingetragen. Tatsächlich wurde bei der «Urfa Ziraat-Bankasi» nicht einmal die Hälfte der Summe, die von Minister Erkovan für eingezahlt erklärt worden ist, einbezahlt. Das bedeutet, daß nicht einmal die Hälfte der Länder, die zur Verstaatlichung bestimmt waren, tatsächlich verstaatlicht worden sind.

So wurden von den insgesamt 2,8 Millionen ha Boden, die verstaatlicht werden sollten, nur 800000 ha verstaatlicht. 75000 Familien warten daher immer noch auf den versprochenen Boden. Ähnlich wie bei der Landreform, die nicht verwirklicht wurde, sondern nur den Großgrundbesitzern diente,[32] steht es auch mit den zugesagten Investitionen für die Infrastruktur des Gebietes.

In einem Bewässerungsprojekt hatte man sich das Ziel gesetzt, in Akcakale 210000 ha, in Viransehir 100000 ha und in Suruc 50000 ha Boden zu bewässern. Inzwischen ist von der Bewässerung in Suruc keine Rede mehr, außerdem sollen in Akcakale nur noch 150000 ha und in Viransehir 50000 ha Boden bewässert werden. Ein anderes Beispiel: 1974 setzte man sich im Landstraßenprojekt das Ziel, 333 km Landstraßen zu bauen. Inzwischen wurde dieses Ziel auf 227 km vermindert. Gleichzeitig wurden die Trinkwasserreservoirs, die ländlichen Internate und Gesundheitseinrichtungen erheblich vermindert. Bekanntlich ist auch das Reformgesetz aufgehoben worden, die landlosen Bauern hoffen weiter, während sich die Großgrundbesitzer die Hände reiben.

Aber selbst wenn die landlosen Bauern Boden bekommen hätten, wäre es für viele unmöglich gewesen, das Land zu bewirtschaften. Denn wie sollen sie sich die Maschinen leisten können, um die Felder zu bewirtschaften? Dazu wäre der Ausbau der Genossenschaften notwendig, der aber nur zögernd vorangetrieben wird. In dieser Situation werden viele Bauern, die jetzt über Land verfügen, ihr Land ohne Düngemittel und Maschinen bearbeiten müssen. Das bedeutet geringen Ernteertrag, Nichtbezahlung der eventuellen Schulden, schließlich den Verkauf des Landes. Das soll heißen, daß selbst Reformaktivitäten, die den Bauern Land, aber nicht mehr geben und die Macht der Großgrundbesitzer nicht brechen, politische Augenwischereien sind. Am Los der armen Bauern ändert sich nur wenig. Es wäre notwendig gewesen, die Grundstücke, die Bäume und Zugtiere, die Eigentum der Großgrundbesitzer sind, zu enteignen. Gleichzeitig müßte der An- und Verkauf des Bodens sowie jede andere Form der Veräußerung des Bodens untersagt werden. Alle alten Schulden der Bauern müßten für ungültig erklärt werden. Nur das hätte den jahrhundertealten antagonistischen Widerspruch zwischen der Bauernschaft und den Großgrundbesitzern gelöst und die Wege zur raschen Entwicklung der Produktivkräfte gebahnt. Denn, so erklärten die kurdischen Organisationen: «Die Befreiung der Bauern aus dieser Sackgasse ist nur durch eine radikale Landrevolution möglich, eine Landrevolution, die in der gesamten Türkei und insbesondere im Osten verwirklicht werden muß. Die Verwirklichung der Landrevolution hängt demnach von einer Reihe radikaler Änderungen ab. Die Lösung dieser Frage hat mit der Industrialisierung des Landes und der Erziehung des Volkes zu tun. Die türkische Regierung, die Kurdistan für eine ihrer Kolonien hält und dementsprechend handelt, hat bisher nie daran gedacht, für die Probleme der kurdischen Bauern eine Lösung zu finden.»[33]

Landbesetzungen und Terror

Die Not der kurdischen Bauern fand in den letzten Jahren ihren Ausdruck u. a. in spontanen Landbesetzungen. In allen Fällen nahmen die Bauern das Land der Agas in ihren Besitz, verteilten es unter den Bauern ihres Dorfes und fingen an, es zu bewirtschaften. Den eingreifenden Jandarmas und der Armee wurden erbitterte Gefechte geliefert, auf denen es auf beiden Seiten eine Anzahl von Toten gab. Aktiviert wurden die Bauern sowohl von der kurdischen Befreiungsbewegung im Irak als auch von den aus den Städten in die anatolischen Dörfer kommenden Studenten. So besetzten im Januar 1970 landlose Bauern das gesamte Land, das einem Aga gehörte. Mit einer Privatarmee erkämpfte der Aga das besetzte Land bei Araban/Mardin wieder zurück. Im März nahmen 125 landlose Bauern vom Dorf Hacimümin bei Adana das früher von einem Aga besetzte Land von 300 ha wieder zurück und begannen es selbst zu bewirtschaften. Schon zuvor fanden zahlreiche Demonstrationen statt. Am 28. Juli 1969, in Hilvan/Urfa, nahmen 20000 Bauern an einer Massenkundgebung «gegen die Agas» teil. Trotz des strikten offiziellen Verbotes des Gebrauchs der kurdischen Sprache wurden die Ansprachen an die Bauern in Kurdisch gehalten. Am 2. August 1969 fand eine Kundgebung in Siverek statt mit der Losung: «Wir wollen Brot. Wir brauchen Wasser. Baut Wohnungen.»

An diesen «Kundgebungen des Erwachens» nahmen im Verlauf der Jahre 1969 bis 1971 mehr als 100000 kurdische Bauern teil. Überall, ob in Varto, Lice oder Van, marschierten die Bauern «gegen die nationale Unterdrückung und die Agas».

Folgende wichtige und zentrale Kundgebungen haben damals, 1969, stattgefunden:

16. 2. in Gaziantep, 22. 2. in Malatya, 17. 3. in Kars, 13. 4. in Diyarbakir und am 19. 4. in Agri. Die Losungen richteten sich in der Regel gegen Arbeitslosigkeit, Hunger und Imperialismus, gegen den Gesetzentwurf zum Schutz der Freiheit und Verfassungsordnung, gegen Hunger und die Agas.

In Hilvan wurde wegen der Vergabe der Bankkredite an die Agas und «gegen die Auspressung durch Zinswucherer» protestiert, in Ergani fand eine Demonstration «gegen die Ausbeutung», in Dogubeyazit «gegen Hunger» statt. Die kurdischen Redner hielten ihre Reden in ihrer Muttersprache, und die Bauern riefen: «Schluß mit der Unterdrückung durch

Bauerndemonstration gegen «Agas und Hunger».

die Agas, gegen Faschismus und Imperialismus», und: «Freiheit für Kurdistan – Freiheit für alle türkischen Völker.»

Die türkische Regierung sah sich zunehmend in der politischen Defensive. Offen forderten die Agas und örtlichen türkischen Staatsbehörden eine Intervention der Militärs. Die ließ auch nicht lange auf sich warten. Hunderte von Dörfern, Gemeinden und Städten wurden durchsucht und angegriffen. In der Nacht vom 7. auf den 8. April 1970 belagerten 2000 Jandarmas, unterstützt von 6 Hubschraubern, die kurdische Stadt Silvan, die ca. 80 km von Diyarbakir entfernt ist. Ohne jegliche richterliche Verfügung wurden die Häuser der Stadt durchsucht, alle Einwohner mußten sich auf vier Sammelplätzen von den Jandarmas schikanieren lassen. 3144 Männer wurden verhaftet, Kinder mißhandelt und Frauen vergewaltigt. Die Frauen und Männer wurden den ganzen Tag lang, 17 Stunden, nackt durch die Straßen geführt. Massenweise zusammengetriebene Einwohner der Stadt wurden gezwungen, sich auf den Boden zu legen. Dann führten die Jandarma-Kommandos auf dem lebenden «Teppich» türkische Volkstänze auf. Während dieser 17 Stunden erhielten die Bewohner nichts zu essen. 13 Bauern wurden getötet. Ein Augenzeuge, Abdul Kerim: «Sie haben uns nicht nur gefoltert, sondern ständig beschimpft: Ihr müßt dieses Land verlassen. Ihr seid nicht auf der Seite der türkischen Republik. Ihr seid ungläubig. Wir suchen für euch ein Land in Afrika.»[34]

Im September 1970 sagte der Landrat von Beytusebap, Barbaros Sezerli: «Ich gehe auf Menschenjagd, hoffentlich werde ich auf diese Weise die wilden Kurden zu brauchbaren Menschen machen.»[34a] Dann ging er mit den Jandarmas in die Dörfer, ermordete einen Bauern im Dorf Purosan und einen in Hemkan. Die Überfälle entwickelten sich schließlich zum offenen Faschismus, gegen den die türkische Linke heftig, aber vergebens protestierte. Dabei zeigte sich, wie die Regierung Demirel mit den kurdischen Agas eng zusammenarbeitete. Die Jandarmas schützten die Agas, in den Höfen der Agas wurden zahlreiche schwere Waffen gelagert. Teilweise fand der Kommandoterror erst auf Befehl der Agas statt. Als in Silvan die Armee-Einheiten die Stadt belagerten, wußte der Aga Mahmut Depolu, damaliger Bürgermeister und AP-Abgeordneter in Diyarbakir, Tage vorher Bescheid. Die Bauern in Siverek wurden erst überfallen, nachdem der Aga Celal die Jandarmas informierte. Ismail Cem, Journalist der liberalen Tageszeitung «Milliyet», später Direktor der Türkischen Rundfunk- und Fernsehanstalten, berichtete in seiner Zeitung:

«Der blinde Mann sagte, mich haben sie auch geschlagen, sogar mich haben sie geschlagen. Er sprach langsam, mit Unterbrechungen, denn er fand die türkischen Wörter nicht. Wir saßen in einem großen Versammlungsraum des Dorfes auf einem Kelim, hatten unseren Kaffee getrunken und eine Zigarette gerollt. Wenn er nach den Worten suchte, war es im ganzen Raum still. Ab und zu sagte ein anderer Bauer etwas und vervollständigte die Ereignisse. Ein anderes Mal erregte sich ein Bauer und sprach Kurdisch. Da mußte sich der Dolmetscher einschalten.

Dann erzählte der blinde Mann: Das Dorf war von Kommandos umstellt. Sie standen auf den Dächern der Häuser. Dann stellten sie uns, die Männer, nebeneinander in eine Reihe. Die Frauen hockten auf der Erde zusammen. Dabei wurden sie, die zu langsam waren und sich nicht sofort in eine Reihe stellten, geschlagen. Wir haben nichts gefragt, weil wir uns nicht trauten, den Mund aufzumachen. Wir wußten sowieso, warum sie kamen. Aus anderen Dörfern hatten wir die Nachricht schon bekommen. Der Kommandooffizier stellte sich uns gegenüber. ‹Ich weiß, daß ihr Waffen versteckt habt. Bringt sie, und wir tun euch nichts.› Wir hatten tatsächlich einige Waffen, wie in allen andern Dörfern. Wir können hier in der Gegend ohne Waffen nicht leben. Alle wissen das. Keiner sagte, daß er Waffen hat. Wie konnte er das? Die Waffen sind teuer. Einer von den Jandarmas schlug mit dem Gewehrschaft in den Bauch des ersten in der Reihe. Der brach zusammen. Wieder fragte der Offizier. Aber niemand antwortete. Dann fingen sie an, uns alle zu schlagen. Dabei beschimpften sie uns: ‹Du bist ein Kurde. Verschwinde von hier und geh zu Barzani. Diese Waffen sollt ihr bestimmt zu Barzani schmuggeln.›

Verhaftung einer kurdischen Bäuerin. Ihr drohen in der Regel Beschimpfungen, Schläge und Folter.

Es wurde mit den Schlägen immer schlimmer. Unsere Gesichter und Körper waren schon blutig. Dann hörten sie auf. ‹Zieht euch aus›, sagten sie. Wir haben uns ausgezogen und waren ganz nackt. Zwei von uns sagten dann, daß sie Waffen hätten. Sie gingen mit den Jandarmas und brachten die Waffen. Die Schläge begannen von neuem. Sie schlugen uns mit Stöcken auf unsere nackten Körper und ins Gesicht. Die Frauen weinten auf der anderen Seite und die Kinder schrieen. So eine Folterei hatte bisher kein Bey und kein Feind mit uns gemacht. Dann sagte noch einer, daß er Waffen besitzt. Er brachte eine Pistole. Aber die Schläge hörten nicht auf. Dann sagte der Offizier, daß er die Frauen ausziehen und nackt schlagen wird. Die Schläge gingen weiter. Die Frauen mußten sich ausziehen und standen ganz nackt da. Die Kommandos schlugen sie. Eine alte Frau konnte nicht wieder aufstehen. Sie wurde gelähmt. Endlich waren sie müde und sagten, daß sie wiederkommen werden.

Schreib das alles, so wie ich es erlebt habe, sage auch meinen Namen und den Namen des Dorfes. Ich habe nichts zu verbergen. Sie sollen kommen, wenn sie wollen, und uns wieder schlagen. Wir haben weder Land noch Geld. Wir haben nur die Ehre, und die haben die Kommandos uns genommen. Was macht das schon, wenn wir wieder geschlagen werden.»[35]

Industrialisierung und Unterentwicklung

Das Elend der Bauern auf dem Land und der ständig zunehmende Terror durch die Agas und Jandarmas zwingt die Bauern, ihre Dörfer zu verlassen und sich außerhalb ihrer Orte Arbeit zu suchen. Aber sie finden keine, da es kaum Industrie gibt. Ausdruck der Kolonialpolitik der türkischen Regierung ist dabei nicht nur, daß sie die Regionen des Ostens bewußt unterentwickelt, sondern die reichhaltigen Bodenschätze ausbeutet, ohne daß die Bauern in den Genuß der Erträge kommen. In Batman beispielsweise wird Erdöl gefördert. Zwischen 1955 und 1972 waren es 27 Millionen Tonnen Öl, die hier gefördert wurden. Aber: Das gesamte Öl wird in den Westen transportiert, ein kleiner Anteil gelangt auf den ausländischen Markt. Verarbeitungsstätten befinden sich bei Izmir und bei Istanbul, wo es sowieso eine Zusammenballung von Industrie gibt, während sich in Ostanatolien, von wenigen Ausnahmen abgesehen, keinerlei Industrie befindet. So entstand die paradoxe Situation, daß die Erdölvorkommen in Ostanatolien die Wirtschaft des Westens ankurbeln, während in und um die Ortschaften, wo das Öl hochgepumpt wird, die Kinder an Unterernährung sterben.

Die Türkei ist der zweitgrößte Produzent von Chrom. Die reichhaltigsten Chromerzvorkommen gibt es in Ostanatolien, in der Provinz Elazig. Der Chrom wird im Osten gefördert und nach Westanatolien gebracht, wo er verarbeitet wird. Für 17,5 Millionen US-Dollar wurde 1971 Chrom exportiert. Das gleiche Bild gilt für das Kupfer, für dessen Export die Türkei wiederum 17 Millionen Dollar im Jahr 1969 erhalten hat. In Elazig werden Blei und Zink gefördert, die Vorkommen an Erdgas, Eisen, Kohle, Phosphaten und Nickel werden noch nicht ausgebeutet.

Aber alle Bodenschätze werden in den Westen transportiert, nur 1% des Gesamterlöses, der aus der Produktion der Bodenschätze eingenommen wurde, fließt in die Region zurück – um Investitionen vorzunehmen, damit die Bodenschätze besser und schneller transportiert werden können, bzw. um den türkischen Arbeitern, die hier eingesetzt werden, das Leben im «wilden Osten» erträglicher zu gestalten. Zur Verbesserung der sozialen Infrastruktur bleibt nichts übrig. Tatsache ist auch, daß, trotz der ansteigenden Förderung der Bodenschätze im Osten, bisher keine nennenswerten Ansätze einer Industrialisierung zu beobachten sind.

Zumindest bis 1976 kann man sagen, daß im Osten weder Privatinvestitionen noch staatliche Investitionen vorgenommen wurden. So wurden im Jahr 1970 in

Istanbul und Umgebung	52,75%
Izmir	4,43%
Marmara-Meer	14,20%
Ostanatolien	0,12%

der Investitionen vorgenommen

Um die Unterentwicklung Kurdistans im Vergleich zur gesamten Türkei zu verdeutlichen, seien einige Zahlen aus offiziellen türkischen Statistiken angegeben.[36]

	18 Ostprovinzen	Republik	Osten: Republik
Staatliche Firmen	26	257	10,0 %
Private Firmen	75	2775	2,7 %
Zahl der Arbeiter	17036	326000	5,2 %
Zahl der Maschinen	782	5498	14,2 %
Zahl der elektrischen Maschinen	4195	98000	4,1 %
Strom-Generatoren	55	4800	1,2 %

Die Privatinvestitionen in 26 Ostprovinzen sind von 0,5 % 1965 auf 0,3 % 1967 gesunken. Von 1964–68 betrugen die Investitionskredite für Kurdistan 0,9 % und die Handelskredite 2,9 %.

Das Kapital investiert natürlich nur dort, wo eine rasche Amortisation und baldiger Gewinn möglich sind, wobei weniger das türkische Kapital diese Investitionen bestimmt als das ausländische Kapital. Denn ohne die ausländischen Kredite und Investitionen könnte die türkische Wirtschaft überhaupt nicht existieren. 50% aller Investitionen werden von ausländischen Kapitalgebern bezahlt. Die BRD nimmt dabei die erste Stelle ein. Für das ausländische Kapital waren die Investitionen erfolgreich. In 20 Jahren, von 1952 bis 1972, haben die ausländischen Kapitalinvestoren 549 Millionen TL als Gewinn ins Ausland transferiert. (In dieser Zahl sind die Gewinne der ausländischen Erdölgesellschaften nicht inbegriffen.) In diesem Zeitraum sind 1,4 Milliarden TL ausländisches Kapital in die Türkei eingeströmt. Inzwischen ist die Türkei bankrott. Die Türkei ist mit über 3 Milliarden Dollar verschuldet, die Regierung ist mit der Rückzahlung der Schulden in Verzug geraten. Allein zur Tilgung der Schulden muß die Türkei vierteljährlich 500 Millionen Dollar aufbringen. Hauptgläubiger, die sich «große Sorgen» machen, sind deutsche, amerikanische und Schweizer Banken.[37] Dabei wird die Türkei die wirtschaftlichen Schwierigkeiten wiederum nur mit ausländischen Krediten überwinden können. Aber schon 1976 verhielten sich die ausländischen Investoren sehr zurückhaltend, da «Streiks und hohe Sozialkosten» das Klima für ausländische Investoren ungemütlicher machten. Insofern sind auch die Investitionspläne der türkischen Regierung nicht ernst zu nehmen: Der Fünfjahresplan, der am 1. Januar 1978 in Kraft tritt, sieht einen Großteil der Neuinvestitionen im Osten vor. Beispiele: In Hakkari soll ein Fleischkombinat, in Diyarbakir u. a. eine Turbinenfabrik, Zigarettenfabrik und Zementfabrik gebaut werden, in Kars eine Kunstdüngerfabrik und Schwerindustrieanlagen, in Sivas ein viertes türkisches Eisen- und Stahlwerk, in Urfa eine Kunstdüngerfabrik.[38]

Aber schon im Oktober 1976 wurde bekannt, daß ein hoher Anteil der staatlichen wie auch der privaten Investitionsvorhaben in der Türkei nicht oder nicht rechtzeitig abgeschlossen werden kann. «Im staatlichen Sektor ist die Entwicklung bisher durch ein Anschwellen von Grundsteinlegungen durch Spitzenpolitiker gekennzeichnet, ohne daß in allen Fällen sorgfältige Studien vorausgegangen wären. Auch für die Zukunft werden sich überbietende Zahlen für den Industrieaufbau genannt, die z. T. dahin gehen, jeder größeren Stadt eine Fabrik zukommen zu lassen.»[39] Allein die Privatinvestitionen wurden zum größten Teil ausgeführt – und die wiederum nicht in Ostanatolien.

Soziale Investitionen – wie Verkehrserschließung und Ausbau der Elektrizitätsversorgung – wurden ausschließlich dort vorgenommen, wo Bodenschätze ausgebeutet werden: Öl in Batman, Elektrizität durch den Keban-Staudamm in Elazig etc. Wurden 1967 im Durchschnitt der Türkei pro Provinz für 93 Millionen TL Investitionen vorgenommen, waren es in Bitlis nur 36 Millionen, in Hakkari 21 Millionen, in Muş 37 Millionen an Investitionen. In Erzurum wurden dagegen 136 Millionen TL und in Siirt 125 Millionen TL zur sozialen Infrastrukturverbesserung zur Verfügung gestellt.[40]

Entsprechend niedrig ist das Durchschnittseinkommen in Ostanatolien. Im Vergleich mit allen anderen türkischen Regionen liegt es im Osten am niedrigsten. Verdienen in Ostanatolien 8,3% der Bevölkerung jährlich weniger als 2500 TL, so sind es in Istanbul 0% und in Ankara 0,3%. Eine Auswahl der Regionen macht das deutlich:

Einkommensgruppe (Jahreseinkommen)	Mittel-anatolien Haushalte %	Ost-anatolien Haushalte %	Istanbul Haushalte %	Ankara Haushalte %
0– 2500	4,1	8,3	0,0	0,3
2500– 5000	7,4	11,4	0,0	0,6
5000– 10000	16,5	26,2	6,2	8,4
10000– 15000	19,2	21,6	14,1	23,9
15000– 25000	21,9	17,7	30,4	30,2
25000– 50000	20,6	9,6	30,0	23,6
50000–100000	7,9	3,6	12,9	8,7
100000–200000	1,8	1,5	5,1	3,4
200000	0,7	0,1	1,3	0,9

(Quelle: D. P. T., Gellir Dagilimi 1973)

Fazit: Die kurdischen Regionen in der Türkei sind eine Kolonie; die natürlichen Bodenschätze werden ausgebeutet, ohne daß die Regionen an den Erträgen beteiligt werden oder davon profitieren. Es werden keinerlei Anstrengungen zur wirtschaftlichen und sozialen Entwicklung der kurdischen Provinzen unternommen. Die Kurden haben keinerlei Möglichkeiten, sich aus eigenen Kräften wirtschaftlich zu entwickeln, wenn sie in feudaler Abhängigkeit gehalten und durch die Polizeieinheiten unterdrückt werden. Hinzu kommt, daß sie auch kulturell unterdrückt werden, das heißt, sich nicht zu ihrer eigenen Kultur bekennen dürfen. Bildung und kulturelle Unabhängigkeit wären nämlich ein Mittel, um die Unterdrückung bewußter bekämpfen zu können. Denn sollten die Forderungen der Kurden nach Autonomie bzw. nach politischer Selbstbestimmung Wirklichkeit werden, wäre die Türkei von ihren reichen Bodenschätzen abgeschnitten. Es würde den ökonomischen Ruin für Ankara bedeuten. Daher versucht die Regierung, durch die Politik der kulturellen und politischen Assimilierung diese politischen Aktivitäten zu kompensieren.

Mahmut Makal

Unsere Schule

Das hier ist ein Dorf von ungefähr siebenhundert Einwohnern. In diesem Jahr haben sie zum erstenmal eine Schule bekommen. Der Altenrat ließ die vier Mauern, die für das Schulhaus errichtet wurden, in aller Eile recht und schlecht mit Schilf, Strohmatten und allem möglichen, was sie auftreiben konnten, decken. Sie beeilten sich, denn sie meinten, daß die Regierung diese Art von Dach nicht zulassen würde, wenn sie es erfährt. Die Tatsache, daß wir einen Teil der Moschee als Schulhaus benutzten, hatte sie in Trab gesetzt. Diese Mauern waren schon vor längerer Zeit errichtet worden. Hätte man sie in diesem Jahr nicht bedeckt, so wären sie durch den Regen zum Einsturz gebracht worden. Auch 1936 waren für ein Schulhaus vier Mauern errichtet worden, aber da sie nicht bedeckt wurden, verfielen sie allmählich, und die Bauern teilten die Steine unter sich.

Sie sagten mir auch: «Efendi, wenn sie dich dieses Jahr nicht geschickt hätten, würden wir auch dieses Schulhaus niederreißen. Für fünf bis zehn Jahre hätten wir unsere Ruhe vor dieser Schule der Ungläubigen. Aber es kam doch anders.»

Unser Einzug in die Moschee, bis das Schuldach gedeckt wurde, war

«Ja, es ist ganz so wie mit dem Esel des Nasreddin-Hodscha – wenn sie nicht sterben, dann widerfährt ihnen nichts.» (Mahmut Makal)

ebenfalls eine heikle Angelegenheit. Der Prediger protestierte: «Ich öffne nicht die Moschee für eine Schule der Ungläubigen!» Es heißt allgemein, daß die Gemeinde das wiederholt, was der Prediger sagt. Es fehlte nicht viel, und das Dorf wäre in Aufruhr geraten. Glücklicherweise hatte sich der Lehrer durch seine sanfte Sprechart und seinen guten Charakter beliebt gemacht. Es genügt, wenn man sagt: «Er hat kein Auge auf Mädchen und Bräute geworfen. Er ist ein anständiger Mensch!» Damit war alles erledigt.

Nachdem wir zwei Monate in der Moschee Unterricht gehalten hatten, zogen wir in einen gedeckten Teil der Schule um. Sie werden fragen: «Sind wenigstens Hilfsmittel für den Unterricht vorhanden?» Keine Spur! Wir kauern auf Schlafstellen und lernen. Schulbänke? Schwarze Tafel? Man kennt nicht einmal die Worte.

Aber man soll doch ja nicht glauben, daß mit der Eröffnung der Schule alles getan ist. Danach muß man die Väter überreden, ihre Kinder zur Schule zu schicken. Wenn sie keine Lust dazu haben, pfeifen sie auf das Gesetz Nr. 4274.

«Efendi, du bist ein Bauer, du bist auch einer von uns; deshalb haben deine Worte Eingang in mein Herz gefunden. Denn was nützt es schon, wenn das Kind zur Schule geht? Allah läßt den Schlund, den er gebohrt hat, nicht hungrig. Er braucht nichts anderes zu tun als sein Vater. Soll er doch hinter den zwei Ochsen hergehen und den Pflug führen und seiner Arbeit nachgehen.»

«Wenn er nur soviel lernt wie er braucht, um beim Militär durchzukommen, und soviel, um seine Briefe schreiben zu können! Der Rest ist für uns Verschwendung.»

Zum Glück haben sie Angst davor, beim Militär nicht schreiben und lesen zu können. Aber im ganzen Dorf gibt es kaum zehn Leute, die beim Militär recht und schlecht ein wenig Lesen gelernt haben.

In meinem Eifer brachte ich die Kinder in der ersten Klasse so weit, daß sie die Zeitung lesen können. Die Lösung der dörflichen Probleme wird wieder aus dem Schoße dieser leidvollen Dörfer kommen. Das ist meine feste Überzeugung.

Die sogenannte Mahalle-Schule

«Mahalle» heißt eigentlich «Stadtviertel». Aber diese Schulen waren keine regelrechten Schulen, wo die Kinder Unterricht im Lesen, Schreiben, Rechnen usw. erhielten, sondern es waren Schulen, wo die Kinder religiösen Unterricht bekamen, d. h. sie lernten die verschiedenen Gebete, die sie zu den verschiedenen Tageszeiten und Gelegenheiten aufzusagen hatten, auswendig. Da diese Gebete arabisch sind, verstanden sie natürlich nichts; der Lehrer sicher auch nicht. Der Lehrer hatte eine lange Rute und sagte das Gebet vor. Dann berührte er mit der Rute einen Schüler, der das nachsprechen mußte. Nun waren manche Schüler begabter und andere weniger begabt. Wer also sein erstes Gebet gelernt hatte, fing an, sein zweites zu lernen, und so fort. Das gab natürlich einen fürchterlichen Lärm, denn jeder sprach sein Gebet vor sich hin. Zu Hause gab es keine Lernmöglichkeit, denn die Kinder konnten nicht lesen. Der Lehrer mußte anwesend sein. Die Kinder hockten vor ihm im Kreise auf dem Boden, und er natürlich auch. Wir schreiben Artikel und spielen Theaterstücke über diese Schulen und sagen: so waren damals die Mahalle-Schulen. Als ob es jetzt diese Schulen nicht mehr gäbe!!!

Es war Montag. Die Uhr schlug zehn, aber es sind nicht einmal zehn Schüler in der Klasse anwesend.

«Mein Lehrer, sie sind zur Schule des Gefreiten gegangen, um den *sabah** zu lernen. Wir haben es schon gelernt und sind gekommen; die anderen werden auch bald da sein.»

Das Blut stieg mir zu Kopfe. Wie soll es auch nicht? Wo kommt *der* plötzlich her? Das heißt also, daß der Gefreite Isa eine Schule eröffnet hat?!

* Morgengebet. (A. d. Ü.)

Seit Tagen hörte ich zwar das Gerede davon: Jedes Jahr lehrt der Necati Hodscha oder sein Sohn Keleş Hodscha. Als dieses Jahr Necati Hodscha krank wurde, bestieg der Gefreite Isa seinen Thron, denn man hielt ihn für den würdigsten dafür. Und Mulla Mehmet übergab ihm sofort seinen Raum zu diesem Zweck. Dabei hatte man ihn darum für unsere Schule gebeten. Aber er hatte immer wieder «nein» gesagt.

Kurz, ich hatte zum Schluß doch die Kinder wieder zurückgewinnen können. Man hatte sie alle überredet. Aber auch ich habe ihnen zugeredet, und jetzt sind die Schüler ziemlich pünktlich. Zwar gehen die meisten in aller Frühe zuerst in die Schule und kommen danach hierher, aber was kann man dagegen tun!

Ich erkundigte mich nach diesem Unterricht. Es war Montag. Einige lernten den «Elham», einige den «Sübhane», andere den «Allahümme Salli*» auswendig.

Eine Woche danach – ich weiß nicht, was dem Mulla eingefallen sein mag – wies er ihnen die Tür und sagte: «Findet einen anderen Raum für eure Kinder!» Wenn das unserer Schule passiert wäre, stünden wir hilflos auf der Straße. Aber die Bedeutung der anderen Schule ist eine ganz andere.

Sofort versammelten sich die Notabeln und die Agas. Der alte Stall des Hüseyin Aga wurde als zweckmäßig angesehen. Die Tiere werden in den anderen Stall getrieben. Obwohl es nur ein Stall ist – Hauptsache, man ist unter einem Dach. Der Gefreite Isa hält jetzt seinen Unterricht dort. Morgens sieht man die Kinder mit Schafsfellen in der Hand zum Stall gehen. Die meisten sind Mädchen.

Eines Tages nahm ich während einer Pause zwei Kinder mit und ging, den Unterricht des Gefreiten Isa zu besuchen. Als wir uns der Tür näherten, drang uns Lärm entgegen. Sie rezitierten im Chor. Ich stieß die Tür auf. Der Hodscha erhob sich, nach einigen Willkommensworten forderte er mich auf, auf seinem Kelim Platz zu nehmen. Drinnen waren siebzig bis achtzig Kinder. Sie saßen auf den Schafsfellen und pufften, lachten und schrien. Zwei von den Mädchen hielten Säuglinge auf dem Schoß. Beim Auswendiglernen der Gebete schaukelten sie die Babys. Die Mädchen werden hierher geschickt, doch nicht zu uns. Insgesamt haben wir nur vier Mädchen einschreiben können. Und diese hat man uns auch nicht freiwillig geschickt.

Ich wollte den Hodscha nicht beleidigen und setzte mich. Es war ohnehin nicht möglich, sich nicht zu setzen; denn die Schilfdecke, von der Spinnweben herabhingen, war zu niedrig. Der Hodscha ließ die Suren, die die Kinder recht und schlecht auswendig gelernt hatten, mit lauter Stimme aufsagen. Er sagte Wort für Wort vor, und die Kinder wiederholten im Chor.

Ich blieb fünfzehn Minuten drinnen. Ich blieb zwar, aber man frage mich

* Verschiedene Gebete. (A. d. Ü.)

nur nicht, wie! Das Innere des Stalles war nicht einmal oberflächlich gereinigt worden. Die Löcher in der Mauer waren voller Insekten. Der gestampfte Boden und die Schafsfelle waren voller Kuhmist. Die Luft war staubig. Überall ein unbeschreiblicher Schmutz. Wollte man einem Gefangenen sagen: «Wohne hier für einen Tag, und es wird dir dafür ein Jahr angerechnet!» er würde nicht annehmen.

Jede Woche regnete es am Donnerstag «Freitaggaben»* für den Hodscha: Tabak, Zigaretten, Töpfe voll *bulgur*, weiße Bohnen, Getreide.

Jeden Tag wird dem Hodscha von einem anderen Kind ein Sitzpolster oder ein Kelim gebracht. Wessen Ohr gezogen wird, dem fällt diese Aufgabe zu. Auch die Verpflegung des Hodschas an diesem Tage fällt diesem Kind zu. Wenn einem Kind, das bis zum «Elham» fortgeschritten ist, das Ohr gezogen wird, so ist es eine Pflicht, Tabak und ähnliches als Belohnung zu bringen. Das habe ich alles von meinen Kindern erfahren.

Die kulturelle Unterdrückung

«Die Eröffnung der Schulen in östlichen Provinzen hätte ihre Bevölkerung zum Erwachen geführt, verschiedenen spalterischen Richtungen wie dem Kurdentum den Weg gebahnt . . .»[41]

An dieser Einstellung der türkischen Regierung im Jahr 1935 hat sich bis heute wenig geändert. Denn entsprechend der sozialen und ökonomischen Unterentwicklung der Türkei wurde sie auch auf dem Gebiet des Bildungswesens nicht entwickelt. Gibt es im Westen der Türkei eine Analphabetenrate von 49 %, können im Osten 72 % der Personen weder lesen noch schreiben. In einzelnen Provinzen steigt die Zahl derjenigen, die weder lesen und schreiben können, bis auf 95 Prozent.

Kurdisch ist nach wie vor als Unterrichtssprache verboten. Eine wirkliche Bekämpfung des steigenden Analphabetismus würde die Einrichtung ländlicher Grundschulen voraussetzen, in denen der Unterricht in der Sprache gegeben wird, die auch die Eltern und die Umgebung sprechen, und das ist allemal Kurdisch. In diesem Konflikt weigern sich viele Schüler, die türkische Sprache anzunehmen, was gleichbedeutend damit ist, daß sie die Grundschule ohne einen Abschluß verlassen. Als nach dem Erdbeben in Van, Ende 1976, fast alle Schulen zerstört wurden, schickten Eltern einzelne Kinder auf die Volksschule nach Erzurum. Für den Unterricht mußte ein Dolmetscher eingestellt werden, da keines der zwischen acht und 16 Jahre alten Kinder türkisch sprach.[42] In der Provinz Mardin können daher auch nur 10,4 % aller Personen «Türkisch und lesen und schreiben».[43] Denn nicht nur mit der Sprache hat das Analphabetentum etwas zu tun, sondern auch mit dem Fehlen von

* Der Freitag ist der geheiligte Wochentag der Mohammedaner. (A. d. Ü.)

Lehrern und Schulen. 1963 gab es in ganz Ostanatolien 2980 Volksschulen und 77 Mittelschulen, sowie 14 höhere Schulen einschließlich Techniker- und Berufsschulen. Die Situation hat sich in den letzten zehn Jahren nur wenig geändert. 1977 gab es 3899 Volksschulen und 93 Mittelschulen. In den Provinzen Mardin und Van, in denen über 664000 Menschen leben, gab es bis vor kurzem zwar eine höhere Schule, aber weder Schüler noch Lehrer. Das hat sich erst in den letzten drei Jahren geändert, aber immer noch gibt es für die Schüler auf dem Land keine Möglichkeiten, ein Gymnasium zu besuchen. Die fehlenden Schulen und Lehrer bedingen, daß 1965 von den 623800 schulpflichtigen Kindern im Alter von 7–12 Jahren nur 43 % eine Schule besuchten, während es in der Türkei insgesamt 80 % waren. Von den 13- bis 15jährigen Jugendlichen besuchen in Ostanatolien 6,9 % eine Schule, in der übrigen Türkei sind es 19,5 %.[44] Den Sprung auf die Universität schaffen 2 % der Schüler, in der Türkei sind es im Durchschnitt 8–12 %.

Die Lehrer, in vielen Fällen strafversetzte Türken, haben – insbesondere wenn es ältere Lehrer sind – allein das Ziel, den kurdischen Kindern den türkischen Lehrstoff einzubleuen. In keiner Schule in den ländlichen Regionen Ostanatoliens gibt es chemische oder biologische Laboratorien. Fast überall fehlen Schulbücher und Schultafeln. Insofern bleibt den Lehrern nicht viel anderes übrig, als die Geschichte der Türken in den Köpfen der kurdischen Kinder zu verankern. Sie gehen nur in Ausnahmefällen und nur dann, wenn es junge politisch aufgeschlossene Lehrer sind, auf die konkreten ökonomischen, sozialen und kulturellen Bedürfnisse der Kinder ein. Es findet ein von den Lebensumständen der kurdischen Kinder vollkommen abgehobener Unterricht statt. Ein Schüler berichtete in einem Interview mit dem Autor: «Die Lehrer waren doppelt unfreundlich zu uns, weil wir Kurden waren. Sie sahen auf uns herab, weil wir aus dem Dorf kamen und dazu keine Moslems sind. Aber wir haben unter großen Anstrengungen immer die besten Leistungen gebracht, was auch ein Grund für die Lehrer war, manchmal ihr Vorurteile aufzugeben und uns freundlich zu behandeln. Wir haben ihnen Hühner, Eier und Joghurt als Geschenke mitgebracht. Aber immer hatten wir Minderwertigkeitsgefühle, weil wir nicht so gut türkisch sprechen konnten wie die anderen Schüler in der Klasse. Jeder von uns wurde gezwungen, die türkischen Feste zu feiern, wie die Gründung der Republik am 29. Oktober, den Todestag von Atatürk am 10. November etc. Wir mußten Gedichte vorlesen. Aber damals haben wir das begeistert gemacht.»

Die Kinder hatten auch keine Alternative. Hätten sie sich geweigert, wären sie von der Schule geflogen. Denn, so sagen häufig die türkischen Lehrer zu den kurdischen Schülern: «Du bist ein kluges Schwein, aber ein dreckiger Kurde.»

Was die kurdischen Kinder lernen, ist die Übernahme des türkischen

Chauvinismus, der, könnte er sich in den Schulen voll entfalten, alle kurdischen Aktivitäten ausrotten würde. In den Kleinstädten müssen sich die von der türkischen Regierung eingesetzten Lehrer jedoch zurückhalten, da sie den Bauern meist hilflos ausgeliefert sind und die Repräsentanten des türkischen Chauvinismus, die faschistischen «Grauen Wölfe», von den Kurden gehaßt und entsprechend bekämpft werden. Der folgende Hintergrundbericht macht das deutlich.

Türkischer Nationalismus: Graue Wölfe und Koranschulen

«Man hält jetzt im Ministerium für Erziehung die Kommandos Graue Wölfe für die oppositionellen Lehrer bereit, damit sie gleich erzogen werden können. In Kellern von Schulen und Heimen werden Folterzellen gebaut. Die Schüler, die anderer Meinung als die Grauen Wölfe sind, werden in diese Zellen gebracht, gefoltert, verhört und dann bestraft. Im Erziehungsministerium sind die Leute damit beschäftigt, Karten zu zeichnen, die markieren, welche Schulen die Kommandos erobert haben.»

Mustafa Üstündag weiß, wovon er spricht. 14 Tage lang war der Politiker der sozialdemokratischen «Republikanischen Volkspartei» in Ankara «Bildungsminister». Dann wurde die Minderheitsregierung von Bülent Ecevit, dem Vorsitzenden der CHP, gestürzt. Seitdem regiert in der Türkei die 2. Regierung der «Nationalistischen Front», von den Türken kurz «MC» genannt. Und auf das bestehende Bildungssystem versucht die türkische Regierung jetzt in ihrem Sinne Einfluß zu nehmen, um jegliche demokratischen Unterrichtsinhalte auszumerzen. So erklärte der Staatssekretär für Lehrerschulen im Bildungsministerium: «Wir müssen alle Nationalisten sein. Der Lehrer, den ich ausbilde, muß Nationalist sein, der Schüler, den ich ausbilde, muß Nationalist sein. Die ideellen und materiellen Werte der türkischen Nation können nur so bewahrt werden. Wir wollen einen aktiven Nationalismus. Unsere Bücher verschweigen, daß es 150000000 Türken gibt. So etwas zu verschweigen, darf nicht Aufgabe unserer Erziehung und der türkischen Nationalisten sein. Ich als Leiter betrachte euch als Mitkämpfer. Solange ich bin, kann euch niemand schaden, aber wenn jemand Fehler macht, ist es mein Vorrecht, ihm den Kopf einzuschlagen. Ich bin kein Soldat, aber ich bin ein ideeller Soldat. Wenn wir die Prinzipien des Soldatenseins annehmen, wird uns das die Führung der Massen erleichtern. Wenn es nötig ist, muß man, um die Nation zu retten, ein paar Köpfe rollen lassen.»

Diese Strategie, das gesamte Bildungssystem im Sinn eines größenwahnsinnigen Nationalismus der «Türken» umzuwandeln, spiegelt sich schließlich darin wider, daß das Bildungsministerium Ende 1975 folgenden Beschluß gefaßt hat:

«Aus allen Bibliotheken in den Schulen sind die Werke von Sartre, Camus, Gogol und Dostojewski zu entfernen und aller derjenigen Schriftsteller, die die ‹Ordnung umstürzen wollen›.»

Die sozialdemokratische Opposition nannte diese Politik «blinden Rassismus». Die rassistische Politik, die im Bildungsministerium verfolgt wird, praktizierte man auch bei den Aufnahmeprüfungen für die Lehrer-Ausbildungsinstitute. Befragt wurden die Absolventen, die zum Lehrer ausgebildet werden sollen, weniger über soziale, politische oder wirtschaftliche Sachverhalte, sondern darüber:

«Wer ist Alparslan Türkes?»

«Wie heißt die zweite Frau von Türkes?»

«Welche nationalistischen Zeitungen lesen Sie?»

«Die Linken sagen, alles muß gleich sein. Was halten Sie davon?»

«Ist es richtig, daß die Sozialdemokraten für die Unruhen verantwortlich sind?»

«Warum lieben die Türken den Islam?»

«Was ist Seele und Schuld?»

«Wen unterstützen Sie – Linke oder Rechte?»

«Welches Tier trägt in seinen Adern edles Türkenblut?»

«Welches sind die Bücher vom Führer und welche Verlage veröffentlichen sie?»

Bestanden haben die Prüfungen nur diejenigen, die schon vorher Mitglieder der Grauen Wölfe waren bzw. sich zu ihnen bekannten, oder die, die die genannten Fragen richtig beantworten konnten. Die Konsequenz: 36 000 Kommandos wurden in Schulen und Hochschulen organisiert. Sie können die Hochschule jetzt auch von innen heraus aufrollen. Auf der anderen Seite wurden in den letzten beiden Jahren 19 200 Studenten zwangsexmatrikuliert, und 91 000 Studenten haben aus Angst ihr Studium selbst aufgegeben. Das meldete die Tageszeitung «Milliyet» am 28. 1. 1977.

Hinzu kommt, daß 37 000 Lehrer strafversetzt, verbannt oder suspendiert wurden, neun Lehrer wurden von den Grauen Wölfen ermordet. Ziel der MC-Regierung in Ankara ist es, jegliche demokratische Opposition auszuschalten. An den Internaten für die Lehrerausbildung werden daher jetzt nur noch regierungsfreundliche Zeitungen gelesen, wie die rechtsradikale «Tercüman», «Hergün» und «Orta-Dogu». Zeitungen wie «Milliyet» und «Cumhuriyet» werden auf offener Straße von den Kommandos verbrannt, und die Kioskbesitzer, die sie verkaufen, werden verfolgt und bedroht. Diese Zustände erinnern, beklagte sich die «Internationale Juristenkommission» kürzlich in Genf, an Nazi-Methoden.

Die Bildungsideale der «neuen Türken» sehen wie folgt aus. In einem Buch über die «Moral» für die Schüler der Gymnasien in der Klasse 1 steht über die Ehre:

«Aber nicht alle haben die gleiche Ehre. Diejenigen, die in der Gesellschaft höher gestellt sind, werden zu denen gezählt, die höhere Ehre haben. Die Ehre eines Arbeiters und eines Arztes wird nicht gleich bewertet. Maßstab für die Ehre ist die gesellschaftliche Stellung.»

In einem neuen Geschichtsbuch für die Schulen kann man lesen: «Die Türken gehören zu den zwei größten Rassen. Die Türken sind das größte Volk.»

Die Benachteiligung der Kurden setzt sich auch auf den höheren Schulen und Universitäten fort. So erklärte ein Elektroingenieur dem Autor: «Es wurde uns verboten, in unserem Geburtsort bzw. in der Provinz das Gymnasium zu besuchen. Das war die Fortsetzung der Assimilationspolitik im Bereich der Bildung. Die kurdischen Gymnasiasten wurden in die türkischen Gebiete geschickt. Infolgedessen bin ich nach Aydin in die Nähe von Izmir geschickt worden. Drei Jahre habe ich in Aydin meine Ausbildung im Fach Elektrotechnik an der Berufsschule fortgesetzt. Das dauerte von 1967 bis 1970. Dort gab es im Internatsleben große Nachteile für uns, die paar kurdischen Studenten. Die Lehrer und die Schulleitung machten sich öfters lächerlich über uns, mehrmals verprügelten sie uns in der Öffentlichkeit, während sie uns als ‹dreckige Kurden› beschimpften. Es gab einige fortschrittlich eingestellte Schüler, mit denen zusammen wir einen Kulturverein bildeten. Unsere Schränke wurden gelegentlich überfallen und durchsucht. Eines Tages fanden sie bei mir ein Gedichtbuch des kurdischen Dichters Cegerxwen. Ich wurde für eine Woche von der Schule entfernt und bei der Polizei furchtbar verprügelt.»

Es sind Fälle bekannt, daß sogar Ärzte, die erklärten, sie seien Kurden, erhebliche Nachteile zu befürchten hatten. In Ankara verlangte der Direktor der medizinischen Fakultät, Ali Sener, von einem Arzt, der in der Kinderabteilung eine Facharztausbildung machte, daß er öffentlich verkündet, in der Türkei gebe es keine Kurden. Nur wenn er das machen würde, könnte er bei ihm seine Facharztausbildung zu Ende führen. Als er in eine andere Klinik ging, geschah das gleiche: Der Direktor der Klinik verlangte von ihm, er solle eine Schrift veröffentlichen, in der er darstellt, daß es in der Türkei keine Kurden gibt, sondern ausschließlich Türken. Als er es ablehnte, wurde ihm gekündigt. Danach war er zwei Jahre arbeitslos, schließlich zog er nach Elazig, um dort eine Arztpraxis aufzumachen. Einer der ersten, der kam, war der Jandarma-Kommandant. Er drohte ihm mit der Verhaftung, wenn er in irgendeiner Form kurdische Propaganda verbreiten würde. Der Arzt schloß schließlich seine Praxis und suchte in der BRD Asyl.

Fast alle türkischen Intellektuellen glauben heute noch an die türkische Staatsideologie des Kemalismus. Das geht soweit, daß ein Lehrer, befragt, ob er über das Kurdenproblem etwas weiß, antwortet: «Nein. Es gibt keine Kurden. Und ich muß es doch wissen. Ich bin schließlich auf die Universität gegangen.» Dabei wirkt die kemalistische Staatsideologie auf zwei Ebenen: Die eine ist die der juristischen Fixierung und die andere die der Verbreitung in und durch Institutionen und Organisationen. Dazu zählen auch die Universitäten. In der Verfassung als der obersten staatlichen Rechtsnorm ist nun einfach erklärt, daß jeder Mensch in Anatolien ein Türke ist. Wer dagegen spricht, wird zum Verfassungsgegner erklärt. Das wirkt sich auf die zweite Ebene aus. In den Universitäten verbreiten die Wissenschaftler als wissenschaftliche Aussage: «Jeder ist Türke.» Diese Ideologie hat sich dann über die staatlichen Propagandainstrumente im Volk festgesetzt. Alle wissenschaftlichen Untersuchungen über die Türkei richteten sich deswegen auch an einer solchen Staatsideologie aus und weniger an unabhängig kritischen wissenschaftlichen Methoden.

Aber: «Klassenaufbau in der Türkei, Entwicklung des Kapitalismus in Kurdistan, die widersprüchliche Entwicklung in verschiedenen Gebieten, Rückentwicklung im Osten und Unterentwicklung, all diese Probleme kann man nicht wissenschaftlich klären, wenn man auf der Staatsideologie aufbaut.»[45]

Daher fällt es auch heute vielen hochintelligenten Wissenschaftlern und Politikern extrem schwer, auf die Kurdenfrage einzugehen. Ein bekannter Professor, der nach dem Militärputsch 1971 verhaftet wurde, ein linker Sozialdemokrat, lehnte es ab, seine Meinung in einem Gespräch über die Kurden offen zu sagen. Hinter vorgehaltener Hand erklärte er: «Lieber will ich kein Interview geben. Für jedes Wort über die Kurden muß ich lange Zeit Stellung nehmen. Aber die Sache hat keine Chance. Und schließlich haben die Kurden keine Geschichte und keine Kultur. Es sind ja letztlich doch Türken. Chauvinisten sind es.»

Kultur und politisches Bewußtsein

Die rassistische Assimilations- und Kolonialpolitik dem kurdischen Volk gegenüber und die generelle Ausbeutung des türkischen Volkes haben dynamische Kräfte hervorgerufen. Unter der Schutzgarantie der türkischen Verfassung konnten ansatzweise kurdische Intellektuelle, kurdische Bauern und Arbeiter zusammen mit türkischen Sozialisten und revolutionären Kräften an die Öffentlichkeit treten. Die krasse soziale, kulturelle und wirtschaftliche Vernachlässigung von Kurdistan wurde untersucht. Das Tabu der kurdischen Nationalfrage gebrochen. Man sprach und schrieb ausführlich über die Rolle der herrschenden Klassen und stellte fest, wie sie die ethnologischen, sozialen, kulturellen und wirtschaftlichen Realitäten des Landes ignorieren und bewußt verstellen. Man zeigte auf, daß die Herrschenden nicht den Interessen der Völker der Türkei dienten, sondern als Diener der westlichen Imperialisten fungieren und daher die Türkei in feindliche Lager spalten wollen. Durch die öffentliche Aufklärungsarbeit und die wissenschaftlichen Analysen der Kurdenproblematik wurden die Ursachen von Mißständen und Unterdrückung aufgezeigt. Ohne eine Verbreitung der Erkenntnisse in kurdischen Publikationen wäre diese Politisierung weniger rasch vorangeschritten. Selbstverständlich wurden daher alle Publikationen, die sich an das kurdische Volk wandten, verboten und beschlagnahmt, ihre Besitzer zu teilweise hohen Gefängnisstrafen verurteilt. Ausdruck der bis heute herrschenden Kulturpolitik ist ein Artikel in der türkischen Tageszeitung «Son-Havadis», der am 15. Mai 1976 erschien:

In diesem Artikel mit der Überschrift «Die Linken haben die Grenzen überschritten» bezog man sich auf die Annonce eines Verlags, in dem dieser ein Buch mit dem Titel «Kurdische Sprache und Grammatik» ankündigte. Die Anzeige hatte folgenden Text: (s. S. 239/240)

«. . . hat mit der Publikation einer kurdischen Grammatik begonnen, die von K. Bediryan und S. Sivan vorbereitet wurde. Es ist das erste Mal in der Türkei ein Buch für diejenigen, die kein Kurdisch können oder Kurdisch verstehen, es aber lesen und schreiben möchten. Leser und Buchkäufer sollen bei der folgenden Adresse bestellen . . .»

Mit einem wütenden Kommentar reagierte «Son-Havadis»: «Die Linken, die versuchen, die türkische Republik zu spalten und zu zerstören, diesen letzten unabhängigen, freien und demokratischen Staat, haben begonnen, trotz aller Verbote, kurdische nationalistische Propaganda zu verbreiten, und zwar in einer Zahl von Anzeigen in linken Zeitschriften. Diese Anzeigen zeigen wir im Ausschnitt. Es ist notwendig, darauf hinzuweisen, daß die meisten unserer befreundeten Bürger, die im östlichen Teil unseres Landes leben, nichts mit Kurdismus zu tun haben. Es gibt keine Sprache mit Namen Kurdisch. Noch hat es jemals ein Fürstentum dieses Namens gegeben, noch einen Staat, der in irgendeiner Periode unserer Geschichte existierte. Die Sprache, die für Kurdisch gehalten wird, ist ein anatolischer Dialekt, der eine Mischung aus Türkisch, Persisch, Arabisch und Soranisch ist. Das sind die Fakten. Daher ist das Ziel einer kurdischen Grammatik klar:

Die Linken wollen uns von einigen unserer befreundeten Bürger trennen. Es sind befreundete Bürger, die ganz und gar türkischer Herkunft sind. Es gibt keinen Zweifel, daß die türkische Nation auf eine derartige Provokation hochmütig reagieren wird. Die türkischen Gesetze werden erfolgreich diese extremen Linken anpacken und, um mit den Worten des großen Führers Mustafa Kemal Atatürk zu sprechen: ‹Sie werden zerquetscht werden, wo immer sie auftreten.›

Die Zeitung «Son-Havadis» steht der Gerechtigkeitspartei nahe. Vergleicht man diesen Text mit den Äußerungen in türkischen Tageszeitungen der dreißiger Jahre, findet man kaum einen politischen Unterschied. Wenige Monate zuvor, am 22. März 1976, wurde der 23jährige Mehmet Uzun verhaftet. Er hatte die kurdische Zeitschrift «Rizgari» herausgegeben, die kurz nach Erscheinen verboten wurde.

Ende April 1976 verhaftete die Polizei in Ankara Orhan Kofar, weil er ein russisches Buch über «Krieg für Kurdistan» übersetzt hatte. In Van wurde im Oktober 1976 die Buchhandlung «Toplum» durchsucht und das Buch die «Nationale Frage» und die Zeitschrift «Özgürlük-Yolu» (Weg zur Freiheit) beschlagnahmt. Im Juni wurde in Urfa ein Arbeiter ins Gefängnis geworfen. Er hatte lediglich die Titelseite der eher rechten Tageszeitung «Dünya» an die Wände geklebt. Auf der Titelseite stand in breiten Lettern das Wort «Kürtcülük», das heißt «Kurdentum». Damit leitete die Zeitung eine in mehreren Ausgaben veröffentlichte Artikelserie über die türkischen Kurden ein.

Als im Herbst 1977 in Ankara die Zeitschrift «Roja Welat» (Heimatsonne) zum erstenmal veröffentlicht wurde – in ihr standen Artikel in türkischer und kurdischer Sprache –, wurde sie sofort nach dem Erscheinen verboten. Die Zeitung wurde beschlagnahmt, der Herausgeber und der Chefredakteur verhaftet. In dem Verbotsbeschluß des Gouverneurs von Ankara heißt es: (s. S. 242/243)

«Da unsere Verfassung in Paragraph 3, Absatz 2 besagt, daß die ‹offizielle Sprache Türkisch› ist, wird Ihnen mitgeteilt, daß die Zeitung in dieser Form nicht herausgegeben werden darf.» Als die Herausgeber Mustafa Aydin und Chefredakteur Siddik Bozarslan die notwendigen Unterlagen für die Veröffentlichung der Zeitung bei der zuständigen Behörde, der 1. Abteilung der Polizeidirektion für Pressewesen, persönlich abgeben wollten, erhielten sie die Antwort:

«Die türkischen Gesetze erlauben nicht die Herausgabe einer kurdischsprachigen Zeitung», und sie fuhren fort: «Wir werden eure Köpfe abhacken.» («Milliyet» vom 4. Oktober 1977)

Anschließend wurden Mustafa Aydin und Siddik Bozarslan ohne Gerichtsbeschluß festgenommen. Einer der Polizisten fragte den Herausgeber: «Warum in kurdischer Sprache? Warum nicht in einer anderen Sprache? Ihr könnt doch in französischer, englischer, hebräischer oder kambodschanischer Sprache eine Zeitung herausgeben?»

Trotz der Einschüchterungsversuche haben die Herausgeber von «Roja-Welat», nachdem sie wieder freigelassen wurden, die erste Nummer herausgebracht. Als das bekannt wurde, durchsuchte die Polizei das Büro der Zeitung in Ankara. 4000 Exemplare wurden in Diyarbakir beschlagnahmt. Kurz darauf wurde durch Beschluß der Staatsanwaltschaft in allen Provinzen die Polizei in Alarmbereitschaft versetzt – sie sollte die Verteilung der Zeitung verhindern. Aber das war schlecht möglich, der größte Teil der Zeitungen lag schon in den kurdischen Dörfern und wurde heimlich gelesen. Inzwischen ist die dritte Nummer

6

ŞEŞ

A

AL AV AX AP

AFIR AGIR AVIS AZAD

AX PIR BI XÊR Û BÊRE.

ADARE, DEW LI DARE.

AV ÇÛ SER CEH.

AFIR TIJÎ KAYE.

AZAD KUREKÎ JÎRE.

Kurdische Fibel von Bozarslan. Sie wurde bei der Veröffentlichung beschlagnahmt, der Herausgeber verhaftet.

B

BAV BEQ BÊR BÛK

BARAN BEROŞ BERAN BIZIN

BAVÊ MIN ÇÛ COT.
BEROŞ TIJÎ AVE.
BÛK HAT.
BA TÊ.

BARAN BARÎ.

T.C.
ANKARA VALİLİĞİ
Emniyet Müdürlüğü

İadeli
Taahhütlü

Şube 1. Basın A .... Sayı : ....../....../197...
Ankara

Konu: ROJE VELET isimli
Gazete Hk.

94270

MUSTAFA AYDIN
Sümer Sokak Beyaz Ap. 12/2
Demirtepe-Ankara

Ilgi: A- 23.8.1977 tarih ve Ankara
15.Noter 20586 sayılı yazı.
B- 25.8.1977 gün ve Em.Şb.1.Basın
89532 sayılı yazımız.
C- 5.9.1977 Ankara Valiliği hav.ve
bila sayılı dilekçeniz.

Ilgi (A) ve (C) yazılarınızda ROJA WELAT isimli bir mevkütenin çıkarılacağı belirtilmektedir.

Anayasamızın 3.maddesinin 2.fıkrasında yeralan "resmi dil Türkçedir" ilkesine aykırı bulunduğundan, mevkütenin bu şekli ile çıkarılamıyacağı hususu tarafınıza tebliğ olunur.

Bilgi edinilmesini rica ederim.

CAFER EROĞLU
Vali Muavini
Ankara Valisi Y.

1548/

REPUBLİK TÜRKEI
GOUVERNEMENT VON PROVİNZ ANKARA
DIREKTION FÜR POLİZEİWESEN

Einschreiben

Abteilung I.: Presse Nummer: 94270

....../.../I97..

ANKARA

Betreffend : Die Zeitung mit dem Namen ROJA WELAT.

An
MUSTAFA AYDIN
Sümer Sokak, Beyaz Ap. I2/2
Demirtepe/Ankara

Bezüglich: A- Vom I5. Notariat der Provinz Ankara ausgestelltes Schreiben mit der Nummer 20586,vom 23.8.I977.

B- Das Schreiben mit der Nummer 89532, das von unserem für die Presse zuständige Abteilung I des Polizeiwesens ausgestellt wurde.

C- Ihr Antrag vom 5.9.I977 an Gouvernement der Provinz Ankara.

Bezüglich İhre unter A und B gestellten Anträge wird mitgeteilt, dass eine Zeitung mit dem Namen ROJA WELAT herausgegeben wird.

Da unsere VERFASSUNG im Pargraph 3, Absatz 2 besagt, dass die "offizielle Sprache türkisch" ist, wird Ihnen mitgeteilt, dass die Zeitung in dieser Form nicht herausgegeben werden darf.

Bitte um Kenntnisnahme.

CAFER EROĞLU
Vize-gouverneur
Stellvertretender Gouverneur von Ankara
(Unterschrift)

von «Roja-Welat» erschienen.

Starken Repressionen sind besonders diejenigen ausgesetzt, die sich in kurdischen oder türkischen politischen oder kulturellen Organisationen engagieren. So war beispielsweise ein wesentlicher Grund für das Verbot der «Türkischen Arbeiterpartei», TIP, daß sie am 29. Oktober 1970 in einer Resolution erklärt hatte: «Im Osten der Türkei lebt das kurdische Volk.»

Auf dem 4. Kongreß der Arbeiterpartei wurde außerdem verkündet, «daß die faschistischen Machthaber der herrschenden Klassen von Anbeginn an gegenüber dem kurdischen Volk eine sich von Zeit zu Zeit in blutigen Aktionen äußernde Unterdrückungs-, Terror- und Assimilationspolitik angewandt haben . . . Die Partei betrachtet die kurdische Frage unter dem Gesichtspunkt des Kampfes für eine sozialistische Revolution».

Ein Jahr später, nach dem Militärputsch vom 12. März 1971, wurde die Partei verboten, ihre Funktionäre zu hohen Kerkerstrafen verurteilt. Auch in den folgenden Jahren lebten diejenigen gefährlich, die es wagten, sich in «Kulturvereinigungen des Ostens» zu treffen. Jeder Versuch einer politischen und kulturellen Organisierung wurde strafrechtlich verfolgt, die Mitglieder der Organisation schwer gefoltert. Insgesamt waren 1977 wegen «kurdischer Aktivitäten» mehr als 1000 Personen eingekerkert. Im Juni 1976 wurden in Ankara 10 Studenten, Mitglieder des Studentenvereins «Studenten für Ostanatolien», verhaftet, am 6. Oktober 1976 in Bingöl der «Jugend-Verein» wegen kurdischer und kommunistischer Propaganda geschlossen und zwei Jugendliche festgenommen. Weil Ende April 1977 der «Kulturverein von Dogabeyazit» einen Kulturabend veranstaltete und dabei behauptet wurde, «Dieses Volk hat

Titel der mehrmals beschlagnahmten Zeitschrift «Roja Welat». Untertitel: «Proletarier aller Länder vereinigt euch.»

noch einen Sänger, der in kurdischer Sprache singt», wurde der Verein geschlossen. Der Grund: Das wäre kommunistische und kurdische Propaganda. In einer Presseerklärung des verbotenen Vereins heißt es: «Das Verbot unserer Organisation wird uns nicht daran hindern, weiter mit dem Volk zusammenzuarbeiten und zu kämpfen, es wird unseren gemeinsamen Kampf nur noch verstärken.»

Bei Kulturveranstaltungen werden dabei auch häufig diejenigen verhaftet, die lediglich kurdische Lieder singen. Im März 1976 fand in Suruc (Diyarbakir) ein Konzert statt, das von der Stadtverwaltung genehmigt worden war. Als die Zuhörer jedoch kurdische Lieder sangen und riefen: «Demokratische Rechte den Kurden», schritt die Polizei ein. 25 Personen wurden verhaftet und nach Urfa gebracht. Sieben Monate wurden sie eingekerkert. Jetzt warten sie auf ihren Prozeß. Dabei ist auch ein elfjähriges Mädchen «wegen Bekenntnis zum Kurdentum» angeklagt worden.

Sivan – ein kurdischer Freiheitssänger

Einen wichtigen Anteil an der Aufklärung in Ostanatolien haben die Barden (Dengbej), Chansonniers (Strandbej) und die Chöre (Cirokbej). Schon in der Vergangenheit waren sie die einzigen Nachrichtenträger zwischen den einzelnen kurdischen Dörfern. Seitdem kurdische Sprache und Literatur und die Vermittlung von jeglicher Kultur verboten sind, liegt die einzige Möglichkeit, in den Dörfern die Bauern aufzuklären und zu agitieren, bei den Volkssängern. Dabei ist diese Form der Aufklärung auch deshalb so wichtig, weil der größte Teil der Bauern Analphabeten sind, und die kurdischen Volkssänger einerseits als einzige ihnen ohne besondere Überforderung die soziale und politische Wirklichkeit vermitteln können, andererseits als Träger der geschichtlichen Kultur diese durch ihre Lieder weitergeben. Der Widerstandssänger Sivan ist eine Symbolfigur dieser Form der politischen Aufklärung. Wenn er Konzerte gab, informierten sich die Leute durch Mund-zu-Mund-Propaganda über seinen Auftritt. Die Veranstaltungsräume wurden unter anderem Namen gemietet. In den kurdischen Städten kamen Tausende von Kurden auf diese Weise zu den Veranstaltungen. Meist wagte es die Polizei nicht, schon während der Veranstaltung einzugreifen. Aber wenn die Veranstaltungen zu Ende waren, wurde sie aktiv. Diejenigen, die mit kurdischer Bekleidung angetroffen wurden, wurden verhaftet, genauso wie diejenigen, bei denen sie Kassetten mit kurdischer Musik von Sivan fand. Sivan selbst: «Ich sollte auch in Dogubeyazit singen. Aber wir wußten genau, daß wir keine Erlaubnis bekommen würden. Die kurdischen Freunde aber sagten, daß sie eben behaupten würden, ein Theaterstück aufzuführen. Der Abend hat stattgefunden. 1000 Menschen sind gekommen. Ab nächsten Tag wollte ich in eine andere Stadt fahren und dort an einem Kulturabend teilnehmen. Inzwischen wurde jedoch die Polizei informiert. Sie sperrte den Weg nach Gerdin, stellte Barrikaden auf, daß ich nicht dorthin komme. Daraufhin machten die Bauern aus den umliegenden Dörfern eine Demonstration, nahmen mich in die Mitte und gingen auf die Jandarmas los. Die Jandarmas konnten ja nicht einfach auf uns schießen, weil sie auch Angst vor den Leuten hatten. Und so habe ich dort gesungen.»

Bis 1976 konnte sich Sivan dem Zugriff der Polizei entziehen, obwohl er damit rechnen mußte, bei jedem seiner Auftritte verhaftet zu werden. Dann ging er ins Asyl ins Ausland. Hier singt er jetzt vor den kurdischen Emigranten. Sivan: «Wir sind keine unbewußten Leute. Aber sie haben uns dazu gemacht. Mein Ziel ist es daher, daß ich immer weiterkämpfe. Ich werde weiterkämpfen mit meiner Saz, meinen Liedern, bis das kurdische Volk sich befreit.»

Ende 1976 wurden in Diyarbakir, Silvan, Urfa und Siverek Razzien in Kaffeehäusern, Plattengeschäften und Privatwohnungen durchgeführt. Die Jandarmas suchten nach den Kassetten, auf denen die Lieder von Sivan aufgenommen und verbreitet wurden. Alle gefundenen Kassetten wurden beschlagnahmt. Aber die Verbreitung der Lieder von Sivan ist nicht zu verhindern, auch wenn er jetzt nicht in seiner Heimat ist. Ob der Taxifahrer in seinem Kassettenrekorder, der Bauer in seinem Radio oder der Schallplattenverkäufer unter der Ladentheke – überall hört man Sivan, vor allem mit folgenden Liedern:

Kurdistanim ka?
Wo ist mein Kurdistan?

Wo ist mein Kurdistan? Wo ist mein Kurdistan?
Wo ist mein Land? Wo sind meine Weingärten?
Wo sind meine Äcker?

Die Feinde haben alles besetzt!

Wo ist mein Kurdistan? Wo ist mein Land?
Wo ist meine Kultur? Wo ist meine Folklore?
Alles nicht mehr da! Alles haben die Feinde weggenommen!

Wo ist mein Land, mein Kurdistan, meine rote Rose?
Ich suche mein Kurdistan, aber ich finde es nicht!
Kurdistan hat uns geboren,
Unser Heimat hat uns zu Menschen gemacht.

Die Nacht geht schnell vorüber,
Der Tag bricht wieder an!
Ich werde Dich nicht vergessen.
Nein! Nein! Mein Land Kurdistan, Dich vergesse ich nicht!

Revolutionäre und Patrioten

Revolutionäre und Patrioten!
Wir werden unseren Weg nicht ändern,
auch wenn man uns noch stärker unterdrückt und noch mehr Unrecht antut, denn wir wissen, daß der Lauf der Geschichte sich eines Tages ändern muß!

Steht auf, schlagt zu,
besiegt die, die Euch unterdrücken,
die, die versuchen, Euch Dornen in die Augen stechen,
die, die Euch blind machen wollen.
Revolutionäre, Patrioten!

Seht Euch die ganze Welt an,
Seht die Revolutionäre in der Welt an
Seht, mit welchem Mut und welcher Kraft diese Völker
für ihre Ziele kämpfen.
Steht auf, schlagt zu . . .

Seht Palästina, Vietnam, Dhofar, Angola, Mozambique,
Seht, wie die Massen zu den Waffen greifen,
Wie sie gegen ihre Unterdrücker kämpfen.
Und jetzt sind wir dran!
Jetzt ruft uns die Geschichte!

Revolutionäre und Patrioten!
Je mehr sie uns unterdrücken,
Um so stärker wird unsere Front.
Jetzt ist die Zeit da für den kurdischen Widerstand,
Ein Widerstand unter der roten Fahne.
Steht auf, schlagt zu . . .

Naturkatastrophen und Völkermord auf Raten – Erdbeben in Ostanatolien

Die rassistische Politik der türkischen Regierung gegenüber den Kurden zeigt sich selbst dort, wo es scheinbar keine Möglichkeiten geben kann, eine unbequeme Volksgruppe zu unterdrücken: bei den Opfern der Erdbeben. Erdbeben haben, da Ostanatolien ein gefährdetes Gebiet ist, in den letzten Jahren Tausende von Opfern und Hunderttausende Obdachloser gekostet. Am Beispiel daran, wie die türkische Zentralregierung in Ankara den Opfern hilft, bzw. nicht hilft, soll dokumentiert werden, daß auch Naturkatastrophen durchaus eine politische Qualität haben können. So forderte am 6. September 1975 ein Erdbeben in Lice, das ca. 100 km nördlich von Diyarbakir liegt, über 4000 Tote. Die ersten Aktionen der Soldaten, die das Erdbebengebiet abgeriegelt hatten, galten, so meldeten die türkischen Zeitungen, aber nicht der Bergung von Verwundeten und Toten. Sie suchten vielmehr in den Trümmern der Häuser nach Waffen und verbotenen Büchern. Ein Betroffener: «Die Bewohner mußten sich selbst um alles kümmern. Nur wenige Zelte und Decken wurden aus Flugzeugen abgeworfen. Die Menschen bekamen keinen Stoff, um ihre Toten zu begraben. Es waren keine Ärzte da. Was

Nach dem Erdbeben in Lice. Bewohner haben die Einwohnerzahl ausgelöscht.

Noch Monate nach dem Beben in Lice hausten die Bauern in diesen Zelten.

Die neuen Wohnungen in Lice, heute zum größten Teil unbewohnbar.

sollen wir machen?» Die Soldaten kamen erst acht Stunden nachdem die Meldung über das Erdbeben in Radio Diyarbakir verbreitet wurde. Fünf Monate nach der Erdbebenkatastrophe wurden den Opfern nur der geringste Teil der Bargeldspenden internationaler Organisationen übergeben. Das gleiche galt für Zelte und Medikamente. Die wenigsten Bauern haben neue Wohnungen bekommen. Was an Hilfsgütern nach Lice geschickt wurde, konnte man in Ankara und Istanbul auf den Basaren kaufen. Ein solch nachlässiges Verhalten der Regierung hat wiederum handfeste soziale und politische Hintergründe. Warum sollte man der Bevölkerung eines Ortes helfen, in dem fast ausschließlich die «Türkische Arbeiterpartei» gewählt worden war? So zumindest sahen es die in der «Türkischen Lehrervereinigung» organisierte Lehrer. Auch der Bürgermeister von Lice beklagte sich: «Die türkische Regierung hat Soldaten geschickt, aber die haben überhaupt nicht geholfen. Der rote Halbmond aus Ankara hat warmes Essen gemacht. Aber für einen Teller mußte man 3 bis 4 Stunden warten. Und das meiste Essen wurde sowieso erst den Soldaten gegeben. Jetzt ist es im Winter hier sehr kalt. Viele Kinder sind erfroren, weil sie in den Zelten zu wenig Wärme haben und keine neuen Häuser gebaut wurden.»

Obwohl für die notleidende Bevölkerung über 1000 Tonnen Mehl und Fett gespendet worden sind, haben die Opfer pro Familie nur 30 kg Mehl und 3,5 kg Fett bekommen. Von den geplanten 2350 neuen Wohnungen wurden nur 1200 gebaut, von denen nur die Hälfte bewohnbar ist, da die andere Hälfte schon wieder zusammengefallen ist. In keiner der neuen Barackenwohnungen, die wie ein Zwangslager unterhalb der zerstörten Ortschaft aufgebaut worden sind, gibt es Wasser und Strom. («Özgürlük Yolu» vom November 1976, S. 83)

Der Hunger trieb die Bauern zu Verzweiflungstaten. Sie töteten sich, um das begehrte Brot zu erhalten. Denn es gab beispielsweise im Dorf Sagur für die 600 Einwohner pro Tag genau 120 Brote und auch das erst nach 8 Tagen. Solange hatten die Bauern überhaupt nichts zu essen.

Ein Jahr später, am 24. 11. 1976, ereignete sich in Muradiye, in der Provinz Van, ein weiteres Erdbeben. Dabei kamen ca. 10000 Bauern und Kleinstädter ums Leben, über 100000 Bauern wurden obdachlos. Gleich nach dem Erdbeben kam reichlich Hilfe aus der Türkei und dem Ausland, «ausreichend, um drei Muradiye zu versorgen» oder «soviel, daß man die ganze Osttürkei bekleiden und ernähren konnte», wie einige Zeitungen berichteten. Dabei muß man auch die aktive Teilnahme vieler fortschrittlicher Organisationen besonders hervorheben. Es ist zu ihrer Hilfe zu bemerken, daß sie sie nicht über staatliche Stellen, sondern direkt bei der betroffenen Bevölkerung leisteten. Mit dieser Vorgehensweise haben sie auch recht behalten. Wenn man den offiziellen Erklärungen in der Zeitung «Milliyet» vom 1. 12. 1976 Glauben schenkt, dann wäre das Leiden im Erdbebengebiet bald vorbei gewesen. Ministerpräsident Demirel erklärte darin, daß 4000 Häuser zerstört seien, daß man 10000 Zelte hingebracht habe, und fügte hinzu, daß es großer Unsinn sei, wenn man an der ordnungsgemäßen Durchführung der Hilfeleistungen zweifeln würde. Nach seinen Angaben würden täglich 20 Transportflugzeuge in das Erdbebengebiet fliegen, und die Armee leiste den Betroffenen aufopfernd Hilfe. Der Minister für ländliche Angelegenheiten Vefa Poyraz behauptete in einer Erklärung in derselben Zeitung, daß 142 Dörfer vom Erdbeben betroffen seien, daß man bis auf eins alle Dörfer erreicht habe und daß jedem Dorf zwei LKWs und ein Kleinbus zur Verfügung gestellt worden seien. Am 9. 12. 1976 erklärte der Minister für Bebauung und Besiedlung, das, was im Erdbebengebiet vollbracht wurde, die bisher am besten organisierte und disziplinierteste Hilfsaktion sei, die je durchgeführt worden sei. Für die 5000 zerstörten Häuser seien 16000 Zelte und 100000 Decken verteilt worden.

Aber noch 33 Tage nach dem Erdbeben konnte man der Tageszeitung «Milliyet» folgende Nachrichten entnehmen:

- 200 in Van demonstrierende Erdbebengeschädigte erklärten, daß sie unter Hunger litten, keine Hilfe erhalten hätten und daß die zuständigen Stellen sich nicht um sie kümmerten.
- Der Bürgermeister von Muradiye erklärte, daß die Leichen unter den Ruinen von Hunden gefressen würden.

Und in der Tageszeitung «Cumhuriyet» vom 27. 12. 1976 wurde berichtet, daß nach einem Zusammenstoß zwischen der Bevölkerung, die keine Hilfe erhalten hatte, und der Polizei 10 Personen festgenommen worden sind.

Weitere Meldungen aus der türkischen und ausländischen Presse bestätigten diese Berichte:

- Die Polarzelte, die die USA geschenkt hatte, wurden vom Militär beschlagnahmt. («Cumhuriyet», 16. 12. 1976)
- Sieben demokratische Organisationen haben gegen die Beschlagnahme der Hilfsgüter durch die Regierung von Van protestiert. («Cumhuriyet», 2. 12. 1976)
- Vom Ausland geschickte Hilfsgüter werden gelagert und nicht weitergeleitet, um sie vor Weiterverkauf zu schützen. («Milliyet», 7. 12. 1976)
- Sechs Tonnen verfaulte Äpfel in den Van-See geschüttet, während pro Person täglich nur 100 g Brot verteilt werden. («Cumhuriyet», 6. 12. 1976)
- Der deutsche Oberst, der die deutsche Erdbebenhilfe in Van leitet, erklärte, daß die Hilfe nicht genügend ausgenutzt werde und sogar für andere Zwecke mißbraucht werde. («Bild am Sonntag», 15. 12. 1976)
- Sogar in den vom Erdbeben am schwersten betroffenen Gebieten konnte kein einziges von 10000 Zelten, die aus den USA gekommen

waren, gesehen werden. (Daily Express 5. 12. 1976)

- Der Postbeamte Yusef Ilezgün wurde auf frischer Tat ertappt, als er Hilfsgüter verkaufen wollte, und festgenommen. («Milliyet», 6. 12. 1976)
- Das Vorstandsmitglied der Nationalen Heilspartei in Van, Haci Yusuf Irtegün, wurde festgenommen, als er gestohlene Hilfsgüter verkaufen wollte. («Yanki», Nr. 300)
- Zwölf LKWs mit Hilfsgütern verschwanden spurlos. In Van wurden drei Personen festgenommen, die Hilfsgüter verkauften. Hilfsgüter, die für Van bestimmt waren, wurden in Malatya von der Polizei sichergestellt. («Günaydin»)
- In Van kommen auf 3000 Verletzte vier Ärzte.
- Der Chefarzt des in Van aufgebauten mobilen Krankenhauses Dr. Paul berichtete, daß ihm von offiziellen türkischen Stellen folgendes mitgeteilt worden sei: Bei uns gibt es entweder Tote oder Überlebende. Weder die Toten noch die Überlebenden brauchen Ihre Hilfe. Verletzte gibt es nicht.

Die genaue Menge der gesendeten Hilfsgüter ist noch nicht bekannt. Wir können uns nur auf eine in türkischen Zeitungen und von der türkischen Botschaft veröffentlichte Liste stützen. In der Liste sind 21 Staaten aufgeführt, die Hilfe geleistet haben. Wenn wir nun diese Hilfsleistungen in Betracht ziehen, so kommen auf jeden Überlebenden des Erdbebens zwei Bettdecken, ein Pfund Medizin und Blut, wenigstens ein Platz in einem Zwei-Personenzelt, -zig Kilo Kleidung, mehrere 100 kg Nahrungsmittel und über 2000 TL (ca. 300 DM). In dieser Berechnung sind die Hilfeleistungen durch die einheimische Bevölkerung nicht berücksichtigt. Den Nachrichten konnte man entnehmen, daß der Teil der Hilfsgüter, der überhaupt zur Verteilung gelangte, in einer bisher noch nicht dagewesenen, ungleichmäßigen Weise und «partei»isch verteilt wurde. Die Lage der Betroffenen wurde noch hoffnungsloser, wenn sie nicht Anhänger einer der vier Koalitionsparteien der jetzigen reaktionären Regierung waren. Personen, die nicht zu Anhängern der jetzigen Regierung zählten, wurden aus den Hilfskomitees ausgeschlossen. Vier der fünf Mitglieder des Hilfskomitees in Van sind Mitglieder der Nationalistischen Bewegungs-Partei MHP, das fünfte Mitglied des Hilfskomitees gehört der Republikanischen Vertrauenspartei CGP an. Der Bürgermeister von Muradiye, Süleyman Çelik, wurde aus dem Hilfskomitee ausgeschlossen, weil er öffentlich erklärt hatte, daß nur 2 % der Hilfsgüter die Erdbebengeschädigten erreiche.[1] («Cumhuriyet», 29. 11. 1976)

Nach einer Erklärung des Dorfvorstandes von Yangintepe wurden die gelagerten Hilfsgüter an Leute verteilt, wenn diese schriftlich zusicherten, bei den kommenden Wahlen eine der Regierungsparteien zu wählen. («Cumhuriyet», 16. 12. 1976)

Der Reporter des «Guardian», John James, beschrieb die Lage in seinem Bericht vom 4. 12. 1976: Die notleidende Bevölkerung hatte sich vor der Zentrale des Hilfskomitees versammelt, um Nahrungsmittel und Zelte zu fordern. Während Soldaten die Menschenmenge von der Zentrale zurückzudrängen versuchten, erklärten die Offiziere, daß Hilfsgüter in die Dörfer gebracht würden. Aber hinter dem Haufen der Hilfsgüter und LKWs, versteckt vor der Menge, nahmen drei gutgekleidete Personen, vor den Augen der Soldaten, was und wieviel sie wollten.

Der Reporter des «Daily Express», Harry Dempster, berichtete folgendes: «... Verbandszeug und Medikamente lagen aus Platzmangel durcheinander überall herum. Aber wenige Meter entfernt lagen, aus den USA als Spende gekommen, 50 beheizbare Zelte. Soldaten mit automatischen Gewehren bewachten diese Zelte, um sie selbst benutzen zu können. Außerdem ist da noch eine Sache mit aus Istanbul geschickten 2,5 t Hühnern. Es wurde gesagt, daß die Soldaten die Hühner selbst gegessen haben, anstatt sie unter der Bevölkerung zu verteilen. Natürlich weiß der Gouverneur von Van nichts davon.»

Man las oft, daß Teile der betroffenen Bevölkerung in andere Städte verschickt wurden, was von amtlichen Stellen als eine gute Tat gepriesen wurde. Verschwiegen wurde aber, daß ein großer Teil der kurdischen Bevölkerung dazu gezwungen wurde, und wie man aus einem Leserbrief im «Stern» entnehmen konnte, wurden sie sogar nach Zypern zwangsumgesiedelt. Als gutes Beispiel hierfür kann man die 120 Familien anführen, die jetzt in einem staatlichen Landwirtschaftsbetrieb untergebracht sind. Sie müssen auf dem Zementboden schlafen, bezahlen pro Familie 1500 TL (ca. 200 DM) Unterhaltskosten, aber bekommen dafür nicht einmal trockenes Brot zu essen. In «Cumhuriyet» vom 30. 12. 1976 äußerten sie sich dazu in einer Reportage. Sie bereuten immer wieder, daß sie ihr Dorf verlassen hatten. Niemand kümmerte sich um sie. Sie zögen es vor, in ihr Dorf zurückzukehren, auch wenn sie dort in der Kälte leben müßten. Ähnliche Reportagen zeigten, daß die Situation in den Lagern an der West- und Südküste nicht anders ist. Die Bewohner dieser Lager werden von der einheimischen Bevölkerung isoliert gehalten.

«Das Volk ist betrogen worden», schrieb am 22. August 1977 die Tageszeitung «Cumhuriyet» über die skandalösen Zustände im Erdbebengebiet von Van. Denn bis zum 4. Oktober 1977, so meldete die sozialdemokratische Wochenzeitung «Umut» (Hoffnung) ist wenig getan worden, und die Bauern erwarten mit Angst den Winter. Zwar versprach Ministerpräsident Süleiman Demirel am 3. April 1977 in Van: «Am 29. Oktober 1977 hat jeder einzelne wieder ein eigenes neues Haus. Das ist mein Ehrenwort.» Inzwischen ist der 29. Oktober 1977, der türkische Nationalfeiertag, vorüber, ohne das nur ein Bruchteil der zerstörten Häuser wieder aufgebaut worden sind. Süleiman Celik, Bürgermeister von Muradiye, meinte, daß «zwar in Muradiye 300 Hausfundamente eingeweiht worden sind, aber bisher nicht weitergebaut wurden». Und im übrigen, so der Bürgermeister, sind in Muradiye weitere 500 Häuser zerstört, ohne daß die Obdachlosen bei der Bauvergabe berücksichtigt wurden. Ihnen geht es genau wie den 4000 Bauern aus 24 umliegenden Dörfern, deren Häuser zerstört sind, ohne das mit Bauarbeiten begonnen worden ist. Zehntausende kurdischer Bauernfamilien müssen daher den Winter 1977/78 in ihren weißen Zelten verbringen, die sie neben ihre zerstörten Häuser gestellt haben. Natürlich wurden einige Häuser gebaut. Doch bauen konnte nur derjenige, der sich zu Süleiman Demirel und Alparslan Türkes bekannte und den «Grauen Wolf» offen trug. Denn nur diese Leute erhielten Baugenehmigungen und Beton. Die anderen gingen leer aus. Viel bedrückender ist jedoch, wie gebaut wurde. Betonbaracken, nebeneinander und hintereinander gestellt, ohne Rücksicht auf die sozialen Strukturen der Familien. Die Betonplatten, aus denen die Häuser bestehen, sind so brüchig, daß sie, tritt man dagegen, auseinanderfallen. Man hat für den Beton zuviel Sand und entsprechend weniger Zement gemischt. «Wie sollen wir in diesen Häusern leben», fragen die Bauern auch aus anderen Gründen. Wie in Lice gibt es auch hier keinerlei Kanalisation, keine Toiletten, keine Wasserversorgung und keine Elektrizität. Die Barackensiedlungen erinnern an Wehrdörfer. Selbst wenn Häuser für die Zukunft gebaut werden, wüßten die meisten Bauern nicht, wie sie die geforderten 175000 Lira für ein Haus bezahlen sollen. In 30 Jahren müssen die Bauern diese Summe in gleichmäßigen Raten, fällig in jedem August, abzahlen. Bei einem durchschnittlichen Jahreseinkommen von 100 Mark in dieser Provinz schaffen sie das selbst nicht in 300 Jahren. Ein Bauer aus dem zerstörten Dorf Caldiran: «Das Volk hat keine Kraft, das Geld zu bezahlen. Wir haben nichts in der Hand.»

Immer bohrender werden auch die Fragen, wohin denn eigentlich die Millionen Mark und Dollarspenden geflossen sind. «Viele Millionen wurden gespendet, aber sie haben es unterschlagen» kritisierte die Zeitung «Cumhuriyet» am 3. Oktober 1977 die Zustände. Aber sieht man die Bilder und liest man die Berichte aus dem Erdbebengebiet, weiß man auf jeden Fall, wo sie nicht hingekommen sind: zu den Opfern des Erdbebens. Einen Teil der Spenden, hochwertiges Material wie Großraumzelte, beschlagnahmte das Militär. Langlebige Nahrungsmittel wurden auf dem Schwarzmarkt verkauft. Ein Teil der Spenden fand sich im Sommer 1976 an der Ägäis wieder. Dort machten leitende Mitarbeiter des «Roten Halbmondes» aus Ankara Ferien. Getrunken und gegessen wurde in fahrbaren Krankenstationen und übernachtet in Großraumzelten, die ebenfalls einmal für die Erdbebenopfer bestimmt waren. Ministerpräsident Süleiman Demirel wiederum hat mit den Geldspenden sicher versucht, einen Teil des riesigen Defizits in der Staatskasse auszugleichen.

Erdbeben und die mangelnde Unterstützung der Betroffenen sind exemplarisch dafür, in welchem Umfang eine Naturkatastrophe zu einer nachhaltigen Bestrafung der aufsässigen Kurden umfunktioniert werden kann. Der Regierung war das Leben der Kurden gleichgültig. Und daher wurden auch die Spenden internationaler Hilfsorganisationen nicht an die Katastrophenopfer weitergeleitet, sondern für andere Zwecke benutzt. Das heißt, daß Naturkatastrophen nicht unbedingt etwas Magisches, Mystisches, auch nichts Unabwendbares an sich haben, wie es die türkische Regierung hinstellt. Denn Naturkatastrophen, gerade in unterentwickelten Staaten, machen immer wieder deutlich, welchen Wert menschliches Leben überhaupt hat und in welchem Umfang man bereit ist, es zu schützen.

Für die nationalistische Regierung in Ankara hat das Beben auch ein politisches Ziel. Sie kann durch die fehlenden Hilfen die hier lebenden Kurden in den Westen abschieben. Wer nicht weiß, wie er weiterleben soll, wer keinerlei Existenzgrundlage mehr hat, muß wohl oder übel seine Heimat verlassen. Es findet eine Deportation mit anderen als den gesetzlichen Mitteln statt. Oder wie es ein Bauer auf einer Demonstration, Anfang Dezember 1976 in Van, ausrief: «Völkermord auf Raten.»

Nazim Hikmet:

Ein Beispiel politischer Zensur

An dieser Stelle sollte ein Gedicht des türkischen Schriftstellers Nazim Hikmet stehen. In diesem Gedicht gibt er «einige Ratschläge an den, der ins Gefängnis kommt.» Sein Resümee: Sich auch nach Jahren nicht umbringen lassen, «vorausgesetzt, das Juwel unter deiner linken Brust verfinstert sich nicht».

«Genossen» vom «Türkischen Akademiker- und Künstlerverein» in Westberlin verweigerten jedoch den Abdruck an dieser Stelle. Sie, die ansonsten fast ausschließlich von internationaler Solidarität reden und sie wortreich propagieren, störte wohl, daß man sich soviel mit den Kurden beschäftigt, als auch der Beitrag eines Mit-Autors. Sie wollten politische Zensur ausüben. Diese Zensur ist auch ein Ausdruck der kulturellen Unterdrückung der Kurden.

Jürgen Roth

In Hakkari wurde ein Gefängnis für 30 Millionen Lira gebaut – für mehr als 100000 Bauern aber gibt es nur einen Arzt.

Die doppelte Unterdrückung Kurdistans durch Militär und Polizei

Seit 1975 häuften sich in der Türkei die Meldungen über erneute Überfälle auf kurdische Dörfer, über Massenfolterungen und Erschießungen kurdischer Bauern. Dabei finden diese militärischen Aktionen immer dann statt, wenn die bürgerlichen Regierungen politisch den Offenbarungseid leisten mußten. Dann wurde die Kurdenfrage schon immer hochgespielt, um einen Sündenbock für die ökonomischen und allgemeinpolitischen Mißerfolge zu präsentieren. 1959 wurde ein Schauprozeß gegen 49 kurdische Intellektuelle eingeleitet. Damals war es die Krise der Regierung Menderes, die zu diesen und anderen Repressionen führte. 1963 wurden wieder zahllose Intellektuelle verhaftet, um den damals aufgedeckten Putschversuch von Talat Aydemir zu verschleiern. Der politische Bankrott der späten sechziger Jahre führte zu den beschriebenen Terroraktionen. Die Ereignisse des Frühjahrs 1971 (Intervention der Generale, Verhängung des Kriegsrechts) haben zu Massenverhaftungen kurdischer Intellektuellen und Bauern geführt. Der politische und ökonomische Bankrott seit 1975 (Regierung der nationalistischen Front) drückt sich in Kurdistan in der ständigen und massiven Verletzung von fundamentalen Menschenrechten aus. Die auf den nächsten Seiten folgende Dokumentation von «Amnesty International» gibt nur einen Auschnitt dieser Terrorüberfälle wieder.

Für die türkische Regierung sind indessen derartige Terrorüberfälle «freie Erfindungen». Als in einer Sendung des Bayerischen Rundfunks Tonbandprotokolle über die Folterungen in den Dörfern gesendet wurden, protestierte im Namen der türkischen Regierung das Türkische Generalkonsulat. Unter anderem führte es aus: «Ein Mittel, die Öffentlichkeit emotional anzusprechen, sind die Schilderung von Greueltaten. Wir hingegen sind der Meinung, daß diese Berichte über Greueltaten von Türken an Kurden frei erfundene Geschichten sind, deren alleiniges Ziel die Aufhetzung ist.

Es ist doch wohl unumstritten, daß die Türkei ein unabhängiges Land ist und freie Justiz hat und der einzige Grund, daß keine dieser Greueltaten je einem Gericht vorgelegt wurden, darin liegt, daß diese frei erfunden sind.» In einer weiteren Stellungnahme erklärte das Türkische Generalkonsulat:

«Der Bayerische Rundfunk hat am Sonntag den 9. Oktober 1977 im 2. Programm um 18.00 Uhr eine Sendung, mit dem Titel ‹Wo ist mein Kurdistan, wo sind meine Äcker ...› ausgestrahlt. Der Inhalt dieser

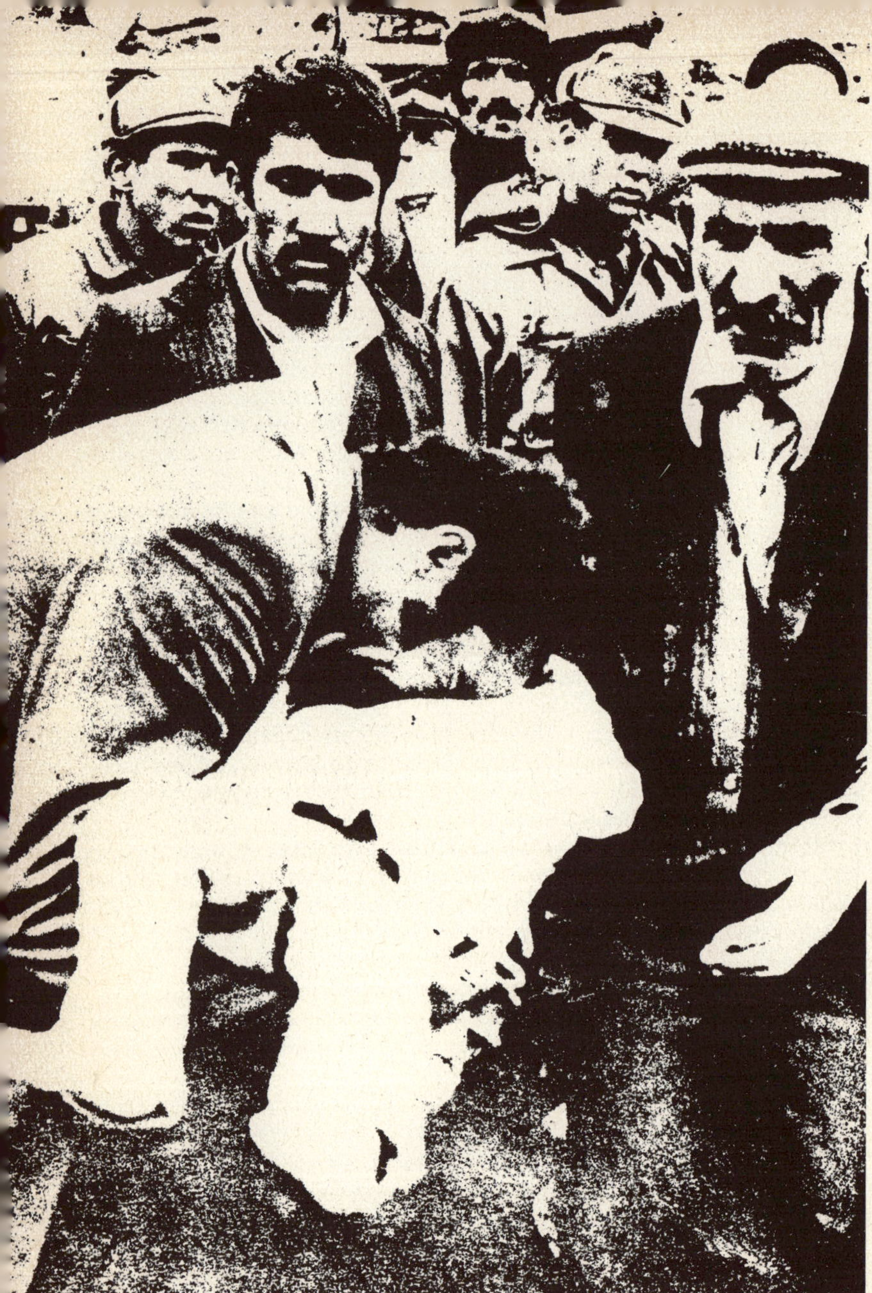

Sendung, sie dauerte eine Stunde und fünfzig Minuten, bestand aus 2/3 gegen die Türkei gerichteten, unwahren, bösartigen Beschuldigungen und manipulierten Berichten.

Das Türkische Generalkonsulat hat diese Sendung mit Empörung, Erschütterung und großem Erstaunen zur Kenntnis genommen. Das Türkische Generalkonsulat protestiert mit allem Nachdruck gegen diese Sendung, die eine Einmischung in die inneren Angelegenheiten eines unabhängigen, einheitlichen Staates darstellt. Diese Sendung und die manipulierten Berichte sind als Provokation und brutale Hetzerei gegen die Türkei und die Türkische Nation qualifiziert worden.

Das Türkische Generalkonsulat protestiert scharf gegen die Haltung des Bayerischen Rundfunks, der eine so einseitig verfälschte, ohne eine vorherige Überprüfung der Berichte, Beschuldigungen und Fakten vorgenommen zu haben und ohne jegliche Gegendarstellung, Sendung zugelassen hat.

Der Autor dieser Sendung, ein Herr Jürgen Roth, der als Türkei-Hasser bekannt ist, der eines seiner Bücher einer sogenannten ‹proletarisch-revolutionären Bewegung der Türkei› gewidmet hat, in einer Veröffentlichung die BRD als Rechtsstaat in Frage stellte und sich für ein unabhängiges Kurdistan bemüht, hat in dieser manipulierten Sendung die

Türkische Jandarmas, militärische Polizeieinheiten bei einer Straßenkontrolle in der Nähe von Mardin.

Türkische Geschichte, demographische Zahlen verfälscht, vollkommen unglaubwürdige Geschichten über ungeheuerliche Greueltaten mit Hilfe seiner Handlanger erfunden (z. B. wie Nabelschnurabschneidungen mit rostigen, giftigen Scheren durch Hebammen, wie gekochte, heiße Eier unter die Achselhöhlen legen, das Gezwungensein einer ganzen Dorfgemeinschaft ‹Winde zu lassen›, wie Kuhmisteinschmierungen der Frauen und Kinder usw. usw.) und unwahre Beschuldigungen verbreitet.

Weiter hat er türkischen Staatsmännern mit Bestimmtheit unwahre Zitate in den Mund gelegt und nachweisbar nichtexistente Personen Aussagen machen lassen.

Das Türkische Generalkonsulat bedauert, daß unter dem Deckmantel der Meinungsfreiheit einige politisch motivierte Personen Propaganda und Hetze gegen einen Staat, eine Nation mit Hilfe des Bayerischen Rundfunks verbreiten konnten, und hat mit Sorge und Bedauern feststellen müssen, daß sich der Bayerische Rundfunk, eine öffentliche Anstalt, zum Spielball einer bestimmten politischen Gruppe, machen ließ.»

Dagegen schreiben in den letzten Monaten selbst türkische Zeitungen zunehmend über den Terror im Osten der Türkei. «Vatan», eine linksliberale Tageszeitung, berichtete am 11. Juni 1977:

«Gestern ist der Gouverneur von Muş, Nurretin Yilmaz, in einige Dörfer gegangen und hat den Bauern folgendes erzählt: ‹Ich weiß ohnedies, daß dieses Volk, das hier lebt, keine Menschen sind. Deshalb habe ich den Jandarmas gesagt, daß sie denjenigen, die es wagen, den Kopf aufrecht zu tragen, ihren Kopf zerschlagen sollen.›»

Und am 27. 7. 1977 berichtete die liberale Tageszeitung «Cumhuriyet»: «Das alles reicht den Jandarmas nicht und sie errichten eine Schreckensherrschaft. Frauen, Kinder und Männer werden der Reihe nach geschlagen. Manche Männer mußten nackt auf dem Dorfplatz herumlaufen.»

In einem Interview mit der linken Wochenzeitung «Halkin Kurtulusu» vom 10. 10. 1977 gaben die Bauern folgendes zu Protokoll:

HALKIN KURTULUSU (H. K.): «Wann wurde Ihr Dorf überfallen?»

Bauer: «Unser Dorf wurde am Morgen des 19. Juni von den Kommandos überfallen.»

H. K.: «Was haben die Kommandos in Ihrem Dorf gemacht?»

Bäuerin: «Sie haben unsere Häuser mit Gewalt durchsucht. Sie sagten, daß wir die Waffen bringen sollten. Als ich sagte, daß wir keine haben und obwohl ich sagte, daß mein Mann nicht da sei, sind sie mit Gewalt eingedrungen. Nachdem sie nichts gefunden haben, haben sie das Haus wieder verlassen. Als ich nun wieder in die Wohnung kam, war diese völlig verwüstet – unser gesamtes Geld in Höhe von 300 TL, das sich in der Jacke meines Sohnes befand, hatten sie mitgenommen.»

H. K.: «Warum sind sie in das Dorf gekommen?»

Bauer: «Offen gesagt hatten sie es darauf abgesehen, uns zu vernichten, weil wir bei den Wahlen unsere Stimme nicht der AP (Demirels Gerechtigkeitspartei) gegegeben haben. Das sagten sie auch, als sie das Volk auf dem Schulhof mit den ‹Hinlegen-Aufstehen›-Kommandos schikanierten.»

H. K.: «Sind auch Sie von dem Kommandoüberfall betroffen gewesen?»

Bauer: «Frag mich lieber nicht. So alt bin ich schon, aber einen solchen Terror wie diesmal habe ich bisher noch nicht erlebt. Ich lag krank im Bett, als sie eindrangen. Sie schlugen mich mit einem Gewehrkolben und schrien ‹Steh auf, du alter Greis›. Aber ich hätte sowieso nicht aufstehen können; ich bin 70 Jahre alt. Sie zogen mich an meinem Bart hoch, dann bin ich ohnmächtig geworden.»

H. K.: «Was denken Sie über diesen Überfall?»

Bauer: «Was soll ich über diesen Überfall schon denken; wenn ich noch rüstig genug wäre, dann hätte ich mich schon zu wehren gewußt.»

H. K.: «Schwester, was denken Sie über diesen Überfall?»

Bäuerin: «Die Kommandos sind mit Gewalt in unser Haus eingedrungen; als ich sagte, daß ich niemanden habe, und was sie denn eigentlich wollten, sagten sie, daß sie uns umbringen wollten. Dann haben sie mich an meinem Arm gepackt, mich in eine Ecke geschleudert und mich beschimpft.»

H. K.: «Warum haben sie Ihr Haus abgerissen?»

Bauer: «Sie wollten mein Haus durchsuchen. Als ich sie fragte, warum sie mein Haus durchsuchen wollten, sagten sie: ‹Hau ab, du elender Kurde und rede nicht soviel; reißt ihm das Haus ab, damit er klug wird und nicht noch einmal fragt.› Und danach wußte ich nicht mehr, was mit mir geschieht. Manche schlugen mich mit Gewehrkolben, andere traten mich mit Stiefeln. Dann setzten sie sich auf meinen Rücken. Wenn ich da nur eine Waffe gehabt hätte, so hätte ich sie getötet. Jetzt ist das Schikanieren unerträglich geworden.»

H. K.: «Gibt es etwas, das sie durch H. K. weitersagen möchten?»

Bauer: «Unsere jungen Menschen denken richtig. Aber auch sie sind gespalten. Die Menschen um Deniz Gezmiş, haben sie hingerichtet. Das Radio sagte damals, daß sie Vaterlandsverräter seien. Aber heute wissen wir, daß sie ihr Vaterland liebten. Was sollen wir tun, wir können weder schreiben noch lesen, ja, wir können noch nicht einmal richtig Türkisch sprechen. Aber Ihr sollt wissen, daß wir nun immer zu Euch halten – bis zum Ende.»

H. K.: «Wie werten Sie die Unterdrückung und die Folter?»

Bauer: «Die Unterdrückung und dieser Terror zielen dahin, uns, die kurdische Nation, zu zertreten und zu vernichten. So sagt denn auch Türkes: ‹In der Türkei leben nur Türken›, d. h., daß in deren Augen für uns und für solche wie wir kein Platz ist in diesem Land. Aber ob sie es wollen oder nicht, wir werden in diesem Land leben.»

H. K.: «Gibt es etwas, das Sie den Revolutionären mitteilen möchten?»

Bauer: «Gegen diese Ehrlosen müssen sich alle Unterdrückten, alle Revolutionäre zusammenschließen. Wenn unsere Einheit existiert hätte, wenn wir uns gewehrt hätten, hätten wir diese Schikanen nicht ertragen müssen. Als letztes: es leben die Revolutionäre, nieder mit den Ausbeutern.»

Terror – Folter – Mord – Flucht
Eine Chronologie

27. Juli 1975
Kommandos der Gendarmerie dringen in das Dorf Hivris ein. Die Jandarmas behaupten, ein Schmuggler halte sich im Dorf auf. Sie treiben die Bewohner auf dem Dorfplatz zusammen und verlangen dessen Herausgabe. Sie behaupten, die Bewohner hätten den Schmuggler versteckt. Die Zusammengetriebenen wissen nichts. Jandarmas zwingen sie, kiloweise Salz zu essen. Viele erbrechen sich, fallen hin und winden sich in Krämpfen. Jandarmas in Rage: sie haben die Menschen noch nicht genug gedemütigt. Sie zerren den Dorfältesten in die Mitte des Platzes. Mit einem Feuerzeug brennen sie ihm den Bart ab.

September 1975
Ein Staatsanwalt kommt in die Hakkari-Berge. Er will einen Haftbefehl gegen den Führer des kurdischen Jirki-Stammes vollstrecken, weil sich dieser dem Militärdienst entzogen hatte. Die Kurden setzen sich zur Wehr. Es kommt zu einer Schießerei zwischen ihnen und den Begleitern des Staatsanwaltes, einigen Jandarmas. Auf beiden Seiten sind Tote zu beklagen. Der Staatsanwalt entkommt. Zurück in seiner Dienststelle läßt er nach 15 Kurden fahnden, die angeblich an der Schießerei beteiligt waren.

Die Gendarmerie übernimmt die Fahndung. 2000 Mann stark dringt sie in die Hakkari-Berge ein und besetzt alle Dörfer. Das Gebiet wird zur «verbotenen Zone» erklärt, es herrscht praktisch Kriegszustand. Die Jandarmas bekommen den Befehl, auf eine riesige Zahl Kurden sofort ohne Anruf scharf zu schießen: 500 Kurden sind vogelfrei. Als die Bewohner des besetzten Gebietes dies erfahren, verlassen sie ihre Dörfer und ziehen sich in die Berge zurück. 18000 Menschen auf der Flucht.

Am Nachmittag des 18. Oktober 1975 verläßt Asis Korkmas das Städtchen Beytüşebap. Er ist Korrespondent der Zeitung «Hürriyet» und hatte mit geflohenen Kurden Kontakt bekommen. Er wußte, daß er sich in verbotenem Gebiet bewegte, dennoch hatte er über die Vorkommnisse in den Bergen recherchiert, Fotos und Tonbandaufnahmen gemacht. Asis Korkmas fährt mit seinem Auto zurück in Richtung Silvan. Kurz vor dem Städtchen – es ist schon Nacht – wird er von Angehörigen der türkischen Geheimpolizei (MIT) gestoppt. Der MIT-Chef aus Diyarbakir, Oberst Faik Kelliçan, fordert ihn auf, Tonbänder und Filme herauszugeben. Asis Korkmas weigert sich. Es kommt zu einem kurzen Kampf.

Wenig später finden Bauern das Auto mit Asis Korkmas' Leiche. Außer vier unbelichteten Filmen sind alle Materialien verschwunden. Einige tauchen später wieder auf.

November 1975

Im türkisch-irakischen Grenzgebiet tolerieren, innerhalb gewisser Grenzen, die türkischen Grenzbehörden oftmals den Schmuggel aus dem Irak, zumal es sich oft um den illegalen Grenzwechsel von Tierherden der Kurden handelt. An der ersten Gendarmerie-Station, an der die kurdischen Hirten vorbeikommen, lassen sie einen Teil der Tiere für die Jandarmas zurück, von hier aus werden auch die weiteren Stationen, die am Weg der Hirten liegen, verständigt, daß der Anteil bezahlt und die Herde deshalb durchzulassen sei. So geschieht es auch im November 1975 in der Nähe von Silopi.

Doch als die Kurden mit ihren Tieren die zweite Gendarmerie-Station erreichen, wird von ihnen der schon bezahlte Anteil der Tiere erneut verlangt. Die Jandarmas lassen sie nicht weiterziehen, die Kurden versuchen, sich freizuschießen, ein Gendarmerie-Offizier wird getötet.

Die Tiere zerstreuen sich während der Schießerei oder werden kurz danach versprengt. Ein Kommando der Gendarmerie macht sich auf die Suche nach ihnen und kommt in verschiedene Dörfer. Erst in Silopi finden sie einige Tiere. Daraufhin holen sie die Bauern und ihre Familien aus den Häusern und treiben sie auf einem Platz zusammen, insgesamt etwa 120 Menschen. Sinnlos schlagen die Jandarmas in die zusammengedrängte Menge. Sie foltern die Menschen durch Elektroschocks, indem sie durch Drähte ihre Opfer mit den Akkumulatoren der Militär-Fahrzeuge verbinden. Die Drähte legen sie hauptsächlich an den Genitalien an und verschonen auch junge Mädchen und Kinder nicht. Die Tortur dauert den ganzen Tag über.

Dezember 1976

Die Kurden an der syrisch-türkischen Grenze haben die Information, daß die Behörden auf beiden Seiten übereingekommen seien, einen kleinen Grenzverkehr zu ermöglichen.

Dennoch werden in Nusaybin im Dezember 1975 500 Kurden aus Syrien verhaftet, weil sie angeblich illegal über die Grenze gekommen und in die Türkei eingedrungen seien. Die Gendarmerie nimmt diesen Vorfall zum Anlaß, in etlichen Dörfern im Grenzgebiet nach «Illegalen» zu suchen. Dabei kommt es zu den üblichen Hausdurchsuchungen, und viele kurdische Frauen beschweren sich später insbesondere darüber, daß es die Jandarmas darauf angelegt hätten, sie in ihrer Ehre zu verletzen.

Ende 1975

Großgrundbesitzer, die in der Gegend schon über weite Ländereien verfügen, behaupten plötzlich und ohne erkennbaren Anlaß, daß auch die Felder der Bauern in Basmutsehir und Keversol sich in ihrem Eigentum befänden. Die Bauern sollen die Felder, die sie bislang in ihrem eigenen Besitz wähnten, von den Großgrundbesitzern abkaufen. Um ihre Ansprüche durchzusetzen, holen die Großgrundbesitzer eine Gendarmerie-Einheit zu Hilfe. Die Jandarmas bewachen denn auch die Felder und hindern die rechtmäßigen Besitzer daran, ihren Grund und Boden zu bearbeiten.

Die Kleinbauern weigern sich, ihr Land den Großgrundbesitzern abzukaufen. Dafür werden sie unter den Augen der Jandarmas von den Großgrundbesitzern und deren Helfern zusammengeschlagen, an den Füßen aufgehängt und mit Holzstöcken geprügelt. Die strittigen Felder werden derweil mit Chemikalien vergiftet und für den Ackerbau zeitweilig unbrauchbar gemacht. Für die Kleinbauern gibt es am Ende keine andere Möglichkeit als die, ihre eigenen Felder zu kaufen. Der Preis, den sie bezahlen müssen, beträgt 5 Millionen Lira. Der tatsächliche Wert dagegen wird mit lediglich einer Million Lira angegeben.

Januar 1976

In Erzincan findet eine Demonstration gegen die Ermordung zweier Studenten in Istanbul statt. Die Polizei nimmt neun Demonstranten in Haft und bringt sie in das «Technische Büro» des Polizeipräsidiums und in die Polizeistationen der Stadtteile Yenisehir und Kurtulus. Alle neun werden schwer gefoltert.

Besonders schlimm ergeht es Müslim Basar, den man ins «Technische Büro» gebracht hat. Nicht nur, daß er von einem Polizisten vergewaltigt wird, man klemmt ihm auch die Hoden auf einer Art Werkbank zwischen zwei Holzlatten und verbrennt sie ihm.

29. Januar 1976

Die Polizisten, die Abuzer Karahan verhaften, behaupten, das er mit «linken Terroristen» zusammengearbeitet habe. Er wird in eine Polizei-Station in Malatya gebracht.

Man versucht, von Karahan eine Aussage zu erhalten. Da er nichts sagt, wird nachgeholfen: Polizisten schälen die Haut von seinen Fußsohlen und drücken Nägel ins Fleisch. Dennoch bleibt Karahan standhaft. Auch als die Polizisten dünnwandige Teegläser auf den Fußboden werfen und den Verhafteten zwingen, mit den ohnehin wunden Füßen auf den Scherben zu gehen, sie ihm zur Verschärfung des Schmerzes auch noch auf die Schultern drücken, sagt Karahan nichts. Endlich heizen die Polizisten über einer Flamme eine Eisenstange auf und stoßen diese in Karahans rechtes Auge, so daß es erblindet. Auch der zwanzigjährige Student Cuga Göbenlic aus Elazig, einen Tag nach Karahan und den acht anderen verhaftet, wird in Malatya schwer gefoltert.

Februar 1976

Offenbar auf der Suche nach kurdischen Befreiungskämpfern dringen Jandarmas in das Dorf Arnas im türkisch-syrisch-irakischen Grenzgebiet (Bezirk Midyat) ein. Etwa die Hälfte der Dorfbewohner sind Moslems, die anderen Christen.

Sie alle werden auf dem Sportplatz des Dorfes zusammengetrieben und müssen sich in Reihen aufstellen, Männer, Frauen und Kinder sowie nach Religionszugehörigkeit getrennt. Jandarmas zerren die Geistlichen der beiden Konfessionen in die Mitte des Platzes, verknoten deren Bärte miteinander und schlagen sie mit den Gewehrkolben zusammen.

Dann versuchen die Jandarmas, die beiden Konfessionen gegeneinander auszuspielen: die eine Gruppe muß die Hosen ausziehen, die anderen werden gezwungen, ihre Gesichter an den After der Halbnackten zu halten. Wem es nicht gelingt, Blähungen laut abzulassen oder wer versucht, die Geräusche mit dem Mund nachzuahmen, wird geschlagen. Viele weigern sich auch, den Befehlen der Jandarmas überhaupt zu folgen, weil sie deren Verlangen als besonders schändlich empfinden. Auch sie werden mit Gewehrkolben und Stöcken geschlagen.

Am Ende sammeln die Jandarmas frischen Ochsenmist und schmieren ihn den Kurden auf den Kopf und ins Gesicht.

Sommer 1976

Wild um sich schießende Jandarmas fallen in das Dorf Mauxurran ein. Der Kommandeur des Kommandos, ein Leutnant mit dem Vornamen Mustafa (Nachname nicht ermittelt), fällt über einen Dorfbewohner her, der zu fliehen versucht. Der Leutnant sticht ihm mit dem Messer in die Genitalien, dann schneidet er ihm die Sehnen an den Ellbogen durch. Ein herbeigeschaffter Militärarzt behandelt den Schwerverletzten und macht dem Leutnant hartnäckig Vorhaltungen wegen dieser Tat. Dieser freilich hat nur ein Achselzucken übrig.

Viele Bewohner Mauxurrans fliehen nach den Ereignissen in die Berge; die Zurückgebliebenen jedoch werden erneut von einem Gendarmerie-Kommando überfallen. Diesmal scheinen die Jandarmas es besonders auf die Frauen abgesehen zu haben. Viele werden vergewaltigt. In panischer Angst fliehen nach dem zweiten Überfall auch die letzten Menschen aus Mauxurran in die Berge.

Sommer 1976
Ein in der Gegend von Bismil ansässiger Aga kaufte von einem anderen Großgrundbesitzer die drei Dörfer Yasinç, Haydarkul und Darakol. Von den verkauften 24000 Dönum Land waren jedoch nur etwa 10000 Eigentum des Verkäufers, die restlichen 14000 Dönum gehören den in den drei Dörfern wohnenden Kleinbauern. Der Aga, der die Dörfer gekauft hatte, besteht jedoch darauf, daß das gesamte strittige Land ihm gehöre; zwischen ihm und den Bauern kommt es zu Auseinandersetzungen.

Indem der Aga behauptete, die Bauern besäßen moderne Waffen, gelingt es ihm, ein Gendarmerie-Kommando zu holen. Die Jandarmas dringen in verschiedene Häuser ein, beschädigen Mobiliar und entwenden Schmuck (Armreife, Uhren etc.), finden jedoch keine Waffen. Doch sie greifen jetzt massiv auf seiten des Aga in den Streit ein: ein Bauer wird erschossen, viele Menschen verhaftet. Arbeitsfähige Männer werden getrennt von den übrigen Bewohnern, 60 Frauen und Kinder sowie einige Greise bringt man nach Bismil ins Gefängnis. Dort trennt man die Frauen von den anderen Mitgefangenen, zwingt sie, militärische Übungen zu machen, vor den zum Zuschauen gezwungenen Männern müssen sie sich obszön bewegen, sie werden ebenso wie die Kinder mit Gewehrkolben traktiert. Nach zehn Tagen entläßt man sie aus dem Gefängnis.

Den Männern war es nicht besser ergangen. Viele von ihnen hatte man schon vor der Verhaftung gefoltert, hatte sie an den Füßen aufgehängt und mit Gewehrkolben und Eisenstangen geschlagen, bis sie an den Köpfen schwer verletzt waren, hatte ihnen büschelweise Haare ausgerissen.

Viele der Männer müssen nach dieser Tortur ins Gefängnis nach Diyarbakir, wo sie ähnlichen Leiden ausgesetzt sind.

Während der Tage, die viele der Kleinbauern im Gefängnis verbringen müssen, läßt der Großgrundbesitzer alle Felder, die er wegen ihrer Lage oder Größe nicht mit seinen modernen Maschinen bearbeiten kann, mit Rattengift bestreuen. Als die Bauern aus dem Gefängnis zurück sind, treiben sie nichtsahnend ihre Tiere auf die vergifteten Ländereien. Einige hundert Stück verenden danach. Nach diesen Ereignissen sammeln die Geschädigten Geld und schicken, mit 60000 Lira versehen, eine Delegation nach Ankara, die eine offizielle Untersuchung der Vorkommnisse erreichen soll.

Erfolglos kehren die Delegierten einige Zeit später zurück.

20. Juli 1976
Jandarmas dringen in das Haus von Mehmet Aslan in Uludere ein, bei der Hausdurchsuchung wird eine Waffe gefunden. Mehmet Aslan wird zur Gendarmeriestation mitgenommen. Mit Holzstöcken prügeln dort

Kinder aus Zarbia. Sie alle wurden im Sommer 1976 von den Jandarmas gefoltert. Kochendheiße Eier mußten sie in ihre Achselhöhlen klemmen und über Dornensträucher laufen. Jetzt rufen sie «Freiheit für Kurdistan».

Polizisten auf ihn ein, sie versuchen besonders, die Geschlechtsorgane zu treffen. Wenn der Geschlagene das Bewußtsein verliert, gießen ihm die Peiniger kaltes Wasser über den Körper.

Am nächsten Morgen, bald nach Sonnenaufgang, wird Mehmet Aslan auf das Dach der Gendarmeriestation gezerrt. Wie bei vielen derartigen Stationen handelt es sich dabei um ein helles Blechdach. Der Festgehaltene muß sich auf den Rücken legen und in die Sonne blicken; versucht er, die Augen zu schließen oder auch nur zu blinzeln, schlagen die ihn bewachenden Jandarmas auf ihn ein. Der Befehlshaber der Station, der Gendarmerieleutnant Ahmet Gürel, sagt dazu: «Ein modernes Sonnenbad.»

Am Abend des 21. Juli wird Mehmet Aslan entlassen.

20. Juli 1976

Am selben Tag wie bei Mehmet Aslan wird auch das Haus des Ahmet Ürek in Uludere durchsucht. Die Jandarmas sagen, daß sie nach Ahmet Üreks Sohn Öma fahnden, der sich unerlaubt aus der Armee entfernt habe. Öma Ürek ist jedoch nicht im Haus und sein Vater weiß offensichtlich auch nicht, wo er sich aufhält. Dennoch wird der zum Revier mitgenommen und dort sechs Tage lang festgehalten. Er soll das Versteck seines Sohnes verraten, er wird viel geschlagen, besonders auf die Fußsohlen (Bastonade).

Nachdem Öma Ürek einige Zeit später von der Gendarmerie gefunden und festgenommen wird, setzt man auch ihn der Tortur des «modernen Sonnenbades» aus.

27. Juli 1976

Jandarmas nehmen Abdul Altürk fest, weil er angeblich Waffen versteckt halte. Bei der Hausdurchsuchung freilich werden keine gefunden. Die Jandarmas binden Abdul Altürk einen Strick um den Hals und zerren ihn durch Uludere zur Gendarmeriestation. Dort wird er 24 Stunden lang festgehalten und fast die ganze Zeit über geschlagen. Fällt er in Bewußtlosigkeit, weckt man ihn mit kaltem Wasser. Leutnant Ahmet Gürel sieht der Tortur zeitweilig zu.

Nach der eintägigen Tortur wird Abdul Altürk einem Militärarzt vorgeführt. Er sieht, wie Gürel mit dem Arzt spricht. Abdul Altürk: «Obwohl der Arzt gesehen hat, wie schwer ich verletzt war, hat er sich geweigert, mir zu helfen.»

Für die Kurden in der Gegend von Uludere ist der Gendarmerie-Leutnant Ahmet Gürel einer der meistgefürchteten Menschen überhaupt. Bauern berichten, daß unter seinem Kommando jede Woche und oft noch häufiger Dörfer überfallen und Häuser durchsucht würden, ohne jede juristische Legitimation. Insbesonders bei den Hausdurchsuchungen komme es regelmäßig zu willkürlichen Zerstörungen und Diebstählen. Nach jeder derartigen Aktion pflege Ahmet Gürel zu fragen, ob jemandem etwas fehle. Aus Angst verneinen alle.

Die einzige Krankenschwester in Uludere – in dem Städtchen leben ca. 14000 Menschen, einen Arzt gibt es nicht – ist verheiratet mit Leutnant Ahmet Gürel. Als am 10. August 1976 eine Masernepidemie ausbricht, behandelt sie die Kranken als «eklige Objekte». Die Epidemie breitet sich rasend aus: nach einer Woche sind 100 Kinder gestorben.

Etwa zur selben Zeit, im Sommer 1976, überfällt ein Gendarmerie-Kommando unter Führung des Leutnant Ahmet Gürel das zu Ulndere gehörende Dorf Elcan. Bei den Hausdurchsuchungen wird Schmuck gestohlen (Arm- und Ohrringe), die Jandarmas zerschlagen tönerne Handlampen und Käsekrüge, sie vermischen Mehl mit Weizen und schütten über die restlichen Lebensmittelvorräte Petroleum, so daß diese ungenießbar werden.

Besonders abgesehen haben sie es jedoch auf die Familie des Mahmut Altürk. Seine Söhne Lezgin (18 Jahre) und Taksin (13 Jahre) werden festgenommen und zur Gendarmeriestation geschleppt. Dort müssen sie sich auf das berüchtigte helle Blechdach legen und in die Sonne sehen. Wie schon andere werden auch sie zusammengeschlagen, wenn sie versuchen, die Augen zu schließen oder auch nur blinzeln müssen. Nach etlichen Stunden werden sie vom Dach geholt, aber die Tortur hat damit kein Ende. Man hängt sie mit den Füßen an einen Ahornbaum und schlägt mit Holzstöcken auf sie ein. Als man sie vom Baum abnimmt, werden sie in ein Schlammloch geworfen, und Jandarmas trampeln auf ihnen herum. Die Folterungen dauern 24 Stunden, dann läßt man sie frei. Kein Mensch weiß, warum sie überhaupt festgenommen worden waren.

Ihr Vater Mahmut Altürk versucht, sich mit legalen Mitteln zur Wehr zu setzen. Beim zuständigen Staatsanwalt reicht er eine Beschwerde ein und fordert eine Untersuchung der Vorfälle. Der Staatsanwalt jedoch scheint machtlos zu sein, er teilt nur folgendes mit: «Der Leutnant Ahmet Gürel ist direkt dem Innenministerium unterstellt worden und hat grenzenlose Rechte. Ich kann nichts machen.»

22. November 1976

An diesem Tag findet in Diyarbakir eine Demonstration statt. Zuvor hatten rechtsgerichtete türkische Nationalisten Überfälle veranstaltet, gegen die die Kurden protestieren wollten.

Nach der Demonstration wird der Student Ismail Gökhan Edge verhaftet, da die Sicherheitspolizei (politische Polizei) bei einer Personenüberprüfung Flugblätter bei ihm findet. Ismail Gökhan Edge wird zum 1. Kommissariat der Sicherheitspolizei (Emniyet Müdürlügü, 1. Şubede) gebracht.

Am 25. November 1976 kommen zwei Sicherheitspolizisten aus Adana. Sie haben den Auftrag, Edge abzuholen und dorthin zu bringen. Als sie den Verhafteten sehen, lehnen sie den Transport ab mit der Begründung, sie könnten nicht die Verantwortung übernehmen, wenn Edge unterwegs sterbe.

Am 26. November 1976 ist Ismail Gökhan Edge tot. Die Sicherheitspolizei verbreitet, Edge habe durch die Einnahme von Medikamenten Selbstmord begangen, nachdem er sich geweigert habe, eine Aussage zu machen: An der Polizeiversion werden sofort lautstark Zweifel angemeldet. Jedem Verhafteten werden unverzüglich alle Gegenstände abgenommen. Außerdem berichtet der wachhabende Arzt einer Klinik, in die Edge schon tot eingeliefert wird, daß sein Körper blutig gewesen sei.

Am 29. November 1976 wird eine von der Staatsanwalt angeordnete Autopsie durchgeführt. Im zusammenfassenden Ergebnis heißt es, eine Todesursache sei nicht festgestellt worden, jedoch habe man Spuren von Schlägen gefunden.

Die Rechtsanwaltskammer in Diyarbakir und die Lehrergewerkschaft «Töb-Der» erheben scharfen Protest gegen die vage Aussage des Autopsiebefundes. Die Ärzte Anver Admanoglu Yusuf und sein Assisten Erol Isikoglu werden beauftragt, den Leichnam ein zweites Mal zu obduzieren. Sie beeiden das Ergebnis: «Es ist ganz sicher festgestellt worden, daß Edge durch Folter gestorben ist!»

Im einzelnen stellen sie fest, daß Edges Füße durch Einwirkung von

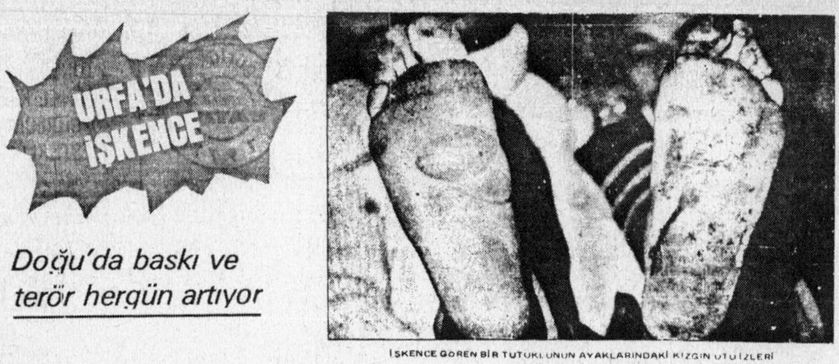

Auszug aus der türkischen Tageszeitung «Vatan» vom 3. 4. 1977. «Folter in Urfa. Im Osten wird der Terror täglich schlimmer.» Das Bild zeigt die Folgen der Bastonade.

Schlägen auf das Dreifache ihrer normalen Größe angeschwollen sind. Sie finden an den Füßen, an Rücken und Bauch, an den Genitalien und an der Sitzfläche Verbrennungsspuren, die auf Elektroschocks zurückzuführen sind. Verbrennungen auch unter dem Kinn, die jedoch u. U. von der ersten Autopsie herrühren könnten. Schläge waren es, die eine Perforation des Magens herbeiführten. Der Kopf ist völlig blutverschmiert, weil ganze Haarbüschel herausgerissen worden waren.

Der Obduktionsbefund ist unterzeichnet von den ausführenden Ärzten, ihrem Helfer, dem Vater des Toten und den Rechtsanwälten Mesut Eger, Fikri Görbüs Yildizhan und Yücel Önen als Vertreter der Rechtsanwaltskammer.

Anmerkungen

1 G. Thornburg: Turkey. An Economic Appraisal, New York 1949.
2 Turkey and the Marshal Plan. Report of the State Department on the European Recovery-Program, Washington 1948, und: H. S. Ürguplü. Die Auswirkungen einer Assoziierung mit der Türkei und der EWG, Diss. 1965, S. 4–5.
3 The Times, London, 27. 7. 1960.
4 Le Monde, 20. 5. 1971.
5 Dagens Nyheter, 11. 11. 1960.
6 D. Kinnane: Kurds and Kurdistan, London 1964, S. 33.
7 Cumhuriyet, 1. 10. 1963.
8 Vgl. J. Nebez, a. a. O., S. 83.
9 Besikçi: Dogu Anadolu'nun Düzeni, Ankara 1969, S. 244–245.

10 Gesetz-Nr. 6/7635, veröffentlicht in: Türk Cumhuriyet Resmi Gazete, 14. 2. 1967.
11 N. Atsiz in: Ötüken Nr. 42, Juni 1967, zitiert nach I. C. Vanly: Le Kurdistan Irakien Entité Nationale, Neuchâtel 1970, S. 298f.
12 Turkey on Torture. Democratic Resistance of Turkey, London 1973.
13 I. Besikçi, a. a. O., S. 79.
14 A. a. O., S. 81 vgl.: Analyse von M. R. Jafar über «Under-Underdevelopment», eine Untersuchung über die kurdischen Gebiete in der Türkei. Es ist die wissenschaftliche Grundlage für die in diesem Buch gelieferten Informationen, Helsinki 1976.
15 A. a. O., S. 125.
16 Dokumentation der Rechtsanwälte aus Diyarbakir und Urfa über Gerichtsverfahren in Sachen «Bodenreform», von 1965–1973. Beschlagnahmt 1974.
17 I. Besikçi, a. a. O., S. 267.
18 Statistik des Dorf-Ministeriums, Nr. 12/1975, Ankara.
19 Frankfurter Allgemeine Zeitung, 1. August 1977.
20 I. Besikçi, a. a. O., S. 114.
21 A. a. O.
22 A. a. O.
23 Özgürlük Yolu, Ankara 1977, Nr. 27.
24 C. Akdag, a. a. O., S. 15.
25 A. a. O.
26 I. Besikçi, a. a. O., S. 215.
27 Blick in die Wirtschaft, 15. 3. 1975.
28 J. Hindernik/M. B. Kiray: Social Stratification as an Obstacle to Development, New York 1970, S. 29f. zitiert nach: H. G. Kleff: Türkische Arbeiter ländlicher Herkunft in Deutschland, Hausarbeit für die 1. Wissenschaftliche Staatsprüfung, Berlin Ws 1975/1976.
29 Köy Envanter Etüdlerine Göre: Mardin, Hrsg.: Köy Isleri Bakanligi Yayinlari Nr, 35, Ankara 1966, S. 108.
(dönüm: 1 dönüm = 919 qm)
30 Hakkari: Cumhuriyetin 50. Yilinda 1973, Istanbul 1974.
31 D. Yalcin, in: Cumhuriyet, 24. 11. 1976.
32 A. a. O.
33 Forderungen von «Özgurlük Tolu», Quakara, 1977.
34 Tonbandprotokoll über Gespräche in Silvan, im September 1976, mit den Bauern des Dorfes, dem Hodja A. Kerim und J. Roth.
34 Aydinlik: Die Kurdenfrage. Dt. Ausgabe 1974, S. 38.
35 I. Cem: Türkiye üzerine arastirmalar, Istanbul 1970, S. 17–28.
36 Zitiert nach: Tarim Istatistiklere Özeti (1965–67) Census of Industries (Sanayi Isyerleri sayimi, Ankara 1964) Statistical Yearbook 1963–1965.
37 Frakfurter Allgemeine Zeitung, 30. 8. 1977.
38 Blick in die Wirtschaft, 11. 9. 1976.
39 Bundesanstalt für Außenhandel, Nachrichten für den Außenhandel, 27. 10. 1976.
40 H. Toprak, in: Dogu'da Yatirimlarin Duruml, in: Özgürlük Yolu, Nr. 18, 1975.
41 A. a. O.

42 Vgl. Milliyet vom 20. 1. 1977.
43 Köy Envanter Etüdlerine Göre, a. a. O., S. 78.
44 Vgl.: Milliyet, 6. 1. 1977, Cumhuriyet, 2. 3. 77 und 30. 3. 1977 und M. Jafar: Under-Underdevelopment, a. a. O., S. 116–118.
45 I. Besikçi: Kürtlerin «mecburi iskan'i», Ankara 1977, S. 46f.

Die Kurden im Irak

Schon seit Ende des letzten Jahrhunderts ist die Geschichte des Irak und damit die der Kurden fest mit dem Erdöl verbunden. Eine deutsche Expedition besuchte den Irak im Jahr 1871, um nach Erdöl zu suchen. 1890 erklärte der osmanische Sultan durch einen Erlaß die Erdölvorkommen zu seinem Eigentum, nachdem der Armenier Klaust Sarkies über die reichen Erdölvorkommen einen Bericht abgeliefert hatte. Schnell eilte gleichzeitig ein anderer Interessent an den Reichtümern des Iraks herbei, der deutsche Imperialismus unter Kaiser Wilhelm II. Nach dem Ersten Weltkrieg, der Niederlage der Hohen Pforte und der Auflösung des Osmanischen Reichs übernahm England die Vorherrschaft im Irak. Wichtig waren das Erdöl und die strategische Lage des Iraks. Da ein großer Teil der Erdölvorkommen auf südkurdischem Gebiet lag, bei Kirkuk und Mossul, mußte der englischen Regierung an einer Stabilisierung der politischen Verhältnisse im Irak und in Kurdistan gelegen sein, um die nationalen Befreiungsbewegungen von vornherein auszuschalten. Zuerst setzte London durch ein Referendum eine Monarchie im Irak ein und ließ als Herrscher den Fürsten Feisal wählen. Zwar widersetzten sich die Kurden in der Mehrzahl diesem Memorandum und dem neuen irakischen Herrscher, aber das Königkreich Irak wurde trotzdem gegründet, mit einem arabischen Zentrum in Bagdad und dem kurdischen Norden.[1] Als Folge der Vereinbarung, durch die die Kurden ihre Hoffnungen auf einen selbständigen Staat schwinden sahen, den ihnen die Engländer im Vertrag von Sèvres versprochen hatten, kam es zu mehreren Aufständen. 1930 endete offiziell die britische Mandatsherrschaft im Irak. Das Königreich wurde «selbständig». Aber die Briten durften ihre Luftwaffenbasen und Lager zur Ausbildung der irakischen Truppen behalten.[2] 1932 wurde der Irak Mitglied des Völkerbundes, der von der irakischen Regierung als Gegenleistung forderte, daß sie die Rechte der Kurden anerkannte. Das irakische Königreich hielt sich nicht daran, sondern versuchte, die kurdischen Fürstentümer im Norden des Landes zu besetzen. Unterstützt wurde die Regierung von den Briten. «Die Königliche Luftwaffe hatte den größten Anteil der Operationen zu tragen. Die kurdischen Dörfer mußten so lange bombardiert werden, bis die Rebellion niedergeschlagen war.»[3] Gemeinsam gelang das den Engländern und Irakern in den Distrikten von Barjo, Mizouri und Schirvan durch die Zerstörung von 79 Dörfern. Die Engländer legitimierten ihren Einsatz damit, daß «gemäß den englisch-irakischen Vereinbarungen es die Aufgabe der britischen Luftwaffe ist, die Grenzen des Iraks zu verteidigen.»[4] Zentrum des Aufstandes war das Barzan-Gebiet. In dem

Mullah Mustafa Barzani zur damaligen Zeit der militärische Führer war. 1943 rebellierten die Barzanis erneut und konnten bis 1945 militärisch nicht geschlagen werden. Auch jetzt ging es, wie bei dem ersten Aufstand der Barzanis, um die Verbesserung der kulturellen und wirtschaftlichen Lage der Kurden. Nachdem diese Rebellion niedergeschlagen war, flüchtete Barzani in den Iran, wo er in der neugegründeten kurdischen Republik Mahabad als militärischer Befehlshaber eingesetzt wurde. Als Mahabad gestürzt wurde, floh Barzani mit 560 seiner Krieger in die UdSSR, in der er als «Ehrengeneral» der Roten Armee im Exil lebte. Die «Kurdische Demokratische Partei» (KDP), die am 16. August 1946 von kurdischen Intellektuellen gegründet wurde und Barzani zum Parteivorsitzenden wählte, mußte bis 1958 im Untergrund wirken. Jegliche Autonomieaktivitäten der Kurden wurden bis zu diesem Zeitpunkt blutig unterdrückt. Unterdessen gelang es der arabischen Bourgeoisie und dem britischen Königreich, das kurdische Gebiet durch Eisenbahnen und Straßen mit dem Süden zu verbinden, um dadurch die Ausbeutung der Bodenschätze (Öl) und der landwirtschaftlichen Reichtümer, wie Tabak, Reis, Getreide, Obst und Vieh, zu organisieren. Verbindungswege, Wachstum der Städte, Ölraffinerien, andere Betriebe und Modernisierung der Landwirtschaft beschleunigten die Bildung von Klassengegensätzen.

Seit 1940 hatte sich die «Irakische Kommunistische Partei» (IKP) organisiert, der sich viele Kurden anschlossen, aber dann Vertrauen verloren, als sie sich mit der irakischen Bourgeoisie verbündete und der kurdischen Nationalfrage immer weniger Beachtung schenkte. Die «Demokratische Partei Kurdistans» wurde als «Vertreterin des kurdischen Kleinbürgertums» diffamiert.[5]

1958 entflammte im Irak eine bürgerlich-demokratische Revolution. Unter der Führung von General Abdul Kerim Kassem wurde die Dynastie der Haschiiten entmachtet; die Republik verkündet und der Tag des Putsches, der 14. Juli 1958, zum offiziellen Feiertag erklärt. Damals hatte Kassem den Kurden weitgehende Autonomie, den Gebrauch ihrer Sprache, eigene Schulen und Kultureinrichtungen zugesagt. Mustafa Barzani kam aus seinem Exil nach Bagdad und leitete die von der UdSSR geförderte «Kurdische Demokratische Partei», die bald mehr als 20000 Mitglieder zählte. In dieser Zeit entstand eine kurdische kulturelle Renaissance. Zahlreiche Bücher und Zeitungen in kurdischer Sprache wurden veröffentlicht.

In Bagdad wurde ein Institut für Kurdologie errichtet, kurdische Programme in Radio Bagdad gesendet und in das irakische Wappen neben dem «arabischen Schwert» der kurdische Dolch, als Symbol für die Kurden, aufgenommen. In den Volksschulen begann man kurdischen Unterricht zu erteilen. Auch die Kommunistische Partei erhielt Konzessionen. Sie konnte frei arbeiten und ihre Ideologie überall, auch in der

Armee, verbreiten.

Aber in den folgenden Jahren wurde deutlich, daß Kassem, genau wie seine «feudalen Vorgänger», aus dem Irak einen arabischen Einheitsstaat machen wollte und nicht einmal die einfachsten Versprechungen wie kurdischer Schulunterricht erfüllt wurden. 1959 wurde der Druck auf das irakische und kurdische Volk immer stärker. Die Versuche, die nationalen Errungenschaften der Kurden einzuschränken, häuften sich. Widerstand gegen Kassem kam daher hauptsächlich aus Kurdistan. Als Gegenmaßnahme suchte Kassem, entsprechend der traditionellen politischen Übung, die Hilfe der «reaktionären Elemente in der kurdischen Gesellschaft. Die Stämme Zibari und Rikani wurden gegenüber Barzani und der KDP bewaffnet, Stammeskämpfe initiiert.»[6]

Anfang 1960 legte die KDP Kassem ihr Programm vor. Der 3. Artikel des Programms, der die Verwirklichung der Autonomie in Kurdistan vorsah, wurde von Kassem aufgehoben. Als die Regierung im Sommer 1960 zusätzliche Steuern von den Bauern forderte und die Flächen für den Tabakanbau in Kurdistan begrenzte, kam es zu spontanen Aufständen der kurdischen Bauern.

Schon kurz nach dem Staatsstreich im Juli 1958 stellte sich heraus, daß die aus dem Untergrund aufgetauchten Parteiführer das Land hoffnungslos in zwei sich erbittert bekämpfende Hälften zerrissen. Den Kommunisten standen die ursprünglich ganz auf Nasser eingeschworenen Nationalisten gegenüber, die den Anschluß an die damals gerade entstandene Vereinigte Arabische Republik leidenschaftlich erstrebten. Kassem gelang es zwar zunächst, die ihm gefährlichen Nationalisten mit Hilfe der Kommunisten einzudämmen, während er wenig später dann gegen die Kommunisten kämpfte, die er 1961 auflöste. Als die Nationalisten, die sich später in der Baath-Partei organisierten, nach dem Zerfall der Vereinigten Arabischen Republik kein greifbares politisches Ziel mehr hatten, wandten sie sich Kassem zu. 1961 schritt die Regierung erneut gegen die Kurden ein. Die Tätigkeit vieler kurdischer Verlagshäuser wurden verboten, die Verleger ins Exil geschickt. Außerdem forderte die Regierung die Waffen, die sie während der Bekämpfung der Gegenrevolution an die kurdischen Militanten geliefert hatte, zurück. Die KDP suchte zuerst friedliche Lösungswege und rief die Regierung zur Einrichtung von demokratischen Institutionen in Kurdistan auf:

- Eröffnung von Volksschulen, die in kurdischer Sprache unterrichten,
- Eröffnung von höheren Schulen, die in kurdischer Sprache unterrichten,
- Errichtung einer kurdischen Universität in Kirkuk,
- Errichtung einer Rundfunkanstalt in Sulaimania, die in kurdischer Sprache sendet,
- Staatsämter in Kurdistan sollen durch Kurden besetzt werden, der

amtliche Titel soll in kurdischer Sprache sein,
- Errichtung einer Akademie für die Weiterentwicklung der kurdischen Sprache und Literatur,
- Den Bau von zwei wichtigen Landstraßen, die die lokale Verwertung von landwirtschaftlichen Produkten in Kurdistan erleichtern und die ökonomische Zirkulation im Lande unterstützen sollen,
- in Kurdistan sollen Krankenhäuser und Kliniken gebaut werden,
- die Bodenschätze in Kurdistan sollen für das wirtschaftliche Wachstum in diesem Gebiet verwendet werden,
- die rassistische und nationale Unterdrückung der Kurden in den staatlichen Schulen und Ämtern soll abgeschafft werden.»[7]

Die Reaktion des Kassem-Regimes ließ nicht lange auf sich warten: «In Bagdad erzählt man, daß im vorigen Jahr über hundert kurdische Dörfer durch die irakische Luftwaffe dem Erdboden gleichgemacht worden sind, obwohl sich darin nur Frauen und Kinder befanden. Die männliche Bevölkerung hatte sich schon in die Berge verkrochen. Niemand in Bagdad glaubt, es könne der irakischen Armee, die über keine arabischen Gebirgstruppen verfügt und deren einzige bergerfahrenen Soldaten selbst Kurden sind, jemals gelingen, die wahrscheinlich nur kleine Zahl der kurdischen Kämpfer zu überwältigen. Auch jetzt, da vor allem in der Nähe der Stadt Sulaimania neue Kämpfe ausgebrochen sind, gelten die Aussichten für einen wirklichen Erfolg der Armee gering, das Risiko für Kassem aber ist groß, weil er sich gezwungen sah, seine sonst um Bagdad stationierten Elitetruppen nach dem Norden zu schicken.»[8]

Hatte die «Irakische Kommunistische Partei» zuerst die Regierung Kassems mit der Begründung unterstützt, daß die «Politik des Irak unabhängig, d. h. von Kolonialmächten unabhängig, ist und der Irak gute Beziehungen zur UdSSR hat»[9], machte sie einen politischen Schlenker zu den Kurden, als auch Kassem die Kommunisten verfolgte. Eine Demonstration der Kommunisten in Bagdad am 27. 4. 1962 unter dem Motto «Frieden in Kurdistan wollen wir! Du Volk! Lösche das Feuer aus!»[10] wurde von Polizei und Armee aufgelöst. Kommunisten, die ein an Kassem gerichtetes Memorandum für «Frieden in Kurdistan» unterzeichnet hatten, wurden zu jeweils fünf Jahren Gefängnis verurteilt.

Den Aufstand der Kurden vermochte Kassem jedoch nicht niederzuschlagen. Waren die ersten Guerillaeinheiten der KDP vergleichsweise klein, ihre Zahl wurde zu Anfang auf 300 bis 500 Mann geschützt, vergrößerten sie sich fast täglich und schlugen die Angriffe der irakischen Armee zurück. Barzanis Guerillas erbeuteten Waffen und Munition der irakischen Armee, töteten 4000 Soldaten und nahmen weitere 4000 Kassem-Krieger gefangen. Auf dem Höhepunkt der Kämpfe sah sich Kassem schließlich gezwungen, eine Regierungsdelegation nach Moskau zu schicken: «Sie sollte Barzani als ‹britischen Agenten› verleumden und die Regierung um Hilfe bitten. Die UdSSR kalkulierte, daß ein zu Dank verpflichteter Kassem für die sowjetischen Interessen im Nahen Osten einstweilen wertvoller sei als der Führer der kurdischen Nomaden, und verringerte die bisherige Unterstützung der Kurden. Von den Sowjets verlassen, versuchte Barzani Ende März 1962 Hilfe bei den USA, um, wie er in einem Telegramm an die UNO appellierte, ‹dem kurdischen Volk in seinem Kampf gegen die Unterdrückung zu helfen›.»[11]

Aus Furcht davor, daß die USA die willkommene Gelegenheit nutzen würden, ihren Einfluß im Nahen Osten zu vergrößern, wies Moskau die wieder im Untergrund arbeitende Kommunistische Partei des Irak an, mit den Kurden sich in einer Nationalen Front zusammenzuschließen. Gemeinsames Ziel: Sturz der Regierung Kassem und Bildung einer parlamentarisch-demokratischen Republik. Doch die IKP stellte sich weiter gegen den kurdischen Aufstand, beschuldigte die kurdische Bewegung der Spaltung der Einheit der nationalen Kräfte und schloß einen Kompromiß mit der Kassem-Regierung. Die Kurden waren wieder allein auf sich gestellt.

Während die Israelis erklärten, daß sie zwar verstünden, daß jede Nation Freiheit braucht, andererseits die Ruhe im Mittelosten von höchster Wichtigkeit sei[12], lieferte die UdSSR dem Irak mehrere Düsenbomber und beschuldigten die Kurden, daß sie mit den «Zionisten» zusammenarbeiten würden. Der Londoner Rundfunk BBC (arabisches Programm) machte die UdSSR für den Aufstand verantwortlich, und die DDR beschuldigte die Bonner Regierung der Unterstützung illegaler kurdischer Befreiungskomitees und die Ausbildung kurdischer Rebellen. Zur gleichen Zeit behauptete man in der BRD, daß die UdSSR die Aufständischen unterstützt. «Es fliegen nächtlich sowjetische Düsenmaschinen in das Aufstandsgebiet und versorgen die Kurden mit wichtigem Kriegsmaterial.»[12] An dem militärischen Sieg der Kurden änderte sich durch das internationale Ränkespiel wenig.

Obwohl Kassem anderthalb Jahre lang einen Vernichtungskrieg gegen die Kurden geführt hatte, bei dem unzählige Dörfer durch Brandbomben zerstört worden sind, konnte er militärisch nicht siegen, sondern wurde sogar aus Irakisch-Kurdistan vertrieben. Der Kurdenaufstand war mit ein Grund zum Putsch. Am 8. 3. 1963 putschten einige Offiziere, Anhänger der Baath-Partei, unter Führung des Nasseristen Oberst Abd al-Salam Arif gegen Kassem. Arif wurde unmittelbar nach dem Putsch Feldmarschall. Oberst Abdel Arif, ein glühender Verehrer des ägyptischen Präsidenten Nasser, hatte 1958 gemeinsam mit Kassem den König gestürzt. Kassem wurde im Verteidigungsministerium von dem Angriff der Rebellen überrascht, der mit dem Beschuß durch Jagdflieger begann. Wenige Stunden später rollten Panzer auf. Kassem und 600 Fallschirmjäger hielten ihre Stellung, bis die Munition verschossen war. Aus den Trümmern des Gebäudes holten die Rebellen den Diktator heraus. Als sie ihn ergriffen, rief Kassem: «Ich bin der Befreier und der rechtmäßige Führer des irakischen Volkes.» Fünf Minuten später wurde er hingerichtet. Der größte Schlag traf dabei auch die Irakische Kommunistische Partei. Baathisten gingen auf «Kommunistenjagd» in Bagdad und in anderen Großstädten. Zehntausende Menschen, Kommunisten und Demokraten, wurden umgebracht. Einige Kommunisten-Führer und Demokraten flüchteten ins kurdische Gebiet, um sich zu retten.

Nachdem am 18. 10. 1963 ein Flügel der Baath-Partei einen Gegenputsch versuchte und dazu eine Dokumentation über die Terroraktionen der Baath-Partei veröffentlichte, wurde mehr über den Putsch gegen Kassem bekannt. So wurde nach dem Putsch eine «Nationalistische Garde» gegründet. Sie hatte die Aufgabe, mit Militär und Polizei für die Sicherung des inneren Friedens zusammenzuarbeiten, die wichtigen Gebiete zu bewachen und die Verbrechen der Republikgegner zu verfolgen und zu bestrafen. Mitglieder der «Nationalistischen Garde» waren meist junge Intellektuelle, Studenten und Schüler, die ab sofort begannen, die «Verteidigung der arabischen Heimat» zu übernehmen.[14] In den Gefängnissen der «Nationalistischen Garde» kam es zu unvorstellbaren Folterungen und Morden an Baath-Gegnern. Einer der Verantwortlichen für diese Folterungen, Khalid Tabra, ist heute Gouverneur von Kirkuk. Nadhim Kezar, damals Student einer Technischen Hochschule und für die Folterungen verantwortlich, war bis 1973 Chef des Irakischen Sicherheitsdienstes. 1973 wurde er bei einem Putschversuch gegen die Baath-Regierung getötet. Mundhir Alwandwi, heutiger irakischer Botschafter in Frankreich, war damals militärischer Oberbefehlshaber der «nationalistischen Garde».[15] Noch viele andere Mitglieder der «Nationalistischen Garden», die für die Foltermassaker verantwortlich waren, sind heute in hohen Ämtern der Baath-Regierung in Bagdad tätig. Über 500 Oppositionelle wurden bei den Folterungen getötet und gleich im Königspalast, dem Folterzentrum, verscharrt.

Die Zahl der Gefolterten ging in die Tausende. Die Grausamkeiten der Baath-Anhänger und ihrer Garde wurden sogar vom Generalsekretär der Baath-Partei, Michael Aflay, mit Bestürzung aufgenommen und als «verbrecherische Maßnahmen» verurteilt.[16]

Die Baath-Junta rief zur Feuereinstellung in Kurdistan auf und erklärte ihre Bereitschaft, die demokratischen Rechte der kurdischen Nation anzuerkennen. Damit versuchte sie Zeit für neue Angriffe auf die Kurden zu gewinnen. Die KDP-Führung stellte das Feuer ein und reichte der Regierung in Bagdad am 24. April 1963 ein Memorandum mit 15 Artikeln zur Lösung der Kurdenfrage ein. Dieses Memorandum war die Grundlage für die Forderungen des kurdischen Volkes auch bei den späteren Verhandlungen. An einer Stelle besagt es:

«Die Geschichte der Menschheit bringt uns den Beweis, daß die freiwillige Vereinigung der Nationen eine viel stärkere und solidere

Grundlage im Gegensatz zu der gewaltsamen Verwirklichung dieser Vereinigung oder der gewaltsamen Assimilation einer Nation bildet. Die erste lebt und entwickelt sich weiter. Die anderen, die auf der gewaltsamen Abneigung und der Assimilation beruhen und entgegen dem Willen der Völker geschehen sind, haben nur die Chance, eines Tages vernichtet zu werden.»

Als die Baathisten ihre Macht gefestigt hatten, griffen sie erneut die Kurden an. Sie erklärten, daß die Autonomieforderungen des kurdischen Volkes ein Versuch sei, die Einheit der Nation zu spalten, bezeichneten die kurdische Bewegung als Handlanger der Imperialisten, der Zionisten und der Feudalherren, aber öfters, sich selbst widersprechend, als einen «Trick der Kommunisten». Auch die Baath-Parteien in anderen arabischen Ländern beteiligten sich an dieser Verleumdungskampagne.

Im Sommer 1963 intervenierte die Baath-Junta in Kurdistan. Dabei hetzte sie wieder die reaktionären Stammesführer, die sogenannten «asch» (Esel), die sie bewaffnete, gegen die kurdischen Befreiungskämpfer. Wieder wurde die schutzlose Zivilbevölkerung brutal angegriffen, Dörfer und Städte zerstört. Das folgende Beispiel zeigt das Ausmaß des Terrors der Baath-Junta in diesem Krieg: «In der Nacht zum 10. Juli, in der die Baath-Partei den Angriff auf den Norden beschlossen hatte, holten die Baath-Militanten 267 kurdische Intellektuelle, Demokraten und Revolutionäre in Suleimania aus dem Bett, ließen sie außerhalb der Stadt eine große Grube ausgraben, und genau nach dem Beispiel von Hitlers Judenmassaker ermordeten sie alle und warfen sie in das Massengrab.»[17]

Am 10. Juni 1963 veröffentlichte die Regierung über Radio Bagdad ein Ultimatum an die Kurden. Die kurdischen Freiheitskämpfer wurden als Separatisten, Prokommunisten und Zionisten beschuldigt, und jedem, der auf der Seite Barzanis kämpfte, wurde mit Mord gedroht. Auf den Kopf von Barzani wurde eine Prämie von 12 Millionen DM ausgesetzt. Gleichzeitig drohten die Baathisten mit der Zerstörung aller Dörfer der Provinzen Kirkuk, Erbil und Sulaimanu, «falls von ihnen aus oder aus ihrer Nähe eine einzige Kugel auf Armee, Nationalgarde oder loyale Stämme geschossen werde oder wenn man den kurdischen Rebellen Unterschlupf gewähren werde»[18]. Zehntausende von Kurden wurden aus dem Öl-Gebiet in Kirkuk vertrieben, in dem Araber angesiedelt wurden. Der Anspruch der Kurden, daß Kirkuk eine kurdische Region sei, wurde verleugnet.

Nicht nur die Kurden leisteten gegen den Terror Widerstand, sondern auch die arabischen Arbeiter und Soldaten. Über die Ereignisse im Militärlager Raschid am 3. Juli 1963 berichtete Nazem Sefer in der Jesuitenzeitschrift «Études» vom März 1964:

«Wir denken mit Bitterkeit an das traurige Ereignis im Militärlager

Raschid. Die Soldaten aus Basra sollten nachts nach Norden transportiert werden. Die Soldaten weigerten sich, in die Lastwagen, die um 2 Uhr kamen, einzusteigen, gingen auf die Barrikaden und drohten, die Offiziere zu erschießen. Als die zuständigen Behörden diese Nachricht erhielten, befahlen sie Panzereinheiten, auf die Rebellen das Feuer zu eröffnen. Hunderte von Menschen starben bei diesem Angriff. Am nächsten Tag hieß es in einer offiziellen Mitteilung, im Militärlager Raschid sei ein ‹Komplott der Kommunisten› aufgedeckt und durch patriotische Kräfte in einer halben Stunde beseitigt worden.»[19] Wie so oft blieben die militärischen Aktionen der Baath-Junta gegen Kurdistan erfolglos. Die kurdische Befreiungsbewegung verteidigte ihre Stellungen in den Gebirgsregionen und schlug die Regierungseinheiten zurück, obwohl die Regierungstruppen zehnfach überlegen waren. Typisch war der Kampf im Berggebiet von Metina: Tausende irakische Soldaten wurden getötet und verwundet, sie ließen Waffen und Munition zurück und ergriffen die Flucht.

Gleichzeitig setzten die Baathisten ihren Kampf gegen die Kommunisten fort. Das führte schließlich dazu, daß die Irakische Kommunistische Partei Selbstkritik übte und zugab, daß viele Kommunisten freiwillig in der kurdischen Revolution mitkämpfen würden. Ihre Haltung gegenüber den Kurden bezeichnete sie «als eine rechtsgerichtete, cliquenhafte und unverantwortliche Haltung gegenüber dem Schicksal des Landes»[20].

Daher begannen auch die UdSSR wieder den Kampf der Kurden zu unterstützen und den Völkermord im Irak zu verurteilen. Am 13. 6. 1963 erklärte der Moskauer Rundfunk: «Die Kurden sind keine Agressoren. Ihr Kampf ist ein reiner Verteidigungskrieg.»[21] Dafür unterstützten die Briten die Baathisten, indem sie schwere Waffen und Munition lieferten und die irakischen Offiziere ausbildeten, berichtete die Londoner «Times» am 24. 5. 1963. Unterstützt wurden die Baathisten inzwischen auch von der Volksrepublik China, die die Kurden als eine «reaktionäre nationalistische Bewegung von Barzani und seinen Kurden»[22] bezeichnete.

Mit der Zeit wurde das Baath-Regime derart geschwächt, daß die Baath-Partei am 24. August 1963 Barzani Verhandlungen anbot. Dieses Angebot wurde jedoch abgelehnt. Im Dezember 1963 eroberten die kurdischen Partisanen alle Gebiete zurück, die sie am Anfang des Krieges verloren hatten. Die Lage der Baathisten war so wenig stabil, daß der Generalsekretär der Baath-Partei, Michael Aflay, ein Syrer, am 13. 11. 1963 nach Bagdad flog und die Regierungsgeschäfte übernahm. Staatspräsident Arif, der ein Nasser-Sympathisant gewesen war, fühlte sich dadurch tief beleidigt. Am selben Tag kam es in Bagdad zu bewaffneten Zusammenstößen zwischen den «Linksbaathisten» und der irakischen Armee. Bei diesen Zusammenstößen wurden die Linksbaathisten von zwei Baath-Piloten unterstützt, die Bagdad bombardierten. Für Arif war es eine günstige Gelegenheit, einen Putsch gegen seine früheren Putschkumpanen zu führen. Am 18. November 1963 vernichteten die Arif-treuen Truppen die Nationalgarde der Baathisten und beseitigten das Baath-Regime. Der als Rechtsbaathist bekannte Ahmad Hasan al-Bakr, der jetzige irakische Staatspräsident, wurde nicht von der Regierung Arifs ausgeschlossen.[23]

Der neue Machthaber erklärte den Kurden Verhandlungsbereitschaft und rief zur Feuereinstellung auf. Am 10. Februar 1964 wurde zum zweitenmal eine Feuerpause eingelegt. Dieser Beschluß von Barzani als Parteivorsitzendem und Oberbefehlshaber der Kurden, das Feuer einzustellen, führte zu einer Auseinandersetzung innerhalb der KDP. Die Politbüromitglieder Ibrahim Ahmet, Celal Talabani und ihre Freunde kritisierten Barzani, weil dessen Beschluß ohne die zuständigen Organe der Partei zustande gekommen war. Außerdem wandten sie sich gegen den Beschluß selbst, der, so erklärten sie, nicht mit den Interessen des kurdischen Volkes zu vereinbaren sei, zumal die Regierung in Bagdad auch keine Garantien gegeben hätte. Barzani wurde beschuldigt, eine Kompromißpolitik zu betreiben und in der Partei eine Alleinherrschaft errichten zu wollen. Der Angegriffene rief daraufhin die Generalversammlung der KDP zu einer Sitzung zusammen. Der Kongreß bestätigte die Politik von Barzani; ein neues Zentralkomitee wurde gewählt und ein neues Politbüro gebildet. Diese Meinungsverschiedenheiten in der Partei endeten mit einer bewaffneten Auseinandersetzung zwischen Ibrahim Ahmet, Talabani und den Anhängern Barzanis. Talabani und seine Freunde flüchteten mit 1000 Peghmergas (Freiheitskämpfer) in den Iran. Von nun an stellten sie sich gegen die Barzani-Bewegung. Während ihres Aufenthaltes im Iran nahmen sie Kontakte mit den iranischen Behörden auf. Jahre später beschuldigten sie allerdings Barzani, aus dem Iran Unterstützung angefordert zu haben. Talabani und seine Freunde kehrten nach kurzem Aufenthalt im Iran nach Kurdistan zurück, verbündeten sich mit der Regierung in Bagdad und kämpften von nun an gemeinsam gegen die kurdische Bewegung, zusammen mit den Regierungskräften. Die Baath-Regierung erkannte sie als die wahren Vertreter der KDP an, der Grund dafür, daß sie in den Reihen der nationalen Bewegung als Verräter angesehen wurden.[24] Diese von kleinbürgerlichen Revolutionsideen gekennzeichnete Linie von Talabani kostete die Linke in den nächsten Jahren viele Menschenleben.[25]

In Kurdistan berief die KDP am 29. September 1964 eine Konferenz ein, die «Revolutionärer Volkskongreß» genannt wurde. Auf dieser Konferenz wurden an Hand des Memorandums vom 24. April 1963 die Organisationsgrundlagen der Autonomie, wie Gesetzgebung, Rechtswesen, Verwaltung, Finanzwesen und Militärwesen, festgelegt. Führungsorgane unter dem Namen «Kommandorat der Revolution» und «Exekutivkomitee» wurden gegründet. Dabei hatte der «Kommandorat der

Revolution» mit 63 Mitgliedern die Aufgabe und die Vollmacht des Parlaments, das «Exekutivkomitee» die der Regierung.

Mitte Februar 1964 gab Regierungschef Marschall Arif bekannt, daß man sich mit den aufständischen Kurden auf eine Feuereinstellung geeinigt habe. Seit dem 31. Januar hatte nämlich ein General als Vertreter Arifs mit den Abgesandten des Kurdenführers Mustafa Barzani geheime Verhandlungen über die Beendigung des Guerillakriegs geführt, der seit Juni 1963 tobte. Dabei willigte Präsident Arif ein, die Rechte der Kurden durch Bestimmungen in der Verfassung zu sichern: Die Regierung wolle alle gefangenen Aufständischen freilassen und kurdische Vermögen, die beschlagnahmt wurden, zurückgeben. Vor allem solle jedoch der wirtschaftliche Boykott der kurdischen Siedlungsgebiete sofort aufgehoben werden, und Bagdad wollte, so wurde zugesichert, den Wiederaufbau der durch die irakische Luftwaffe bombardierten Bergdörfer übernehmen. Einen Punkt allerdings erwähnte Arif nicht, ob er die wichtigste Forderung der Kurden, die Autonomie, erfüllen wolle.[26]

Doch Arifs Regierung hielt sich nicht an die Abreden. Am 23. 3. 1964 verabschiedete die Regierung ein Gesetz mit der Bezeichnung «Das Gesetz der Medaille für die Niederlage der Zivilrebellion im Norden». Diese Medaille sollte denjenigen verliehen werden, die zum «Niedergang des Aufstandes der verräterischen Banden beigetragen hätten, um die Säuberung unseres lieben Bodens von Separatisten und imperialistischen Agenten zu verwirklichen»[27].

Wochen danach erklärte die Regierung in Bagdad außerdem, daß die «Kurden arabischer Herkunft» seien und daß das «irakische Volk ein Teil des arabischen Volkes» sei. Von einer kurdischen Partnerschaft wurde nicht mehr geredet.[28] Arif hob den Artikel 3 der provisorischen Verfassung, der die Anerkennung der nationalen Existenz der Kurden als Bestandteil der irakischen Gesellschaft verkündete, auf. Der Krieg brach erneut aus. Damals meldeten die Zeitungen, daß Barzani vom Schah von Persien heimlich unterstützt würde, um Arif – und in der Fernwirkung auch Nasser – zu schaden.[29]

Wie bei allen anderen Kurdenkriegen hatten sich dieses Mal wieder starke irakische Verbände den Kurden angeschlossen. «Ende vergangener Woche hat Radio Bagdad einen Aufruf des irakischen Verteidigungsministers an desertierte Offiziere und Soldaten verbreitet, in dem reuigen Deserteuren bei der Rückkehr zu ihren Einheiten Straffreiheit, Beförderung und weitere materielle Vergünstigungen zugesichert wurden. Die Deserteure wurden zugleich ermahnt, möglichst viel Kriegsmaterial zu ihren Einheiten mitzubringen. Dies deutet darauf hin, daß bei Ausbruch der Kämpfe, ähnlich wie zu Beginn des Kurdenkrieges im Jahre 1961, größere Einheiten der Regierungstruppen mit ihren Waffen zu den Kurden übergelaufen sind.»[30]

Als Marschall Arif bei einem Hubschrauberunfall im April 1966 starb, übernahm sein Bruder Abdurrahman Arif die Macht. 40000 Mann der irakischen Armee griffen im Sommer 1966 die Region Rawunduz an. Die kurdischen Guerillaeinheiten, die Peshmergas, verfügten hier nur über 3500 Kämpfer. Die Regierungsarmee erlitt trotz der Unterstützung durch Luftwaffe und Artillerie eine große Niederlage. Peshmergas zerschlugen einige Divisionen völlig. Am 29. Juni 1966 wurde das Feuer wieder eingestellt. Doch die Verhandlungen zwischen Präsident Arif und Barzani waren ergebnislos.

Am 20. November 1966 fand der 7. Kongreß der KDP statt. Der IKP-Sprecher Zeki Hairi nahm als Gast am Kongreß teil und erklärte in einem Gespräch die Solidarität seiner Partei mit dem berechtigten Kampf des kurdischen Volkes.

Die Baathisten stürzten am 17. Juli 1968 die Regierung. Dem Putsch folgte am 31. Juli eine Reinigung in der Regierung durch Hassan Al-Bakr. Die Feuerpause, die nach dem Putsch eintrat, dauerte bis zum Frühjahr 1969. Sie wurde durch die Baathisten einseitig beendet. Aber auch der neue Angriff brachte keinen Erfolg. Die Regierung in Bagdad war nicht mehr imstande, in ihrem unrechtmäßigen Kampf gegen die Kurden, die in der Zwischenzeit ihre Souveränität gefestigt hatten, einen einzigen Erfolg zu erzielen. Die soziale und ökonomische Krise, bedingt durch den langanhaltenden Krieg und den auf die Regierung von demokratischen Kräften im In- und Ausland ausgeübte Druck, zwangen die Regierung in Bagdad, das Abkommen vom 11. März 1970 zu unterzeichnen und der Weltöffentlichkeit die Anerkennung der Autonomie in Kurdistan zu verkünden. Immerhin hatte der Irak jeden Tag 2,5 Millionen DM an Kriegskosten in Kurdistan investiert.

Die Deklaration vom 11. März 1970, der die Autonomiebedingungen im Memorandum von 1963 zugrunde lagen, wurde im Namen der KDP von Mustafa Barzani und im Namen der Regierung von Saddam Husseyn unterzeichnet und vom Sender «Stimme Kurdistans» bekanntgegeben.

Fraglich war jedoch von vornherein, ob die Baath-Regierung dieses Abkommen erfüllen würde, zumal sie nicht davon überzeugt war, daß die kurdische Frage friedlich gelöst werden könnte. Abgesehen von den militärischen und politischen Mißerfolgen der Regierung spielten bestimmte äußere Ereignisse keine geringe Rolle. Als nämlich die Baathisten am 18. 7. 1968 das Arif-Regime stürzten und die Macht übernahmen, befand sich die revolutionäre Bewegung im Irak im Wiederaufleben. Die IKP hatte sich im September 1967 von dem moskau-treuen ZK getrennt. Ein bewaffneter, von der IKP/ZF («Irakische Kommunistische Partei, Zentrale Führung») geführter Aufstand in den Sumpfgebieten Südiraks erschütterte die Arif-Regierung, obwohl er mißlang. Die von der Arif-Regierung durchgeführten Wahlen in den Betrieben und Universitäten wurden von der IKP gewonnen. Zur gleichen Zeit hatten die Engländer sich entschlossen, sich vom Arabischen Golf zurückzuziehen, und suchten im Irak nun ein Regime, das fähig war, einen Teil des so entstehenden Vakuums zu füllen und gleichzeitig ihre Erdölinteressen im Irak zu vertreten. So waren die ersten Wochen nach der Machtübernahme von einer anglo-amerikanischen Übereinstimmung gekennzeichnet, die jedoch am 30. 7. 1968 aufgelöst wurde, als es zu Auseinandersetzungen in der Regierung kam. Von Anfang an betrieb die neue Regierung eine doppelte Politik, die sich einerseits auf Versprechungen nach Demokratie und Sozialismus, auf der anderen Seite auf blutige Unterdrückung und politische Irreführung stützte.[31]

So wurde zum Beispiel das Wüstengefängnis Nugrat-Salman geschlossen und dafür eine Folterstelle im Al-Nihaya-Palast eröffnet. Der Königspalast wurde im Juli 1973 nach dem mißlungenen Putsch des Sicherheitschefs Kzar abgerissen – dafür ein modernes unterirdisches Gefängnis erbaut. Während die Mitglieder der «Irakischen Kommunistischen Partei», die sich von der moskau-treuen IKP trennten, verfolgt und verhaftet wurden, wurde mit der UdSSR ein Abkommen über die Ausbeutung der Erdölfelder in Nordrumeila und mit Polen über die Schwefelförderung abgeschlossen. Auf der anderen Seite konnten sich England und Amerika über die Aufteilung der Einflußsphären im Nahen Osten nicht einigen. Die Briten wollten die Machthaber in Bagdad und die irakische Armee als Druckmittel gegen die Achse Teheran/Washington benutzen und gaben den Rat, die Kampfhandlungen im Irak einzustellen, um das Baath-Regime zu retten.

Die Ereignisse am Arabischen Golf entwickelten sich aber zugunsten der Amerikaner. Das Bündnis zwischen dem Iran und den USA erwies sich als stärker. Der Iran konnte ohne nennenswerten Widerstand die drei arabischen Inseln im Golf besetzen und das Ostufer des Schatt al Arab annektieren. Als die irakische Regierung Anfang 1972 das Golfgebiet räumen mußte, verschlechterte sich das Verhältnis zu den Briten. Die diplomatischen Beziehungen wurden abgebrochen und England beschuldigt, einen Putsch geplant zu haben. Die Briten ihrerseits waren nicht gewillt, dem Abkommen zwischen den sozialistischen Ländern über Schwefel und Erdöl mit dem Irak tatenlos zuzusehen. Außerdem war ihnen das Gesetz Nr. 80 aus der Kassem-Zeit, das die Konzessionsrechte der Ölgesellschaften stark einschränkte, ein Dorn im Auge.

Gesetz Nr. 80

Festlegung der Ausbeutungsgebiete für die Ölgesellschaften

Nach der Durchsicht der provisorischen Verfassung und auf Grund der Vorlagen, die vom Ministerpräsidenten unterbreitet und vom Ministerrat genehmigt wurden, wird im Namen des Volkes folgendes Gesetz erlassen:

Artikel 1

Mit den hier verwendeten Begriffen und Namen ist folgendes gemeint:

Gesellschaften: Iraq Petrol Co. Ltd. (IPC)
Basrah Petrol Co. Ltd. und
Mosul Petrol Co. Ltd.

Beschränkte Gebiete: Gebiete, auf denen jede der Gesellschaften das Recht hat, zu operieren.

Gebiete: Jeder mit Wasser bedeckte oder unbedeckte Boden.

Artikel 2

Das beschränkte Gebiet jeder der genannten Gesellschaften ist durch die diesem Gesetz beigefügte Tabelle festgelegt.

Artikel 3

Die Regierung der irakischen Republik hat das Recht, wenn sie es für notwendig erachtet, andere Gebiete festzulegen, die als Reserve für die Gesellschaften dienen, wobei diese Gebiete die vorgeschriebene beschränkte Fläche jeder Gesellschaft nicht überschreiten dürfen.

Artikel 4

Alle vom Artikel 2 und 3 dieses Gesetzes nicht erfaßten Gebiete sind von allen früheren Rechten der Gesellschaften frei. Das Fördern und Transportieren des Erdöls auf diesen Gebieten ist erst dann erlaubt, wenn es den Ausnützungsbedingungen weder juristisch noch logisch widerspricht.

Artikel 5

1. Die Gesellschaften müssen innerhalb von drei Monaten nach Inkrafttreten dieses Gesetzes der Regierung kostenlos alle geologischen, geophysikalischen und alle die Erdöltechnologie betreffenden Probleme und Informationen über die vom Artikel 4 dieses Gesetzes erfaßten Gebiete vorlegen.
2. Weigert sich eine Gesellschaft, die unter Absatz 1 dieses Artikels verlangten Informationen vorzulegen, so haftet sie gegenüber der Regierung für jeden Schaden, der hiernach eintreten wird sowie rückwirkend für jeden Verlust, der infolge der Informationsverweigerung eintritt.

Artikel 6

Dieses Gesetz tritt am Tage seiner Bekanntmachung in der offiziellen Zeitung in Kraft.

Artikel 7
Die Minister haben dieses Gesetz zu vollziehen.

Beschlossen zu Bagdad am 11. 12. 1961

Die Ölgesellschaften setzten daraufhin die Baath-Regierung unter Druck, indem sie die Ölproduktion auf die Hälfte reduzierten, um damit die Einnahmen des irakischen Staates zu drosseln. Innerhalb von drei Monaten entstand ein Verlust von 33 Millionen Pfund Sterling. Außerdem forderten die Ölgesellschaften, das Gesetz Nr. 80 abzuschaffen. Hinzu kam, daß sich die Ölgesellschaften weigerten, ihre bereits fälligen Schulden an den Irak zu zahlen. Wegen der starren Haltung der Ölgesellschaften sah sich der irakische Chefdelegierte bei den Verhandlungen um die Ölrechte außerstande, diese Bedingungen zu akzeptieren. «Die Forderung der Gesellschaften ist die Abschaffung des Gesetzes Nr. 80. Wir, die Delegation und die irakische Regierung, sowie die Regierungen, die nach uns kommen – selbst wenn diese von den Ölgesellschaften eingesetzt werden –, können das Gesetz nicht abschaffen . . . Deswegen sehen wir uns gezwungen, ein Gesetz zu verabschieden, das nach uns ebenfalls keiner mehr abschaffen kann.»[32] Die irakische Regierung entzog der IPC, der Iraq Petrol Co. Ltd., die Konzessionsrechte und verstaatlichte das Erdöl. In der Zwischenzeit hatte Großbritannien seine Beziehungen zur iranischen Regierung wesentlich gefestigt. Am 29. 5. 1972 wurde bekannt, daß Großbritannien dem Iran einen Kredit von 50 Millionen Pfund Sterling gewährt hatte, gleichzeitig wurde die Reise des Schahs nach London vorbereitet. Der Iran wurde zum Hauptstützpunkt für die anglo-amerikanischen Imperialisten ausgebaut. Dagegen blieb der französische Anteil an der Ölgesellschaft von der Verstaatlichung verschont. Im März 1973 wurde zwischen den Ölgesellschaften und der Regierung ein Vertrag unterschrieben, der die Ölgesellschaften vollständig entschädigte. Sogar die Gewinne, die die Gesellschaften aus den Ölvorräten später hätten erzielen können, wurden ihnen ersetzt. In Basrah durften sie die Ölproduktion auf jährlich 80 Millionen t steigern.

Die Erdölgesellschaften, die in Basrah förderten, wurden erst 1975 verstaatlicht, obwohl im Gegensatz zu Kirkuk hier die größten Ölvorkommen nachgewiesen wurden. In den letzten Jahren vor der Verstaatlichung hatten die Ölgesellschaften nämlich in den nördlichen Ölfeldern durch das Pumpen von großen Druckwassermengen die Produktion derart gesteigert, damit sie noch vor Ablauf der Konzession eine große Ausbeute erzielten, was zum Absinken der Leistungsfähigkeit der Ölquellen führte. Die bis zum Mittelmeer führenden Erdölleitungen, die an Syrien und Libanon zu zahlenden Transitgebühren und die Zunahme der

Investitionskosten machten das Kirkuk-Öl teurer als das Basrah-Öl. Die nach der Schließung des Suez-Kanals auferlegte Ermäßigung auf die Golf-Ölpreise und der Bau von Supertankern verbilligten zusätzlich das Basrah-Öl. Diese Tatsachen veranlaßten daher auch die Ölgesellschaften, durch die Produktionsreduzierung in den Kirkuk-Feldern die Auseinandersetzungen um die Konzessionen des Kirkuk-Öls zu entfachen, um die südlichen Ölquellen, die viel ergiebiger waren, aus der öffentlichen Diskussion fernzuhalten. Das gelang den Ölgesellschaften, die daher die Verstaatlichung der Ölfelder von Kirkuk auch nicht besonders bedauerten. Wegen dieses Vorgangs und der Tatsache, daß der Irak auf den Ölverkauf verzichtete und diesen den Ölgesellschaften überließ, erklärte die innenpolitische Opposition, daß die Verstaatlichung in Kirkuk nur eine Augenwischerei sei. Tatsache bleibt, daß der Irak sich auf einem See von Öl befindet und die Erdöleinnahmen überhaupt den Aufbau des Landes ermöglichten. «1974 betrugen die Erdöleinnahmen 7,5 Milliarden US-Dollar. Damit sollen neue Raffinerien, chemische Werke und Zementfabriken erstellt und die Produktion von Waschmaschinen bis zur Herstellung vom Kinderspielzeug ermöglicht werden.»[33]

Bedenken gegen die Politik der Baathisten gab es auch im Hinblick auf das März-Abkommen. In der Aprilausgabe 1970 interpretierte die französische Zeitung «Le Monde Diplomatique» das Abkommen so: «Die Anerkennung der nationalen Forderungen der Kurden seitens der Sozialistischen Entwicklungspartei Arabiens (Baath), die dem arabischen Nationalismus einen mystischen und surrealistischen Inhalt gab und als radikalste unter den Bruderparteien sich grundsätzlich gegen die kurdischen Forderungen und traditionell gegen einen nichtarabischen Nationalismus in einem arabischen Land stellte, der die Kurden die blutigsten Militäraktionen seit dem 10. April 1963 verdanken, ist nicht der erste und letzte Widerspruch in der Geschichte. Wir hoffen, daß die bei den kurdisch-irakischen Verhandlungen in Beirut geübte Selbstkritik von Michail Aflak, einem der historischen Führer der Baath, nicht als ein Täuschungsmanöver für die arabische und internationale Öffentlichkeit oder eine Taktik zum Zeitgewinn geplant sind, sondern auch wirklich so gemeint sind.»

Schon in den ersten Tagen verstieß die Regierung in Bagdad gegen das März-Abkommen, indem sie die Erfüllung der Bedingungen erschwerte. Nach dem Abkommen sollte Kurdisch neben der arabischen Sprache gleichberechtigte Amts- und Unterrichtssprache sein, Kurden sollten bei der Besetzung höherer Staatsämter nicht benachteiligt werden. Maßnahmen zur Beseitigung des kulturellen Rückstandes in kurdischen Gebieten sollten ergriffen, alle durch Kriegseinwirkung entstandenen Schäden ersetzt werden und ein ministerielles Komitee sollte sich der wirtschaftlichen Entwicklung Kurdistans widmen. Eine wichtige Bestimmung des Vertrages sah auch die Rücksiedlung von Kurden in ihre Heimatdörfer vor, in denen während des Krieges Araber angesiedelt worden waren. Der Vereinigung der kurdischen Provinzen, ihrer Selbstverwaltung durch ausschließlich kurdische Beamte und einer der Bevölkerungszahl entsprechende Vertretung der Kurden in den gesetzgebenden Organen galten weitere Vertragsbestimmungen. Außerdem sollten nach Verwirklichung dieses Abkommens Rundfunkstationen und schwere Waffen wieder der Regierung übergeben werden. Für die Verwirklichung des Vertrages wurde eine Frist von vier Jahren gesetzt.[34]

Um die Grenzen des autonomen Kurdistan feststellen zu können, wurde in einer Geheimklausel des Abkommens eine Volkszählung in den umstrittenen Gebieten (Mossul und Kirkuk) im ersten Jahr, also 1971, vorgesehen. Doch die Regierung versuchte mit allen Mitteln, wie durch Zwangsumsiedlungen und Repressalien, die kurdische Bevölkerung aus diesen Gebieten zu vertreiben, um sie außerhalb der Autonomiegrenze zu halten. 15 kurdische Dörfer in Mossul und Kirkuk wurden zwangsevakuiert, kurdische Arbeiter in den Betrieben entlassen. Außerdem verhinderten die Baathisten eine Volkszählung im ersten und in den nächsten vier Jahren. Im Juli 1971 übten die irakischen Militäreinheiten, mit Unterstützung der Luftwaffe und Artillerie, einen Angriff auf die Region Barzan aus. Die Anhänger der Baathisten erklärten demgegenüber:

«Die Zentralregierung in Bagdad erklärte dazu, daß der Distrikt Kirkuk ausweislich einer Volkszählung nicht überwiegend von Kurden besiedelt und die Forderung nach einer Einbeziehung daher unrealistisch sei. Wenn man dem Baath-Organ ‹Al Thaura› folgt, war dem damaligen Führer der Kurdischen Demokratischen Partei, Barzani, klar, daß sein Verlangen eine Provokation sein mußte, die den erst mal unternommenen Versuch, die Kurdenfrage demokratisch zu lösen, zwangsläufig blokkieren würde. Spätestens damals aber verlor Barzani seine Legitimation als Befreiungskämpfer; dafür wuchs ihm die Funktion eines Sezessionisten zu, der – wie nicht selten in vergleichbaren politischen Konstellationen – zu einer Schachfigur im Spiel des Weltimperialismus verkam.»[35]

Die Tatsachen sahen jedoch anders aus:

Das März-Abkommen –
was wurde verwirklicht und was nicht?

Die wichtigsten Vereinbarungen des Abkommens seien hier kurz zusammengefaßt:

1. Kurdisch ist in den Gebieten mit kurdischer Mehrheit die offizielle Sprache. Arabisch wird in den kurdischen Schulen und Kurdisch in den arabischen Schulen unterrichtet. Kurdisch wird jetzt zwar unterrichtet, doch fehlen die entsprechenden Lehrbücher.
2. Im gleichen Verhältnis zur kurdischen Einwohnerzahl sollten die

Kurden an der Regierungsgewalt, der Verwaltung, der Armee und an allen wichtigen Posten beteiligt werden.
Die Kurden haben vier Minister, drei Ministervertreter und einen Divisionskommandeur. Im Planungsrat haben sie von 15 Mitgliedern nur zwei gestellt. Im obersten Verteidigungsrat sitzt kein einziger Kurde. Die ganze Regierungsgewalt wird vom «Revolutionsrat» ausgeübt, in dem die Kurden nicht vertreten sind. Ein kurdischer Minister, der im August 1973 in Westberlin der Konferenz der kurdischen Studenten in Europa beiwohnte, meinte dazu, er sei nicht einmal in der Lage, einen Pförtner einzustellen.
Von 330 Studenten der Militärakademie (1971) waren lediglich acht Kurden. Der Anteil der Kurden in den höheren Schulen und Universitäten betrug lediglich 3–10 %. In den Provinzen Arbil, Suleimanija und Duhouk, wo kurdische Gouverneure eingesetzt wurden, sind den arabischen Sicherheitsdirektoren alle Vollmachten gegeben. Der Einfluß der Gouverneure ist vollkommen ausgeschaltet.
Die Kurden wurden über die wichtigsten Regierungsentscheidungen immer erst durch die Tagespresse informiert, so über die Verstaatlichungsmaßnahmen und den sowjetisch-irakischen Vertrag.

3. Es sollten kurdische Frauen-, Jugend-, Studenten- und Lehrerorganisationen errichtet werden, die gleichzeitig den gleichartigen irakischen Organisationen angeschlossen sind. Diese Organisationen sind gegründet worden, sie sind jedoch ständigen Überfällen ausgesetzt und erhalten nicht die ihnen zustehenden finanziellen Hilfen.
4. Einer der Vertreter des Staatspräsidenten sollte Kurde sein. Die Regierung hat die KDP um Aufstellung eines Kandidaten nachgesucht. Nach ihren Erfahrungen mit ihren vier kurdischen Ministern hat sich die KDP geweigert, einen kurdischen Kandidaten vorzuschlagen, der keinerlei Einfluß hätte.
5. Unter den geheimen Abmachungen war die, daß eine Volkszählung im ersten Jahr des März-Abkommens stattfinden sollte, um die Grenzen des kurdischen Gebietes festzulegen.
Die Regierung hat diese Maßnahmen auf unbestimmte Zeit verschoben. Während der vier Jahre des Abkommens unternahm die Regierung durch verschiedene Methoden Arabisierungsmaßnahmen, wie z. B. in Kerkuk und Sindjar. Viele kurdische Bewohner durften zu ihren während des Krieges verlassenen Dörfern nicht zurückkehren, weil ihre Gebiete zu Sperrgebieten erklärt wurden. Nur zwei von 22 kurdischen Dörfern durften wieder besiedelt werden. Ein Ersatz wurde nicht gewährt. Der Araber Ali Aldaham hat mit Regierungsmitteln 11 Dörfer von kurdischen Großgrund-

besitzern aufgekauft. Arabische Beamte, Polizeiangehörige und Arbeiter von außerhalb Kerkuks wurden in die Stadt umgesiedelt und mit gefälschten Papieren versehen, die besagten, daß sie aus Kerkuk stammen.

6. Das kurdische Volk sollte im Verhältnis zu seiner Bevölkerungszahl an der Legislative beteiligt werden.
   Die bestehende gesetzgebende Gewalt ist der sogenannte «Revolutionsrat», in dem keine Kurden vertreten sind. Außerdem hat die Regierung keine Schritte unternommen, einen Nationalen Rat zu bilden, an dem sich die Kurden ebenfalls beteiligen sollten.

Vier Jahre März-Abkommen – vier Jahre Betrug!

Als sich die Spannungen zwischen der KDP und der Baath-Partei wegen der Mißachtung der Bedingungen des Abkommens immer mehr zuspitzten, kam es im Oktober/November 1972 zu einem heftigen Federkrieg zwischen den beiden Parteien in ihren Parteiorganen «Altaachi» (KDP) und «Althaura» (Baath).

In einem Memorandum vom 28. 10. 1972 geht die KDP ausführlich auf die Verhältnisse, die sich nach dem 11. März 1970 entwickelt haben, ein. Sie wirft dort der Baath-Partei neben den schon angeführten Verhinderungen der Teilnahme an der politischen Macht eine Reihe von verbrecherischen Überfällen auf das irakische Volk und seine Partei vor:

- Wenige Wochen nach dem März-Abkommen wurde auf das Büro der KDP in Mosul ein Feuerüberfall verübt. Die Regierung hat gegen die Täter keine gesetzlichen Maßnahmen eingeleitet.
- Nur wenige Monate nach dem März-Abkommen versuchte die Regierung, insbesondere in Kerkuk, Dijala und Mosul die kurdischen Gebiete zu arabisieren. Die Absicht der Regierung war es, das Ergebnis der Volkszählung, die bis heute noch nicht stattgefunden hat, zu verfälschen.
- Zweimal wurde ein Mordanschlag auf Albarzani und seinen Sohn unternommen. Gegen die Verschwörer hat die Regierung nichts unternommen.
- Bewaffnung der konterrevolutionären Kräfte in Kurdistan und deren Versorgung mit Geldmitteln. Diese Kräfte haben, wie z. B. in Akra und Sindjar, bewaffnete Überfälle auf Sympathisanten der KDP verübt.
- Vertreibung Zehntausender Kurden in den Iran und Beschlagnahmung ihrer Besitztümer.
- Versendung zahlreicher Sprengstoffpakete an die Parteibüros und Anhänger der KDP, wobei viele kurdische Bürger ums Leben kamen. Entführung und Verhaftung von Mitgliedern der KDP und ihre Folterung bis zum Tode im Al-Nihaya-Palast.

– Überfall auf friedliche kurdische Dörfer mit Artillerie und Flugzeugen ohne jeden Grund, wie es in Barzan, Sindjar und Scheicha geschah.
– Einebnung kurdischer Dörfer mit Bulldozern unter fadenscheinigen Vorwänden, wie im Gebiet von Khanikin und Mandaly.
– Einer nicht geringen Zahl von ZK-Mitgliedern der KDP und kurdischen Militärs wird der Zutritt zu den Stadtzentren verwehrt. Der KDP wird jede politische Aktivität innerhalb der Streitkräfte verboten.
– Die Baath-Parteigerichte verhängen geheime Todesurteile über politische Gegner, die anschließend in Form von Attentaten innerhalb oder außerhalb des Iraks vollstreckt werden.

Das war der Zustand in den letzten vier Jahren!
(Nach: «Al Tahir», Zeitschrift des Komitees zur Unterstützung der kämpfenden Völker im Nahen und Mittleren Osten, April 1974)

Durch die teilweise Nationalisierung des Erdölvorkommens und eine Agrarreform leitete der Irak im Landesinnern, gegenüber den arabischen Bürgern, eine strukturelle Revolution ein. Landwirtschaftliche Kooperativen, kollektive Bewirtschaftung und Staatsgüter wurden gegründet und gefördert, der Großgrundbesitz zu einem großen Teil abgeschafft. Das Erziehungs- und Gesundheitswesen wurden vorbildlich ausgebaut. Ohne Zweifel hat die irakische Regierung erhebliche Reformen durchgesetzt. Im Rahmen des arabischen Nationalismus duldete sie jedoch, genau wie in der Türkei und im Iran, keine andere Nation in ihrem Staatsgebiet. So war denn auch die Ursache für Konflikte nicht darin zu sehen, daß die Kurden ihren feudalistischen Strukturen nachtrauerten, zumal in den Programmen der Kurden diese schon längst bekämpft wurden, sondern in der Frage, ob sich die Kurden dem arabischen Nationalismus unterordnen oder nicht. «Die Selbstregierung der Kurden im Irak ist nur innerhalb der arabischen Einheit denkbar, für die sie (die Regierung in Bagdad) kämpfen. Die Kurden, die von diesem Nationalitätsbegriff nicht erfaßt werden, sind nichts anderes als Fremde. Jede andere Behauptung stellt ein Abweichen von der historischen Erklärung vom 11. März dar.»[36]

Diese nationalistische Politik der Baathisten hatte zur Folge, daß die kurdische Führung zunehmend unter den Einfluß der USA und des Iran geriet, um, wie es die Baathisten sagen, vom USA-Imperialismus in die Falle getrieben zu werden.[37] Dem Korrespondenten der «Washington Post» gab Barzani 1973 eine Pressemitteilung, worin er seinen Widerstand gegen die Nationalisierung des Erdöls in Kirkuk erklärte und andeutete, daß er die Erdölproduktion in Kirkuk einer amerikanischen Firma überlassen würde, wenn er aus USA Militärhilfe bekäme. Das Echo dieser Pressemitteilung war in Kurdistan negativ und lieferte den

Der Völkermord in Irakisch-Kurdistan blieb vor der Weltöffentlichkeit versteckt. Denn die beiden Großmächte USA und UdSSR waren unter sich. Ein Beispiel von Machtpolitik auf dem Rücken der Betroffenen, die nichts anderes als ein gutgläubiger Spielball fremder Interessen waren. Auch Heroismus verhinderte nicht ihre Niederlage.

Baathisten eine Rechtfertigung dafür, den Kurden Verrat vorzuwerfen. «Kompromißloses, aggressives und scheinheiliges Verhalten der Baathisten einerseits, die Fehler der KDP-Führung, die die nationale Bewegung dem reaktionären Iran-Regime und dem USA-Imperialismus auslieferten andererseits, machten die Verwirklichung des Abkommens vom 11. März 1970 unmöglich.»[38]

1974 veröffentlichte die Demokratische Partei Kurdistans eine Aufstellung der bisherigen Vernichtungsaktionen der Baath-Regierung gegen die Kurden:[39]

Am *30. Januar 1973* machten irakische Einheiten den Versuch, die Shaikhan-Region in Khaneqin einzunehmen. Sie vertrieben Hunderte von Familien von ihren angestammten Ländereien und Höfen und töteten jene, die sich weigerten, ihre Dörfer zu verlassen. Obwohl Repräsentanten der KDP und der Baath-Partei zu diesem Zeitpunkt über die Durchführung des Friedensabkommens zur Autonomie Kurdistans verhandelten, gab die Baath-Partei den Befehl, die kurdische Bevölkerung systematisch zu terrorisieren und zu töten. Am *9. Februar 1973* beschoß irakische Artillerie das Dorf Yosfan in der Sinjar-Region. Der Grund für diese wahllosen und unmenschlichen Schüsse war die Weigerung der Dorfbewohner, in die Baath-Partei einzutreten. 10 Frauen und 5 Kinder wurden erschossen. 11 Mitglieder der örtlichen KDP wurden auf offener Straße hingerichtet. Am *26. Februar 1973* durchsuchten irakische Soldaten mit äußerst brutalen Methoden die Häuser kurdischer Einwohner von Sinjar. Am *6. März 1973* wurden 46 kurdische Bauern aus dem Dorf Ghere in der Region Kirkuk vertrieben und Araber wurden an ihrer Stelle angesiedelt. Am *7. März 1973* gibt die Baath-Partei den Einwohnern des Dorfes Qazan Belagh in Qara Hasan (Kirkuk-Provinz) unter dem Vorwand des nationalen Interesses den Befehl, ihr Dorf zu verlassen. Das Dorf liegt weit entfernt von irgendwelchen Ölfeldern oder militärischen Einrichtungen. Am *26. März 1973* versuchten einige irakische Soldaten, die 12jährige Ferma Mohammed aus Dinarta in der Aqra-Region zu vergewaltigen. (Der Kommandeur der 4. Division, zu der ihre Einheit gehört, befand sich auf einer Inspektionsreise.) Als das Kind Widerstand leistete, wurde es bewußtlos geschlagen. Später banden die irakischen Soldaten seine Beine an einen Esel, um das Kind auf dem Boden entlangzuschleifen. Am *27. März 1973* griff dieselbe Einheit das Dorf Dinarta an und vertrieb die Dorfbevölkerung. Bei dem Versuch, die Bevölkerung zu verteidigen, wurden 9 Männer getötet, unter ihnen der 65jährige Dorfälteste Haji Ali Amda. Am *24. April 1973* informiert ein Telegramm aus der Zakho-Region die KDP über eine große Anzahl von Flüchtlingen, die Sinjar wegen der ununterbrochenen Terrorisierung durch die Iraker verlassen. «Die Flüchtlinge leiden unter Nahrungsmangel und sind ohne Unterkunft. Am *15. Mai 1973* dringt eine Brigade der irakischen Armee in das Dorf Teqleq in der Shaikhan-Region ein. 200 Familien werden terrorisiert und vertrieben. Sie flüchten in die Berge. Am *22. Mai 1973* werden mehr als 200 Familien von der irakischen Armee aus der Ain Safin-Region vertrieben. Die Familien leiden Hunger und sind ihrem Schicksal überlassen, obwohl eine Pockenepidemie unter den Kindern ausbricht. Die irakischen Gesundheitszentren in der Region weigern sich, die Kinder zu behandeln. Über 100 Kinder sterben.

Unterricht in einer von irakischen Bombern zerstörten Schule. Einst saßen auf diesen Bänken 20 Kinder. Nach dem Angriff ist nur dieser Junge übriggeblieben.

Am *24. Mai 1973* werden zwei Leichen im Fluß Wand in Khaneqin gefunden. Die Sicherheitsbehörden der irakischen Armee behaupteten, daß die Leichen durch eine Flut an Land gespült worden seien. Die Identifizierung jedoch ergab, daß beide Männer aus der Gegend stammten und von der irakischen Armee gefoltert, dann erschossen und in den Fluß geworfen worden waren. Am *8. Juni 1973* wurden irakische Polizisten in die Dörfer Annare und Tel-Ades kommandiert, um 8 Mitglieder der KDP festzunehmen. Die anderen Dorfbewohner wurden terrorisiert und alle vertrieben. Am *28. Juni 1973* besetzt die irakische Polizei das Dorf Qamishlan in der Khanaqin-Region. Die Bevölkerung wird vertrieben und flüchtet in die befreiten Gebiete – die Versorgung der Flüchtlinge mit Nahrungsmitteln und Unterkünften wird immer problematischer. Am *1. Juli 1973* führt eine irakische Einheit mit Unterstützung von Artilleriefeuer einen schweren Angriff auf Khaneqin, der viele Opfer unter der Zivilbevölkerung fordert. Am *12. September 1973* umstellen Einheiten der irakischen Polizei aus dem Kirkuk-Hauptquartier, verstärkt durch 10 Panzerfahrzeuge, das Dorf Zerdik. Eine große Anzahl der Einwohner wird verhaftet und deportiert. Ihr Schicksal ist unbekannt. Am *29. Januar 1974* fielen irakische Einheiten in die Duzkhormatu-Region im Gebiet Kirkuk ein und verhafteten 8 turkmenische irakische Bürger. Ihr Schicksal ist unbekannt. Am *8. Februar 1974* gab die irakische Regierung der Bevölkerung der Dörfer Qerede, Qotaras, Karenmed und Qoshqanje den Befehl, ihre Dörfer innerhalb von 24 Stunden zu verlassen. Am *10. Februar 1974* erhalten auch die Bewohner der folgenden Dörfer den Befehl, innerhalb von 24 Stunden ihre Dörfer zu verlassen. Der Befehl ist vom Gouverneur des Zentralgouvernements der Provinz Kirkuk und dem Kommandeur der 2. Division unter dem Vorwand der militärischen Sicherheit unterzeichnet. Die Bevölkerung der Dörfer Muhhawali, Pelhani, Sarelo, Soy, Serbeshakh, Clafat, Olasor, Jabal Bor, Matare, Tel Sharaw und Charoke wird dann innerhalb von 5 Stunden mit Gewalt vertrieben.

Nach dem Ausbruch des totalen Krieges im April können folgende Beispiele von Akten des Genozids die Lage illustrieren:

Am *14. April 1974* werden 11 kurdische Patrioten, nachdem sie in Bagdad gefoltert und zum Tode verurteilt worden waren, in Arbil gehenkt. Einigen waren die Hände abgehackt und die Augen ausgestochen worden. Einige dieser Märtyrer waren seit ein und zwei Jahren aufgrund vorfabrizierter Anklagen in Regierungshaft. Diese Hinrichtung war zu diesem Zeitpunkt eine gezielte Provokation für die KDP. Am *16. April 1974* wurde Aqra, mit einer Bevölkerung von 7000, heftig bombardiert. Viele Häuser, Kirchen und Moscheen wurden zerstört und brachen über den Bewohnern, alle Zivilisten, zusammen. Am *24. April 1974* wird Qala Diza, mit einer Bevölkerung von 20000, heftig bombardiert. 131 Zivilisten werden getötet und über 300 verwundet. Da zwei Schulen gezielt bombardiert wurden, waren die Märtyrer zum großen Teil Schulkinder, die zur Zeit des Angriffs Unterricht hatten. Zwischen dem *23. und 27. April 1974* wurde das Gebiet von Chouman, einschließlich der Stadt Gallala mit einer Bevölkerung von 500 bombardiert. 40 Menschen wurden getötet und 51 verwundet. Am *25. und 26. April* wird Dahok, mit einer Bevölkerung von 40000, beschossen. Viele Einwohner werden getötet und verwundet. Am *26. April* wird Qala Diza, ungefähr 100 km nördlich des Kampfgebietes gelegen, mit Napalm bombardiert. Über 130 Zivilisten werden getötet, die Mehrzahl von ihnen Kinder während des Schulunterrichts. Am *28. April* wird die Stadt Halbja, 80 km vom Kampfgebiet entfernt, bombardiert. Mehr als 100 Häuser werden zerstört, 42 Menschen werden getötet und über 100 verletzt. Die Einwohner müssen die Stadt verlassen und flüchten in die Berge. Zwischen *21. April und 10. Mai 1974* wird Zakho, eine Stadt mit 25000 Einwohnern, bombardiert und beschossen. Während dieser 20 Tage stand die Stadt in Flammen. Am *30. April* werden 5 kurdische Studenten des College of Literature der Universität Bagdad zum Tode verurteilt und hingerichtet, unter ihnen die Studentin Layla Kassem. Am 1. Mai 1974 fiel die irakische Armee in Zakho ein und schoß wahllos auf jeden, den sie sahen, 63 Menschen wurden getötet und über 100 verletzt, meist Frauen

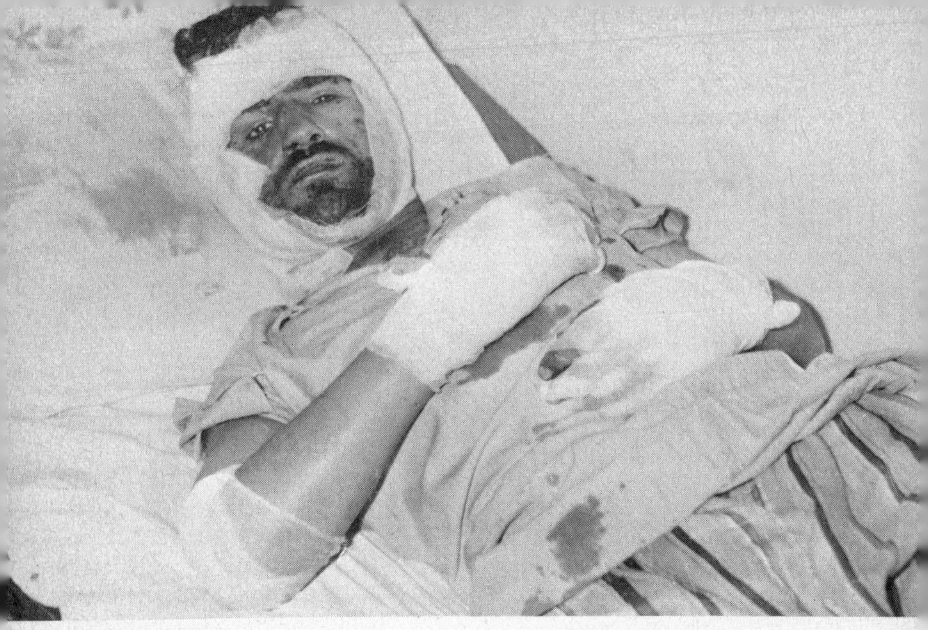

Das Gesicht des Krieges.

und Kinder. Am *8. Mai* werden weitere 6 Universitätsstudenten gehenkt.»

Im Frühjahr 1974 wurde wieder gekämpft. Mit modernsten Waffen, Flugzeugen, Panzern und Artillerie, die mit dem Erdöl aus kurdischem Boden gekauft wurden, griffen die Baathisten Kurdistan an. Dörfer und Städte wurden zerstört, Napalmbomben gegen die Zivilbevölkerung eingesetzt, Tausende von Menschen gefoltert und getötet. Die Kurden mobilisierten alle ihre Kräfte, die sich im Vergleich zu den früheren Jahren zahlenmäßig mehr als verdoppelt hatten. Im Frieden verfügten die Peshmergas über 20000 Mann, im Krieg konnte diese Zahl auf über 40000 gesteigert werden. Hinzu kam, daß das gesamte Volk bewaffnet war und über lange Kriegserfahrung verfügte. Im Oktober 1974 wurden 208 Luftangriffe gegen die rebellischen Kurden geflogen und dabei neun Dörfer zerstört. Bis zu diesem Zeitpunkt waren 542 Dörfer bombardiert worden, einige das dritte und vierte Mal hintereinander.[40] Das alle zwei Wochen von der «Demokratischen Partei Kurdistan» herausgegebene «Militärische Kommunique» sah im Oktober/November 1974 so aus:

«Wöchentliches Nachrichten-Bulletin über den Krieg in Irakisch-Kurdistan

Sulaimany-Gebiet: vom 28. 10. bis 7. 11. 1974

- Ein Lastwagen wurde durch Minen zerstört und die gesamte Besatzung getötet oder verwundet.
- Ein Panzer und Armeejeep explodierten.
- 32 Soldaten und Söldner (Tschasch) getötet.
- Die Baath-Soldaten wurden gezwungen, ihre Positionen in Qele-Diza, Zharewa und Twe-Suran zu verlassen und eine große Menge militärische Ausrüstung liegenzulassen.
- Ruzgari-Divisionen der Kurdistan-Armee (Peshmerga) hatten den irakischen Soldaten, 3 km von Sulaimany entfernt, großen Schaden zugefügt.
- Durch eine Mine explodierte ein Panzer, 6 Soldaten getötet oder verwundet.
- Mehrere Stunden lang wurden in der Nähe von Twe-Suran irak. Stellungen beschossen.
- Am Abend des 28. 10. drangen Peshmerga (KRA) in die Stadt Sulaimany ein, besetzten die Regierungsgebäude und verursachten dort große Verluste, 2 erste Offiziere, 3 führende Leutnants wurden getötet und 1 Oberst verwundet.
- 3 Munitionslager wurden in Brand gesetzt, und zwar in Qele-Diza. Zharewe und Twe-Suran.
- Eine große Zahl von Einheiten wurden angegriffen und viele Soldaten und Offiziere getötet oder verwundet.
- Alle Außenposten des Feindes in Qele-Diza, Zharewa und Twe-Suran wurden vom Feind gesäubert und nach Keiwe-Resh verdrängt.
- Am 31. 10. erlitten die Baath-Soldaten, 12 km von Qele-Diza entfernt, große Verluste.
- 30. 10. explodierte ein Lastwagen in der Nähe von Derbendi-Khan, wobei 10 Soldaten umkamen.
- 29.10. griffen Peshmerga Tasluja, 37 km von Sulaimany entfernt, an.
- 29. 10. griffen die KRA die Polizeistation in Bekre-Joe an und fügten dem Feind großen Schaden zu.
- 30. 10. wurde die elektr. Leitung zwischen Derband-Bazyan und Tainal abgeschnitten.
- 2. 11. drang die KRA in die Stadt Sulaimany und fügte den Baath-Soldaten Verluste zu.
- Durch zwei Minen wurden am 4. 11. zwei Öl-Transporter zwischen Qele-Diza und Zhrewe in die Luft gesprengt.
- Am 3. 11. griff die Ruzgari-Division der KRA Außenposten der Baath-Soldaten an und meldete einen großen Sieg.
- Bei einen Angriff der Khabat-Division am 2. 11. wurden 18 Soldaten getötet und 9 verwundet.

- 5. 11. wurde bei einem Angriff derselben Division im Qere-Daghgebiet, bei Kirkuk, 7 Soldaten, unter ihnen ein Leutnant, getötet.
- 3. 11. Die Polizeistation von Koysinjaq wurde angegriffen.

Kirkuk-Gebiet:

- 29. 10. vertrieb das Baath-Regime 5 kurdische Familien aus Lailan, 27 km von Kirkuk entfernt, eine der faschistischen Maßnahmen zur Änderung der Bevölkerungsstruktur in kurdischen Gebieten.
- 1. 11. Angriff auf irakische Soldaten im Qere-Dagh, schwere Verluste auf seiten des Feindes.
- 4 frühere Söldner mit ihren Waffen auf die Seite der Peshmergas gekommen.
- Baba-Gurgur-Bataillon griff am 4. 11. Polizeihauptquartier, Regierungszentrum und Hauptquartier der Söldner in Raidar an.
- 4. 11. traten 2 Soldaten, 8 frühere Söldner und ein Chemiker unserer Revolution bei.
- 4. 11. faschistische Baath-Regime vertrieb zwei Familien, eine von Duz-Khormato und die andere von Iftikhar, ihr Hab und Gut wurde verstaatlicht.
- 5. 11. zwischen Qadir-Keram und Lailan explodierte eine Mine und zerstörte einen militärischen Lastwagen und tötete die Insassen.

Arbil-Gebiet:

- 28. 10. wurden die Außenposten der irak. Armee im Shaqlawe-Tal angegriffen und ihnen großer Schaden zugefügt.
- Am selben Tag drang eine Gruppe von Peshmerga (KRA) in die Stadt Koysinjaq ein und nahm 6 Söldner gefangen.
- Infolge irakischer Luftangriffe auf friedliche Dörfer und Gebiete wurden 4 Frauen und ein Kind getötet und 27 verwundet.
- 29. 10. und 30. 10. wurden die Stellungen des Feindes in Diana, Bapishtian und einige Außenposten der Baath-Soldaten in Zozik, Sitkan und Kani-Quor beschossen. Der Feind wurde gezwungen, seine Stellungen zu verlassen.
- 30. und 31. 10.: Bei Angriffen auf Sitkan, Sertiezh, Gurde-Kewan, Seru-Chawai-Diana, Bapishtian wurde die ganze Rawanduz-Ebene vom Feind gesäubert.
- 31. 10. bei Minenexplosion wurden 4 Söldner nördlich von Rania getötet.
- 30. 10. zwei Körper von kurdischen Zivilisten, die von dem rassistischen Baath-Regime zu Tode gequält worden waren, wurden in das Dorf Sisawe gebracht.
- 31. 10. und 1. 11. griffen unsere Peshmerga die Posten am Zozikgebirge an und verursachten großen Schaden.
- Irakische Luftwaffe bombardierte die Dörfer am Zozikgebirge.

Flüchtlingslager im Nord-Irak.

– 3. 1. Angriff auf Rania-Ebene.
– Die Kämpfe in der Rania-Ebene und im Zozikgebirge dauern an.

Zusammenfassung:

Getötet	486	Soldaten	
	10	Söldner	
	8	Offiziere	
Zerstört	20	Panzer und gepanzerte Wagen	
	12	Lastwagen	
	5	andere Wagen	
Gefangene	7	Söldner	
Erbeutet	1	Jeep	
Vertrieben	12	kurdische Familien von der Regierung aus besetzten Gebieten	
Märtyrer	4	Kurdische Frauen	alle durch Luftangriffe.
	1	kurdisches Kind	
Verwundet	27	zivile Kurden	
Aufgehängt vom Baath-Regime	38		
Unserer Revolution beigetreten	13	Soldaten	
	16	Ex-Söldner	
	1	Ziviler Helfer»	

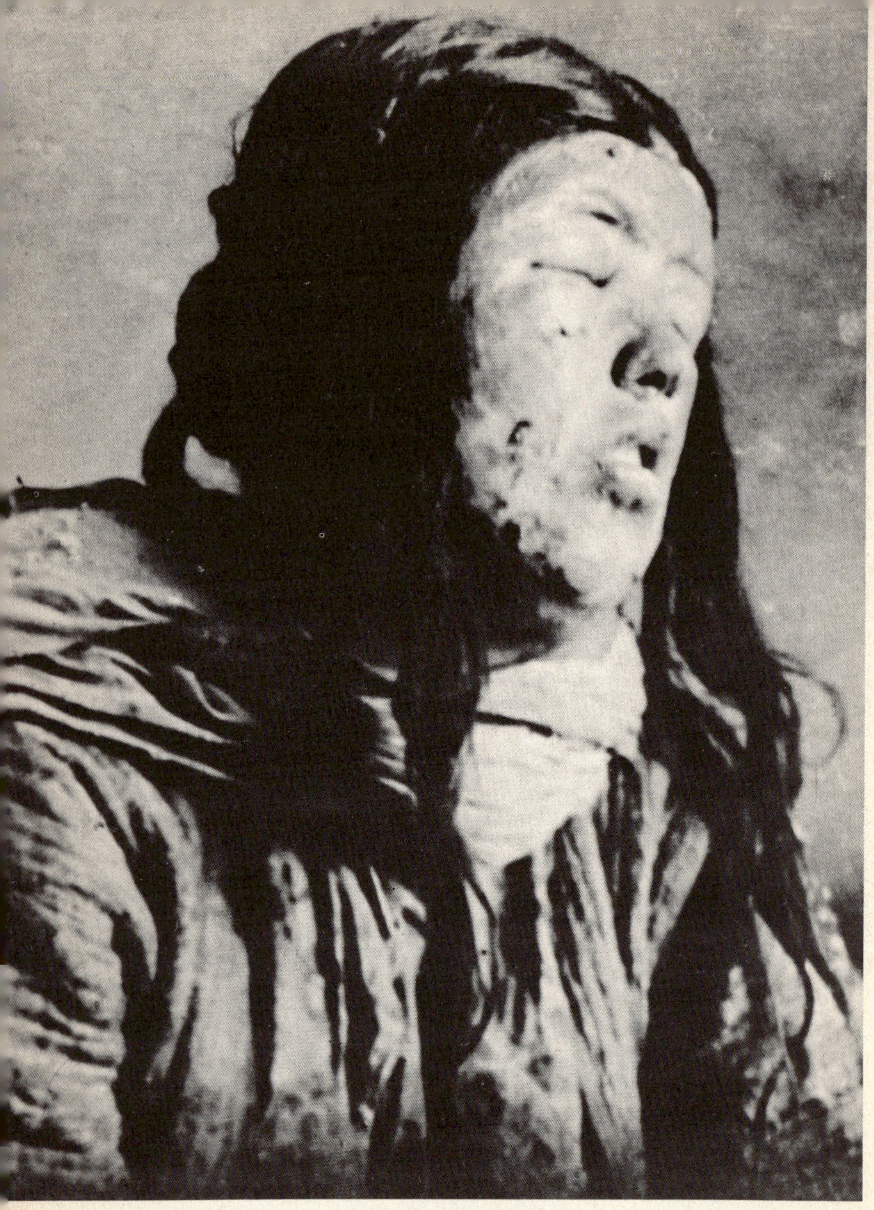

Durch Napalmbomben verletzte kurdische Bäuerin.

Die Baathisten konnten das kurdische Volk militärisch nicht schlagen. Es gelang ihnen aber, die kurdische Befreiungsbewegung politisch und ideologisch zu isolieren, nachdem bekannt wurde, daß die USA und das reaktionäre Schah-Regime die Kurden militärisch unterstützten, und zwar nicht, um den Kurden zu ihren Rechten zu verhelfen, sondern um dem Irak wirtschaftlichen Schaden zuzufügen. Der kurdischen Befreiungsbewegung hat das schließlich auch den Vorwurf eingebracht, mit dem CIA zusammenzuarbeiten, eine auch heute noch gern benutzte Totschlagargumentation. Tatsache ist, daß sich die Kurden auf ein gefährliches Spiel eingelassen hatten, als sie sich mit dem Iran und den USA verbündeten, die jedoch, wie aus Geheimberichten des Untersuchungsausschusses des amerikanischen «House of Representatives» über Aktivitäten der CIA hervorging, den Kampf nur bedingt stützten.

Die Geheimberichte wurden in der New Yorker Wochenzeitung «The Village Voice» am 16. 2. 1976 veröffentlicht. Aus dem als «Pike-Report» bekanntgewordenen Untersuchungsbericht des «Select Committee» folgende Ausschnitte, die das politische Dilemma der Kurden deutlich machen:

«Anmerkung: ethnische Gruppe = Kurden
Führer der ethnischen Gruppe = Barzani
wir oder unser = USA
unser Verbündeter = Schah von Iran
Feind unseres Verbündeten = Irak
C. O. S. = Iranischer CIA-Chef
D. C. I. = CIA-Direktor in Washington

Fall 2: Waffenhilfe

An dieser Stelle im Ausschußbericht fehlt eine Manuskriptseite. Aus dem Zusammenhang ist klar, daß das fehlende Material eine Diskussion über einen US-Plan eröffnete, bei der Einleitung heimlicher Hilfe an die Kurden in ihrem Aufstand gegen die Regierung von Irak den Schah von Iran einzubeziehen.[459]

Das Programm, das schließlich etwa 16 Millionen Dollar enthielt, wurde offensichtlich vom Präsidenten nach einem privaten Treffen mit dem fremden Staatsoberhaupt und Dr. Kissinger gutgeheißen.

Es gab kein Treffen des Vierziger Komitees, auf dem ein formales Vorschlagspapier mit Pros und Contras diskutiert und darüber abgestimmt werden konnte. Statt dessen wurden Mitglieder einfach angewiesen, den Empfang einer spärlichen Einparagraph-Beschreibung der Operation zu bestätigen. In einer in der US-Regierung beispiellosen Atmosphäre der Geheimhaltung versicherte John B. Connally, der frühere Schatzminister, dem Staatsoberhaupt die Kooperationsbereitschaft der USA.[461]

Die Empfänger der US-Waffen und Geldmittel waren eine aufständische ethnische Gruppe, die für Autonomie in einem Land kämpfte, das mit unserem Verbündeten gemeinsame Grenzen hat.

Das angrenzende Land und unser Verbündeter sind lange erbitterte Feinde gewesen. Sie unterschieden sich wesentlich in ideologischer Orientierung und in ihren Beziehungen zu den USA.

Vom Komitee gesammelte Beweise lassen vermuten, daß das Projekt in erster Linie im Interesse unseres Verbündeten begonnen wurde, der mit dem US-Geheimdienst kooperiert hatte und sich von seinem Nachbarn bedroht fühlte. Da die Hilfe unseres Verbündeten die US-Hilfe winzig erscheinen ließ, hatte unsere Unterstützung größtenteils symbolischen Charakter. Dem Komitee zur Verfügung gestellte Dokumente deuten an, daß die USA in der Tat als Garant dafür auftrat, daß die aufständische Gruppe nicht plötzlich vom fremden Staatsoberhaupt fallengelassen würde. Trotz dieser zugesicherten Garantien wurden die Aufständischen von unseren Verbündeten abrupt abgeschnitten, drei Jahre nach Tausenden von Toten und 16 Millionen US-Dollar.[463]

Es hat den Anschein, daß, hätte die USA unsere Verbündete nicht ermutigt, wären die Aufständischen vielleicht zu einer Übereinkunft mit der Zentralregierung gekommen und so wenigstens ein Mindestmaß an Autonomie erhalten und weiteres Blutvergießen vermieden hätten.

Statt dessen kämpfte unser Klient weiter, Tausende von Gefallenen und 200 000 Flüchtlinge in Kauf nehmend.

Es besteht wenig Zweifel, daß die höchst ungewöhnlichen Sicherheitsmaßnahmen und die Hintergehung des Vierziger Komitees auf die Furcht des Präsidenten und Dr. Kissingers zurückzuführen sind, es könnten sonst Details des Projektes durchsickern. Ein Resultat, das unserem Verbündeten auf jeden Fall mißfallen würde. Ebenfalls ist klar, daß die Geheimhaltung durch das Bestreben motiviert war, das State Department im dunkeln zu lassen, das sich konsequent solcher gewangten Unternehmen in dieser Region widersetzt hätte.[464]

Mehr als die Mißachtung durch den Präsidenten störte das Vierziger Komitee vielleicht die offensichtliche Nicht-Gewinn-Politik der USA. Dokumente im Besitz des Komitees zeigen einwandfrei, daß der Präsident, Dr. Kissinger und das fremde Staatsoberhaupt hofften, unsere Klienten würden nicht die Oberhand gewinnen.[466]

Statt dessen zogen sie es vor, daß die Aufständischen schlechthin auf jener Stufe der Feindseligkeiten blieben, die ausreichte, die Mittel des Nachbarlandes unseres Verbündeten zu schwächen.[466]

Diese Politik wurde unseren Klienten nicht mitgeteilt, die zum Kämpfen ermutigt wurden. Selbst im Zusammenhang mit einer heimlichen Aktion war unser Unternehmen zynisch. Es ist besonders ironisch, daß trotz Präsident Nixons und Dr. Kissingers Ermutigung zur Feindseligkeit, um das Zielland im Ungleichgewicht zu lassen, die USA persönlich in einer Situation die Aufständischen von einer umfassenden Offensive zurückhielten, bei der ein Angriff erfolgreich gewesen wäre, da andere Ereignisse das Nachbarland beschäftigten.[467]

Alle US-Hilfe wurde über unseren Kollaborateur geschleust, ohne dessen logistische Hilfe (Nachschubhilfe) eine direkte Unterstützung unmöglich gewesen wäre. Unser nationales Interesse wurde so effektiv mit dessen verwickelt. Folglich hatten die USA keine andere Wahl als einzuwilligen, nach dem unser Verbündeter eine Übereinkunft mit dem Zielland erreichte und kurzerhand seine eigene Hilfe an die Aufständischen beendete.

Der Grad des Einflusses unseres Verbündeten auf die US-Politik war so groß, daß er offensichtlich keinerlei Anstrengungen unternahm, seinen amerikanischen Junior-Partner zu benachrichtigen, daß das Ende des Programmes bevorsteht.

Auch die Aufständischen waren deutlich überrascht. Ihre Gegner starteten, von der bevorstehenden Hilfe-Sperre wissend, einen gemeinen Vernichtungsangriff einen Tag nach der Unterzeichnung der Übereinkunft.[469]

Die Autonomiebewegung war vorüber und unsere früheren Klienten von den überlegenen Kräfte der Zentralregierung zerstreut.[470]

Der Zynismus der USA und ihres Verbündeten jedoch war nicht völlig zu Ende. Trotz direkter Bitten des Führers der Aufständischen und CIA-Chef in diesem Raum an den Präsidenten und an Dr. Kissinger, weigerten sich die USA, Tausenden von Flüchtlingen humanitäre Hilfe zu gewähren, die durch die plötzliche Beendigung der Militärhilfe entstanden war.

Denn, wie das Komitee-Kollegium von einem hohen US-Offizier erinnert wurde, dürfen geheime Aktionen mit Missionarstätigkeiten nicht verwechselt werden.[471]

Fußnote 459
[Der Anfang dieser Fußnote war nicht vorhanden – Anm. der Redaktion]

... Wir wünschen nicht verwickelt zu werden, nicht einmal indirekt, in Operationen, die die Wirkung haben könnten, den Aufstand zu verlängern, dabei separatistische Bestrebungen unterstützend und möglicherweise der Sowjetunion eine Gelegenheit bietend (zwei anderen Verbündeten der US) Schwierigkeiten zu schaffen. Ein CIA-Telegramm von COS in dem Raum an DCI enthält die Ansicht des US-Botschafters zu dem Vorschlag: Meine Reaktion richtet sich gegen die Gewährung finanzieller Unterstützung dieser Operation, es sei denn, es gäbe wichtige politische Überlegungen dagegen, von denen ich keine Kenntnis habe.

Ferner ist das ein riskantes Unterfangen und falls wir damit anfangen, dann aber entscheiden, uns zurückzuziehen, könnte das zu unglücklichen Fehlinterpretationen unserer Gründe führen, was nachteilige Auswirkungen auf die Beziehungen zu unserem Verbündeten haben könnte. Ein zweiter Vorschlag wurde im August 1971 und nochmals im März 1972 abgelehnt. Bei der letzten Gelegenheit konferierte Dr. Kissinger mit einem höheren Beamten des State Department gründlich über den Vorschlag, und sie kamen überein, daß dieser mißbilligt werden sollte.

Fußnote 461
Der Sekretär des Vierziger Komitees übermittelte den Mitgliedern zur Unterschrift eine knappe, aus einem Paragraphen bestehende Übersicht des Projektes.

Die Schlußfolgerung, daß diese Methode nur pro forma geschah, wird aus der Tatsache einfach deutlich, daß John Connally bereits unseren Verbündeten informierte, die USA würden den Aufständischen Unterstützung gewähren. Zudem waren selbst die Pros und Contras, die das vom CIA für Dr. Kissinger vorbereitete Vorschlagspapier enthielt, vorgefaßte Beschlüsse. Auf die Frage eines Mitgliedes, warum die negativen Aussichten des CIA über das Projekt nicht eindringlicher dargelegt würden, erwiderte ein CIA-Verantwortlicher: das Komitee müsse erkennen, daß der CIA angewiesen wurde, ein Papier vorzubereiten, ‹wie› das Projekt durchgeführt werden könnte, und nicht ‹ob› das Projekt durchgeführt werden sollte.

Fußnote 462
Zu zahlreichen Gelegenheiten brachte der Führer der ethnischen Gruppe sein Mißtrauen über die Absichten unseres Verbündeten zum Ausdruck. Er hatte jedoch Vertrauen in die USA, wie dies aus seinen häufigen Erklärungen deutlich wurde, und daß er keiner anderen Großmacht traue, und betonte, falls seine Sache Erfolg haben würde, wäre er bereit, der 51. Staat zu werden (s. das COS-Telegramm an DCI vom 16. 1. 1975 als ein Beispiel).

Außerdem drückte er seine Bewunderung für Dr. Kissinger bei zwei Anlässen aus, als er ein Geschenk von drei Brücken schickte und später aus Anlaß von Dr. Kissingers Heirat eine Gold- und Perlenhalskette. Ein Memorandum von 20. 5. 1974 an Brent Scowcroft erklärt die Notwendigkeit der Geheimhaltung der Geschenke: ‹Wie Ihnen bekannt, bleibt die Beziehung zwischen der Regierung der Vereinigten Staaten und der (ethnischen Gruppe) extrem empfindlich. Information über ihr Bestehen wurde streng zurückgehalten. Deshalb sollte die Tatsache, daß Dr. Kissinger Geschenke erhalten hat, ähnlich zurückgehalten werden›.

Fußnote 463
Das Abschneiden der Hilfe an die ethnische Gruppe war ein schwerer Schock für ihre Führung. Ein CIA-Telegramm vom COS an DCI am 15. 3. 1975 beschreibt die Methode, mit der unser Verbündeter die Führung der ethnischen Gruppe informierte. Am 5. März besuchte ein Repräsentant des Geheimdienstes unseres Verbündeten das Hauptquartier der ethnischen Gruppe und berichtete mit unvorstellbar derbsten Ausdrücken, daß

a) die Grenze für alle Bewegungen geschlossen wurde,
b) ... könnten keine Unterstützung mehr von unserem Verbündeten erwarten,
c) sollten sich mit dem Feind unseres Verbündeten einigen unter welcher Formel auch immer und
d) seinen militärischen Einheiten würde die Zuflucht in das Land unseres Verbündeten nur in kleinen Gruppen erlaubt und nur, wenn sie ihre Waffen der Armee unseren Verbündeten übergäben.

Fußnote 464
Sorgfältige Maßnahmen wurden getroffen, um sicherzugehen, daß das State Department keine Kenntnis des Projektes erhält. Dokumente lassen vermuten, daß wahrscheinlich ursprünglich geplant war, das Projekt so geheimzuhalten, daß nicht einmal der Botschafter in dem verwickelten Land davon erfahren sollte. Außerdem zeigt Beweismaterial in den Akten des Komitees keine Übereinstimmung darüber, ob der Außenminister William P. Rogers über das Projekt informiert war. Beamte in Kissingers Stab und des CIA nahmen an, daß er kurz informiert wurde, seit U. Alexis Johnson Mitglied des Vierziger Komitees war. In einem Interview mit dem Stab erklärte Mr. Rogers, er habe die Gewißheit, informiert worden zu sein. Trotzdem läßt ein Telegramm vom Außenminister Rogers fast ein Jahr nach Projektbeginn vermuten, daß er keine Kenntnis davon hatte, wie am 22. Juni 1975.

Das Telegramm besagt, daß im Hinblick auf eine fortgeführte US-Politik die Hoffnung der ethnischen Gruppe auf US-Unterstützung oder Anerkennung nicht ermutigt wird; wir beabsichtigen weiter unsere Kontakte auf der Ebene der Landesverwaltung zu halten. Interview mit William P. Rogers, von Aaron Danner, 20. Oktober 1975, Kopie in den Akten des ‹Select Committee› über CIA.

Fußnote 465
Die fortschreitende Verschlechterung der Lage der ethnischen Gruppe kommt in der Tatsache zum Ausdruck, daß keine der Nationen, die ihnen half, ernsthaft wünschte, daß sie ihr Ziel eines autonomen Staates realisieren.

Eine CIA-Note vom 22. März 1974 verdeutlicht die Haltung unseres Verbündeten und der Vereinigten Staaten: ‹Wir sind der Meinung, daß unser Verbündeter nicht wohlwollend auf die Errichtung einer formellen autonomen Regierung blickt. Unser Verbündeter, wie wir, hat einen Nutzen an einer Patt-Situation gefunden, in der der Feind unserer Verbündeten durch die Ablehnung der ethnischen Gruppe, ihre Halb-Autonomie-Forderung aufzugeben, innerlich geschwächt wird. Weder unser Verbündeter noch wir selber wünschen eine Lösung der Angelegenheit in der einen oder anderen Weise.›

Fußnote 466
Der CIA hatte frühere Informationen, die andeuten, daß unser Verbündeter die ethnische Gruppe in dem Augenblick preisgeben würde, in dem er mit seinem Feind zu einer Übereinkunft über die Grenzstreitigkeiten kommen würde. Zwei Monate nach dem Projektbeginn meldet eine CIA-Note vom 17. Oktober 1972: ‹Unser Verbündeter hat offensichtlich den Außenminister einer anderen Regierung benützt, um seinem Feind mitteilen zu lassen, daß er einwillige (in der Region) Frieden zu halten, falls sein Feind öffentlich zustimmen würde, einen früheren Vertrag über ihre gemeinsamen Grenzen aufzuheben.›

Zudem charakterisieren CIA-Noten und Telegramme die Ansichten unseres Verbündeten über die ethnische Gruppe ‹als eine zu spielende Karte› in dem Streit mit seinem Nachbarn. Und eine CIA-Note vom 22. März 1974 charakterisiert die ethnische Gruppe ‹als ein einmalig nützliches Werkzeug›, das Potential des Feindes unseres Verbündeten für internationales Abenteuertum zu schwächen.

Fußnote 467
Eine Note aus dem Weißen Haus vom 16. Oktober 1973 von Dr. Kissinger an den DCI enthält: ‹Der Präsident stimmt mit ihrem Urteil in § 3 Ihrer Note vom 15. Oktober über das obige Thema überein. Deshalb sollten Sie unverzüglich folgende Antwort an die (ethnische Gruppe) senden. 'Wir halten es nicht für ratsam für sie, die Ihnen von einer anderen Regierung vorgeschlagene Militäroffensive zu unternehmen. Zu Ihrer Information, wir haben uns mit unserem Verbündeten durch den Botschafter beraten und beide machten dieselbe Empfehlung.'›

Fußnote 469
Der ein Tag nach der Unterzeichnung des Vertrages unternommene Angriff überraschte die ethnische Gruppe. In der Mitteilung von ihrem Hauptquartier an die CIA vom 10. März 1975 ist zu lesen: ‹Es herrscht Verwirrung und Bestürzung unter unserem Volk und den Streitkräften. Das Schicksal unseres Volkes ist in noch nie dagewesener Gefahr. Absolute Zerstörung steht bevor. Es gibt keine Erklärung für das alles. Wir appelieren an Sie und an die US-Regierung, entsprechend Ihres Versprechens und Beistandes einzugreifen, um das Leben (des ethnischen Führers) retten, die Würde unserer Familien zu wahren und eine ehrenvolle Lösung unseres Problems zu finden.› Am selben Tag sandte COS das folgende Telegramm an den DCI: ‹Ist das Hauptquartier in Verbindung mit Kissingers Büro über dieses: Falls die US-Regierung die Situation nicht schnell auf eine Art behandelt, die die ethnische Gruppe daran hindert, den Eindruck zu gewinnen, wir ließen sie fallen, können sie an die Öffentlichkeit gehen. Die Aktion (unseres Verbündeten) hat nicht nur ihre politischen Hoffnungen zerstört, sondern sie hat auch das Leben von Tausenden gefährdet. COS fuhr mit Vorschlägen fort, was die US-Regierung tun könnte, um zu helfen, und endete mit der Bemerkung, ‹es wäre nur anständig von der US-Regierung, das zu tun›.

Fußnote 470
Ebenfalls am 10. März 1975 erreichte Außenminister Kissinger der folgende Brief vom Führer der ethnischen Gruppe: ‹Eure Exzellenz, da wir immer an eine friedliche Lösung von Streitigkeiten geglaubt haben, einschließlich jener zwischen Ihrem Verbündeten und seinem Feind, sind wir erfreut zu sehen, daß ihre zwei Länder zu einer gewissen Übereinkunft gekommen sind.

Eine sofortige Nebenwirkung ihrer Übereinstimmung ist die Vernichtung unseres schutzlosen Volkes in einer noch nie dagewesenen Weise, da Ihr Verbündeter seine Grenze schloß und die Hilfe an uns völlig einstellte, während sein Feind die größte Offensive, die er jemals unternommen hat, begann und noch fortsetzt. Unsere Bewegung und unser Volk werden in einer unglaublichen Art vernichtet mit dem Stillschweigen aller. Wir empfinden, Eure Exzellenz, daß die USA eine moralische und politische Verantwortung unserem Volk gegenüber haben.

In Anbetracht dieser Situation bitte ich Eure Exzellenz, so schnell wie möglich folgendes zu unternehmen:

1. Einstellen der . . . Offensive und den Weg öffnen für Gespräche zwischen uns, um für unser Volk zu einer Lösung zu kommen, die wenigstens unser Ansehen wahrt.
2. Nutzen Sie jeden möglichen Einfluß, den Sie über Ihren Verbündeten haben, um unserem Volk in diesem historischen, tragischen und traurigen Augenblick zu helfen und wenigstens in der Weise, daß unser Volk und unsere Armee am

Leben bleiben könnte, um Partisanentätigkeit in unserem Raum auszuführen, bis unser Problem auch im Rahmen eines vollständigen Abkommens geregelt wird. Herr Außenminister, wir sind besorgt und erwarten dringend Ihre schnelle Antwort und Handlung. Wir sind sicher, daß die USA während dieser kritischen Zeit nicht gleichgültig bleiben wird.›

Ein CIA-Telegramm vom COS an den Direktor vom 22. März meldet: ‹Keine Antwort erhielten wir vom Außenminister H. Kissinger auf die Mitteilung des ethnischen Führers.

Die zwei zusätzlichen Botschaften, die wir über Rundfunk aus seinem Hauptquartier erhalten haben, sind an diesem Morgen weitergeleitet worden und unterstreichen den Ernst ihrer Situation, die akute Sorge ihrer Führer und ihren emotionalen Appell, daß die US-Regierung ihren Einfluß mit unseren Verbündeten geltend macht, um eine Verlängerung des Waffenstillstandes zu erreichen. Dies würde eine friedliche Durchfahrt der Flüchtlinge ins Asyl ermöglichen . . .

Daher muß die US-Regierung, wenn sie Schritte zu unternehmen beabsichtigt, um ein Massaker abzuwenden, auf unseren Verbündeten sofort einwirken.›

Fußnote 471
Über 200000 Flüchtlingen gelang es, in das Land unseres Verbündeten zu fliehen. Dort bekamen sie aber weder von den USA noch von unserem Verbündeten ausreichende humanitäre Hilfe. Tatsächlich zwang unser Verbündeter später 40000 der Flüchtlinge zurückzukehren, und die US-Regierung weigerte sich, auch nur einem Flüchtling politisches Asyl zu gewähren, obgleich sie für solche Aufnahme qualifiziert waren.»

Am 6. März 1975 einigte sich bekanntlich die Baath-Junta mit dem Schah, indem sie die Forderungen des Iran auf den Schatt-el-Arab und die Inseln im Persischen Golf akzeptierte. Unverzüglich danach stellte der Schah, der durch die Fehler der KDP-Führung die Zügel der Bewegung in der Hand hielt, seine Unterstützung ein. Das änderte die militärische Situation. Die KDP-Führung geriet angesichts der unerwarteten Situation in Panik, verließ das Kampffeld, rief das kurdische Volk auf, sich zu ergeben, überließ Tausende von Peshmergas ihrem Schicksal und flüchtete in den Iran.

Gespräch mit einem Peshmerga-Offizier

«Was haben Sie gemacht, bevor Sie an dem Unabhängigkeitskrieg der Kurden teilgenommen haben?»

«Als ich 17 Jahre alt war, habe ich das erste Mal an einer Demonstration teilgenommen. Das war 1957. Die Polizei hat auf die Leute geschossen, einige wurden verhaftet. Ein Mann hat mich gebeten, daß ich ihn verstecke. Später habe ich erfahren, daß er ein Kommunist war und wichtige Aufgaben in der Partei hatte. Er hat mit mir über die Revolution

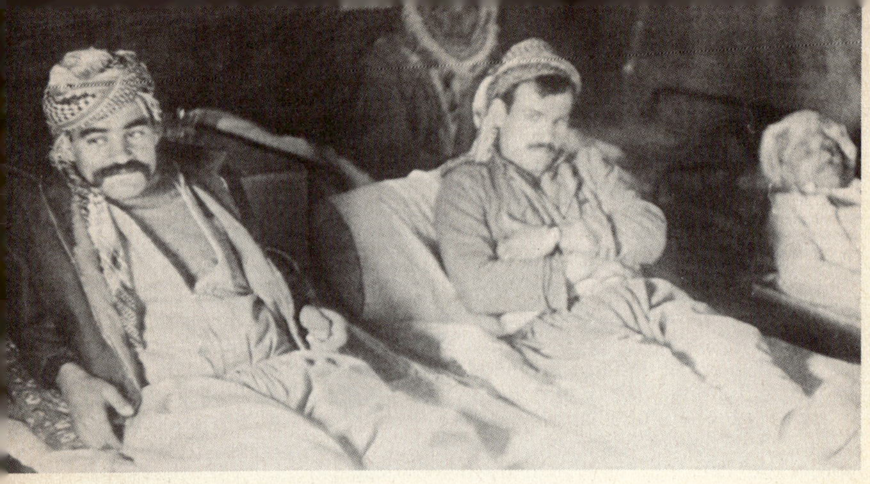

Krankenhaus der Peshmerga.

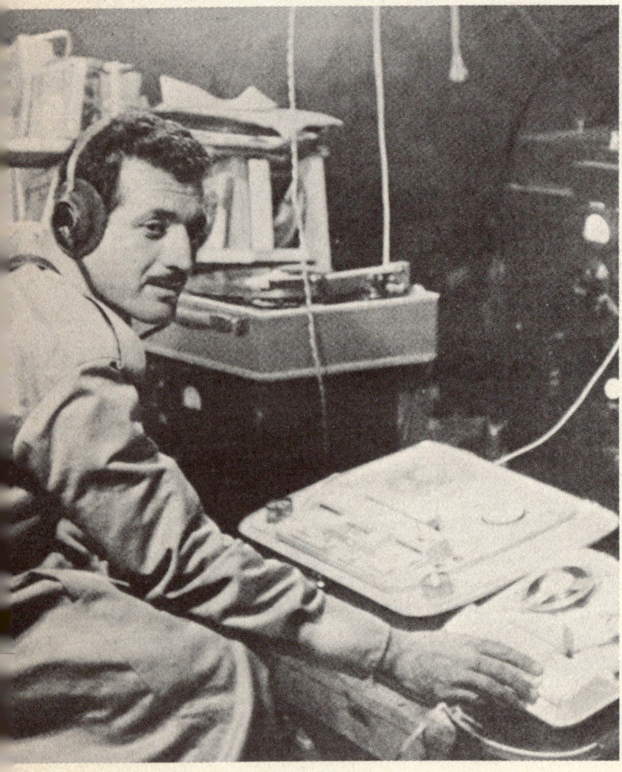

Die Radiostation
«Die Stimme von
Irakisch-Kurdistan».

gesprochen. In der Mittelschule war ich heimlich Mitglied des irakisch-kurdischen Studentenvereins. 1959 wurde ich Mitglied der KDP und 1963, als die Angriffe begonnen haben, habe ich mich aktiv am Kampf beteiligt. 1974 und bis 1975 habe ich verschiedene Aufgaben gehabt.»

«Können Sie erzählen, wie das kurdische Volk unterdrückt wurde?»

«Ich kann vieles erzählen. Eines Tages hatte einmal eine Gruppe Peshmergas einen irakischen Militärposten angegriffen und einige Soldaten und Offiziere wurden getötet. Daraufhin hat der Kommandant der Division jeden in der Stadt, auf den er traf, verhaften lassen und ins Gefängnis gebracht. 450 Menschen waren im Gefängnis. Ich war damals auch dabei. Sie haben untersucht, wer Mitglied der KDP war. Denjenigen, bei denen sie herausbekommen haben, daß sie KDP-Mitglieder waren, wurden die Augen verbunden. In einem offenen Gelände haben sie sie stehen lassen, tagelang. Jeden Tag erhielten sie zwei Schnitten Brot und ein Glas Wasser. Unter den Verhafteten war auch ein Geisteskranker, der gerade aus dem Krankenhaus entlassen worden war. Er schrie immer: ‹Ich kenne die KDP-Mitglieder.› Er sagte willkürlich Namen. Daraufhin wurden zwölf Menschen mitgenommen, und zum Schluß kam auch der Verrückte zu den Herausgegriffenen. Alle dreizehn wurden zum Tode verurteilt. Drei Tage später wurden sie vor dem Gemeindehaus erschossen und an Stangen aufgehängt. Der Kommandant veranstaltete eine große Feier. Als die Soldaten auf die Verurteilten schießen sollten, sagte einer der Soldaten: ‹Ich bin Schiite und nach unserer Religion darf man keinen Menschen töten. Ich kann nicht schießen›, hat er gesagt. Daraufhin hat der Kommandant auch diesen Soldaten neben die zum Tode Verurteilten gestellt und erschießen lassen. In dieser Zeit gab es in Kurdistan sehr oft solche Ereignisse.»

«Können Sie über den Krieg berichten?»

«1974, als der Krieg begonnen hatte, machte ich ein Doktorat außerhalb des Landes, konnte dann aber nicht länger im Ausland bleiben. Über Syrien bin ich gekommen und habe dann Irakisch-Kurdistan erreicht. Zuerst habe ich in einer kleinen militärischen Einheit als Hilfsoffizier Aufgaben übernommen. Ich erhielt damals ein geringes Gehalt. Aber wir haben abgelehnt, Geld zu nehmen. Das war eine demoralisierende Angelegenheit. Dabei erhielten die höheren Offiziere mehr Geld. Das war ein Fehler, der den Kampfgeist gebremst hat.»

«Woher kam das Geld?»

«Ja, die iranische Regierung hatte der KDP ein Konto eröffnet und zahlte 282 Millionen TL. Das Geld wurde für den Krieg verwendet.»

«Wie sind Sie aus dem Irak herausgekommen?»

«Ich bin am 19. März mit einigen Freunden aus dem Irak geflohen. Die letzten Tage waren die schlimmsten für einen Befreiungskämpfer. Viele Menschen gingen vom Irak in den Iran, und als wir merkten, daß wir am Ende waren, sind wir auch in den Iran gegangen. Die Leute wurden dort in Lagern zusammengefaßt, vollständig unter der Kontrolle des SAVAK. Die Lebensbedingungen waren sehr schlecht.»

«Welche Lehren wurden aus der Niederlage gezogen?»

«Unser Volk hat nicht im Kampf verloren, sondern durch die Zusammenarbeit des Irak, Iran und des amerikanischen Imperialismus. Wir werden das nächste Mal in unserem Kampf vor allem der Kampfkraft unseres Volkes vertrauen. Die Unterdrückten sind unsere Freunde. Der Erfolg der Revolution ist meiner Meinung und der meiner Freunde nach nur durch eine klassenbewußte Arbeiter- und Bauernschaft möglich. Der Kampf im Irak wurde isoliert von den iranischen, irakischen, türkischen und revolutionären Kämpfern im Dhofar. Der amerikanische Imperialismus ist der Feind des kurdischen Volkes. Solchen Leuten darf man nicht vertrauen. Ein unabhängiger demokratischer Kampf ist abhängig davon, daß es ein Klassenkampf ist. Warum haben wir keine Unabhängigkeit? Weil die irakische Regierung und die Großgrundbesitzer unsere Freiheit nicht wollen. Die arabischen Bauern und Arbeiter und die kurdischen Bauern und Arbeiter haben die gleichen Feinde. Warum sollen sie nicht zusammen kämpfen? Außerdem muß eine Volksfront gegründet werden.»

Ein kurdisches Volkslied aus der Zeit des Befreiungskampfes 1975

Kind: Es regnet, es regnet. Der Regen ist gemischt mit dem Blut meines Vaters. Er wurde vor unserem Haus verhaftet, und sie haben ihn erschossen. Unser Vieh haben sie mitgenommen. Ich bin allein. Aber ich werde einmal groß, ich werde stark. Und von den Bergen aus werde ich mich rächen. Ich werde Rache nehmen, Kurden steht auf. Kurden steht auf und befreit die Heimat. Jedes Dorf und jeder Berg muß befreit werden.

Peshmerga: Mein Sohn, weine nicht. Dazu haben wir jetzt keine Zeit. Eines Tages wird das Volk klarer denken. Wenn alle wüßten, wie wir leiden? Weine nicht, weine nicht. Es hat keinen Sinn. Dein Vater ist jetzt die Heimat, die kurdische Heimat ist dein Vater. Deine Mutter ist die kurdische Flagge. Weine nicht.

Schlaf, mein Kind, schlaf. Schlafe ruhig, oh, hör auf zu weinen. Tapfer mußt du sein, du bist doch der Sohn eines Löwen. Wenn das Volk aufsteht, werden auch deine Sorgen vorbei sein.

Schlaf, mein Kind, schlaf. Mit Weinen werden wir nichts erreichen. Das Volk ist wach. Jeder hat sein Gewehr, und im Gebirge warten sie auf die richtige Zeit.

Bald wird gefeiert. Schlaf, mein Kind, schlaf. Das Volk ist wach. Mit Blut wurde geschrieben, daß es für unsere Feinde hier keinen Platz geben wird. Wir Kurden werden die Feinde verfolgen, bis wir frei sind. Schlaf, mein Kind, schlaf.

Der Feind zerstört unsere Dörfer. Moscheen, Häuser und Felder werden vernichtet. Es gibt nur Verletzte, Tote und Menschen, die alles verloren haben.

Schlaf, mein Kind, schlaf.

Kind: Ich muß weinen. Ich kann doch nichts vergessen. Als mein Vater tot am Boden lag, da haben die Blumen geweint. Ich weine. Oh, ich wünsche, daß ich kräftig werde und Rache nehmen kann. Ich muß alles rächen: daß sie uns die Felder vernichtet haben, daß sie meinen Vater und meine Mutter getötet haben. Kurden, steht doch auf. Ich bin noch zu klein. Daher weine ich.

Peshmerga: Warum weinst du, mein Kind? Dein Weinen greift an mein Herz, zermürbt meinen Kopf. Ich weiß, was du fühlst. Meine Augen sind schon ausgetrocknet vom vielen Weinen. Dein Leid macht mich verrückt. Tag für Tag werden Herzen gebrochen. Mein Herz schreit und schreit . . .

Der Völkermord

Nachdem das Abkommen von Algier verwirklicht wurde, trieb man das kurdische Volk in eine unvorstellbare Katastrophe, die das bisher Erlebte weit übertraf. Denn der Iran blieb den Kurden nur als kurze Zuflucht. Zwischen dem 6. und 31. März 1975, dem Tag der Beendigung einer vom Irak verkündeten Amnestie für Kurden, passierten noch etwa 3000 Kurden täglich die Linien. Am 1. April war die Grenze offiziell geschlossen. Ein Augenzeuge:

«Als wir die iranische Grenze überquert hatten, sind wir zuerst zu den Kontrollstellen der irakischen Regierung gebracht worden. Sie haben uns bespuckt und beschimpft. Dann wurden wir in eine Schule gebracht. Dort wurden wir wieder als Verräter beschimpft und geschlagen. Nach ein paar Tagen hat man uns gezwungen, in die Baath-Partei einzutreten. Ich habe gesagt, daß ich nicht dran denke. Und dann wurden wir in Zeltlager gebracht. Es sind einfache Zeltlager bei Basra, Nasaria und Diwaniya. Niemand darf diese Lager ohne Erlaubnis verlassen. Wenn wir etwas besorgen wollen, brauchen wir die Genehmigung der Polizei. Wir waren mit vielen Familien zusammen, die mit der Sache überhaupt nichts zu tun hatten, absolut nichts.» (Gespräch mit J. Roth)

Verläßt man sich auf die Quellen der irakischen Regierung oder beispielsweise die der deutschen Bundesregierung, so wurden die Kurden nach Kriegsende nicht verfolgt, sondern konnten ungestört weiterleben und die kurdische Autonomie genießen. Am 23. November 1975 erklärte die Deutsche Botschaft in Bagdad:

«Ein Verfolgung der Kurden oder bestimmter Gruppen von ihnen hat im Irak nach Kriegsende nicht stattgefunden. Es ist vielmehr richtig, daß die irakische Regierung der Regierungsautonomie für Irakisch-Kurdistan und durch die Amnestiegesetzgebung zur Wiedereingliederung der Kurden in den Staatenverband des Iraks, Bemühungen zur Wahrung ihres Volkscharakters unternommen hatte.»

Die Wirklichkeit indes sah wie immer anders aus:

Innerhalb nur eines Jahres wurden 437 Fälle von Hinrichtungen, Erschießungen und Foltermorden bekannt:

- Am 21. 11. 1976 veröffentlichte der Kommandorat der Regierung in Bagdad den Tod von 244 namentlich genannten Verschwundenen. Die französische Nachrichtenagantur AFP berichtete nach «The Times» vom 21. 2. 1977, daß alle 244 durch Folter zu Tode kamen und ihre Leichen in Säure aufgelöst wurden.
- Am gleichen 21. 11. 1976 wurden drei Kurden ohne gerichtliches Verfahren und nach schwerer Folter hingerichtet. Die drei Kurden wurden von der iranischen Geheimpolizei SAVAK verhaftet und während der Verhöre schwer gefoltert. Im November waren sie gegen im Irak inhaftierte iranische Oppositionelle ausgetauscht worden.
- Am 29. 12. 1976 überfielen irakische Soldaten das Dorf Schiristen und richteten ein Blutbad unter den Einwohnern an. Die Soldaten erschossen 100 Kurden, darunter 35 Kinder im Alter von 6–14 Jahren.
- Am 24. 2. 1977 verurteilte ein Sondergericht, das nur einen Tag zuvor aus drei Baathisten gegründet wurde, acht Iraker zum Tode. Sie wurden beschuldigt, an einer religiösen Demonstration teilgenommen zu haben.
- Gegen Mitte März 1977 ließ die Baath-Junta 39 Kurden hinrichten. Ihre Leichen wurden in einer Moschee in Suleimania ausgestellt. Unter ihnen waren eine Frau und ein zwölfjähriges Kind, die beschuldigt wurden, den Peshmergas Brot gegeben zu haben.
- Am 5. 4. 1977 wurde 10 Kurden aus Suleimania hingerichtet. Irakische Zeitungen haben einen Tag zuvor schon von den Todesurteilen berichtet und die Namen der Verurteilten veröffentlicht.
- Vom Mai 1977 bis Juli 1977 sind weitere 36 kurdische Oppositionelle hingerichtet worden. Seit Mai 1977 wurden in Kurdistan zahlreiche Razzien und Massenverhaftungen durchgeführt. Sonder- und Militärgerichte fällten 142 neue Todesurteile. Von den Verurteilten sind 52 im Gefängnis von Mossul und weitere 50 im Abu-Grheib-Gefängnis bei Bagdad.

Bei Schnellgerichtsverfahren der Sonder- und Militärgerichte, die gesetzlich garantierten Rechte der Beschuldigten mißachten (sie erhalten keine Verteidiger, haben keinen Anspruch auf Selbstverteidigung und Berufung) werden die Urteile sofort vollstreckt: Nach der Hinrichtung des Kurden Fareidun Abdul Quader aus Halabja, der im Sommer 1977 verurteilt und erschossen wurde, wurde den Angehörigen Geld angeboten, weil er, wie die Baathisten nachträglich erkannten, irrtümlich hingerichtet wurde. Es lag eine «Verwechslung vor». Hingerichtet wurden mehrere Kinder. Unter ihnen befanden sich vier Schulkinder aus Zahok zwischen 14 und 15 Jahren alt, die Flugblätter verteilt hatten. Sie starben im August 1976.

Neben Hinrichtungen und Folterungen wurde durch die Deportationen kurdischer Bergbauern in die trostlosen Salzwüsten des irakischen Südens ein neues Kapitel des «sozialen Völkermordes» aufgeschlagen. Im März 1976 protestierte Babekir Peshdari, Vorsitzenden des «Rates der Autonomen Regionen», gegen die Deportationen: «Wir sind gegen Barzani und wir sind es immer noch . . . aber wir sind nicht gegen das kurdische Volk . . . wir verurteilen die Regierungspolitik der Deportationen und Evakuierungen der Kurden aus ihren Gebieten, und wir werden nie damit einverstanden sein.» Nach dieser Erklärung wurde Peshdari kaltgestellt und wenig später zum Arbeitsminister in Bagdad ernannt.

Bei den Deportationen wurden folgende Methoden praktiziert:

Die meisten der Flüchtlinge aus den Lagern im Iran, die nach der ersten, der zweiten und dritten Amnestie in den Irak zurückgekommen waren, wurden direkt in Konzentrationslager im Süden des Irak gebracht.

Diese Lager gibt es in Nasiriyah, Diwaniyah, Fellouja und Ratba. Es wurde den Deportierten verboten, in ihre Heimatdörfer zurückzukehren. Ihre Zahl liegt bei 85 000 Kurden.

Verschiedene Zonen in Irakisch-Kurdistan wurden zu «strategischen Gebieten» erklärt. Diese strategischen Gebiete befinden sich entlang eines 10 km langen Grenzstreifens zwischen dem Iran und der Türkei und in den Ölgebieten von Dibis und Ain Zahleh. Diese Gebiete wurden total von der kurdischen Bevölkerung «gereinigt». Die Bauernfamilien wurden in den irakischen Süden transportiert. Die Deportationen trafen mehr als 200 000 Kurden.

Die Bauern wurden über ihre Deportationen nicht informiert. Sie wurden aus ihren Häusern geschleppt, ohne daß sie Zeit hatten, ihr Hab und Gut mitzunehmen, ganz zu schweigen von ihren landwirtschaftlichen Geräten oder ihrem Vieh. Oft hatten sie nicht einmal Zeit, auf die Kinder zu warten, die noch in der Schule waren. Die kurdischen Familien wurden auf Armee-Fahrzeuge gezerrt und abtransportiert. Wenn sie sich umschauten, mußten sie mit ansehen, wie die irakischen Truppen ihre Häuser niederbrannten und die Felder niederwalzten.

Mehr als 300 Kinder und alte Menschen überlebten diese Transporte während des eisigen Winters nicht. Andere Deportierte wurden auf der Flucht erschossen. Die Deportierten wurden in Zelten untergebracht oder in Palmenhütten. Dort, im Süden, werden die Kurden streng isoliert. Sie dürfen die Dörfer nicht verlassen, und weder ihren Freunden noch ihren Verwandten ist es erlaubt, sie zu besuchen. Noch nicht einmal dem Irakischen Roten Kreuz ist es gestattet, diese Gebiete zu besichtigen. Kurdistan wurde nicht nur militarisiert, indem überall Militärlager eingerichtet und weitreichende Artillerie installiert wurde, sondern auch arabisiert. Die Baath-Partei hat in allen kurdischen Städten und Dörfern Parteibüros eingerichtet, die Polizeiaufgaben wahrnehmen. Alle Regierungsbüros wurden von den Baathisten übernommen, nachdem die meisten kurdischen Angestellten und Beamten in den Süden deportiert worden sind. Das Kurdenproblem soll endgültig gelöst werden. Die brutale Politik der Verfolgung und Vertreibung hat jedoch den Widerstand des kurdischen Volks nicht brechen können. Im Gegenteil: trotz der vernichtenden Niederlage vom Frühjahr 1975 wird in den Bergen Kurdistans wieder gekämpft. Ein kurdischer Peshmerga-Offizier gab folgende Aktionen zu Protokoll:

«Wir haben schon im vorigen Herbst angefangen zu kämpfen, als wir gesehen haben, wie die irakischen Truppen unsere Häuser verbrannt und unsere Familien deportiert haben. Am 11. Oktober wollten irakische Soldaten beispielsweise das Dorf Shiwelok, in dem sich Freunde von uns aufgehalten haben, überfallen. Drei Stunden lang wurde geschossen. Unsere Freunde konnten das Dorf ohne Verluste verlassen, während die irakischen Soldaten alle geflohen sind.

Bei dem Versuch ein paar Wochen später, es war Anfang November, die Dörfer Shaikh Meho und Birenn – dort hinten können Sie sie sehen – niederzubrennen, haben wir die Soldaten angegriffen. Nach einem lang anhaltenden Gefecht mußten sich die Regierungstruppen zurückziehen. 15 Maschinengewehre und einige Mörser konnten wir erbeuten.»

Anfang 1977 schon veröffentlichte die «Demokratische Partei Kurdistans» die folgende Erklärung:

«Das kurdische Volk im Irak hat seinen Kampf wieder aufgenommen, obwohl das kurdische Volk im Irak eine unvorstellbare Katastrophe erlitten hat. Wir, über 17 Millionen Kurden, kämpfen für unser Selbstbestimmungsrecht. Wir haben jetzt keinerlei Rechte in unseren Heimatgebieten. Wir erleben demgegenüber, daß uns die nationalen Regierungen durch Folter, Massenverhaftungen, Hinrichtungen und Bombardierungen auslöschen wollen.»

Die irakische Regierung scheint in der Defensive zu sein und der Aufständischen, trotz des massiven Einsatzes sowjetischer Waffen, nicht Herr zu werden. Im Sommer 1977 warfen irakische Hubschrauberbesatzungen weiße Flugblätter in arabischer Schrift über kurdischen Bergdörfern ab. Der Inhalt spricht für sich selbst:

بسم الله الرحمن الرحيم

نداء إلى أبناء المنطقة الشمالية

نداء إلى المتمردين المغرر بهم

«قل جاء الحق وزهق الباطل ان الباطل كان زهوقا»

صدق الله العظيم

نوجه نداءنا إلى أبناء القرى في المنطقة الشمالية .. والى المغرر بهم من أبناء هذه القرى إلى العودة نادمين إلى الصف الوطني والتعاون مع جيشكم المقدام بالقضاء وسحق الشرذمة الخائنة التي حاولت إستغلال الظروف وبتحريض من الدول الاستعمارية والنظام السوري العميل باشعال نار الفتنة .

نذكر الجميع الطريق الخياني الذي سلكه الملامصطفى العميل وزمرته الخائنة والنهاية السوداء له ولزمرته بعد فترة أربعة عشر عاماً من القتال والمصائب والكوارث التي حلت بالمنطقة .

نطالب من اهالي القرى التعاون مع قواتكم المسلحة بالدلالة على زمر الخيانة للقضاء عليها وعدم أعطاء مجال لهذه الزمر العبث في المنطقة .

نطلب من المغرر بهم والمتورطين والنادمين على اعمالهم العودة الى الصف الوطني حيث لازالت امامهم فرصة نادرة لغسل انفسهم من الخيانة والورطة التي وقعوا فيها ورفع الراية البيضاء عند تقدم القطعات العسكرية .

يا ابناء شعبنا في المنطقة لقد قررت قيادتكم السياسية سحق الخونة والمتعاونين معهم وان ساعة الخلاص منهم اصبحت قريبة وما عليكم الا التعاون مع القطعات العسكرية حيث تحملتم الكثير من الاعتداءات من قبل هذه الزمرة الخائنة والعميلة .

والله الموفق

Über kurdischen Bergdörfern abgeworfenes Flugblatt der Regierung in Bagdad.

«Im Namen Allahs, des Erbarmers, des Barmherzigen.
Aufruf an die Söhne des nördlichen Gebietes
Aufruf an die betrogenen Rebellen.
Sprich: gekommen ist die Wahrheit und vergangen das Nichtige, siehe, das Nichtige ist vergänglich! Wahrhaftig ist die Rede des großen Allah.

Unser Aufruf an die Söhne der Dörfer in den nördlichen Gebieten und an die betrogenen Söhne dieser Dörfer. Kommt reuevoll zurück in die nationalen Reihen und arbeitet mit unseren Soldaten zusammen, um die verräterische Clique, die euere Lage ausnützt und mit den imperialistischen Ländern und syrischen Lakaien zusammenarbeitet, zu zerschlagen. Wir erinnern alle daran, welche verräterischen Wege der Mulla Barzani genommen hat, der Lakai. Er und seine Clique haben nach 14jährigem Kampf Schwierigkeiten und Katastrophen in diese Gebiete hier gebracht.

Wir verlangen von den Dorfbewohnern die Zusammenarbeit mit unseren bewaffneten Soldaten. Sie müssen uns zeigen, wo diese verräterische Clique ist, damit wir sie vernichten und ihnen keine Gelegenheit geben, in diesem Gebiet zu wirken.

Wir verlangen von den Betrogenen und Reuevollen, daß sie zurück in die nationalen Reihen kommen. Es gibt noch eine seltene Gelegenheit, sich von dem Verrat reinzuwaschen: zeigt eine weiße Fahne, wenn die Soldateneinheiten kommen.

Ihr Söhne unseres Volkes in diesem Gebiet, eure politische Führung hat beschlossen, die Verräter und ihre Mithelfer zu vernichten. Die Zeit des Sieges ist nahe. Ihr solltet mit den Armee-Einheiten zusammenarbeiten, denn ihr hattet viele Belästigungen von dieser verräterischen Lakaien-Clique zu ertragen.

Und Allah hilft.»

Die irakische Regierung versuchte am 21. März 1977 die Feierlichkeiten zum kurdischen Newroz-Fest, dem Neujahrsfest, zu verhindern. Doch die Kurden ignorierten das Verbot und veranstalteten überall ihr Newroz-Fest, ob in der Universität von Suleimani, in den kurdischen Dörfern oder in den Konzentrationslagern im Süden von Bagdad. Überall riefen sie:

«Newroz Ekayn, Newroz Ekayn, Kurdistanman rizgar Ekayn – Wir feiern Newroz, wir feiern Newroz, wir befreien Kurdistan!»

Um den Widerstand der Kurden gegen die Baath-Regierung in Bagdad zu brechen, wurden kürzlich fünf Divisionen in Irakisch-Kurdistan stationiert, die Reservisten der Jahrgänge 1952 und 1951 eingezogen und entlang der irakisch-türkischen Grenze ein 10 km breiter Sperrbereich angelegt, in dem alle Dörfer der Kurden zerstört und die Bewohner ins Landesinnere deportiert wurden.

Gleichzeitig, so meldete die «Patriotische Union Kurdistans», PUK, finanziert die irakische Regierung mit Millionen Dinar die sogenannten «Jashs». Jash-Kräfte sind diejenigen kurdischen Großgrundbesitzer, die mit der irakischen Regierung zusammenarbeiten und ihr eigenes Volk verraten. Dafür verspricht die irakische Regierung, daß die Ländereien der kurdischen Großgrundbesitzer von der Agrarreform ausgenommen werden, d. h. nicht verstaatlicht werden.

Die bewaffneten Auseinandersetzungen haben sich erheblich verschärft. Selbst großangelegte Operationen irakischer Eliteregimenter haben jedoch den gewünschten militärischen Erfolg, Niederwerfung des kurdischen Aufstandes, nicht erreicht. Im Frühjahr, als der Regen den Schnee zum Schmelzen brachte, starteten die irakischen Truppen die erste Großoffensive in den Gebieten bei Marga, Sergalu (nahe der iranischen Grenze) und in den nur schwer zugänglichen Qandil-Bergen. Infanterie, Artillerie und bewaffnete Hubschrauber wurden eingesetzt. Die Zivilbevölkerung litt wieder: 30 kurdische Dörfer wurden bei diesem Einsatz niedergebrannt und zerstört, wobei die meisten Bauern rechtzeitig fliehen konnten.

Am 4. April begann die 2. Großoffensive im Zentralgebiet von Kurdistan zwischen Sangasar und Rania. Kampfhubschrauber transportierten Tausende irakischer Soldaten in das Kampfgebiet. Sie sollten die kurdischen Rebellen aufreiben, die nahe der türkischen und iranischen Grenze in kleinen Gruppen operieren. Wiederum wurden 20 kurdische Dörfer zerstört. Auf der anderen Seite sollen mehr als 800 irakische Soldaten und Offiziere während der Kämpfe gefallen sein, während die Verluste der Peshmergas mit 20 Getöteten angegeben werden.

Die Situation scheint für die Regierung in Bagdad derart bedrohlich geworden zu sein, daß sie sogar die Reservisten einziehen ließ, um jetzt in der 3. Offensive, der «Sommer-Offensive», die Ende Mai begonnen hat, die kurdischen Rebellen endgültig niederzukämpfen. Im Verlauf dieser Aktionen überschritten Anfang Juni sieben irakische Soldaten die türkische Grenze, um Peshmergas zu verfolgen. Zur gleichen Zeit bombardierten Kampfhubschrauber mehrere kurdische Dörfer, die schon auf türkischem Territorium lagen.

Im Gegensatz zu den Kämpfen der Jahre 1973 und 1974 haben die Kurden diesmal keine Front aufgebaut, sondern sie operieren in kleinen taktischen Gruppen, die an einem Tag bis zu 100 Kilometer zurücklegen. Und daher können die Iraker, trotz qualitativer und quantitativer Überlegenheit, die Aufständischen nicht besiegen. Die Iraker rächen sich, indem sie die Dörfer entlang der umkämpften Gebiete zerbomben. Das Internationale Rote Kreuz in Genf wurde inzwischen aufgefordert, der kurdischen Zivilbevölkerung Medikamente und Nahrungsmittel zu liefern. Insgesamt, seit Ausbruch der neuen Kämpfe im Mai 1976, sind mehr als 4000 irakische Soldaten und Offiziere gefallen. Die Opfer der Peshmergas werden mit rund 300 Toten angegeben.

Trotz ihrer Politik des «Völkermordes auf Raten» wird die irakische Regierung von den westlichen Industrienationen heftig umworben. Die «Washington Post» vom 28. Juni 1977 berichtete, daß die Franzosen nicht nur 70 Mirage F-I-Kampfbomber an den Irak liefern, sondern auch ein Kernkraftwerk. Von der Bundesrepublik erhielten die irakischen Luftstreitkräfte 80 Stamford-Generatoren, und in Großbritannien werden 30 irakische Piloten von der britischen Luftwaffe ausgebildet.

Besonders umworben werden die Iraker momentan von den Vereinigten Staaten. Sie unterstützen die irakische Regierung mit Milliardenkrediten und vielfältigem militärischem Ausrüstungsmaterial.

Trotzdem gibt es immer noch kurdische Führer, die glauben, daß die USA den Freiheitskampf der Kurden unterstützen werden. Für die Patriotische Union Kurdistans, PUK, ist das, mit Recht, ein «verhängnisvoller politischer Fehler».

Denn: Nicht der Freiheitskampf der Kurden interessiert die Großmächte, sondern einzig und alleine das Öl.

Ölinteressen sind es, die erst die sogenannte «demokratische Lösung des Kurdenproblems» möglich gemacht haben.

«Demokratische Lösung für die Kurden im Irak», das heißt:

- 437 Kurden wurden hingerichtet,
- mehr als 2000 kurdische Oppositionelle sitzen in Gefängnissen,
- über 300000 Kurden wurden aus ihrer Heimat verschleppt,
- fast täglich verschwinden spurlos politisch aktive Kurden.

Sicher ist, daß die kurdische Befreiungsbewegung und ihre politischen Führer eingesehen haben, «daß es keinen Sinn hat, sich auf ein Nachbarland oder irgendeinen anderen Staat zu stützen»; denn konnte man den Kurden in der Vergangenheit den Vorwurf machen, daß sie sich zum Spielball iranischer und amerikanischer Interessen machen ließen, die nur Kapital aus den Konflikten zwischen Kurden und Irakern schlugen, um dem Regime im Irak Schaden zuzufügen, so läßt sich heute der Vorwurf eines «reaktionären Aufstandes» nicht mehr aufrechterhalten. Vielmehr «ist es jetzt die irakische Regierung, die sich bester Beziehungen zum Iran rühmt, besonders wenn es um die Verfolgung der Kurden in Iran und in Irak geht. Das Ziel der kurdischen Befreiungsbewegung heute ist nicht nur der Kampf gegen die nationale Unterjochung, sondern auch gegen jede Art von Ausbeutung und Unterdrückung».

Anmerkungen

1 Zeitschrift «Alnasier», Irak-Info Nr. 5, Mai 1973.
2 «Memorandum on the Situation of the Kurds and their Claims», das am 29. 11. 1948 dem Generalsekretär der UN übergeben wurde, veröffentlicht Paris 1949.
3 A. a. O., S. 18.
4 G. R. Garrod u. E. L. Ellington: Recent Operations in Kurdistan, in: Journal of the Royal United Service Institution, London 1933, S. 231–253.
5 Die kurdische Frage im Irak bis 1961. Publikation der Bagdad-Buchhandlung, Bagdad 1970, S. 86.
6 Cemal Aladag: Die kurdische nationale Befreiungsbewegung im Irak, in: Özgürlük yolu, Ankara, Juni 1977.
7 S. A. Sivan: Die kurdische Volksbewegung im Irak und der Baath-Rassismus, Istanbul 1974, S. 62.
8 Giselher Wirsing, in: Christ und Welt, 18. 5. 1962.
9 Vgl.: Unsere Politik im Irak. Veröffentlichung der irakischen KP, März 1962.
10 Tageszeitung «Tariq al-Scha'b» (Weg des Volkes), Organ der irakischen KP, 19. Jahrgang, Juni 1962.
11 Der Spiegel 33/1962.
12 Kurdish Facts. Organ der Internationalen Kurdischen Gesellschaft, Amsterdam, 15. 7. 1963.
13 J. Nebez: Kurdistan und seine Revolution, München 1972, S. 163.
14 Dokumentation der Putschisten vom 18. 10. 1963, veröffentlicht in Bagdad in arabischer Sprache.
15 A. a. O.
16 Özgürlük Yolu, a. a. O., S. 16.
17 A. a. O., S. 17.
18 Tageszeitung «Al Ahram», Nr. 27941, Kairo, 11. Juni 1963.
19 Le Monde Diplomatique, April 1970.
20 J. Nebez, a. a. O., S. 173.
21 Kurdish Facts, Organ der Internationalen Kurdischen Gesellschaft, Amsterdam, 10. 7. 1963.
22 Middle East Review, 19. 7. 1963.
23 J. Nebez, a. a. O., S. 180.
24 Özgürlük Yolu, a. a. O., S. 19.
25 A. a. O.
26 Frankfurter Rundschau, 18. 2. 1964.
27 J. Nebez, a. a. O., S. 181.
28 Die kurdische Frage, Beirut 1966, S. 357.
29 Christ und Welt, 28. 5. 1965.
30 Frankfurter Allgemeine Zeitung, 10. 5. 1965.
31 Alnasier, Info Nr. 7, Oktober 1974.
32 Al Thaura, 30. 5. 1972.
33 Vorwärts, 31. 3. 1977.
34 M. Oertel, in: Aus Politik und Zeitgeschichte, Bonn, 2. Juli 1977.
35 R. Schwinn, in Berliner Extra-Dienst, 24. 10. 1977.
36 Al Dschamhuriyyah, Nr. 1074, Bagdad, 19. 5. 1971.
37 S. A. Sivan, a. a. O., S. 107f.

38 Özgürlük yolu, a. a. O., S. 20.
39 Zitiert nach: Pogrom; Kurdistan – Befreiung ohne Publizität, Nr. 15, 5. Jg., 1974.
40 Statistical Report on Results of the War in Iraqi Kurdistan, October 1974

Die Autoren

Ismail Beşikçi, 1939 in Iskilip geboren. Schulbesuch in Corum, danach bis 1962 Studium an der «Fakultät für politische Wissenschaften» in Ankara, später wissenschaftlicher Assistent an der Atatürk-Universität in Erzurum, Doktorarbeit über den Alikan-Asiret. Seit 1967 Doktor der Soziologie, dem die Professor wegen seiner intensiven Beschäftigung mit den Kurden verweigert wurde. 1971, nach dem Militärputsch, wegen «kurdischer Propaganda» verhaftet und zu 13 Jahren Gefängnis verurteilt. 1974 wurde er durch das Amnestie-Gesetz entlassen. Besikçi ist der bedeutendste türkische Soziologe in Sachen Kurden. Veröffentlichte zahlreiche Bücher, u. a.: Dogu Anadolu' nun Düzeni, 1969; Kürtlerin mecburi iskan'i, 1977; etc.

Hanneke Garrer, 1944 geboren, Studium der Sozialpädagogik in den Niederlanden. Arbeitet als Sozialarbeiterin in West-Berlin

Abdul R. Ghassemlou, iranischer Schriftsteller und Ökonom. Er lebt, nachdem er aus dem Iran flüchten mußte, in Paris. Bester Kenner der Verhältnisse in Iranisch-Kurdistan. Veröffentlichungen u. a.: «Kurdistan and the Kurds», «Le Kurdistan Iranien».

Yasar Kemal, 1922 in Hemit (Türkei) geboren. Er arbeitete auf den Reis- und Baumwollfeldern als Landarbeiter, wurde später Fabrikarbeiter. Wegen seines Engagements für die armen Bauern wurde er entlassen. Später ging er nach Istanbul und wurde Reporter bei der Zeitung «Cumhuriyet». 1952 veröffentlichte er sein erstes Buch: «Gelbe Seele». 1955 erschien sein bekanntestes Buch «Memed, mein Falke». Er zählt heute zu den bekanntesten türkischen Schriftstellern, ist Mitglied des Zentralkomitees der Türkischen Arbeiterpartei, TIP, die 1971 verboten wurde. Die Bücher des mehrmaligen Nobelpreiskandidaten für Literatur sind aus den türkischen Schulbibliotheken verbannt worden.

Mahmut Makal, geboren 1933, Schriftsteller. Er schrieb als junger Dorfschullehrer das Buch «Mein Dorf in Anatolien», eine soziale Schilderung dessen, was er erlebt hatte. Er wurde ebenfalls nach 1971 mehrmals verhaftet.

Hemres Reso, 1933 in Kolik (Türkisch-Kurdistan) geboren. Abitur in Istanbul, 4 Semester Jurastudium in Ankara, danach Studium der Volkswirtschaft in der BRD. Dipl. Volkswirt. Veröffentlichung: «Bakur» (Nordwind), Herausgeber der kurdischen Zeitschriften «Heviya Welet» und «Ciyat».

Jürgen Roth, 1945 in Frankfurt geboren. Journalist und Schriftsteller. Nach mehrmaligen längeren Türkei- und Kurdistanaufenthalten 1976 aus der Türkei ausgewiesen, wegen Kontakten zur kurdischen Opposition. Die Regierung in Ankara erklärte ihn zum «Türkenfeind». Veröffentlichungen u. a.: «Partner Türkei oder Foltern für die Freiheit des Westens» (zusammen mit B. Brigitte Heinrich), «Armut in der BRD», «Z. B. Frankfurt: Zerstörung einer Stadt», «Aufstand im wilden Kurdistan».

Paul Rotkopf, Pseudonym für einen deutschen Wissenschaftler.

Adrienne Schürenberg, 1951 geboren. Sozialarbeiterin. 1974 im Rahmen des Ethnologiestudiums 3 Monate Exkursion in Kurdistan.

Bekir Yildiz, 1933 in Ankara geboren. Einer der unter den Kurden meistgelesenen Schriftsteller. Er schrieb als erster Türke ein Buch über seine Erlebnisse als Gastarbeiter in der BRD. Ansonsten Veröffentlichungen über die Situation in Ostanatolien, u. a. «Alman Ekmegi» (Deutsches Brot), «Beyaz Türkü» (Weißer Türke), «Sahipsizler» (Die Herrenlosen). Seine Bücher sind aus den Schulbüchereien 1976 entfernt worden, weil sie «schädlich» seien.

Quellennachweis der Abbildungen

Jürgen Roth, Frankfurt/M.: S. 54, 91, 93, 96, 103, 118, 119, 120, 127 oben und unten, 131, 142, 155, 157, 172, 177, 186 oben und unten, 189, 191, 192, 194, 204 oben und unten, 207, 209, 210, 213, 219, 222, 224, 229, 248, 249 oben, 256, 258
Adrienne Schürenberg, Berlin: S. 146, 151, 153
Gernot Huber, Köln: S. 165, 193
Bernd Isecke, Frankfurt/M.: S. 188, 249 unten, 259, 267
«Hürriyet», 10. 10. 1975, Foto hha, Diyarbakir: S. 196, 199
«Vatan», 30. 3. 1977: S. 271
Kurdish Students Society in Europe: S. 297
Kurdish Democratic Party, London: S. 300, 301, 309 oben und unten

Wer sich in Zukunft über die Kurden informieren möchte, sollte sich an folgende Adressen wenden:

amnesty international, Kurden-Koordinationsgruppe
Vogelsbergstr. 39, 6000 Frankfurt/M.

Arbeiter-Solidaritäts-Vereigung
Westendplatz 34, 6000 Frankfurt/M.

Patriotische Union Kurdistan–Europa
c/o Post Box 5876, Amsterdam/Niederlande

Komitee für die Verteidigung der National-Demokratischen Rechte des kurdischen Volkes in der Türkei
c/o Post Box 793, Amsterdam/Niederlande

Vereinigung kurdischer Studenten in Europa, Sektion BRD (KSSE)
Posener Weg 1/522, 5300 Bonn

AKSA (Association of Kurdistan Students Abroad)
c/o Baban, Flogstavägen 49 A, S-75263 Uppsala/Schweden

Gesellschaft für bedrohte Völker/Pogrom
Parkallee 18, 2000 Hamburg 13

Jürgen Roth
Hermannstr. 8, 6000 Frankfurt/M.

rororo aktuell

Herausgegeben von Freimut Duve

Abrüstung und Militärpolitik

Albrecht, U./Ernst, D./Lock, P./Wulf, H.
Rüstung und Unterentwicklung
Iran, Indien, Griechenland, Türkei: Die verschärfte Militarisierung (4004)

Boserup, Anders/Mack, Andrew
Krieg ohne Waffen? Studie über Möglichkeiten und Erfolge sozialer Verteidigung. Kapp-Putsch 1920/Ruhrkampf 1923/Algerien 1961/ČSSR 1968 (1710)

Jahn, Egbert
Kommunismus – und was dann?
Zur Bürokratisierung und Militarisierung des Systems der Nationalstaaten (1653)

Rüstung und Abrüstung im Atomzeitalter
Ein Handbuch. Herausgegeben vom Stockholm International Peace Research Institute (SIPRI) (4186 – Okt. 77)

Studiengruppe Militärpolitik
Ein Anti-Weißbuch, Materialien für eine alternative Militärpolitik (1777)

Die Nationale Volksarmee
Ein Anti-Weißbuch zum Militär in der DDR (4059)

Industriekritik und Ökologie

Atommüll oder Der Abschied von einem teuren Traum. Arbeitsgruppe „Wiederaufarbeitung" (WAA) an der Universität Bremen (4117)

Commoner, Barry
Energieverschwendung. Energieeinsatz und Wirtschaftskrise (4193 – Okt. 77)

Friedrich, Volker/Hehn, Adam/Rosenbrock, Rolf
Neunmal teurer als Gold
Die Arzneimittelversorgung in der Bundesrepublik. Aus der Arbeit der Vereinigung Deutscher Wissenschaftler (4067)

Gaul, Ewald
Atomenergie oder Ein Weg aus der Krise? (1773)

Gorz, André
Ökologie und Politik. Beiträge zur Wachstumskrise (4120)

Gunnarsson, Bo
Japans ökologisches Harakiri oder Das tödliche Ende des Wachstums
Eine Warnung an die überindustrialisierten Staaten (1712)

Illich, Ivan
Die sogenannte Energiekrise oder Die Lähmung der Gesellschaft
Das sozialkritische Quantum der Energie (1763)

Krüper, Manfred (Hg.)
Investitionskontrolle gegen die Konzerne? (1767)

Levinson, Charles
PVC zum Beispiel. Krebserkrankungen bei der Kunststoffherstellung (1874)

Mirow, Kurt Rudolf
Die Diktatur der Kartelle. Die Geschichte der Weltkartelle im 20. Jahrhundert (4187 – Dez. 77)

Steffen, Joachim
Krisenmanagement oder Politik? (1826)

Strasser, Johano
Die Zukunft der Demokratie. Grenzen des Wachstums – Grenzen der Freiheit? (4118)

Turner, John F. C.
Für eine politische Gegenarchitektur (Ersch. 1978)

Wüstenhagen, Hans-Helmut
Bürger gegen Kernkraftwerke
Wyhl – der Anfang? (1949)